高职高专"十二五"公共课规划教材

应用文写作

王永春　主编

上海财经大学出版社

图书在版编目(CIP)数据

应用文写作/王永春主编．—上海：上海财经大学出版社，2011.2

(高职高专“十二五”公共课规划教材)

ISBN 978-7-5642-0969-8/F・0969

Ⅰ.①应… Ⅱ.①王… Ⅲ.①汉语-应用文-写作-高等学校：技术学校-教材 Ⅳ.①H152.3

中国版本图书馆 CIP 数据核字(2011)第 010772 号

责任编辑 张 虹

封面设计 钱宇辰

YINGYONGWEN XIEZUO

应 用 文 写 作

王永春 主编

上海财经大学出版社出版发行

(上海市武东路 321 号乙 邮编 200434)

网 址：http://www.sufep.com

电子邮箱：webmaster @ sufep.com

全国新华书店经销

上海叶大印务发展有限公司印刷装订

2011 年 2 月第 1 版 2015 年 11 月第 4 次印刷

700mm×960mm 1/16 23.5 印张 421 千字

印数：6 501—9 000 定价：33.00 元

前 言

当前现实社会，无论在经济、政治、文化、教育、外交等方面，为了传递信息和处理公私事务，应用文都起到了极为重要的作用。偶有差池，就会贻误大事。笔下有是非曲直，笔下有毁誉忠奸，笔下有财产万千，笔下有人命关天，就是这个道理。

上《应用文写作》这门课，已有数年，多达十几遍。想来，这门课很好上，毕竟是一门侧重人文性的课程，可以讲得天花乱坠，学生听得有滋有味。可是，当学生拿起笔来，心中纵有千言万语，却无法写出来；即使写了几十字，却又是不着要领。如此，这门课又很不好上，因为教学效果才是评价一门课优劣的重要指标。各类文种的格式，其实很简单，几乎不用费口舌，可是当学生背了下来，长期不用也会忘记；应用文的语言，讲究准确、简洁、明白，却不是一门课可以练好的；更为关键的是，应用文的作者往往是代言作者，要准确揣摩领导意图，代单位立言，转换思维模式和写作模式。

鉴于此，常规的教材编写以及基于教材的授课模式有着某些弊端，对教材与教学的改革势在必行。根据教育部文件精神，本书最大特点是：所有知识编排均基于工作过程，以工作项目为导向，以工作任务为驱动，系统地阐述了不同门类的应用文写作。

为了突出学生的能力本位，本书在编写过程中将理论知识与实践部分高度融合。在编写体例上，采用任务布置、任务分析、知识讲解、任务实施相结合的方式。每一个任务的展开，操作目的皆是非常明确的。在一项任务相关知识学完之后，设计任务实施，学生立即完成写作任务，教师或者学生之间检查作业，进而修改完善，达到最优化的结果。让学生在写作中进一步深化对知识的理解，以达到边学边练，提高写作技能。

不同门类的应用文，既有相似之处，又有相对独立的特殊性。本书分为如下几大模块：一、应用文写作基础知识；二、行政公文的写作；三、事务文书的写作；四、财经文书的写作；五、传播文书的写作；六、日常礼仪文书的写作；七、毕业论文的写作。针对各自的特殊性，做出分析和讲解。

徐中玉先生说过，"应用文字的写作，要写得适合不同的需要，固然要有文字功夫，但归根到底主要还靠熟悉世事、练达人情、对有关专业以及涉及问题的深入了解、对各种条件的敏锐观察。文字功夫、专业知识、负责精神与协调努力，都不可或缺。这就需要各自的经常关心，不断积累之功了。"(《应用文写作(修订版)前言》，高等教育出版社 2000 年版)诚哉如是，应用文写作讲求"功夫在诗外"，也就是这个道理。

本教材由江苏信息职业技术学院王永春编著。作为江苏信息职业技术学院的校本教材，徐新阳、朱建中、孔原、江红等老师和教学与科研处的同仁为本书的编写提出了宝贵的建议。

在编写过程中，本书吸收和借鉴了不少专家学者的研究成果，参考了相关专著教材的菁华之处，在此一并表示真诚的感谢和敬意。

由于受时间和水平的限制，疏漏之处在所难免，请读者批评指正，以便今后修订与完善。

编　者

2010 年 12 月 28 日

目录

模块一 应用文写作基础知识

任务一 了解应用文的概念和历史

知识目标

◆ 应用文的产生与发展沿革

◆ 理解应用写作的性质，掌握应用文的基本特征与类型

◆ 重点掌握应用文的概念，厘清几种相关概念的关系

能力目标

◆ 初步具备应用文写作的基本知识，养成应用文写作的基本理念与写作技能

任务引入

厚生公司是一家中外合资企业，主要生产机电产品，公司资产雄厚，员工近3 000人，高科技人员和高层管理人员云集。为了拓展业务，促进企业的良性发展，公司欲表彰一部分先进员工，并将其典型经验向全公司推广。公司办公室张主任责令助理李亮负责，李亮拿到先进工作者名单，制订好采访提纲，选择时间进行细致采访，顿时文思泉涌，加以自己的主观情感，并拟写了一篇文采横溢的人物通讯。写好后，小李在第一时间把文章拿给张主任审核，张主任却不甚满意。小李几次修改也不得要领。他应该如何来拟写此篇关于先进人物的应用文呢？

任务分析

应用文写作是现代社会人们在工作、生活和学习中所需要的一项基本技能，也是文职人员必须具备的专业技能。平时受到人们的忽视，到使用时才感到其重要性。通过传统的检索设备或者网络搜索引擎，可以很快获得应用文的格式规范与写作要求，但是拿起笔来却不着要点、不得要领。

给予应用文写作一个正确的态度和认识非常必要。厚生公司对先进人物典型经验的推广，公文起草者首先要明确人物通讯并非文学创作，要注意其客观性与实用性；要明白何为“典型”，注意其中的“理想性”与“代表性”。

相关知识

应用文是人们用来进行信息传递、交流与沟通的一种工具。它的产生和发展经历了漫长的历史演进过程,可以说是历史悠久、源远流长。诸如李斯的《谏逐客书》、贾谊的《过秦论》、诸葛亮的《出师表》、李密的《陈情表》、王安石的《答司马谏议书》等著名的应用文在中国文化史上占据重要的位置,彪炳史册,脍炙人口。

新世纪以来,全球一体化程度逐渐提高,社会主义市场经济体制逐步完善,知识的更新和传递速度逐渐加快,作为信息传递、交流与沟通的载体,应用文写作日益为人们所重视,成为人们在处理行政公务或个人私务时的一项重要的应用技能。

一、应用文的产生与发展

在文字产生之前,人类运用自己的智慧,通过很多表意的方式进行信息的传递和交流,比如结绳、刻契、绘画、烽火等,从而解决口语“不能留于异时,不能传于异地”的一些缺憾。随着社会的发展,生产劳动促进了人的思维发展和交际的增多,口耳相传及表意符号已无法适应交流与沟通的需要,客观上促进了文字符号系统的出现。

据考古资料显示,甲骨文是迄今为止在中国发现的最古老的文字。甲骨文以龟甲和兽骨为载体,记录了殷商王朝治国、征讨、农事、祭祀、天文、地理等多方面的信息,形成了我国最早的公务文书——甲骨卜辞。其时,在进行上述活动时,殷商统治者多通过巫祝向上天占卜,来寻找其行动的合法依据。一篇结构完整的甲骨卜辞,通常包括前辞、命辞、占辞、验辞四部分;但并不一定需要全部具有此四部分才能完成一篇甲骨卜辞。

秦汉时期,应用文的分类和格式已经基本成形。上行文主要有章、表、奏、议、疏、折、封事,下行文主要有制、诏、策、戒等。

唐宋时期,除了五代十国的短暂分裂,国家基本处于稳定统一的态势,经济、政治、文化等各方面,均呈上升的趋势。应用文写作在社会作用、适用范围、文体规范与表现形式方面,均达到了较高程度,名篇佳作层出不穷。

元代重武功轻文治,应用文体式、章法基本沿袭前朝,变化不大。明清时期,应用文写作文体分类日趋详细繁杂,逐渐趋于稳定。但明代公文深受八股文章的影响,清承明制,公牍文章平直呆板,创新较少,佳作不多。

民国以后,应用文逐渐由古体变化到新体,废除了几千年封建王朝沿用的公文体式，确立了新的公文体式，是近现代党政公文的文类和体式逐步探求规范化的阶段，取得了一定的成绩。但此时，公文写作仍是文白间杂或文言语体，标点符号使用也不够规范。

1921年中国共产党成立之后，很快便创立了自己的公文体式。尤其是早期重要领导人之一的瞿秋白，1931年起草了主要用于党政机关的《文件处理办法》。1942年延安整风时期，又发布了主要用于行政机关的《陕甘宁边区新公文程式》。这些都为现代党政公文的创立打下了初步的基础。

新中国成立以后，是现代党政公文的文类和体式日趋规范化和科学化的阶段，党政机关公文进行了多次的修订与改进。1951年9月，政务院首次颁布了《公文处理暂行办法》，规定我国行政机关公文为7类12种。1981年2月，国务院办公厅颁布了《国家行政机关公文处理暂行办法》，将行政机关公文的文种重新规定为9类15种。1987年2月，国务院办公厅颁布了《国家行政机关公文处理办法》，正式规定行政机关公文的种类为10类15种。2000年8月，国务院颁布了《国家行政机关公文处理办法》，规定行政机关公文的文种为13种，这是目前实行的关于行政机关公文写作与处理的规章制度。

近年来，随着现代办公设备的普及和信息技术的日益发展，传统的应用文写作也随之发生变化。五笔输入法、拼音输入法等一系列输入技术，互联网上的资源共享等其他办公软件，无疑为应用文写作提供了便利，但也随之带来一些问题。如何在现代办公设备下，在网络化的信息时代进行应用文写作，实在是一个需要认真面对和研究的课题。

我国应用文写作已经历了三千多年，对促进社会的进步和发展做出了重要的贡献。认真总结应用文写作的历史经验，有助于提高应用文写作水平，充分发挥应用文写作在社会主义现代化建设中的积极作用。

二、应用文的含义

对于应用文的内涵，不同学者的定义与解释也不尽相同，但在总体上也都指出了应用文的基本特征。

中国香港的陈耀南教授在《应用文概说》中说："应用文，就是'应'付生活、'用'于实务的'文'章，凡个人、团体机关相互之间，公私往来，用约定俗成的体裁和术语写作，以资交际和信守的文字，都叫应用文。"①

中国台湾的张仁青教授在《应用文》中说："凡个人与个人之间，或机关团体

① 陈耀南：《应用文概说》，香港山边社1998年11月版，第1页。

与机关团体之间，或个人与机关团体之间，互相往来所使用之特定形式之文字，而为社会大众所遵循、共同使用者，谓之应用文。”①

目前比较一致的看法是：应用文是国家机关、企事业单位、社会团体、人民群众在日常生活、学习和工作中，处理行政公务与私人事务时，所使用的具有某种规范格式和直接实用价值的文书。

要准确理解“应用文”这一概念，还需要厘清以下几种相关概念：

文书，是社会组织或个人在处理公私事务时用来记录和传递信息的书面文字形式，包括公务文书和私人文书。“文书”一词，最早见于“禁文书而酷刑法”（《新书·过秦（下）》西汉），此处主要讲述“文书”在信息传播方面的重要作用，秦朝通过焚书坑儒等措施，来加强对人民的控制。王充《论衡》载：“萧何入秦，收拾文书，汉所以能制九州者，文书之力也。”此处主要强调文书的制作与处理对于国家治理的重要意义。汉代以后，文书作为公文和案卷的含义逐步确立下来。《汉书·刑法志》载：“文书盈于几阁，典者不能遍睹”，此处强调文书的归档。

公文，即行政公文，是国家机关、企事业单位、社会团体等社会组织在处理公务活动所形成的具有法定效力和规范格式的文书。“公文”一词，出现于东汉末年，“州郡忌讳，不欲闻之，但更相告语，莫肯公文”（《后汉书·刘陶传》），此处主要意在表明公文的机密性，因东汉末年张角势力强大，州郡行政官员不肯用公文传递信息。

文件，即指信息及其承载媒体，组织或个人在各种活动中使用文字、图像、数据、信号等方式在各种媒介上形成的信息记录材料。文件，作行政公文标识时，主要指公文。“文件”一词，约形成于清末，当时的外交文书中常有“寻常往来文件”、“对外交涉文件”等。

应用文、文书、公文、文件等词在历史上先后出现，其内涵和外延并不完全一样，却又经常混用在一起，它们都是人类记录和传递信息的重要工具。在这些概念的使用中，理应掌握其准确内涵，区分其具体场合，并注意其习惯要求。

三、应用文的特点

应用文的特点，是针对文学作品等虚构性作品而言的，主要表现在如下几方面：

1. 价值的实用性

---

① 张仁青：《应用文》，台湾文史哲出版社 1993 年 5 月版，第 1 页。

应用文的写作目的是为了在现实工作和生活中记录和传递信息，解决实际问题，它的实用价值也是非常直接的。而文学作品等对现实的效用则是间接的，不是一蹴而就的，需要长时期的潜移默化才能实现。

2. 内容的真实性

应用文要记录和传递信息，必须坚持实事求是的原则，其政治观点、思想认识和事件的情况都必须是客观存在的事实，不能做半点虚构。而文学作品讲究艺术真实，来源于生活并高于生活，不是对社会现实的完全复制与照搬；在艺术真实的前提下，可以做适当的虚构、夸张等。

3. 格式的规范性

文学作品的魅力就在于其丰富多彩的变化，虽然不同的文体也具有相对固定的格式要求，但更注重作者与作品的个性色彩。应用文在格式上则有严格的规范性，人们在使用时必须严格遵循，不能随意更改。从某种程度上说，应用文写作就是“戴着脚镣的跳舞”，需要采用模式化的思维方式，进行格式化的写作。

4. 强烈的时效性

应用文具备强烈的时效性。一方面指应用文的写作与处理应当快速、及时，如一则消息写慢了就不再是“新闻”了；另一方面指应用文的效力并不是天然具有并永恒持续下去的，而是有效力终止的时候。而文学作品要成为经典，必然要经过大浪淘沙，经过长时间的考验。

5. 作者与读者的确定性

在具备一定知识构成与阅读、写作能力的基础上，任何人都可能成为文学作品的作者或读者。而应用文的作者与读者则是相对确定的，对于某份公文，法定读者必须阅读承办，否则即为失职；而其他人则无需去看，也不一定能够看到。

四、应用文的类别

1. 行政公文类，主要包括《国家行政机关公文处理办法》中所列 13 种，主要有命令(令)、决定、公告、通告、通知、通报、议案、报告、请示、批复、意见、函、会议纪要等。

2. 事务文书类，即处理日常事务的文书，主要包括计划、总结、简报、调查报告、述职报告、规章制度等。

3. 财经文书类，是指在社会经济活动中所使用的文书，主要包括市场调查与预测报告、项目意向书、项目建议书、商务策划书、经济活动分析报告、可行性分析报告、经济决策方案、招(投)标书、经济合同等。

4. 传播文书类，主要包括启事、声明、公示、消息、新闻、广告、说明书等。

5. 礼仪文书类，是指日常生活中有关礼仪的文书，主要包括书信、演讲稿、条据等。

6. 法律文书类，主要包括起诉状、上诉状、答辩状、辩护词、申诉状、行政复议申请书、仲裁文书、公证书等。

7. 科技文书类，主要包括学术论文、毕业论文、实验报告等。

任务实施

1. 请代厚生公司办公室主任助理李亮完成一篇关于先进人物表彰的通讯，注意要写出“典型环境中的典型人物”，充分发掘先进人物身上的“理想性”与“代表性”。

2. 请查阅相关文献资料，对应用文的历史发展与沿革形成基本的认识。

3. 从“应用文”、“公文”、“文书”与“文件”等几个概念的异同中，掌握“应用文”这一概念的准确含义。

4. 请分析应用文与文学作品等其他文章类型的区别与联系，从而把握应用文的基本特征。

任务二　应用文写作基础知识

知识目标

◆ 应用文主题的含义和特点、确定主题的原则

◆ 材料的搜集、整理、选择与使用

◆ 结构的含义、类型

◆ 语言的表达要求、叙述方式

能力目标

◆ 注意应用文与文学作品等在主题、材料、结构、语言等方面的差异

◆ 建构快速阅读、准确理解行政公务和经济活动中文件和信息的主题等的能力

◆ 掌握应用文写作的一些基本技能

任务引入

厚生公司研发部主管张华，工作尽心尽责，刻苦钻研，取得了若干专利权等科研成果，为公司提高经济效益作出了重大贡献。公司决定授予张华“先进工作者”的荣誉称号，并通报表彰。办公室主任助理李亮接到公文的起草任务，立即进行公文写作中。他的表彰通报先进事迹介绍部分是这样写的，“张华在科学研究上走的是一条不平凡的路，他全心扑在科研上，而忘记了个人的事。有一次孩子病了，他妻子在家里忙着护理，打电话到单位叫他赶回家把孩子送医院治疗。张华接了电话答应后，电话一放他又埋进了实验。他妻子在家中左等右等等不到他回家，急得像热锅上的蚂蚁，又往单位打电话，这时张华正潜心做实验，电话铃声都没听见。他妻子又急又气只好打 120 急救中心的电话，才把孩子送往医院治疗。他的小孩高烧退后，还在问他妈妈“爸爸怎么还没下班？爸爸是不是还在上班”。

该公文将张华先进事迹作为表彰决定的理由时，不懂得以最简洁的文字陈述特定时空的信息，概述事实的主干，而仍用记叙文慢叙写话的方法表述公文事实，结果摆脱不了耗时费字的情节纠缠，公文内容冗长，失去了公文的简约品味，违背了文约事丰的基本要求。

任务分析

应用文写作是一门与社会同步发展的学科，它来源于社会，并服务于社会。它以应用文为学习和研究的对象，是各种应用文体写作实践的理论总结，是指导应用文写作实践的理论依据。学好应用文对于我们适应日常的工作、学习以及现代社会的需求，是十分必要的。因此，要认真学习，努力掌握应用文写作的基础知识，为驾驭应用文写作打下坚实的基础。

相关知识

一、应用文的主题

（一）应用文主题的含义

主题，也称主旨、立意、主脑等，是作者通过文章的内容和形式所表达出来的基本观点，体现作者写作的主要意图，包含作者对文章中所反应的客观事物的基本认识、理解和评价。

明人王夫之在《姜斋诗话》中说：“无论诗歌与长行文字，俱以意为主。意犹帅也，无帅之兵，谓之乌合。”兵卫既行，将帅早得。王夫之说出了立意对文章的居高统帅性，主题不明确的文章即为乌合之众、无帅之兵。

（二）应用文主题的特点

1. 正确

这是应用文主题的基本要求。应用文，尤其是行政公文，在主题方面不能犯政治性错误，一定要讲政治。应用文主题要坚持以马克思列宁主义、毛泽东思想、邓小平理论和“三个代表”重要思想为指导，深入贯彻落实科学发展观，要符合党和政府的执政纲领、路线、方针和政策，并要做到与时俱进；要符合一般事物的发展规律和业务规律；要注意与本地区、本单位的实际相符合。如2006年10月11日中国共产党第十六届中央委员会第六次全体会议通过的《中共中央关于构建社会主义和谐社会若干重大问题的决定》，其主题就是符合上述重要思想，适应中国现阶段实际情况的。

2. 集中

应用文主题的集中，即是单一性，要做到“立主脑”、“减头绪”，“目标集中如一，方寸一丝不乱”。基本表现“一文一事”，即一篇应用文只能有一个主题，讲述一件事情。如一篇请示中，只能请示一件事情。如江苏省文化厅2006年1月17日《关于拟邀请新加坡歌手孙燕姿来南京举办个人演唱会的请示》，就是一文一事。主题的单一性有利于行政事务的顺利完成。

要使主题集中，要意在笔先、主题先行，即在动笔前就确定好要阐述什么思想、解决什么问题。

3. 鲜明

应用文主题的鲜明性，主要有两层意思：一是指明确，说一不二的，不是含混不清的，不能给读者丰富的想象空间；二是指新鲜，即立意要新，符合时代发展。

要使主题鲜明，可以采用“开宗明义”、“卒章显志”、“篇名点题”等方式；态度要明朗，支持或反对，提倡或禁止，都要说清楚；要透过现象，反映问题的本质和规律。如在通告的撰写中，禁止什么，支持什么，都要表述清楚。如中国工商银行2006年12月31日的《关于提示注意个别不法分子恶意修改并非法传播的通告》一文，就是“篇名点题”，鲜明的主题有利于提醒并维护消费者的合法权益。

（三）确立主题的原则

第一，依照法律法规确立主题。拟订应用文主题要合理合法，言之有据，与党和政府的现行路线、纲领、方针、政策与法律法规等保持一致。

第二，依据客观实际确立主题，可以从三方面把关：一是引证的事实、情况、情节、数字、引语、资料要准确无误；二是要对客观事实做全面整体的分析，防止以点带面、以偏概全；三是对事实的叙述、说明、议论一定要合乎事物本身的逻辑，表达上更要恰如其分。

第三，依照单位实际和领导意图确定主题。拟写应用文，公文起草者一般应从本单位的实际出发，领会揣摩领导意图，“受领导之命，代单位立言”，而不是随心所欲地按照个人想法来写。

第四，确立的主题要有可行性，应符合当前现实工作的需要。

（四）主题的表现形式

第一，标题揭示。即用文章的标题直接概括主题，使读者一目了然。如《售后服务是企业的命根子：万宝技术服务中心 1993 年工作总结》，抓住“售后服务”这一关键性要素，讲述它的重要意义，作为年度总结的主题。

第二，开宗明义。即在文章的开头明确主题，提纲挈领，统帅全文。如“本学期，基础部在学院的稳定和发展中发挥了应有的作用，所开展的各项工作正朝着良好的方向发展，并取得了一定的成绩”。这是某学院基础部的学期工作总结汇报的前言部分，揭示主题，纲举目张，后面从主要工作、不足、体会几方面进行总结。

第三，卒章显志。也称篇末点题，即在文章的结尾，总结全文，揭示主题。文章开头只是提出问题，或者设置悬念，或者交代背景等，层层铺叙，曲折入胜，篇末点题，盖棺论定。白居易在《新乐府序》中说：“首句标其目，卒章显其志。”如“总的来看，经过各地、各有关部门的共同努力，今年上半年全省再就业和社会保险工作继续保持了较好发展态势，各项目标实现了时间过半、任务过半。各地、各有关部门要以‘三个代表’重要思想为指导，继续坚持‘就业优先’发展战略，狠抓各项再就业优惠政策的落实，进一步完善社会保障体系建设，切实做好 2005 年下半年扩大就业和社会保险工作，确保全年工作目标的完成”。这是《江西省人民政府办公厅关于 2005 上半年全省扩大就业和社会保险责任目标完成情况的通报》一文的结尾，篇末总结全文，提炼中心论点，指导各地、各部门有关工作。

二、应用文的材料

材料，就是作者为了写作目的而收集积累的能够表现文章主题的事实或论据。应用文的材料是体现文章主旨的理论、事实和数据，是应用文写作的物质基础，是形成主题的基础和根据，是表现观点的支柱，是文章的“血肉”。所谓

“七分材料三分写”，就可以看出材料质量对于应用文写作的重要作用和影响。

(一)材料的收集

收集材料，是“加法”，要尽可能占有全部的材料，才能有选择的余地，并获得最可靠、最有价值的材料支撑。否则，就是巧妇也难为无米之炊，即使确定了应用文的主题，也注定是虚幻的海市蜃楼。傅斯年做学问注重证据，讲究自己动手，要充分占有所研究对象的相关材料。他的口头禅是“上穷碧落下黄泉，动手动脚找东西”；还说“一分材料出一分货，十分材料出十分货，没有材料便不出货”。

根据材料的内容，可分为事实材料和理论材料。事实材料，指实际发生的事实、情况部分，它是在对现实情况做深入地调查研究后收集并用于应用文中的材料。理论材料，包括政策材料和一般理论材料。政策材料，指党和国家领导人的讲话与指示，党和国家的方针、政策、法令、法规和有关的文件，本单位制订与颁发的规章制度及文件等。一般理论材料，是在各种不同的生产、工作或学习活动中所需要遵循的客观规律和基本理论。

根据材料的获取方式，可分为直接材料和间接材料。应用文写作的材料，除直接材料外，大部分是间接材料，即研究者从阅读文献、报纸杂志、学术研究动态等方面获得的他人实践和研究的成果资料。材料的收集，常常是指间接材料的收集，这项工作也称“文献检索”。

获取材料的途径和方法主要有如下几种：

1. 感受和观察

感受，就是人们通过各种感官对于外界客观事物的感触、认识和接受，它是人们认识客观事物的初级阶段，是人们对客观事物进行思考、分析，进入高级认识阶段(思维)的前提和基础。

观察，是一种主要运用视觉和听觉对客观事物所进行的审视和思考，是一种有意识的行为，是一种目的性很强的有意注意。观察事物的方法一般有以下几种：多角度观察、比较观察和动态跟踪观察。

2. 调查和采访

调查，是指为了摸清情况，总结经验或发现、解决问题而进行的有目的的并按一定的方法和步骤对某一事物进行了解的行为方式。

采访就是寻访有关的人物，搜集要写的社会生活事件。

3. 检索和阅读

一是利用图书馆、资料室、档案室与数据库等传统或现代的检索方式查阅有关资料。

二是阅读各种文件，博览群书，从书籍报刊和各种机关实用文书中获取写作资料。

（二）材料的整理与选择

材料积累到一定数量，就要建立自己的资料库、数据库并进行整理，分门别类，做好标记，使之系统化、条理化。这是写作前的必要准备。

选择材料，是“减法”，要紧扣主题选择具有真实性、典型性、新颖性的材料，要“慧眼识珠”，而非“鱼目混珠”。选择材料要把握如下几条原则：

一是要选择真实的材料。选用的材料必须是客观存在的、真实可靠的。在选材时，要注意做到，“去粗取精，去伪存真，由此及彼，由表及里，透过现象看清本质”，不能有丝毫的马虎和虚假，不能有“合理的想象”，必须用心去甄别。

注意“艺术真实”、“历史真实”、“新闻真实”、“客观存在”等几个概念的差异。

艺术家以生活真实为基础，按照生活发展的必然逻辑和自己的美学理想，对生活进行提炼加工和集中概括，以反映生活的本质真实。艺术真实是对生活真实的净化、深化和美化，它比生活真实更集中，也更能深刻地显示出社会生活的本质。它是艺术家主观思想和客观生活真实辩证统一的结晶。它源于生活真实，又高于生活真实。它可以以生活中的真人真事为基础，也可以以生活中可能有的人和事为基础进行艺术创造，达到艺术的真实。艺术真实并不要求照搬生活现象，并不排斥艺术想象和艺术虚构。它的真谛在于艺术形象与社会生活内在规律和内在逻辑的艺术吻合。

历史真实，是指对忠于历史原貌，尽可能地还原历史真相。但即如克罗齐所说，“一切历史都是当代史”，历史叙述永远有一个话语权的问题，叙述者尽可能有选择地叙述历史，以维护自己的利益。从某种层面上讲，历史真实并不能等同于已发生的社会真实。

二是要选择典型的材料。选用的材料要能够揭示事物的本质特征，具有广泛的代表性和很强的说服力。要从纷繁复杂、良莠不齐的材料中大浪淘沙，选取有典型意义的材料，才能深刻有力地表现现实生活。

含义：①具有代表性的人或事：焦裕禄是优秀干部的典型。②有代表性的：很典型。③即“典型人物”、“典型形象”或“典型性格”。指作者用典型化方法创造出来的具有独特个性、又能反映一定社会本质的某些方面的艺术形象。典型人物形成于一定的典型环境即具体的现实关系中，并对它发生作用。但典型人物又往往超越时代的局限而具有某种永恒的性质。

“典型”一词，在希腊文中原是模子的意思。同一个模子可以塑铸出许多同样的东西，典型也是通过某一单个的形象反映了某一群或某一类人的性格特征。因此，典型虽然是个别的，却具有普遍性。亚里士多德正是通过个别性与普遍性的统一，最早奠定了典型的理论基础。他说："诗所描述的事带有普遍性……所谓'有普遍性的事'，指某一种人，按照可然律或必然律，会说的话，会行的事。"①

恩格斯对"典型"的经典解说是，"现实主义的意思是，除细节的真实外，还要真实地再现典型环境中的典型人物。"②其中就指出了"细节"、"环境"与"人物"之于"典型"的重要意义。

三是要选择新鲜的材料。

（三）材料的使用

使用材料要处理好以下几方面问题：

1. 正确处理材料和主题的关系。没有材料，主题就没有了表达的凭借；没有主题的统摄，一大堆材料只能是没有"统帅"的乌合之众，依然不能称为文章。

2. 合理组织安排材料。确定叙述的顺序，使材料条理化。可以按下面五种方法来进行：按时间顺序安排材料，按空间位置的变换安排材料，按材料的内容分类安排，由浅入深地安排，用对比的方法安排。

3. 妥善安排剪裁材料，使其疏密详略得当。

4. 对材料进行加工润色，显示不同的情调和色彩。

三、应用文的结构

（一）应用文结构的含义与原则

结构，是文章的内部构造和组织安排材料的方式。文章的结构，包括层次、段落的安排，也包括开头主体结尾、过渡照应、疏密详略等方面。这些都应当为表现主题服务，要切合不同文章内容和样式的要求。应用文的结构，主要指对应用文内容进行的组织安排。

应用文写作的结构安排应遵循如下原则：

1. 要正确反映客观事物的发展规律和内在联系。应用文写作是为了处理行政公务与私人事务，不能随心所欲地以自我为中心进行写作，而是要遵循客观事物的发展规律和内在联系。

2. 要服从主题表现的需要。

---

① 亚里士多德，贺拉斯：《诗学 诗艺》，罗念生译，人民文学出版社 1962 年版，第 29 页。

② 马克思，恩格斯：《马克思恩格斯选集》(第 4 卷)，人民出版社 1995 年版，第 682 页。

3. 要适应不同类型的应用文的特点。应用文是有一定特定格式和规范要求的文体，不同类型的文体有不同的结构要求。

4. 要符合人们的一般思维规律。应用文是人们逻辑思维的产物，其结构要符合认识的规律和逻辑要求。

5. 要符合应用文的结构美学要求。应用文的结构，与小说、散文、戏剧、诗歌等虚构性文学作品的要求并不一样，以严谨、自然、完整、统一为基本要求。

(二)结构类型

应用文的结构类型主要有如下几种：

1. 篇段合一式，即文章全部只有一段，简明扼要，一目了然。多用于发布令、公告、介绍信、证明信、启事等文种。如“《企业国有资产监督管理暂行条例》已于 2003 年 5 月 13 日国务院第八次常务会议讨论通过，现予公布，自公布之日起实行”。本命令用于发布规章制度，交代清楚通过、公布、实行日期即可。

2. 总分式，主要有三种“总—分—总”式、“总—分”式、“分—总”式。这是应用文写作中最常见的结构类型。

3. 并列式，即文章各部分之间是并列平行的，也称为横式结构。如对财务状况进行分析，可从资产、负债、利润、成本、费用等方面展开具体分析。

4. 递进式，或以时间的先后顺序，或由浅入深，或以由现象到本质、从因到果等逻辑关系为顺序，逐层深入展开结构，也称为纵式结构。如调查报告，时间性比较突出，可以按照时间顺序展开，以突显调查的发展性。

5. 条文式，多用于规章制度类文书，以“章”、“条”、“目”为单位，主要有“章断条连式”、“一条到底式”、“总述条款式”几种，排列有序，眉目清楚。

(三)开头和结尾

1. 开头

开头是一篇文章的开始，是人们阅读的起点。人们经常用“起句如爆竹”、“凤头”等形象说法来形容文章的精彩开头。但不管是响亮的爆竹，还是华丽的凤头，撰写应用文时都讲求开宗明义，力戒“穿靴戴帽”，杜绝“下笔千言，离题万里”。

撰写开头的基本要求：第一，要适应主旨要求，自然而然地引发全文；第二，自然和谐、凝练明快；第三，力争新颖。

应用文常见的开头方式有以下几种：

(1)导语式：揭示主旨，提出要点，唤起读者注意。适用于较长的文种，如调查报告。

(2)概述式：交代原因、目的、依据以及有关的基本情况，帮助读者理解。适用于行政公文、事务文书等诸多应用文类型。

①说明依据式。开头引用上级指示精神或有关法律，常以“根据”、“按照”、“遵照”等词语领起下文。如《关于粮食政策性财务挂账停息的意见》一文的开头：“根据中共中央、国务院关于妥善解决粮食财务挂账问题的一系列文件精神，结合各地清理粮食财务挂账的实际情况，经过反复研究，对粮食财务挂账实行停息的有关政策提出如下意见”。这种方式常在通知、批复、通告、规章等文种的开头使用。

②陈述目的式。开头以简明的语言，直接说明写作的目的和意义，常用介词“为”、“为了”领起下文。如中国证监会 2005 年 4 月 25 日发布的《关于上市公司股权分置改革试点有关问题的通知》，开头为“为了落实国务院《关于推进资本市场改革开放和稳定发展的若干意见》(国发[2004]3 号，以下简称《若干意见》)，积极稳妥解决股权分置问题，经研究决定，启动上市公司股权分置改革试点工作”。

③说明原因式。开头常用“由于”、“鉴于”、“因为”等词领起下文，也可以简述发文的原因，再引出写作目的。如《广州市建设用地迁坟通告》的开头，“因建设的需要，经核准，市公安局天河区分局征用天河区东圃镇堂下乡(村)土地。为便利建设工程顺利进行……”

④交代背景式。开头简述事件发生的基本情况，常用于事件比较复杂的应用文。如《中共中央国务院关于推进社会主义新农村建设的若干意见》的开头，“近几年，党中央、国务院以科学发展观统领经济社会发展全局，按照统筹城乡发展的要求，采取了一系列支农惠农的重大政策。各地区各部门认真落实中央部署，切实加强‘三农’工作，农业和农村发展出现了积极变化，迎来了新的发展机遇。粮食连续两年较大幅度增产，农业结构调整向纵深推进，农民收入较快增长，农村税费改革取得重大成果，社会事业进一步发展，农村基层组织建设得到加强，干群关系明显改善。农业和农村发展的好形势，对保持国民经济平稳较快增长和社会稳定，发挥了重要的支撑作用。但必须看到，当前农业和农村发展仍然处在艰难的爬坡阶段，农业基础设施脆弱、农村社会事业发展滞后、城乡居民收入差距扩大的矛盾依然突出，解决好‘三农’问题仍然是工业化、城镇化进程中重大而艰巨的历史任务。各级党委和政府必须按照党的十六届五中全会的战略部署，始终把‘三农’工作放在重中之重，切实把建设社会主义新农村的各项任务落到实处，加快农村全面小康和现代化建设步伐”。加强和推进社会主义新农村建设，部署重要工作，从现实基本情况讲起，既说明已取得成绩，又指出明显的问题，可以增强行文的说服力和紧迫性。

(3)提问式:把文中将要回答的问题,与开头提出,引导读者深入阅读。如毛泽东的《中国社会各阶级分析》,"谁是我们的敌人?谁是我们的朋友?这是革命的首要问题"。

(4)结论式:在开头阐明观点,表明态度。

(5)致意式:表示客气与谢意。适用于公关礼仪类文书,如贺信、欢迎词。

当然,有的公文并不只是单一的上述某种形式,可能是一种或者几种形式的结合。如1999年《国家药品监督管理局关于国家药品监督管理局药品审评中心调整增加事业编制的请示》一文的开头,"为规范和加强我国药品技术监督管理工作,根据国务院赋予国家药品监督管理局的职能,国家药品监督管理局药品审评中心(以下简称'审评中心')在原有工作职能的基础上,增加了进口药品技术审评和仿制药品技术审评工作职能"。就是由陈述目的、说明依据结合写成的,以引出公文的主体。

2. 结尾

所谓"编筐编篓,难在收口",好的结尾可以起到"画龙点睛"之笔,也可以实现深化主题的效果;不好的结尾也可能变成"画蛇添足"。如"结句如撞钟"指的是余音绕梁三日不绝,令人回味深思;"豹尾"指的是收束有力戛然而止,都是对好的结尾的形容。

常用的结尾方式有以下几种:

(1)总结全文式,是依据正文的中心内容,进行概括总结,作出结论,点明主旨,以加深人们对文章的印象。这多用于总结、调查报告、通报等文种。

(2)希望号召式,是在结尾处发出希望、号召,鼓动人们行动起来去落实文中所提出的要求和任务,多用于总结、决定、会议纪要等。如2008年5月7日《山东省教育厅关于莱西市违规招生行为及处理情况的通报》的结尾:"希望各地、各普通高中以此为戒,认真学习贯彻国家和省关于教育工作的政策法规,严格规范办学行为,严格招生秩序,全面实施素质教育,促进我省基础教育健康发展。"

(3)表示决心式,如2005年12月31日《中共中央国务院关于推进社会主义新农村建设的若干意见》的结尾:"做好2006年和'十一五'时期的农业和农村工作,任务艰巨,意义重大。我们要紧密团结在以胡锦涛同志为总书记的党中央周围,高举邓小平理论和'三个代表'重要思想伟大旗帜,全面贯彻落实科学发展观,解放思想,振奋精神,开拓进取,扎实工作,为建设社会主义新农村而努力奋斗。"

(4)提出要求式,如2007年12月5日《中国人民银行中国银行业监督管理委员会关于加强商业性房地产信贷管理的补充通知》的结尾:"请中国人民银行上海总部,各分行、营业管理部、省会(首府)城市中心支行,各省(自治区、直辖市)银监局将本通知联合转发至辖区内城市商业银行、农村商业银行、农村合作银行、城乡信用社及外资银行。”

(5)习惯用语式,多用于公文的结尾。其中包括上行文中的祈请式,如“妥否,请审查批示”,“以上意见,如无不妥,请批转各地执行”等带有祈请意思的语句;还有下行文中期望式,如“特此通知”、“希遵照执行”、“希参照执行”等带有期望意思的惯用语句。

(四)层次和段落

1. 层次

层次,就是应用文中思想观点或情节的次序和地位,也就是文稿逻辑思维顺序的反映。安排好应用文的层次,要注意分清主次、详略得当。详写,当“泼墨如云”,“密不透风”,写足,写饱;略写,当“惜墨如金”,“疏可走马”,轻轻点染,一笔带过。

层次的一些展开方式:递进式、并列式、因果式、总提分承式、纵横交叉式。

2. 段落

段落,又称自然段,是文章的思想内容出现转折、停顿、强调、间歇等情况时所造成的文字的停顿,具有换行空两格的明显标志,表达相对独立的意义。

意义段,又称结构段,即段落层次,表达一个完整的语段意义。往往由几个自然段组成,也可能一个自然段就是一个意义段。

3. 层次与段落的一般关系

段落和层次既有区别又有联系。层次是文章中表现思想内容的基本单位,而段落是文章中表达完整意思的最小单位;层次着眼于整篇文章内容先后次序的划分,而段落着眼于在表现某个相对完整的意思时的间歇、停顿、强调或转折。多数情况下,段落小于层次,几个段落表达思想内容上的一个层次;有时段落正好与层次的划分相一致,段落等于层次;个别情况下,段落大于层次,如篇段合一式的段落就是如此。

(五)过渡和照应

1. 过渡

过渡是指上下文之间的衔接转换,具有承上启下的作用,是连接不同段落、层次间的纽带;所谓天衣无缝,话不接而意接,乃过渡的精妙所在。

应用文常用的过渡方法有三种:

(1)过渡词语,如“由此可见”、“综上所述”、“为此”、“但是”。

(2)过渡句。如温家宝总理 2009 年 3 月 5 日在第十一届全国人民代表大会第二次会议上所作的《政府工作报告》第一部分中,“在肯定成绩的同时,也要清醒地看到，我们正面临前所未有的困难和挑战。"即上承"成绩"，又下启"困难和挑战"。

(3)过渡段。在较长的篇幅中，当需要层次的转换时，可用段落进行过渡。

2. 照应

照应，是指前后内容的关照呼应。前面写的后面要有着落，后面写的前面要有埋伏。行文前有因，后有果，先有源，后有流。即如长蛇阵，击首则尾应，击尾则首应，攻其腹则首尾俱应。

应用文常用的照应方法有以下几种：

(1)开头与标题相照应。

(2)开头与结尾相照应。

(3)前后照应。

四、应用文的语体特征和语言要求

(一)应用文的语体特征

所谓语体，就是在一定的语言环境中形成的，具有特定的表达风格、色彩和语感的语言体系。

根据语言传播方式的差异，语体分为口头语体和书面语体两个大类。

口头语体可分为谈话语体和演说语体：用于日常交谈，为谈话语体；用于宣讲、演说的口语体系，为演说语体。依声音而存在，是说的语言、听的语言，对面交流，可以借助动作、表情、手势、语调等帮助表达，一经说出，随音而逝，听的人较难慢慢分析、揣摩，说的人也难以慢慢组织、修改。因此语句较短，用词较平易，通俗易懂。

书面语体，依文字而存在，是写的语言、看的语言，不能借助动作、表情、手势、语调等帮助表达，就要用一些能够代替这些内容的字、词、句以及修辞、表达方式等；借助文字，可以长久保存，看的人可以慢慢分析、揣摩，说的人也可以慢慢组织、修改。因此，句子较长，用词较深奥，规范文雅。

书面语体分类见下表：

语体名称	对应文体	目 的	语 言 特 征
文学语体	文学创作	感人以形，动人以情	以形象性为本，追求形象生动性和语言的艺术化
政论语体	政论文	晓人以理，导人以行	以逻辑性为本，要求逻辑的严谨与议论的气势
科技语体	科技论说文	给人以知，教人以用	以科学性为本，使用精确严密的专业性语言
事务语体	应用文	应付生活，用于实务	以实用性为本，少文饰，求明晰，重程式
新闻语体	消息通讯	传播交流，宣传服务	以真实性为本，强调以诚实的语言反映确凿的事实

（二）应用文的语言要求

1. 准确

应用文的语言在表达上注重准确严密。表达不当，存在歧义，会影响信息的传递，造成读者接受的障碍。叶圣陶在讲述公文语言时说，“公文必须写得一清二楚，十分明确，句稳词妥，通体通顺，让人家不折不扣地了解你说的是什么。”

第一，准确反映发文意图和客观实际。据清《冷庐杂识》载：北通州州吏封翁承办盗案，见卷宗上有“盗供纠众自大门入”字样，并已初定死罪。封翁知道这些人都是贫苦百姓，而且只是偶尔作案，并不是什么巨盗惯盗，于是他向州长官建议说：“如果照这些人的供词定罪，肯定死罪无疑。不如在大字上加一点，则可减轻他们的罪行。”这位州长官的心地也比较善，他“悟而从之”，于是“一举笔间而拯十余条人命”。在法律文书上把“大”字改为“犬”字，案犯也就从明火执仗地入室抢劫的巨盗而变为从狗洞里爬进来做贼的小偷了，其性质自然发生了变化。①

第二，严格遵循逻辑要求。使用概念要做到内涵准确无误，外延限制得当；做出判断要符合时机。如一份处理决定，其中这样写道：“李明光在 1998 年 9 月间收受顺风工程公司 50 万元的巨款。案发后李明光还和顺风工程公司张经理及李会计订立攻守同盟，妄图掩盖其过错”。文中“过错”一词有失严谨，表述与事实不符，李明光的行为已不是一般的“过错”，而构成了“犯罪”。

第三，恰当使用修辞方法。应用文写作以消极修辞为主，适当运用积极修辞。简明、连贯、得体，属于消极修辞的范畴；正确运用常见的修辞方法，属积极修辞，要求达到形象生动。

第四，用语要准确，切忌语言模糊。隋文帝时，幽州总管燕荣生性残忍，他鞭打身边的人动辄就是上千下，而且这个人蛮不讲理，任性胡来。朝廷准备把观州长史元弘嗣调任幽州长史。元弘嗣对燕荣很了解，他怕受燕荣的凌辱，坚决推辞。隋文帝便下诏规定：“元弘嗣到幽州，若犯杖十下以上的过错，都必须上奏。”欲以此保护元弘嗣。燕荣得到圣旨后十分愤恨，就想方设法刁难和折磨元弘嗣，分派他去监督收粮进仓的事，然后就命人严查入仓的粮食，只要扬出了一点糠壳或不饱满的谷粒，便要惩罚元弘嗣。燕荣惩罚元弘嗣每次都是杖打不到十下，这样就没有必要上奏皇帝。② 如合同撰写中，对于支付期限的规定，“货

① 眭达明著：《秘书生活：中国古代高级秘书》，江西人民出版社 2009 年版，第 60 页。
② 同上，第 59 页。

到后付款”,也是同样的问题。

2. 简洁

应用文是为处理公私事务而写的,不是附庸风雅,也不是闲情逸致,不需要华丽铺陈的辞藻。过多的修辞,可能贻误时机,造成事务处理的拖沓。“一字入公文,九牛拉不出”,指的就是应用文在语言表达上崇尚简洁明了,惜墨如金。

叙述时,要用最简短的语言陈述特定时空的信息,概述事实的主干,而不应纠缠于耗时费事的具体情节之中。“博士买驴”的笑话,讲的就是古时一位博士买驴,拟写的合同洋洋洒洒数千言,却没有一个“驴”字,反映出冗长拖沓、不着要点的不良语言毛病。

美国科幻小说家弗里蒂克·布朗曾写过一篇科幻小说,仅只有一句话:“地球上最后一个人独自坐在房间里,这时,忽然响起了敲门声……”尽管只有一句话,却具备了小说的特点,有人物、有情节、有环境。又具备科幻小说的显著特征:擅长夸张、制造悬念,给读者设置自由而广阔的联想、想象等思维空间。

很多习惯用语中有多余的成分,也造成了语言的啰嗦。比如悬殊很大、凯旋归来、涉及到、全部都、一个年轻的女孩、目的是为了等。

3. 庄重

应用文语言崇尚庄重沉稳,力戒浮华造作,“少做作,勿卖弄”。行政公文用语特别强调庄重、平实,是由公文的特殊性质决定的。因为公文是党和国家用以传递策令、指挥工作、沟通信息、完成公务的重要工具和手段,具有较强的政策性和实用性,务求庄重、平实。

第一,使用规范的书面语言,不用或少用口语、俗语和晦涩难懂的行业语言。“唾沫星子压死人”、“鬼把戏”,可换做“人言可畏”、“阴谋诡计”。如“死亡”一词有不同的表述方式,“死”、“去世”、“牺牲”、“见阎王”、“一命呜呼”、“走了”、“上路了”、“驾崩”等,因场合不同而使用适当的词语。

第二,使用标准术语。不同行业有不同的标准术语,如《中华人民共和国国家标准物流术语》、《国际化学品安全卡标准术语》等。使用标准术语,一方面可以保持语言的准确性,也可以显示行文的庄重性。

第三,忌滥用文学语言。应用文的语言要求准确无误,朴实无华,简洁有力,不像文学作品用华丽多彩的语言去描摹事物,呈现事物的形象,而是提倡朴素美、简洁美。如“2000 年某天深夜,乌云密布,雷声隆隆,大雨倾盆而下,刹那间,美丽富饶的鱼米之乡被一片汪洋吞没。接连几天如注的暴雨,淹没了田野、冲毁了村庄和工厂,交通、电力、通信一度中断。这百年不遇的特大洪涝灾害,给我乡造成了不可估量的损失……”这段应用文就违反了应用文语言的写作要求，带有浓厚的文学色彩，不够朴实、简洁，也有失真实。

第四，语言实在，言之有物。介绍事物提出要求，凡可以用具体标准表达的尽量不使用"猴皮筋"式的语言，以使用语实实在在，具有可接受性。例如，因工作需要公费用餐要坚持"四个菜、一个汤"的标准。这个提法实际上很缺乏可操作性。由于缺乏严格的科学性，可大可小、可高可低，所以到后来被"创造性地发展"为"四个盆、一个缸"。事实证明，公文在表述事物，特别是提出一个政策主张时，一定要言之有理、言之有物、避"虚"就"实"。

4. 得体

应用文语言要适合交际题旨和语境，适合不同的写作主体、对象与文种。

第一，要适合发文者的身份，注意发文机关与主送机关的隶属关系。

第二，要适合题旨，也就是语言的色彩要体现出文章的题旨。

第三，要适合对象。对上谦恭诚挚，对下肯定平和，平行要真诚温和；对内简洁直言，对外庄重清晰。

第四，要适合文种。同属于公布知照类公文，公告、通告、通知、通报等在语言要求上是不一样的。

（三）应用文的表达方式

表达方式，即行文时对有关内容进行表达时所采用的表述角度与方法。应用文的常用表达方式通常有：叙述、议论、说明和抒情。

1. 应用文中的叙述

叙述，是对人物的经历和事物发展变化的过程作出介绍和交代。这里介绍几种常用的叙述方法：

第一，按照叙述的详略可以分为概述和详述。

概述就是概略叙述某一状况，某一过程的基本面貌，使读者能够了解概要。应用文写作的叙述方式基本以概述为主，不求详细铺陈，只求简明扼要。如表彰性通报对先进事迹的介绍。

详述就是详细叙述某事物的基本面貌或某一事件的具体过程，使读者有细致的了解。如在产品说明书、调查报告中会经常用到。

第二，按照叙述的顺序可以分为顺叙、倒叙、插叙和分叙。

顺叙是按照时间先后或事情发生发展的过程来安排段落层次的一种写法。采用顺叙，可以清晰地讲述事物的发展脉络。如情况通报、工作总结等，大体上是这种写法。

倒叙是先写事情结局或事件的某一重要情节，然后再按事件的发生发展过程进行叙述。采用倒叙，可以强调结局，突出重点。如总结、调查报告等，常常是先叙述成绩、结果，然后回头再叙述工作进展、过程及经验。

插叙是指在叙述主要事件的过程中，有时需暂时把叙述的线索中断一下，插进必要的相关事件的叙述，插叙部分完结后，再接上原来的线索继续进行的叙述。插叙，有时是为了补充主要事件，有时是为了突出人物性格，有时是对某些问题作补充说明。如调查报告或某些叙述性的公文，在叙述到某一内容时，常插入对另一内容的叙述。插述，可以补充材料，丰富内容，使文章更加充实。

分叙即"花开两朵，各表一枝"，是把围绕同一个主题的不同时间、不同地点发生的事情分别进行叙述。应用文中的分叙，多是把并列的几件事或者是几个部门、单位、几个人的事情分别叙述出来。

叙述是一种"易学难工"的表达方式。应用文的叙述要注意把握如下几条要求：

一是条理清楚。应用文不是完整的记叙文，多数只是叙述一个情节、一个片断、一个过程。所以，线索不能繁杂，主线必须清楚、鲜明，叙述的人称也要合理、恰当。

二是要素完备。事件的发生离不开时间、地点、人物、起因、过程、结果六要素，它们构成了一个合乎事实发展逻辑的完整事件。要素错漏，会导致读者难以了解事件全貌，难以给事件定性提供合理依据。

三是详略得当。叙述要抓住重点，分清主次。凡是对表现主旨起重要作用的，就必须详写；凡与主旨关系不大的，就应略写。只有详略得当，文章的重点才会突出，主旨才能鲜明。

2.应用文中的说明

说明，就是简明扼要地把事物的形状、性质、特征、成因、关系、功能等解说清楚，或把人物的经历、特点等表述明白。应用文常用的说明方法有：

(1)定义说明，是指采用下定义的办法，用简洁明确的语言把事物的本质属性揭示出来。定义说明既能使人们对被说明的事物的本质有一个明确的了解，又能使人们把该事物与其他事物区别开来。

定义说明虽然能够比较科学地揭示事物的本质属性，但是由于它的概括性太强，比较抽象，对事物、现象的特点难以说得具体详尽，所以常常需要用解释来补充定义说明。

《现代汉语词典》给"人"下的定义："人是能制造工具并使用工具进行劳动的动物。"

下定义的方法主要有如下几种：

属加种差定义，即通过揭示临近的属与种差来下定义，可用公式"被定义概念

=种差+临近的属”来表示。这是最常见的下定义的方法。如上述“人”的定义。

另外还有性质定义、发生定义、功用定义、关系定义、操作定义等几种。

解释说明，是对概念进行详细解说，它是对定义的补充说明。通常是位于定义之后。各类科研文书和专用文书常用定义和解释说明。

(2)分类说明，是将被说明的对象，根据它们的性质、形状、成因、关系、功用等不同的标准划分成不同的类型，然后逐类说明。如《美的微波炉说明书》的“功能介绍—特别功能”：

1. 童锁功能

执行该功能后，控制面板进入锁定状态，按任何键无法操作，避免小孩误操作造成危险。

加锁：在待机状态，连续按住“暂停/取消”键3秒，一声长“嘀”，即表示进入童锁状态，LED显示当前时钟，童锁标志点亮。

解锁：在锁定状态，连续按住“暂停/取消”键3秒，一声长“嘀”即可解锁，LED返回待机状态，童锁标志灭。

2. 查询功能

火力查询，可查询火力，在微波、烧烤、组合烹调状态下都可按下微波键查询当前火力。

3. 自动提示功能

烹调完毕后显示End，蜂鸣器鸣叫5声；若无操作，则每隔2分钟蜂鸣器鸣叫5声提示烹调完毕。其间按任意键无效，直至有开门或按下取消键的操作则返回待机状态。

4. 自动取消功能

一旦设定好烹调状态，而在1分钟内没有按启动键，则显示器恢复到时钟显示，所设定内容无效。

(3)举例说明，是举出有突出代表性和说服力的典型实例来说明比较抽象的概念或事物。它是通过个别认识一般，给人以实感，使抽象具体化、概念形象化。应用文中的论文、总结、报告、调查报告、通报等常用举例说明。

(4)引用说明，是说明事物或事理时，必要地引用一些与说明有关的权威性资料来加以说明。一般可以引用有关文件、政策、法规、指示精神、名言警句、典型材料等文献材料。引文必须贴切，有针对性。引用资料要认真核实、注明出处。毛泽东在《为人民服务》中引用司马迁的话，“人固有一死，或重于泰山，或轻于鸿毛。”从而说明“为人民利益而死，就比泰山还重；替法西斯卖力，替剥削人民和压迫人民的人去死，就比鸿毛还轻”的极大区别。

(5)比较说明，是将不同的事物加以比较或将某事物本身的不同情况相比较的一种说明方法。比较包括类比和对比。比较时突出事物之间相似的地方，这就是类比；突出事物差异的地方，就是对比。在市场调查报告、经济活动分析报告、决策方案报告、科技论文中，常采用比较说明法。

世界上最深的淡水湖——俄罗斯的贝加尔湖，由于污染，湖中的水生物至少比50年前灭绝了一半。

(6)数字说明，是用数字来说明事物和事理。数字说明，包括用约数、倍数、百分比等。运用数字说明，必须认真核实数字，做到来源可靠和准确无误。即使是估计数字，也要有根据，力求切近。

在经济快速增长的基础上，城乡居民生活水平显著提高。城镇居民家庭人均生活费收入由1 544.3元提高至4 377.2元，扣除价格因素，年均实际增长7.2%；农村居民家庭人均纯收入由708.6元提高到1 926元，扣除价格因素，平均实际增长5.7%，是建国以来城乡居民收入增长最快的时期之一。

(7)图表说明，是借助插图、表格、照片来说明事物的本质和特征。图表说明能使说明对象由抽象变具体，便于读者理解和掌握，但用图表说明时，要注意配有适当的文字加以说明。

上述几种说明方法，在应用文中经常交替使用，写作时要从实际出发，根据说明的内容、读者对象和写作目的的不同，灵活运用。但不管使用何种说明方法，都要求做到表述简明扼要、语言朴实无华。

3.应用文中的议论

议论是通过摆事实、讲道理，来阐明观点的表达方法。议论，一般是由论点、论据、论证三个要素构成。论点，是作者对所论述的问题提出的主张、看法和表示的态度。它常常是议论的主旨，或称中心论点；论据，是用来证明论点的理由和依据，它主要是议论中的事实材料，它是议论的基础；论证，是以论据证明观点的过程和方法。应用文中适当运用议论，可以深化主旨，点明事情的实质；有时运用议论，还可以超越所要议论的事物本身，让读者产生联想。

常用的论证方法有：

(1)举例论证法，即是用典型事例或统计数据作论据，举例直接证明论点的议论方法。用作论据的事实，既要典型，且量要适度。列举的事实过少显得单薄，过多又会淹没、冲淡论点。

米糠和麸皮含有大量维生素。这个问题，我国古代著名的医学家孙思邈早就注意到了。他曾经用米糠和麸皮治疗那些患有维生素缺乏症的病人。现代科学也证明了这一问题：经化学分析，米糠和麸皮中含有较高的维生素C、B和E。

(2)对比论证法，即将性质相反或有差异的两种或几种事物作比较，做出论断，证明论点的论证方法。有比较才有鉴别，这种方法可使论点更加鲜明突出，文章更有说服力。

我们党执政以后，特别是在新的历史条件下，能不能成功地解决党内监督问题，尤其是对高中级干部的监督问题，是加强党的建设需要解决的一个重要问题。从党的建设的实践看，这方面既有经验也有教训。哪个地方、部门什么时候党内监督工作抓得比较紧，民主集中制执行得比较好，个人专断、滥用职权和“有令不行、有禁不止”的情况就比较少，消极腐败现象也会受到抑制，出了问题一般也能得到及时解决。反之，监督工作薄弱，民主集中制受到破坏，权力被滥用而又得不到制止，往往就会出问题，甚至出大问题。

(3)引证法，即是引用经典作家的言论、党和政府的文件、科学的定义、公理、名人名言、格言、谚语来直接证明论点的论证方法。引用不能断章取义，更不能随意增删、妄加修改。若是引用原文，语句、标点都要绝对正确。

列宁曾经说过：“忘记过去，就意味着背叛。”因此我们不能忘记先烈们为解放全中国的浴血奋战，不能忘记为探索社会主义建设规律所走过的曲折道路，不能忘记改革开放以来的奋斗历程。

(4)因果论证法，即分析事物的前因后果，并以此证明论点的方法。可由因及果，也可由果溯因。

我们系统内的大多数老企业，多年来负担很重，有的厂福利性开支竟占年收入的20%；有些老厂，离退休人员工资占全厂年收入的30%以上，这些企业的亏损是体制造成的。有些企业没有市场意识，产品几年不变，质量低劣，大量库存积压，造成投资无法回收，从根本上说，这些企业的亏损也是体制造成的。因此我们要走出困境，就必须要深化体制的改革。

这里用因果分析的方法，分析了国企亏损的原因，从而证明了“必须深化体制改革”这一论点。

(5)喻证法，即通过打比方讲道理来证明论点的方法。

“我们曾经说过，房子是应该经常打扫的，不打扫就会积满灰尘；脸是应该经常洗的，不洗也就会灰尘满面。”

这里用比喻的方法形象地说明我们同志的思想也要不断地更新，否则也会落后于形势，这就是用喻证法来证明观点。

(6)归谬法，即将错误的观点进行合乎逻辑的推理，引出荒谬的结论，从而证明该观点错误的证明方法。

朱镕基总理于2000年10月14日与日本市民举行电视讨论会，与日本市民进行直接的公开对话。有人问:"为什么中国只允许每个家庭要一个孩子?"朱总理回答:"如果十二亿五千万人口的国家无限制地生下去的话,那全球就都是中国人了!"

朱总理在这里运用的就是归谬法。让对方明白十二亿五千万人口的中国如果无限制地生下去的后果,使对方自己都能意识到自己的想法是荒谬的。

应用文中的论证不同于一般议论文,它重在就事论理,要始终结合文章中的叙述方式和说明方式来展开议论。在展开议论时,切忌主观臆断,要做到"文中无我",切实为组织或个人处理事务时提供支撑和服务。

(四)应用文写作的专门用语

1. 称谓词,即表示称谓关系的词。

第一人称:"本"、"我",后面加上所代表的单位简称。例如,部、委、办、厅、局、厂或所等。

第二人称:"贵"、"你",后面加上所代表的单位简称。一般用于平行文或涉外公文。

第三人称:"该",在应用文中使用广泛,可用于单指代人、位或事物。例如,"该厂"、"该部"、"该同志"、"该产品"等。"该"字在文件中正确使用,可以使应用文简明、语气庄重。

2. 领叙词,是用于引出应用文撰写的根据、理由或应用文的具体内容的词,多用于文章开端,引出法律、法规以及政策,指示的根据或事实根据,也有的用于文章中间,起前后过渡、衔接的作用。常用的有:根据、按照、为了、遵照、敬悉、惊悉、……收悉、……查、为……特……、……现……如下。

3. 追叙词,是用以引出被追叙事实的词。在使用时,要注意上述词语在表述次数和时态方面的差异,以便有选择地使用。例如,业经、前经、均经、即经、复经、迭经。

4. 承转词,又称过渡用语,即承接上文转入下文时使用的关联、过渡词语。例如,为此、据此、故此、鉴此、综上所述、总而言之、总之。

5. 祈请词,又称期请词、请示词,用于向受文者表示请求与希望。使用祈请词的目的在于造成机关之间相互敬重、和谐与协作的气氛,从而建立正常的工作联系。主要有:希、即希、敬希、请、望、敬请、烦请、恳请、希望、要求。

6. 商洽词,又称询问词,用于征询对方意见和反映,具有探询语气。一般在公文的上行文、平行文中使用,使用时要注意实际的针对性,即在确需征询对方的意见时使用。例如,是否可行、妥否、当否、是否妥当、是否可以、是否同意、意见如何。

7.受事词，即向对方表示感激、感谢时使用的词语。属于客套语，一般用于平行文或涉外的公文。例如，蒙、承蒙。

8.命令词，即表示命令或告诫语气的词语。以引起受文者的高度注意。

表示命令语气的语词有：着、着令、特命、责成、令其、着即；

表示告诫语气的词语有：切切、毋违、切实执行、不得有误、严格办理。

9.目的词，即直接交代行文目的的词语，以便受文者正确理解并加速办理。

用于上行文、平行文的目的词，还须加上祈请词，例如，请批复、函复、批示、告知、批转、转发；

用于下行文，例如，查照办理、遵照办理、参照执行；

用于知照性的文件，例如，周知、知照、备案、审阅。

10.表态词，又称回复用语，即针对对方的请示、问函，表示明确意见时使用的词语。在使用上述词语时应对公文中的下行文和平行文严加区别。例如，应、应当、同意、不同意、准予备案、特此批准、请即试行、按照执行、可行、不可行、迅即办理。

11.结尾词，即置于正文最后，表示正文结束的词语。使用这些词语，可以使文章表述简练、严谨并富有节奏感，从而赋予庄重、严肃的色彩。例如，此布、特此报告、通知、批复、函复、函告、特予公布、此致、谨此、此令、此复、特批、……为要、……为盼、……是荷、……为荷、敬礼、致以谢意、谨致谢忱。

任务实施

1.下面语段中有四处语病，请分析指出并加以改正。

〔1〕爱因斯坦是最杰出的20世纪科学家。〔2〕他生于德国，后迁居美国。作为一位足以同牛顿相媲美的科学巨匠，〔3〕他在物理学的许多领域内做出了重大贡献，〔4〕其中最重要的是发现了“相对论”。英国大物理学家汤姆生激动地宣称：〔5〕爱因斯坦是“人类思想史上最伟大的成就之一”。1921年，〔6〕爱因斯坦荣获了诺贝尔物理学奖的荣誉。

2.请指出下面一段文字的主题、层次与使用的表达方式。

鉴于目前我区卫生系统卫技队伍总体素质偏低，高学历人员、业务骨干、农村实用中级卫技人员奇缺，药剂人员、检验人员、放射人员缺乏，队伍中出现青黄不接现象，学科带头人短缺，在人才层面上制约着我区医疗卫生事业的进一步发展。为加快我区卫生系统人才引进，推动卫生系统人事制度改革，现就区卫生系统单位编制问题请示如下：

3.请阅读下面的文章，回答问题。

风筝中的科学

窦光宇

①古老的风筝，已经不仅仅是娱乐玩具，在科学技术高度发达的今天，风筝同样在为人类作贡献！

②风筝又名纸鸢（yuān，一种凶猛的鸟）、纸鹞（yào，雀鹰），最早发源于中国，至今已有2 000多年历史。据说巧匠鲁班就曾“削竹为鹊，成而飞之”，应当说这是风筝的前身。五代时期的李邺，曾在宫中以线放纸鸢为游戏，又别出心裁地在鸢的头部安装竹笛，风入竹哨，发出像古筝一样的响声，因此得名“风筝”。英国著名学者李约瑟把风筝列为中华民族的重大科学发明之一。美国华盛顿国家航空和空间博物馆中有一块说明牌上也醒目地写着：“最早的飞行器是中国的风筝和火箭”。

③风筝的发明，对科学技术的发展产生了深刻的启示：1749 年，美国一位名叫威尔逊的天文学家，研制成世界上第一台空中试验仪。他用 6 只风筝将天文仪器吊到 700 多米的高空中进行科学试验，第一次测到了大气的温度，并取得了一些重要的理论数据，推动了天文学的发展。1752 年，美国科学家富兰克林曾用风筝挂上一只铁钥匙，在雷电交加时，把风筝送上天，引来雷电，从而证明了雷电也是一种放电现象，避雷针也由此发明。1804 年，英国的乔治格雷爵士用两只风筝作机翼，研制出了一架 5 英尺的滑翔机。1894 年，英国科学家设计了一只供战场观察的军用风筝，其作用犹如当今的卫星电视转播……

④最近，科学家提出了利用风筝发电的新方法。据估计，风筝风力发电机获得每千度电的成本仅为 1.5 欧元。而欧洲国家每千度电的发电成本平均为 43 欧元，风筝风力发电机的成本仅是后者的三十分之一。

⑤据报道，俄罗斯物理学家在这方面做过探索。他们将 50 个巨大的风筝放到空中从上至下排成一串，看上去就像一架通天的梯子（A）。每个风筝伸展开来足有足球场那么大（B）。而牵扯这些风筝的绳索约有6 000米长，路灯杆那么粗（C）。假如风筝所在高度的风力不足的话，人们还可以放松绳索使风筝升高。意大利科研人员计划建造发电能力在几兆千瓦范围的大型设备，并在计算机上成功地进行了模拟计算。设想的风筝发电装置，在风力作用下能够带动固定在地面的旋转木马式的转盘，转盘在磁场中旋转而产生电能。这种风筝重量轻，抵抗力超强，可升至2 000米的高空。一个直径1 000米的巨轮便可以提供 250 兆瓦的发电能力。这将是第一台发电能力和常规电站不相上下的可再生能源发电设备。

⑥此外，科学家还设计建造家用式的高空风力发电设备。房主可以把这样

的设备安装在自家房顶上，或许还可以替代太阳能电池。这些小型风筝梯子只需 100 米或者 200 米高，就可以足够为一户家庭提供几千瓦的电力。

⑦当今，风筝在科学试验和工农业生产上的应用更为广泛。利用风筝作海洋救生工具；利用风筝牵引船只；利用风筝传递信件；在风筝上安装无线控制照相机，进行空中摄影；在风筝上安装喷水器，喷洒悬崖上的植物……这些应用极大地方便了人类的生活。

（选自《百科知识》2007 年第 1 期，有删改）

1. 第②段文字主要采用的说明方法有（　　）。

A. 列数字 作诠释 举例子 作比较

B. 列数字 下定义 举例子 打比方

C. 列数字 下定义 举例子 作比较

D. 列数字 作诠释 举例子 打比方

2. 第④段主要运用了哪几种说明方法？有什么作用？

3. 第⑤段句 A、句 B 和句 C 分别运用了哪些说明方法？有什么表达效果？

4. 第⑤段以俄罗斯和意大利的研究为例意在说明什么？

任务三 应用文的写作过程和写作要求

知识目标

◆ 应用文的写作过程

◆ 应用文的写作要求

能力目标

◆ 掌握应用文写作的基本技能

任务引入

厚生公司业务部办公设备严重老化，需要采购一些办公设备。业务部助理王洪亮接到部长的进行应用文写作的任务，立即起草了一篇《业务部关于采购办公设备的请示》。拿给部长后，部长阅后指出，这篇请示有如下问题：请示缘由不合情、不合理，请示事项不明确、难以操作。那么，王洪亮应该如何修改呢？

任务分析

应用文写作即具有写作的一般规律，也具有自身的特殊性。在模式化思维下，“为单位立命，为领导立言”，勤写多练认真修改，是最基本的训练路径。

相关知识

一、应用文的写作过程

（一）准备阶段

所谓“工夫在诗外”，应用文的写作者应该在平时多努力，积极准备，不能在写作时临时抱佛脚，更不能饮鸩止渴。应用文的写作者要具备理论政策修养、业务知识修养、文体辞章修养等基本素养，要具备调查分析能力、信息处理能力、文字表达能力、创新思维能力等基本能力。

在撰写应用文之前，要广泛地收集占有资料，不能“闭门造车”，要从平时勤于积累和用时有目的地收集两方面来做好材料工作。

（二）构思阶段

构思，是指在广泛收集材料、并对材料进行潜心研究后所进入的凝神细想、命题炼意、谋篇布局以及定题选材的阶段。主要包括确定主旨、选择材料、安排结构、拟写提纲等几个步骤。在构思阶段，要注意站在本地区、本单位以及负责领导的立场和角度考虑问题，揣摩领导意图，抓住精神实质，对于应用文的写作者很是重要。

应用文写作的构思，遵循文章写作构思的一般规律，又具有自己的特点：

(1)思维主体往往体现群体意识。一般文体写作，文章要表达的作者感受、见解或主张，体现的是作者本人的意志，在构思时的思维活动始终围绕着作者自己的主观意向。应用文体写作，尤其是行政公文、事务文书的写作，反映的是机关的意志、集体的主张或领导的意图；它的构思集中了来自领导和群众的各方面意见，是群体思维的结果。

(2)思维模式往往体现定向思维。在内容上要遵循党和国家的方针政策，要符合领导的意图、群众的意愿、工作的实际，构思时往往根据一定的意向确立主旨、材料和文笔基调；在形式上，应用文体对结构、语言和行文都有一定的要求，有些文体甚至有固定的格式。

(3)思维方法要用逻辑思维。应用文体写作的构思要以概念、判断、推理的思维形式，要在现象中抽象本质，要在纷杂中归纳主旨，要靠严密的逻辑论证来表述作者的意图和主张，所以必须使用逻辑思维进行构思。

下面主要介绍提纲的拟写。编写提纲可以按照下面六个步骤进行：

(1)拟标题；

(2)以判断句式写出文稿的基本观点；

(3)考虑全文从几个方面，按什么顺序来阐述基本观点，确定大的层次，定下全文的构成框架；

(4)考虑大层次内的段落，写出主旨；

(5)依次考虑各自然段的安排，把准备的材料按照构思的顺序标上序码；

(6)全面检查提纲，进行必要的增、删、调、补。

(三)草拟阶段

1. 辨别文种。首先要分析写作的意图，尤其是遵命写作，更需要弄清领导的发文旨意；其次，要根据文种的特性来辨别；最后，以行文方向选择文种。

2. 按照主旨组织文章。

3. 做好会商工作。应用文写作内容，有时要牵扯到不同的单位和部门，主办部门要主动联系协商，协办部门理应积极配合，只有取得共识后才能对外行文。

4. 要有时效观念，撰写最好一气呵成，写好后细心修改。

(四)加工修改阶段

应用文草拟完成之后，不等同于应用文写作过程的终结，还需要加工修改。“吟安一个字，拈断数茎须”，虽然讲的是诗歌创作，同样适用于应用文写作。即如有言道：“文章不是写出来的，而是改出来的”。对应用文的修改，不能盲无目的地眉毛胡子一把抓，而要理清头绪，主要可以从如下方面来检查并修改：

1. 文种选择是否正确；

2. 主旨是否正确、单纯、统一；

3. 材料是否真实、必要；

4. 结构模式是否规范；

5. 语言是否得体、精确；

6. 标点符号是否恰当。

二、应用文的写作要求和学习方法

所谓“笔下有人命关天，笔下有财产万千，笔下有是非曲直，笔下有毁誉忠奸”，在应用文的写作与处理过程中，要慎之又慎。

应用文的写作，十分注重“约定俗成”的格式要求。这并非是一种严格规定的法定形式，而是无数前人在写作实践中所取得的某种共同的认识和约定，也可以说是一种审美趣味上的趋同和共识。“约定俗成”虽然不属于法定规范，但它必然包含着写作规范中许多合理因素，我们应该加以继承和保留，不应随意破坏和擅自修改，以免影响应用文的特定交际功能。

（一）要求

1. 实事求是，准确无误；

2. 符合政策，观点鲜明；

3. 熟悉业务，表述精当；

4. 格式规范，文辞简约；

5. 注重时效，养成“一气呵成”的好习惯。

（二）学习方法

1. 学好理论，打牢基础，指导写作；

2. 深入实际，善于揣摩领会领导的意图；

3. 提高思维能力，加强语言修养，多写多练；

4. 模仿例文，典型引路，突出训练。

任务实施

一、请代王洪亮拟写一篇《业务部关于采购办公设备的请示》。

二、如何理解应用写作的“真实性”与“典型性”问题？请举例说明。

三、不定项选择

1. 下列词语表示“征询”的有：________。

A. 是否可行、妥否、当否、是否同意　B. 蒙、承蒙、妥否、当否、是否同意

C. 敬希、烦请、恳请、希望、要求　D. 可行、不可行、希望、妥否

2. 下列词语表示“期请”的有：________。

A. 是否可行、妥否、当否、是否同意　B. 蒙、承蒙、妥否、当否、是否同意

C. 敬希、烦请、恳请、希望、要求　D. 可行、不可行、希望、妥否

3. 下列词语表示“经办”的有：________。

A. 业经、敬悉、希望、恳切

B. 妥否、是否可以、当否、意见如何

C. 业经、前经、即经、复经

D. 获悉、据悉、收悉、欣闻

4. 主题是作者通过文章的具体材料所表达的基本观点，主题应力求：________。

A. 正确　　B. 集中　　C. 深刻　　D. 鲜明

5. 论据可简单地分为两类，这两类是________。

A. 理论论据　　B. 事实论据　　C. 直接论据　　D. 比喻论据

四、修改病句

1. 严重脱离群众和腐败问题，是能够导致党的事业兴衰成败和生死存亡的重大问题。

2. 采用先进技术和节能降耗，使生产成本大幅度下降，去年该产品出厂价为9 000元，今年仅为3 000元，降低了2倍。

3. 开展计算机培训一年来，全局干部职工基本都取得了《计算机操作初级证书》。

4. 某市工商系统县局级领导班子调整后，大专文化程度由过去的54%上升到92%，本科文化程度由过去的29%上升到65%。

5. 某工厂以技术进步为动力，不断致力于新产品、新技术、新工艺、新材料的研制开发。

6. 从大量的报道材料中，反映出我国经济建设战线的大好形势。

7. 昨天是转会截止日期的最后一天，中国足协又接到25名球员递交的转会申请。

五、请欣赏威廉斯的诗歌《便条》与下方修改后的应用文，谈谈自己的感想。

我吃了|冰箱里的|梅子|它们|大概是你|留着|当早餐用的|原谅我|它们太好吃了|那么甜|那么凉

若是把这些分行隔开的文字合在一起，就是一份应用文。

便条

我吃了冰箱里的梅子，它们大概是你留着当早餐用的。原谅我。它们太好吃了，那么甜，那么凉。

模块二　行政公文的写作

蔬菜 II　笔触与[illegible]

任务一 行政公文概述

知识目标

◆ 行政公文的含义、特点、作用与分类

◆ 行政公文的行文规则

能力目标

◆ 形成对公文的正确认识，根据内容恰当地选择文种，模拟写作，具备撰写行政公文的能力

任务描述

2004 年 9 月 29 日，国家林业局发布的《关于促进野生动植物可持续发展的指导意见》称，国家将大力支持果子狸等 54 种野生动物的驯养繁殖，并为其进入市场提供相应的保障措施。10 月 10 日，广东防治 SARS 科技攻关组的专家在“广东省传染性非典型肺炎(SARS)防治研究”科技成果的鉴定会上却认定：果子狸是 SARS 冠状病毒的主要载体。10 月 11 日，国家林业局相关人士在接受晨报记者采访时称，对于日前出台的相关政策并无修改意向。

一个多月后，卫生部下发《2004～2005 年冬春季全国传染性非典型肺炎及流感防治工作方案》，却又要求各地加强对果子狸等野生动物的防治工作，禁止宰杀、烹饪、销售果子狸等野生动物和病禽。收文机关感到无所适从。

任务分析

国家林业局和卫生部下发的两篇公文“公然打架”，在“支持”与“禁止”之间，收文机关茫然无措。两个部门在各自职权范围内行文，但事关人民群众的切身利益，应先做好协商与沟通，在政策上保持一致。

《国家行政机关公文处理办法》第四章第十九条：“部门之间对有关问题未经协商一致，不得各自向下行文。如擅自行文，上级机关应当责令纠正或撤销。”

行政公文是社会公务活动的产物，是行政机关、社会团体、企事业单位办理

行政公务的重要手段。高水平的公文写作，能有效地提高工作质量和工作效率。21世纪，社会需要的是复合型人才，学好公文写作是一种必要的技能。

相关知识

一、公文的含义

行政公文，简称公文，是国家机关及其他社会组织在行使职权和实施管理的过程中所形成的具有法定效力与规范格式的文书，是传达政令，指导、布置和商洽工作，请示和答复问题，报告和交流情况，联系公务、记载工作活动的重要工具。

国务院于2000年8月24日发布的《国家行政机关公文处理办法》中讲道，“行政机关的公文（包括电报，下同）是行政机关在行政管理过程中形成的具有法定效力和规范体式的文书，是依法行政和进行公务活动的重要工具”。

其包含三层含义：

1. 公文形成的主体是国家机关及其他社会组织。
2. 公文是国家机关及其他社会组织处理政务、办理事务的重要工具。
3. 公文是具有法定效力与规范体式的文书。

二、公文的特点

1. 作者的法定性

公文是由法定作者制发的。公文的法定作者是指依法成立并能以自己的名义行使职权、承担义务的社会组织及其领导人。

要注意区分公文的法定作者和公文的起草者。公文的起草者实际上是一种代言作者，是由公文的法定作者指定的，以公文法定作者的助手身份参与公文的起草活动的。

2. 内容的公务性

公文是国家行政机关在管理国家过程中，依法行政和进行公务活动的重要工具。

3. 法定的权威性

公文是由法定作者在法定职权范围内行使职权和处理公务时制作和发布的，因而具有法定的权威性和约束力。公文的法定权威性，还指公文在一定时间和空间内对受文者的行为所产生的指挥、协调、约束、凭证等强制性作用。

4. 严格的时效性

公务问题的解决要求迅速、及时，对公文的写作与处理一直有着严格的时间要求。拖延时间，就可能对社会组织的公务活动造成不良影响。公文的时效性，还指公文的现行效用都有一定的时间界限，不存在永远有效的公文。

5. 体式的规范性

公文是国家行政机关在管理活动中发布和使用的书面信息工具，从形式到内容都体现了制发机关的职权和地位，因此要求公文应该是严肃的、规范的、权威的。为此，1999 年国家技术监督局发布了《国家机关公文格式》，统一了公文的外观样式，加强了公文的规范管理。

6. 制发的程序性

公文具有不同于一般文章的规范程式，它的编制和办理具有一系列的原则、方法、程式和格式。《国家行政机关公文处理办法》和《国家行政机关公文格式》中对行政公文的行文原则、公文办理、归档管理等都有明确的规定，任何机关部门都必须严格遵守，不得随意更改。

三、公文的作用

1. 法规与准绳作用

即颁布法律、法规和规章制度，用来规范社会秩序和人们的行为，从而使整个国家处于有效管理之中。

2. 领导与指导作用

党政机关通过指定一系列路线、方针、政策，并以各种公文形式下达，从而实现对全党、全军和全国各族人民的领导和指导。

3. 宣传与教育作用

公文的宣传教育作用主要体现在，党和国家各级行政机关以公文形式下达方针、政策，用来阐述工作思路、部署工作任务、奖惩干部职工，从而实现动员、号召、教化、劝诫等功能。

4. 凭证与记载作用

公文是党和国家行政机关处理公务活动的真实记载。在现行效用阶段，公文是收文单位工作的依据；在归档以后，公文成为党和国家行政机关进行行政管理的凭据和历史，可备查考之用。

四、公文的种类

（一）按照公文的使用范围划分

按照公文的使用范围，可分为通用公文和专用公文两类。通用公文是指行政机关、社会团体、企事业单位等社会组织在公务活动中制发的公文。专用公文是指专业部门和系统内部根据特定工作内容和要求制发的公文，如司法文书、外交文书、科技文书、会计文书等。

(二)按照公文内容的性质内容划分

1. 法规规定性公文，是指用来颁布法律、法规、规章制度和对有关问题做出规定的公文。

2. 指挥决策性公文，是指上级领导机关或业务主管部门制定的方针政策性文件或发布政令、部署工作、提出指导性意见的公文，直接体现上级机关的意图，如命令、决定、批复等。

3. 公布知照性公文，是指用于向有关方面公布事项、告知情况、联系工作的公文，如通知、通报、公告、通告等。

4. 报请商洽性公文，是指下级单位向所属上级单位汇报、请示工作和反映问题时制发的公文，如请示、报告、函等。

5. 日常事务性公文，是指在日常公务活动中形成的各种文件，如简报、计划、总结、工作日志等。

(三)按照公文的行文关系划分

1. 上行文，是指下级机关向上级机关报送的公文，如报告、请示。

2. 下行文，是指上级机关向下级机关制发的公文，如命令、决定、公告、意见、通知、批复等。

3. 平行文，是指同级机关和不想隶属的机关之间往来使用的公文，经常使用的如函。

(四)按照公文办理的时限划分

1. 平件，是指无保密和时限方面的特殊要求，按照工作常规制发处理的公文。

2. 急件，是指内容重要且紧急，要求迅速传递并且在规定时限内办理完毕的公文。

3. 特急件，是指内容非常重要且特别紧急，必须以最快的速度传递、处理的公文。

(五)按照公文的秘密等级划分

按照公文的秘密等级，可将有保密要求的公文分为绝密、机密、秘密三种。保密文件一经泄露，会给党和国家的安全及利益造成严重损害。因此，保密公文在一定时期内需要限制阅读，并有专人负责处理和保管。

五、公文的行文规则

行文是指各级机关在其公文处理过程中以本机关名义撰制公文向受文机关运行的环节。“行文应当确有必要，注重效用。”

(一)公文的行文关系

行文关系是指在行文时要正确反映处理发文单位与受文单位之间的关系。目前这种关系主要有四种：

1. 隶属关系，即领导与被领导关系。如我国行政管理系统的国务院—省政府—县政府—乡镇政府之间的关系。

2. 指导与被指导关系，主要指业务主管部门之间的关系，如省教育厅与县教育局之间的关系。

3. 不相隶属的平行关系，是指不同垂直系统且不发生直接职能往来的机关之间的关系，如江南大学与无锡市公安局之间的关系。

4. 平级关系，是指同等级别的关系，如省政府之间、某县教育局和公安局之间的关系。

(二)行文方式

按机关隶属关系和公文的发送、效力范围不同，公文的行文一般有三种方向、六种方式：

一是上行方向。包括两种方式：第一，逐级行文，即下级机关直接向上一级机关行文；第二，越级行文，即下级机关在特殊和必要的情况下，越过自己的直接上级领导机关向更高的上级机关直至中央行文。

二是下行方向。包括三种行文方式：其一，逐级行文，即上级机关只行文给自己所属的下级机关；其二，多级行文，即上级机关向下行文时，同时发所属下几级机关，免得逐级转发费时以减少发文层次，提高运转效率；其三，垂直行文，即党政领导机关必要时采取直接传达到人民群众的行文方式，有时还采取登报、广播、电视等形式直接公布于社会。

三是平行方向，即在同一组织系统中同级机关之间运行公文或在不相隶属机关之间运行公文。

(三)行文规则

1. 部门行文规则

(1)政府各职能部门可以相互行文(平行文)，也可以向下一级政府的相关业务部门行文(下行文)；政府各职能部门可以以函的形式向下一级政府商洽工作、询问和答复问题、审批事项，此外一般不得向下一级政府行文。

(2)部门内设机构除办公厅(室)外，不得对外行文。

2. 隶属职权规则

(1)行政机关和军事机关不能互相发指挥性公文，隶属关系不同。

(2)党、政机关按照各自隶属关系和职权范围行文；必要时，可以联合行文。

3. 主管职权规则

(1)部门内职权范围内事务，应当由部门自行或者联合行文。须经政府审批的事项，经政府同意也可由部门行文，但应注明经政府同意。

(2)属于主管部门职权范围内具体问题，应当直接报送主管部门处理。

4. 联合行文规则

(1)同级政府、同级政府各部门、上级政府部门与下一级政府、政府与同级党委和军队机关、政府部门与相应的党组织和军队机关、政府部门与同级人民团体和具有行政职能的事业单位可以联合行文，即联合行文的机关必须是同级机关。

(2)联合行文应当明确主办部门。

(3)联合行文要协商一致。部门之间对有关问题未经协商一致，不得各自向下行文。

5. 抄送规则

(1)向下级机关或者本系统的重要行文，应当同时抄送直接上级机关，以便监督和掌管。

(2)上级机关向受双重领导的机关行文，必要时应抄送另一上级机关。

(3)"请示"一般只写一个主送机关，需同时送其他机关的，用抄送形式。

(4)须报主送机关的公文，需要送其他机关的，用抄送形式。

(5)受双重领导的机关向上级机关行文，应写明主送机关和抄送机关。

6."请示"和"报告"规则

(1)请示应当一文一事；一般只写一个主送机关，需要送其他机关的，用抄送；但不得抄送其下级机关；除领导直接交代的事情外，请示不能直接送领导个人；一般不得越级请示，有必要时，要抄送被越过机关。

(2)报告中不得夹带"请示"事项。

任务实施

1. 某职业技术学院经济管理系要筹建国际贸易实训室，为取得上级机关主要领导人的支持，根据行文规则，该单位应该怎样向上级汇报、怎样行文为当？

2. 某职业技术学院教务处要在院内推行课程改革相关措施，根据行文规则要求，请为其提出公文行文路线设计（即先向哪里行什么文，再向哪里行什么文），并说明行文路线的理论依据。

3. 阅读韩愈的《谏迎佛骨表》，分析韩愈为何因此文获罪，被贬潮州刺史。

臣某言：伏以佛者，夷狄之一法耳，自后汉时流入中国，上古未尝有也。昔者黄帝在位百年，年百一十岁；少昊在位八十年，年百岁；颛顼在位七十九年，年九十八岁；帝喾在位七十年，年百五岁；帝尧在位九十八年，年百一十八岁；帝舜及禹，年皆百岁。此时天下太平，百姓安乐寿考，然而中国未有佛也。其后殷汤亦年百岁，汤孙太戊在位七十五年，武丁在位五十九年，书史不言其年寿所极，推其年数，盖亦俱不减百岁。周文王年九十七岁，武王年九十三岁，穆王在位百年。此时佛法亦未入中国，非因事佛而致然也。

汉明帝时，始有佛法，明帝在位，才十八年耳。其后乱亡相继，运祚不长。宋、齐、梁、陈、元魏已下，事佛渐谨，年代尤促。惟梁武帝在位四十八年，前后三度舍身施佛，宗庙之祭，不用牲牢，昼日一食，止于菜果，其后竟为侯景所逼，饿死台城，国亦寻灭。事佛求福，乃更得祸。由此观之，佛不足事，亦可知矣。

高祖始受隋禅，则议除之。当时群臣材识不远，不能深知先王之道，古今之宜，推阐圣明，以救斯弊，其事遂止，臣常恨焉。伏维睿圣文武皇帝陛下，神圣英武，数千百年以来，未有伦比。即位之初，即不许度人为僧尼道士，又不许创立寺观。臣常以为高祖之志，必行于陛下之手，今纵未能即行，岂可恣之转令盛也？

今闻陛下令群僧迎佛骨于凤翔，御楼以观，舁入大内，又令诸寺递迎供养。臣虽至愚，必知陛下不惑于佛，作此崇奉，以祈福祥也。直以年丰人乐，徇人之心，为京都士庶设诡异之观，戏玩之具耳。安有圣明若此，而肯信此等事哉！然百姓愚冥，易惑难晓，苟见陛下如此，将谓真心事佛，皆云："天子大圣，犹一心敬信；百姓何人，岂合更惜身命！"焚顶烧指，百十为群，解衣散钱，自朝至暮，转相仿效，惟恐后时，老少奔波，弃其业次。若不即加禁遏，更历诸寺，必有断臂脔身以为供养者。伤风败俗，传笑四方，非细事也。

夫佛本夷狄之人，与中国言语不通，衣服殊制；口不言先王之法言，身不服先王之法服；不知君臣之义，父子之情。假如其身至今尚在，奉其国命，来朝京师，陛下容而接之，不过宣政一见，礼宾一设，赐衣一袭，卫而出之于境，不令惑众也。况其身死已久，枯朽之骨，凶秽之馀，岂宜令人宫禁？

孔子曰："敬鬼神而远之。"古之诸侯，行吊于其国，尚令巫祝先以桃茹祓除不祥，然后进吊。今无故取朽秽之物，亲临观之，巫祝不先，桃茹不用，群臣不言其非，御史不举其失，臣实耻之。乞以此骨付之有司，投诸水火，永绝根本，断天下之疑，绝后代之惑。使天下之人，知大圣人之所作为，出于寻常万万也。岂不盛哉！岂不快哉！佛如有灵，能作祸祟，凡有殃咎，宜加臣身，上天鉴临，臣不怨悔。无任感激恳悃之至，谨奉表以闻。臣某诚惶诚恐。

任务二 公文的格式与排版

知识目标

◆ 公文的构成要素及格式

◆ 公文的排版规格与印制装订要求

◆ 公文的特定格式

能力目标

◆ 培养正确使用行政公文各组成要素及标识的能力

◆ 通过对《国家行政机关公文格式》的学习，掌握公文的排版技能

任务引入

厚生公司拟从公司基层管理人员中选拔总经理助理。人力资源部助理陈强大学毕业后经双向选择来到厚生公司，经过五年奋斗，他获得了公司上下的一致认可。今天，他胸有成竹地走进了选拔总经理助理的面试现场。主考官宣布，面试采用“公文筐测验”进行。该方法要求应试者在规定时间内对各种与特定领导工作有关的文件、报表、信件、电话记录等公文进行处理。陈强抽到的题是这样的：

厚生公司根据市政府《关于开展甲型 H1N1 流感防控工作的通知》的精神，给各分公司、各职能部门发一份通知，要求做好今年的甲型 H1N1 流感防控工作。

分公司接到公司通知后，应在规定时间对防控工作进行报告。

如果你是陈刚，该如何去行文呢？

任务分析

公文格式是公文的形式标志，它可以区别于应用文的其他文种，便于处理、

管理和使用,而且也表示出公文的法规性,使公文更好地发挥效用。为了保证公文的权威性、合法性、完整性及准确性,《国家行政机关公文处理办法》第三章对公文格式做出了规范性的规定。

相关知识

公文格式是指公文的外形结构组织及安排。公文格式一般包括构成要素、公文用字、用纸、排版、印刷、装订等。

一、公文的构成要素及格式

《中华人民共和国国家标准(GB/T9704-1999)国家行政机关公文格式》规定:"公文的各要素划分为眉首、主体、版记三部分。置于公文首页红色反线以上的各要素统称眉首;置于红色反线(不含)以下至主题词(不含)之间的各要素统称主体。置于主题词以下的各要素统称版记。"

(一)眉首区

1. 公文份数序号

公文份数序号是将同一文稿印制若干份时每份公文的顺序编号。如需标识公文份数序号,用阿拉伯数码顶格标识在版心左上角第1行。

2. 秘密等级和保密期限

如需标识秘密等级,用3号黑体字,顶格标识在版心右上角第1行,两字之间空1字;如需同时标识秘密等级和保密期限,用3号黑体字,顶格标识在版心右上角第1行,秘密等级和保密期限之间用"★"隔开。

3. 紧急程度

如需标识紧急程度,用3号黑体字,顶格标识在版心右上角第1行,两字之间空1字;如需同时标识秘密等级和紧急程度,秘密等级顶格标识在版心右上角第1行;如需标识秘密等级,用3号黑体字,顶格标识在版心右上角第1行,紧急程度顶格标识在版心右上角第2行。

4. 发文机关标识

由发文机关全称或规范化简称后加"文件"组成;对一些特定的公文可只标识发文机关全称或规范化简称。发文机关标识上边缘至版心上边缘为25mm。对于上报的公文,发文机关标识上边缘至版心上边缘为80mm。如需标识公文份数序号、秘密等级和保密期限以及紧急程度,可在发文机关标识上空2行向下依次标识。

发文机关标识推荐使用小标宋体字,用红色标识。字号由发文机关以醒目美观为原则酌定，但一般应小于 22mm×15mm（高×宽）。

联合行文时应使主办机关名称在前，“文件”两字置于发文机关名称右侧，上下居中排布；如联合行文机关过多，必须保证公文首页显示正文。

5. 发文字号

发文字号由发文机关代字、年份和序号组成。发文机关标识下空 2 行，用 3 号仿宋体字，居中排布；年份、序号用阿拉伯数码标识；年份应标全称，用“[ ]”括入；序号不编虚位（即 1 不编为 001），不加“第”字。

发文机关之下 4mm 处印一条与版心等宽的红色反线。

6. 签发人

上报的公文需标识签发人姓名，平行排列于发文字号右侧。发文字号居左空 1 字，签发人姓名居右空 1 字；签发人用 3 号仿宋体字，签发人后标全角冒号，冒号后用 3 号楷体字标识签发人姓名。

如有多个签发人，主办单位签发人姓名置于第 1 行，其他签发人姓名从第 2 行起在主办单位签发人姓名之下按发文机关顺序依次顺排，下移红色反线，应使发文字号与最后一个签发人姓名处在同一行并使红色反线与之的距离为 4mm。

（二）主体区

1. 公文标题

在红色反线下空两行字的位置居中对称标识。用 2 号小标宋体字，可分一行或多行居中排布；回行时，要做到词意完整，排列对称，间距恰当。

标题中除法规、规章名称可加书名号外，一般不加标点符号。

公文的标题的三个组成部分又称“三要素”，据三要素的不同组合情况，标题形式有四种：第一，三要素俱全的完全式标题，即由“发文机关＋事由＋文种”构成，如《全国人民代表大会常务委员会关于惩治侮辱中华人民共和国国旗国徽罪的决定》。第二，由“事由＋文种”构成，版头本身就有发文机关标识，可以省略发文机关，如《关于进一步加强水利管理的决定》。第三，由“发文机关＋文种”，公告性、权威性公文，可以省略事由，如《中华人民共和国主席令》。也有仅用文种的，主要是公告性的公文，泛行文。

2. 主送机关

即受文办理机关，要使用机关的全称或规范化简称。

标题下空 1 行，左侧顶格用 3 号仿宋体字标识，回行时仍顶格；最后一个主送机关名称后标全角冒号。如主送机关名称过多而使公文首页不能显示正文时，应将主送机关名称移至版记中的主题词之下、抄送之上，标识方法同抄送。

3. 正文

在主送机关下一行用 3 号仿宋体字，每自然段开头空 2 字，回行顶格。

篇幅较长的公文可划分若干层次。每个层次下又包含若干自然段。层次前可加小标题。小标题的书写格式有以下几种：占一行，居中排印，题前加与不加序码皆可；占一行，靠左空两格排印，一般要加序码；不单占一行，加序码，置于一段句首位置。

4. 附件

是随公文发送的附属文件或材料，是补充公文正文内容的材料。

公文如有附件，在正文下空 1 行左空 2 字用 3 号仿字体字标识"附件"，后标全角冒号和名称。附件如有序号使用阿拉伯数码（如"附件：1. ×××"）；附件名称后不加标点符号。附件应与公文正文一起装订，并在附件左上角第 1 行顶格标识"附件"，有序号时标识序号；附件的序号和名称前后标识应一致。如附件与公文正文不能一起装订，应在附件左上角第 1 行顶格标识公文的发文字号并在其后标识附件（或带序号）。

5. 成文时间

是指公文的生效日期，一般标识在图文右侧空 4 字的位置，用汉字将年、月、日标全，"零"写为"○"。

一般公文成文时间以领导人签发日期为准；联合行文，以最后签发机关领导的签发日期为准。电报以发出时间为准。会议通过的公文，以通过日期为准。法规性文书，以通过或者批准日期为准；有生效、执行日期的，一般在条文最后专门说明。

6. 印章

是公文生效的标识。公文除会议纪要、电报、翻印文件外，均应加盖印章。联合上报的公文，由主办机关加盖印章；联合下发的公文，发文机关都要加盖印章。

印章要加盖在成文日期上。当印章下弧无文字时，采用下套方式，即以下弧压盖在成文日期上；当印章下弧有文字时，采用中套方式，即以印章中线压在成文日期上。

联合行文需加盖两个印章时，应将成文时间拉开，左右各空 7 字；主办机关印章在前；两个印章均压成文时间。

当联合行文需加盖 3 个以上印章时，为防止出现空白印章，应将各发文机关名称（可用简称）排在发文时间和正文之间。主办机关印章在前，每排最多排 3 个印章，两端不得超出版心；最后一排如余一个或两个印章，均居中排布。

7. 特殊情况说明

当公文排版后所剩空白处不能容下印章位置时，应采取调整行距、字距的措施加以解决，务使印章与正文同处一面，不得采取标识“此页无正文”的方法解决。

8. 附注

一般是对公文的发送范围、使用注意事项的说明。公文如有附注，用 3 号仿宋体字，居左空 2 字加圆括号标识在成文日期下 1 行。

（三）版记区

1. 主题词

是反映公文主要内容或文件类别的规范化名词或名词性词组。按类别词、类属词、文种的顺序排列，除类别词外，最多不超过 5 个。“主题词”3 字用 3 号黑体字，全角冒号；词目用 3 号小标宋体字，词目之间空一字。

标注主题词，应尽量使用国务院及省部有关秘书机关发布的《主题词表》。

2. 抄送机关

是指除主送机关之外需要知晓或执行公文的其他机关。

公文如有抄送机关，在主题词下 1 行；左右各空 1 字，用 3 号仿宋体字标识“抄送”，后标全角冒号；抄送机关间用逗号隔开，回行时与冒号后的抄送机关对齐；在最后一个抄送机关后标句号。如主送机关移至主题词之下，标识方法同抄送机关。

3. 印发机关和印发时间

位于抄送机关之下（无抄送机关在主题词之下）占 1 行位置；用 3 号仿宋体字。印发机关左空 1 字，印发日期右空 1 字。印发日期以公文付印的日期为准，用阿拉伯数码标识。

4. 版记中的反线和位置

版记中各要素之下均加一条反线，宽度同版心。

版记应置于公文最后一面，版记的最后一个要素置于最后一行。

5. 页码

用 4 号半角白体阿拉伯数码，置于版心下边缘之下一行，数码左右各放一条 4 号一字线。一字线距版心下边缘 7mm。单页码居右空一字，双页码居左空一字。

二、公文的排版规格与印制装订要求

1. 排版规格：正文使用 3 号仿宋体字，其他字形则随需要进行标识。一般有小标宋体、黑体、楷体等字形。一般每面排22行，每行排28个字。

2. 用纸要求：公文用纸采用A4型，幅面尺寸为210mm×297mm。版面尺寸上白边(天头)空37mm±1mm，左白边订口空28mm±1mm。张贴的公文，应根据实际大小。

3. 装订要求：公文应左侧装订，不掉页。包本公文的封面与书芯不脱落，后背平整、不空。两页页码之间误差不超过4mm。页码顺序正确。裁切正品四角成90°，无毛茬或缺损。

4. 双面印刷，页码套正，版心不斜。印品着墨实、均匀；字面不花、不白、无断划。

三、公文的特定格式

1. 信函式格式

发文机关名称上边缘距上页边的距离为30mm，推荐用小标宋体字，字号由发文机关酌定；发文机关全称下4mm处为一条武文线(上粗下细)，距下页边20mm处为一条文武线(上细下粗)，两条线长均为170mm。每行居中排28个字。首页不显示页码。发文机关名称及双线均印红色。发文字号置于武文线下1行版心右边缘顶格标识。发文字号下空1行标识公文标题。如需标识秘密等级或紧急程度，可置于武文线下1行版心左边缘顶格标识。两线之间其他要素的标识方法从本标准相应要素说明。.

2. 命令格式

命令标识由发文机关名称加“命令”或“令”组成，用红色小标宋体字，字号由发文机关酌定。命令标识上边缘距版心上边缘20mm，下边缘空2行居中标识令号；令号下空2行标识正文。

正文下空1行右空4字标识签发人签名章，签名章左空2字标识签发人职务；联合发布的命令或令的签发人职务应标识全称。在签发人签名章下空1行右空2字标识成文日期。其他要素从本标准相关要素说明。

3. 会议纪要格式

会议纪要标识由“×××会议纪要”组成，用红色小标宋体字，字号由发文机关酌定。会议纪要不加盖印章。其他要素从本标准相关要素说明。

任务实施

1. 运用办公软件，严格按照公文格式要求，绘制公文格式图。
2. 严格按照公文格式要求，制作一份完整的“红头文件”。

任务三 指挥决策类公文的写作

知识目标

◆ 命令的概念、特点、格式与写作要求

◆ 决定的概念、特点、分类、格式与写作要求

◆ 意见的概念、特点、格式与写作要求

能力目标

◆ 提高对指挥决策类公文相应的工作情景分析、评价的能力

◆ 掌握命令、决定、意见等指挥决策类公文的格式与写作要求，能够熟练进行以上文种的写作

任务引入

安全文化是企业文化的组成部分，是文化创新的重要内容。为切实加强安全文化建设，强化广大职工的安全生产意识，在全公司上下营造“关注安全、关爱生命”的良好氛围，确保安全文明生产，厚生公司准备在 2011 年 2 月举办“安全建设活动月”活动。

请代为拟写一篇《厚生公司关于安全文化建设的意见》，对即将开展的安全文化建设活动作出指示与安排。

任务分析

指挥决策类公文主要包括命令、决定、意见等文种。此类公文的基本功能是指挥决策，规格较高，权威性最强，强制力明显，语言庄重严肃，需要受文机关严格执行。本任务就是通过对这几种公文的学习，理解其概念、特点、分类等，掌握其格式要求及撰写的注意事项。

撰写此类公文，要求做到庄重、准确、权威。注意使用命令时作者的权限性，意见行文的多向性。要注意进行表彰时，应根据不同的对象和等级来选择相应规格的文种。

相关知识

一、命令(令)的写作

(一)命令的概念

命令,又称"令",是国家机关依照有关法律发布行政法规和规章,宣布施行重大强制性行政措施,嘉奖有关单位及人员时使用的文种。

(二)命令的特点

1. 作者的限定性

据有关法律规定,全国人民代表大会常务委员会委员长;国家主席;国务院,国务院总理;国务院各部、各委员会及其行政领导;县级以上地方各级人民政府及其领导人在法定职权内可以使用命令。其他任何单位和个人均不得发布命令。命令一旦发布,任何个人和组织均不得违背。

2. 效力的强制性

所谓"令行禁止"、"军令如山倒",讲的就是命令的强制性特征。受令单位和有关人员必须严格遵守,绝对服从,没有商洽变通的余地。令出必行,违反命令或抗拒执行命令,就要受到惩罚。在现行所有行政公文中,命令是强制性最强的。

3. 行文的严肃性

因为命令的强制性和权威性,使用命令必须严肃慎重,不能朝令夕改。也就是"慎乃令出,令出准行",视命令如儿戏,即会出现"烽火戏诸侯"的不良结果。

4. 内容的限定性

命令的适用范围有所限制,发布命令必须以法律或法令作为依据,寻常公务一般不适用命令。

(三)命令的格式要求

命令(令)一般由标题、编号、正文、署名与成文日期五个部分构成。

1. 标题

命令(令)的标题一般有三种形式:

第一种是发文机关、事由、文种三要素齐全式,主要用于行政指挥令,如《国务院关于在我国统一实行法定计量单位的命令》。

第二种标题由发文机关(或机关领导人)与文种两部分构成,适用于发布令和任免令,如《中华人民共和国主席令》。

第三种是直接以某一命令文种作标题,用于嘉奖令、通缉令、特赦令等。

2. 编号

命令的编号有两种。当命令标题三要素俱全时，采用一般公文发文字号来编号；当以领导人的名义签署命令时，采用流水号，即从该届政府或领导人任职时开始编排，到任期满为止。

3. 正文

不同类型的命令，正文的写作要求有所不同。

(1)公布令，是颁布法律、法令和法规时使用的令文。

公布令正文比较简短，一般由颁布对象、颁布根据、颁布决定、执行要求四部分组成。颁布对象，指所公布的法规文件的名称；颁布根据，说明是经过什么会议通过或由什么领导机关批准的；颁布决定，即公布或批准的决定，一般有“现予颁布(公布、发布)”、“现予公布施行”等；执行要求，一般指公布的法规文件开始生效实施的时间要求。公布令正文后要附上所颁布的法规文件。

“公布令”的制发者必须是具有制定、发布行政法规、规章权的国家行政机关。如国家行政法规的制发主体是国务院；“部门规章”由国务院各部门制发；“政府规章”即地方人民政府制发的规章，由省、自治区、直辖市以及省、自治区人民政府所在地的市和经国务院批准的较大的城市、计划单列市的人民政府根据法律、行政法规和地方性法规而制定。以上行政法规和规章均可使用“公布令”来发布。一些地区、部门根据行政法规、地方法规、规章而制定的不属于法规、规章的“类规章性文件”，不得使用“公布令”，而应用“通知”予以发布。

(2)行政令，是采取重大强制性行政措施时使用的令文。

行政令的正文一般分为三个部分，即命令缘由、命令事项和执行要求。

命令缘由，着重阐明发令原因，扼要写明发令的背景、形势和缘由，揭示发令的目的和意义，使受令方面了解执行此令的重要性，增强执行命令的自觉性。

命令事项，是命令的主体部分，也就是命令所要采取的重大的强制性措施。要分条款或分层次地写明规定事项、工作要求、方法步骤。文字要写得具体、肯定、简明、庄重，不作议论。使受令方面一目了然，易于执行。

执行要求，是命令事项的补充，对受令方面提出要求和嘱咐。有的令文执行要求已在前面两部分讲明，就不必再单独写。有的命令正文没有明显地分为三个部分，而是篇段合一的。

(3)嘉奖令，是上级对下级授予荣誉称号，表彰、奖励时使用的令文。嘉奖令的正文一般包括四个部分，即优秀事迹、性质和意义、嘉奖项目、希望和号召。

优秀事迹，是构成嘉奖令的依据和基础，主要写被嘉奖对象的英雄模范事迹。嘉奖项目，是嘉奖令的主要成分。要交代是什么机构或什么会议决定给予嘉奖，嘉奖项目有哪些。然后，要根据嘉奖对象的事迹，扼要地写出对受奖者的勉励和对大家的希望。

撰写嘉奖令应注意:第一,嘉奖令并不常用,凡发令嘉奖的,必须是相当突出的英雄模范人物,其功绩显赫,影响甚大,足以全国人民群众效法、学习。第二,嘉奖令既要叙述事迹,又要议论意义,还要有号召力,就要求注意语言的运用,要实事求是地概括,不能夸张渲染。

(四)拟写命令的注意事项

1. 命令(令)是一种庄重严肃的公文,使用必须审慎,既不能滥用职权,随意发号施令,也不可朝令夕改,使下级无所适从。

2. 命令(令)的正文部分应写得庄重质朴、简短严谨,主要是传达领导机关的决策,不需做具体的分析或说明。命令(令)的语气要坚决有力,文字要精当明确,不可使用模棱两可的语言或商量的口吻。

3. 奖惩令,篇幅较长,内容比较丰富,行文感情色彩较重,有很强的号召力和感染力。嘉奖令比较常见。惩罚令很少见,一般以通报的形式代替。

4. 任免令是命令的一种,但并非所有的任免事项都要用它来公布。重要的人事任免,即中央及国务院各部委的人事任免,通常以命令的形式来公布;其他人事任免,即省级以下的人事任免,常以决定、通知、批复等文种来公布。

(五)例文评析

1.任免令

中华人民共和国主席令

第一号

根据中华人民共和国第十一届全国人民代表大会第一次会议的决定,任命温家宝为中华人民共和国国务院总理。

中华人民共和国主席胡锦涛

2008 年 3 月 16 日

【简析】

这是任免令的一般写作样式。由任免依据、任免人员的姓名与职务构成,简洁有力。其发文字号就属于流水编号,从胡锦涛任此届国家主席日算起,到任职结束为止。

2.公布令

北京市人民政府关于公布《北京市劳动合同规定》的命令

北京市人民政府令[京政发 2001]第 91 号

《北京市劳动合同规定》已经 2001 年 12 月 13 日市人民政府第 43 次常务会

议通过，予以公布，自 2002 年 2 月 1 日起执行。

市长刘淇

2001 年 12 月 24 日

【简析】

此令用于公布《北京市劳动合同规定》，由颁布对象、颁布根据、颁布决定、执行要求四部分组成。落笔有据，条理清晰，简明扼要，文风庄重，用语规范，逻辑性强。

3. 行政令

国务院关于在我国统一实行法定计量单位的命令

1959 年国务院发布《关于统一计量制度的命令》，确定米制为我国的基本计量制度以来，全国推广米制、改革市制、限制英制和废除旧杂制的工作；取得了显著成绩。为贯彻对外实行开放政策，对内搞活经济的方针，适应我国国民经济、文化教育事业的发展，以及推进科学技术进步和扩大国际经济、文化交流的需要，国务院决定在采用先进的国际单位制的基础上，进一步统一我国的计量单位。经 1984 年 1 月 20 日国务院第 21 次常务会议讨论，通过了国家计量局《关于在我国统一实行法定计量单位的请示报告》、《全面推行我国法定计量单位的意见》和《中华人民共和国法定计量单位》。现发布命令如下：

一、我国的计量单位一律采用《中华人民共和国法定计量单位》(附后)。

二、我国目前在人民生活中采用的市制计量单位，可以延续使用到 1990 年，1990 年底以前要完成向国家法定计量单位的过渡。农田土地面积计量单位的改革，要在调查研究的基础上制定改革方案，另行公布。

三、计量单位的改革是一项涉及各行各业的广大人民群众的事，各地区、各部门务必充分重视，制定积极稳妥的实施计划，保证顺利完成。

四、本命令责成国家计量局负责贯彻执行。

本命令自公布之日起生效。过去颁布的有关规定，与本命令有抵触的，以本命令为准。

【简析】

此令由命令缘由、命令事项、执行要求三部分组成。命令缘由，首先讲述了颁布命令的背景，然后阐明颁布的目的、依据。命令事项，条理清楚。执行要求，用语明确。

4. 奖惩令

国务院 中央军委关于授予金春明同志“雷锋式消防战士”荣誉称号的命令

国函[2006]31号

公安部：

国务院、中央军委决定：授予辽宁省公安消防总队本溪市支队明山区大队特勤中队一班班长金春明“雷锋式消防战士”荣誉称号。

金春明，男，朝鲜族，1977年12月出生，黑龙江省尚志市人，中共党员。金春明同志1995年12月入伍以来，始终以雷锋同志为榜样，视人民群众的利益高于一切，在平凡的岗位上做出了不平凡的业绩。他忠于职守，英勇顽强，不畏艰险，冲锋在前，共参加灭火救援战斗1 500多次，抢救遇险群众65人，先后11次立功，7次被评为优秀士兵，被本溪市公安局授予“忠诚卫士”荣誉称号，被公安部授予“模范消防战士”荣誉称号。他胸怀报效祖国和人民的志向，勤学苦练，奋发有为，练就了过硬本领，曾连续三年获得本溪市公安消防支队技能大比武冠军，先后被评为辽宁省公安消防部队“十大杰出官兵”、“十佳战斗班班长”和全国公安消防部队执勤岗位练兵“十佳技术能手”。他牢记为人民服务的宗旨，心系群众，爱民为民，以弘扬雷锋精神为己任，长期照顾孤寡老人，全力资助贫困学生，深受驻地人民群众的好评，曾先后8次被评为优秀共产党员，分别被共青团本溪市委员会和本溪市委精神文明建设指导委员会办公室授予“希望工程特殊贡献奖”和“学雷锋标兵”荣誉称号，先后荣获“辽宁省雷锋奖章”、“辽宁省青年五四奖章”和“中国青年五四奖章”，并被评为全国民族团结进步模范个人、军民共建社会主义精神文明先进个人。

金春明同志忠于党的事业，在生与死的考验中，敢于赴汤蹈火、冲锋陷阵，为保卫人民群众生命财产安全作出了突出贡献。他爱岗敬业，爱警习武，苦练本领，勇攀高峰，是新时期消防官兵的杰出代表。他自觉传承、大力弘扬雷锋精神，从警为民，乐于奉献，为人民抛洒一片爱心，是新时期青年的楷模。金春明同志以朴实无华、一心为民的高尚情操、勇攀高峰的进取精神、精湛过人的专业技能、冲锋在前的英雄气概、无私奉献的优秀品德，忠实地践行了“三个代表”重要思想和全心全意为人民服务的宗旨，用雷锋精神抒写了新时期革命军人爱民为民的壮丽诗篇。

国务院、中央军委号召全体公安民警、武警官兵和全军指战员以金春明同志为榜样，认真学习邓小平理论和“三个代表”重要思想，牢固树立和落实科学发展观，继承和发扬我党、我军优良传统，不断提高队伍的整体素质和战斗力，全心全意为人民服务，努力完成党和人民赋予的各项任务，为保障人民安居乐业和全面建设小康社会作出新贡献。

国务院总理　温家宝
中央军委主席　胡锦涛
二〇〇六年五月二日

【简析】

此令主要由嘉奖决定、嘉奖原因(即先进事迹)、重要意义与希望号召四部分构成。有针对性、鼓动性,可以起到宣传教育的效果。

二、决定的写作

(一)决定的概念

决定,适用于对重要事项或者重大行动做出安排,奖惩有关单位及人员,变更或者撤销下级机关不适当的决定事项的公文,是一种具有决策、指挥性质的公文。既可以是经会议讨论通过的,也可由领导机关根据职权或有关规定作出。

(二)决定的特点

1. 权威性

决定,是对重要事项或重大行动做出安排,具有决策、指挥的性质,因而具有权威性。

2. 指导性

决定用于记载或传达党和国家领导机关对重要事项或重大行动的决策,有较强的政策性和理论性,具有指导下级机关工作的作用。

3. 决断性

决定,"决"即"决断","定"即"定夺"。发文机关根据有关方针政策及现实需要,在法定范围内,有权对有关事项、行动做出安排,不受其他条件、因素的制约。

4. 法规性

制法"决定"的目的是为了规范受文机关及人员的行为,受文机关及其人员必须坚决遵守执行。

(三)决定的分类

1. 部署性决定,即对重要事项做出处理或安排的决定。常用于领导机关对重大的政治活动、行政活动、经济活动等做出安排,有较强的执行要求。撰写这种决定,要讲政治,看清形势,说明其重要性或必要性,使下级机关能充分明确目标,增强执行的自觉性与准确性。如《国务院关于整顿和规范市场经济秩序的决定》。

2. 公布性决定，用于公布被批准或修改的文件，以及由政府部门制定的行政法规。如《全国人民代表大会常务委员会关于批准〈经济、社会及文化权利公约〉的决定》。

3. 变更性决定，即“适用于变更或撤销下级机关不适当的决定事项”。如《广东省人民代表大会常务委员会关于××县七届人大第一次会议选举县长结果无效的决定》。

(四)决定的格式要求

决定一般由标题、主送单位、正文、落款等部分组成。

1. 标题

一般情况是三要素俱全，如《中共中央国务院关于卫生改革与发展的决定》；少数由发文机关和文种构成，如《全国人民代表大会常务委员会决定》。

2. 通过时间

会议通过的决定，以“题注”形式注明通过决定的会议名称和日期，正文写完后，不再落款。一般决定需要在落款处注明发文机关和成文日期。

3. 正文

(1)开头：写明制发的缘由，即制发的原因、目的或意义。决定缘由应充分适当。

(2)主体：写对重要问题或重大行动所做出决定的具体内容。决定事项应明确具体。

(3)结束语：末尾一般要表示要求、号召和希望，但不是每篇都必须写这些内容。

(五)拟写决定的注意事项

1. 关于表彰先进、授予荣誉称号或者惩罚错误的公文。一般授予重要的荣誉称号可用“命令”；在有关法规、规章及条例、条令中有明确规定的奖惩事项，可用“决定”；一般的表扬先进、批评错误，用“通报”。

2. 决定用于提出重大的工作任务；指示用于贯彻方针、政策，对下级机关布置工作并作指导性指导。指示比决定稍显具体。国家行政机关只可使用“决定”，党的机关可使用“决定”与“指示”两个文种。

3. 决定内容必须符合党和国家有关方针、政策、法律、法规并与上级或同级机关有关规定保持一致，与本机关的原有规定紧密衔接，不得抵触或有矛盾，注意政策的连续性。

(六)例文评析

1. 部署性决定

中共中央关于构建社会主义和谐社会若干重大问题的决定

（2006年10月11日中国共产党第十六届中央委员会第六次全体会议通过）

中国共产党第十六届中央委员会第六次全体会议，全面分析了形势和任务，研究了构建社会主义和谐社会的若干重大问题，作出如下决定。

一、构建社会主义和谐社会的重要性和紧迫性

社会和谐是中国特色社会主义的本质属性，是国家富强、民族振兴、人民幸福的重要保证。构建社会主义和谐社会，是我们党以马克思列宁主义、毛泽东思想、邓小平理论和“三个代表”重要思想为指导，全面贯彻落实科学发展观，从中国特色社会主义事业总体布局和全面建设小康社会全局出发提出的重大战略任务，反映了建设富强民主文明和谐的社会主义现代化国家的内在要求，体现了全党全国各族人民的共同愿望。（略）

二、构建社会主义和谐社会的指导思想、目标任务和原则

我们要构建的社会主义和谐社会，是在中国特色社会主义道路上，中国共产党领导全体人民共同建设、共同享有的和谐社会。必须坚持以马克思列宁主义、毛泽东思想、邓小平理论和“三个代表”重要思想为指导，坚持党的基本路线、基本纲领、基本经验，坚持以科学发展观统领经济社会发展全局，按照民主法治、公平正义、诚信友爱、充满活力、安定有序、人与自然和谐相处的总要求，以解决人民群众最关心、最直接、最现实的利益问题为重点，着力发展社会事业、促进社会公平正义、建设和谐文化、完善社会管理、增强社会创造活力，走共同富裕道路，推动社会建设与经济建设、政治建设、文化建设协调发展。（略）

三、坚持协调发展，加强社会事业建设

社会要和谐，首先要发展。社会和谐在很大程度上取决于社会生产力的发展水平，取决于发展的协调性。必须坚持用发展的办法解决前进中的问题，大力发展社会生产力，不断为社会和谐创造雄厚的物质基础。同时，更加注重解决发展不平衡问题，更加注重发展社会事业，推动经济社会协调发展。（略）

四、加强制度建设，保障社会公平正义

社会公平正义是社会和谐的基本条件，制度是社会公平正义的根本保证。必须加紧建设对保障社会公平正义具有重大作用的制度，保障人民在政治、经济、文化、社会等方面的权利和利益，引导公民依法行使权利、履行义务。（略）

五、建设和谐文化，巩固社会和谐的思想道德基础

建设和谐文化，是构建社会主义和谐社会的重要任务。社会主义核心价值体系是建设和谐文化的根本。必须坚持马克思主义在意识形态领域的指导地位，牢牢把握社会主义先进文化的前进方向，弘扬民族优秀文化传统，借鉴人类

有益文明成果，倡导和谐理念，培育和谐精神，进一步形成全社会共同的理想信念和道德规范，打牢全党全国各族人民团结奋斗的思想道德基础。（略）

六、完善社会管理，保持社会安定有序

加强社会管理，维护社会稳定，是构建社会主义和谐社会的必然要求。必须创新社会管理体制，整合社会管理资源，提高社会管理水平，健全党委领导、政府负责、社会协同、公众参与的社会管理格局，在服务中实施管理，在管理中体现服务。（略）

七、激发社会活力，增进社会团结和睦

社会主义和谐社会既是充满活力的社会，也是团结和睦的社会。必须最大限度地激发社会活力，促进政党关系、民族关系、宗教关系、阶层关系、海内外同胞关系的和谐，巩固全国各族人民的大团结，巩固海内外中华儿女的大团结。（略）

八、加强党对构建社会主义和谐社会的领导

构建社会主义和谐社会，关键在党。必须充分发挥党的领导核心作用，坚持立党为公、执政为民，以党的执政能力建设和先进性建设推动社会主义和谐社会建设，为构建社会主义和谐社会提供坚强有力的政治保证。（略）

和谐凝聚力量，和谐成就伟业。构建社会主义和谐社会是建设中国特色社会主义的重大战略任务，是对我们党执政能力的重大考验。全党同志要紧密团结在以胡锦涛同志为总书记的党中央周围，带领全国各族人民万众一心、锐意进取，为把我国建设成为富强民主文明和谐的社会主义现代化国家而奋斗！

【简析】

本文为中共中央对构建社会主义和谐社会所做出的重要安排，是党对国家的政治领导与管理。撰写这种决定，要讲政治，要看清形势，说明其重要性或必要性，使下级机关能充分明确目标，增强其执行的自觉性与准确性。

第一部分，“构建社会主义和谐社会的重要性和紧迫性”，主要讲述制发本决定的缘由，从和谐社会的属性谈构建的重要性，从建国以来的形势与状况来谈其紧迫性；第二部分至第八部分，是本决定的事项，对构建社会主义和谐社会所作出决定的具体事项，首先讲述其指导思想、目标任务和原则，再分别从社会事业建设、制度建设、文化建设、社会管理、社会活力五个方面进行论述，最后指明要加强党对构建社会主义和谐社会的领导，明确而具体。最后一段，是结束语，提出希望与号召。

2. 公布性决定

全国人民代表大会常务委员会关于批准《经济、社会及文化权利国际公约》的决定

（2001年2月28日通过）

第九届全国人民代表大会常务委员会第二十次会议决定：批准我国政府于1997年10月27日签署的《经济、社会及文化权利国际公约》。同时，声明如下：

一、中华人民共和国政府对《经济、社会及文化权利国际公约》第八条第一款（甲）项，将依据《中华人民共和国宪法》、《中华人民共和国工会法》和《中华人民共和国劳动法》等法律的有关规定办理。

二、根据1997年6月20日和1999年12月2日中华人民共和国常驻联合国代表先后致联合国秘书长的照会，《经济、社会及文化权利国际公约》适用于中华人民共和国香港特别行政区和中华人民共和国澳门特别行政区，依照《中华人民共和国香港特别行政区基本法》和《中华人民共和国澳门特别行政区基本法》的规定，通过各该特别行政区的法律予以实施。

三、台湾当局于1967年10月5日盗用中国名义对《经济、社会及文化权利国际公约》所作的签署是非法和无效的。

【简析】

本文属于公布性决定，用于公布被批准的文件，即《经济、社会及文化权利国际公约》。首先，说明批准决定，即批准的主体与时间；然后做出重要声明，由批准的依据及针对特殊地区所作出的安排组成，态度明确，不容置疑。

三、意见的写作

（一）意见的概念

意见是对某项事业或工作提出见解和处理办法的指导性公文。它使用的范围非常广泛，不论哪个领域或哪个部门以及个人要提出或陈述建议与设想，都可以使用。

意见主要包括政策性意见和工作性意见。

（二）意见的特点

1. 内容的针对性

意见总是根据现实的需要，针对某一重要的问题提出见解或处理意见。通常不是具体的工作安排，而是宏观上提出见解和意见，要求受文单位结合实际情况，参照文件精神来办理，有一定的灵活性。

2. 行文的多向性

当下级机关有重要问题向上级反映并提出意见时，意见可以是上行文；当上级机关就某一重大问题向下级机关提出意见并做出安排时，意见可以是下行文;意见还可以是平行文。

3. 功用的指导性或建议性

上级机关执法的意见,对下级机关具有原则上的指导作用;下级机关对超出自己职权范围的问题,向上级机关呈送意见,对上级机关批准或认可起到建议参考作用。

(三)意见的格式要求

1. 标题

由制发意见的机关名称、事由、文种三个部分组成。如两个以上机关联合制发的,在标题上应给予标明。

2. 正文

主要包括制发意见的依据或原因、内容、要求等几个部分。

(1)制发的依据或原因。意见的开头应依据某一政策或精神,针对某一现象或问题,简要说明制发意见的依据、意义或原因,其目的是使执行者明确制发意见的重要意义,从而增强执行意见的自觉性和主动性。

(2)意见内容。即意见的主体,包括指导原则、工作任务、措施步骤及其他有关事项,这部分篇幅的长短依内容而定。

(3)执行要求。这部分是意见内容的延续与补充,多用于时限要求、注意事项、希望与要求等。

3. 签署及成文日期

(四)拟写意见的注意事项

1. 撰写意见,必须具有明确的政策依据与法规依据。

2. 应从实际出发,意见最重要的是讲究建设性与可行性。

3. 意见的内容应明确具体,即工作目标明确,政策界限清楚,措施方法具体得当。

(五)例文评析

中共中央国务院关于推进社会主义新农村建设的若干意见

(2005 年 12 月 31 日)

党的十六届五中全会通过的《中共中央关于制定国民经济和社会发展第十一个五年规划的建议》,明确了今后 5 年我国经济社会发展的奋斗目标和行动纲领,提出了建设社会主义新农村的重大历史任务,为做好当前和今后一个时期的"三农"工作指明了方向。

近几年,党中央、国务院以科学发展观统领经济社会发展全局,按照统筹城乡发展的要求,采取了一系列支农惠农的重大政策。各地区各部门认真落实中央部署，切实加强“三农”工作，农业和农村发展出现了积极变化，迎来了新的发展机遇。粮食连续两年较大幅度增产，农业结构调整向纵深推进，农民收入较快增长，农村税费改革取得重大成果，社会事业进一步发展，农村基层组织建设得到加强，干群关系明显改善。农业和农村发展的好形势，对保持国民经济平稳较快增长和社会稳定，发挥了重要的支撑作用。但必须看到，当前农业和农村发展仍然处在艰难的爬坡阶段，农业基础设施脆弱、农村社会事业发展滞后、城乡居民收入差距扩大的矛盾依然突出，解决好“三农”问题仍然是工业化、城镇化进程中重大而艰巨的历史任务。各级党委和政府必须按照党的十六届五中全会的战略部署，始终把“三农”工作放在重中之重，切实把建设社会主义新农村的各项任务落到实处，加快农村全面小康和现代化建设步伐。

一、统筹城乡经济社会发展，扎实推进社会主义新农村建设

(1)建设社会主义新农村是我国现代化进程中的重大历史任务。全面建设小康社会，最艰巨最繁重的任务在农村。加速推进现代化，必须妥善处理工农城乡关系。构建社会主义和谐社会，必须促进农村经济社会全面进步。农村人口众多是我国的国情，只有发展好农村经济，建设好农民的家园，让农民过上宽裕的生活，才能保障全体人民共享经济社会发展成果，才能不断扩大内需和促进国民经济持续发展。当前，我国总体上已进入以工促农、以城带乡的发展阶段，初步具备了加大力度扶持“三农”的能力和条件。“十一五”时期，必须抓住机遇，加快改变农村经济社会发展滞后的局面，扎实稳步推进社会主义新农村建设。

(2)围绕社会主义新农村建设做好农业和农村工作。“十一五”时期是社会主义新农村建设打下坚实基础的关键时期，是推进现代农业建设迈出重大步伐的关键时期，是构建新型工农城乡关系取得突破进展的关键时期，也是农村全面建设小康加速推进的关键时期。“十一五”时期要高举邓小平理论和“三个代表”重要思想伟大旗帜，全面贯彻落实科学发展观，统筹城乡经济社会发展，实行工业反哺农业、城市支持农村和“多予少取放活”的方针，按照“生产发展、生活宽裕、乡风文明、村容整洁、管理民主”的要求，协调推进农村经济建设、政治建设、文化建设、社会建设和党的建设。当前，要完善强化支农政策，建设现代农业，稳定发展粮食生产，积极调整农业结构，加强基础设施建设，加强农村民主政治建设和精神文明建设，加快社会事业发展，推进农村综合改革，促进农民持续增收，确保社会主义新农村建设有良好开局。

(3)扎实稳步推进社会主义新农村建设。推进新农村建设是一项长期而繁重的历史任务，必须坚持以发展农村经济为中心，进一步解放和发展农村生产力，促进粮食稳定发展、农民持续增收；必须坚持农村基本经营制度，尊重农民

的主体地位，不断创新农村体制机制；必须坚持以人为本，着力解决农民生产生活中最迫切的实际问题，切实让农民得到实惠；必须坚持科学规划，实行因地制宜、分类指导，有计划有步骤有重点地逐步推进；必须坚持发挥各方面积极性，依靠农民辛勤劳动、国家扶持和社会力量的广泛参与，使新农村建设成为全党全社会的共同行动。在推进新农村建设工作中，要注重实效，不搞形式主义；要量力而行，不盲目攀比；要民主商议，不强迫命令；要突出特色，不强求一律；要引导扶持，不包办代替。

(4)加快建立以工促农、以城带乡的长效机制。顺应经济社会发展阶段性变化和建设社会主义新农村的要求，坚持"多予少取放活"的方针，重点在"多予"上下工夫。调整国民收入分配格局，国家财政支出、预算内固定资产投资和信贷投放，要按照存量适度调整、增量重点倾斜的原则，不断增加对农业和农村的投入。扩大公共财政覆盖农村的范围，建立健全财政支农资金稳定增长机制。2006年，国家财政支农资金增量要高于上年，国债和预算内资金用于农村建设的比重要高于上年，其中直接用于改善农村生产生活条件的资金要高于上年，并逐步形成新农村建设稳定的资金来源。要把国家对基础设施建设投入的重点转向农村。提高耕地占用税税率，新增税收应主要用于"三农"。抓紧制定将土地出让金一部分收入用于农业土地开发的管理和监督办法，依法严格收缴土地出让金和新增建设用地有偿使用费，土地出让金用于农业土地开发的部分和新增建设用地有偿使用费安排的土地开发整理项目，都要将小型农田水利设施建设作为重要内容，建设标准农田。进一步加大支农资金整合力度，提高资金使用效率。金融机构要不断改善服务，加强对"三农"的支持。要加快建立有利于逐步改变城乡二元结构的体制，实行城乡劳动者平等就业的制度，建立健全与经济发展水平相适应的多种形式的农村社会保障制度。充分发挥市场配置资源的基础性作用，推进征地、户籍等制度改革，逐步形成城乡统一的要素市场，增强农村经济发展活力。

二、推进现代农业建设，强化社会主义新农村建设的产业支撑

(5)大力提高农业科技创新和转化能力。

(6)加强农村现代流通体系建设。

(7)稳定发展粮食生产。

(8)积极推进农业结构调整。

(9)发展农业产业化经营。

(10)加快发展循环农业。

三、促进农民持续增收，夯实社会主义新农村建设的经济基础

(11)拓宽农民增收渠道。

(12)保障务工农民的合法权益。

(13)稳定、完善、强化对农业和农民的直接补贴政策。

(14)加强扶贫开发工作。

四、加强农村基础设施建设,改善社会主义新农村建设的物质条件

(15)大力加强农田水利、耕地质量和生态建设。

(16)加快乡村基础设施建设。

(17)加强村庄规划和人居环境治理。

(18)加快发展农村义务教育。

(19)大规模开展农村劳动力技能培训。

(20)积极发展农村卫生事业。

(21)繁荣农村文化事业。

(22)逐步建立农村社会保障制度。

(23)倡导健康文明新风尚。

五、全面深化农村改革,健全社会主义新农村建设的体制保障

(24)进一步深化以农村税费改革为主要内容的农村综合改革。

(25)加快推进农村金融改革。

(26)统筹推进农村其他改革。

六、加强农村民主政治建设,完善建设社会主义新农村的乡村治理机制

(27)不断增强农村基层党组织的战斗力、凝聚力和创造力。

(28)切实维护农民的民主权利。

(29)培育农村新型社会化服务组织。

七、切实加强领导,动员全党全社会关心、支持和参与社会主义新农村建设

(30)加强对社会主义新农村建设工作的领导。

(31)科学制定社会主义新农村建设规划。

(32)动员全社会力量关心、支持和参与社会主义新农村建设。

做好2006年和"十一五"时期的农业和农村工作,任务艰巨,意义重大。我们要紧密团结在以胡锦涛同志为总书记的党中央周围,高举邓小平理论和"三个代表"重要思想伟大旗帜,全面贯彻落实科学发展观,解放思想,振奋精神,开拓进取,扎实工作,为建设社会主义新农村而努力奋斗。

【简析】

这是一篇指示性意见,是中共中央根据农村社会现实的需要,对"社会主义新农村建设"提出见解和处理办法的指导性意见。前言,讲述了制发本意见的

依据，并提出了“社会主义新农村建设”的重大任务。然后，从统筹城乡经济社会发展、推进现代农业建设、促进农民持续增收、加强农村基础设施建设、加快发展农村社会事业、全面深化农村改革、加强农村民主政治建设、切实加强领导等八个部分来论述，对任务做出了原则性的指导，条理性强，提出的措施、办法合理。最后，提出希望与号召，能够振奋精神、鼓舞人心。

任务实施

1. 根据提供材料，选择正确答案。

××××××××××(标题)

各区县人民政府，市府各委办局，市各直属单位：

2003 年，在市委、市政府领导下，全市上下以“三个代表”重要思想为指导，认真学习贯彻党的十六届三中全会和全国再就业工作座谈会精神，与时俱进，开拓创新，劳动和社会保障工作得到显著成效，圆满完成了年初确定的工作目标和任务两个确保成果继续取得巩固，实现了离退休人员养老金、下岗职工基本生括费和失业保险金 100%发放；市场导向和社会援助就业机制基本形成，就业、再就业空间进一步拓展；社会保险覆盖面不断扩大，保障水平进一步提高；职业技能培训逐步走向市场化、社会化；劳动保障立法步伐加快，依法调节劳资关系化解社会矛盾的工作机制进一步完善；深化劳动工资分配制度改革取得积极进展；劳动保障信息化水平和街道；社区平台建设处在全国同类型城市前列。

希望受表彰的单位和个人珍惜荣誉，谦虚谨慎，再接再厉，为加快推进全市劳动和社会保障工作作出更大贡献！全市上下要学先进、赶先进，进一步增强做好劳动和社会保障工作的历史使命感和责任感，进一步脚塌实地、扎实工作，努力开创我市劳动和社会保障工作的新局面。

为树立典型，表彰先进，激励全市上下进一步做好劳动和社会保障工作，市政府决定：对××区等 42 家劳动和社会保障工作先进单位和李××同志等 77 名劳动和社会保障工作先进个人进行表彰(具体名单附后)。

附：××市 2003 年度劳动和社会保障工作先进单位和先进个人名单

××市人民政府

二〇〇四年二月十八日

(1)本文的公文文种应该是(　　)。

A. 通知　　B. 通报　　C. 命令　　D. 决定

(2)下列关于本文的标题写法(××代表文种名称)最合适的是(　　)。

A. 关于表彰 2003 年度劳动和社会保障工作先进单位和个人的××

B. 关于 2003 年度劳动和社会保障工作先进单位和个人的表彰××

C. 关于表彰 2003 年度劳动和社会保障工作先进单位和先进个人的××

D. 关于 2003 年度劳动和社会保障工作先进单位和先进个人的表彰××

(3)本文正文中标点符号使用不当的有(　　)。

A. 1 个　　B. 2 个　　C. 3 个　　D. 4 个

(4)下列对本文的说法正确的是(　　)。

A. 主送机关不符合“一头主送”原则

B. 附件的位置不对

C. 落款处的发文机关少了“中共××市委”

D. 正文层次逻辑有误,二三自然段颠倒

(5)本文中的错别字有(　　)。

A. 1 个　　B. 2 个　　C. 3 个　　D. 4 个以上

2. 某市民警张军、李明为保护人民生命财产,与持枪歹徒搏斗,身负重伤,省公安厅为此做出表彰决定,并授予他们“优秀人民警察”称号。请代省公安厅起草该决定。

3. 以校招生就业办公室名义向学校写作一封关于做好 2011 年招生就业工作的意见。

任务四　公布知照类公文的写作

知识目标

◆ 公告的概念、分类、格式要求与注意事项

◆ 通告的概念、特点、格式要求与注意事项

◆ 通知的概念、特点、分类、格式要求与注意事项

◆ 通报的概念、特点、格式要求与注意事项

能力目标

◆ 提高对公布知照类公文相应的工作情景分析、评价的能力

◆ 掌握公布知照类公文的格式要求与注意事项,熟练进行此类公文的写作

任务引入

厚生公司准备召开“创建安全文化建设示范企业会议”，请代公司办公室拟写一份会议通知。会议通知的主体内容一般包括会议时间、会议地点、参会人员、准备材料等相关事项。

任务分析

公布知照类公文主要包括公告、通告、通知、通报、公报等文种。此类公文与人们的工作、学习、生活密切相关，基本功能是面向有关地区、单位公布知照事项，以便上级的方针、政策和工作得以有效地贯彻执行。

本任务主要是让学生理解此类文种的含义、特点、分类等，掌握其格式要求与注意事项，从而熟练进行此类公文的写作。撰写此类公文，力求做到准确务实、深入浅出、通俗易懂、简洁凝练，确保受文单位及相关读者能够准确完整地接受公务信息。

相关知识

一、公告的写作

(一)公告的概念

公告，适用于向国内外宣布重要事项或者法定事项，属于公布知照性公文。公告面向国内外社会公开发布，具有高度的庄严性与权威性。

公告是公布知照性的下行文，主要用于国家高层领导机关依照法定程序颁布法律法规，宣告重大国事活动，说明采取重大行动的目的，宣布禁止妨害国家和公共利益的行为的有关规定，以及其他需要人民群众了解的事项。人民法院、航空运输、海关、邮政、银行等特殊部门告知中外某些重要事项，也可采用公告。

(二)公告的分类

根据内容、性质与发布机关的不同，公告可分为：

第一，向国内外宣布重大事项的公告。它通常以国家机关名义或者授权新华社向国内外庄重宣布某一重大事项。如宣布国家领导人的选举结果、出访、颁布法律、重要法令、公布重大科技成果等。

第二，宣布影响面广大的专门事项的公告。这类公告，是由有关职能部门，依照法定程序发布的，有的也因涉外工作的需要而发布。如按《商标法》规定的注册商标公告、公布企业破产的公告、企业换证公告、质量监督公告等。

（三）公告的格式要求

1. 标题

公告的标题通常应是发文机关、事由和文种类别齐全，如《中共中央、全国人大常委会、国务院关于宋庆龄副委员长病情的公告》；有的是由发文机关和文种组成，如《中华人民共和国外交部公告》；或者直接以“公告”表示。如果发文机关为授权机关，还要在标题中写明“授权”字样，标题中三部分的顺序可以稍做变动。

2. 正文

公告的正文通常不很长，多由告知内容和结束语构成。告知内容如属纯知照性的，只需写明事实即可；如属对被告知一方有所要求的公告，要在正文中写明有关要求。

结语，常用“现予公告”、“特此公告”等结束语，以体现其权威性、庄严性。

公告是告知重大事项时使用的公文，正文不能写得冗长，不必要的叙述、议论和说明必须去掉。语言应朴实庄重、鲜明准确。

3. 签署

发文机关名称一般要用全称，属几个机关共同发文的，可用习惯的规范简称，也可以由签发文件的领导人在落款处签署姓名或代之以签名章。政府机关的公告有时可将签署中的发文机关省略，日期移至标题之下标示。

（四）拟写公告的注意事项

1. 公告的发布方式。一般不以公文形式下发，主要采用报纸、广播、电视、网络等大众传播媒介予以公布。除非特殊需要，公告一般不采用招贴形式。

2. 公告是国家行政公文的一种，具有高规格性。应注意公告的使用权限，公告原则上由国家的较高领导机关使用，以向国内外宣告重大事宜。基层单位和业务部门不能滥用公告，日常生活中常见的“促销公告”、“开奖公告”等，都是对公告的误用。比如，有的“搬迁公告”，应采用“搬迁启事”的写法。

3. 公告的正文力求简短，一段到底，用一两句话把公告的缘由、事项、结语等写尽。如果公告内容过多，既要写明社会和群众需要周知的公务事项，又要提出规定和执行要求，就不能强求一段到底，而要采用分条列举的行文方式。强制性公告，虽然内容可能很多，但不宜采用分条列举的行文方式，而是用一段来完成。

4. 对公告所涉及的事实，应该反复核实，确保准确无误，从而避免造成不良影响。

（五）例文评析

1. 告知性公告

中华人民共和国全国人民代表大会公告

第二号

第十一届全国人民代表大会第一次会议于2008年3月15日选举：

胡锦涛为中华人民共和国主席；习近平为中华人民共和国副主席。

现予公告。

中华人民共和国第十一届全国人民代表大会第一次会议主席团

2008年3月15日于北京

【简析】

告知性公告，主要以告知重大消息为目的。国家领导人选举结果属于法定必须告知中外的重大事项，也是极为重要的新闻消息，因此以公告形式告诸中外。发文要及时，语言力求简洁庄重。

2. 重大事项公告

中华人民共和国外交部公告

中华人民共和国将自2007年2月5日启用中华人民共和国香港特别行政区（以下简称香港特区）电子护照和电子签证身份书。

香港特区电子护照和电子签证身份书均为中华人民共和国政府颁发的旅行证件，持上述旅行证件前往世界各国和地区有效。

中华人民共和国外交部请各国军政机关对持照人予以通行的便利和必要的协助。

根据《中华人民共和国香港特别行政区基本法》第一百五十四条的规定，中华人民共和国中央政府授权香港特区政府依照法律签发香港特区电子护照和电子签证身份书。此外，按照国际惯例，中华人民共和国驻外国的外交代表机关、领事机关和中华人民共和国外交部授权的其他驻外机关也可办理签发香港特区电子护照和电子签证身份书的有关事宜。

中华人民共和国外交部已通过外交途径向世界各国政府有关部门提供香港特区电子护照和电子签证身份书样本和电子证书等说明材料。中华人民共和国外交部希望各国和地区相关部门积极考虑给予香港特区护照持有者免办签证的待遇。

2007年1月1日

（新华社北京1月1日电）

【简析】

事项性公告，旨在告知较为重大的事项。此公告，在于向国内外告知“中华人民共和国将自2007年2月5日启用中华人民共和国香港特别行政区电子护

照和电子签证身份书”事宜。先将有关事项陈述说明，简洁、具体、准确；然后提出行文依据，即依照的法律规定；最后，告知国内外“已通过外交途径”向各国和地区提出请求，庄重严肃。

3. 公布性公告

中华人民共和国农业部公告

第 1218 号

三聚氰胺是一种化工原料，广泛应用于塑料、涂料、粘合剂、食品包装材料生产。我部已明令禁止在饲料中人为添加三聚氰胺，对非法在饲料中添加三聚氰胺的，依法追究法律责任。三聚氰胺污染源调查显示，三聚氰胺可能通过环境、饲料包装材料等途径进入到饲料中，但含量极低。大量动物验证试验及风险评估表明，饲料中三聚氰胺含量低于 2.5mg/kg 时，不会通过动物产品残留对食用者健康产生危害。为确保饲料产品质量安全，保证养殖动物及其产品安全，现将饲料原料和饲料产品中三聚氰胺限量值定为 2.5mg/kg，高于 2.5mg/kg 的饲料原料和饲料产品一律不得销售。

上述规定自发布之日起实施。

特此公告

二〇〇九年六月八日

【简析】

本文旨在公布一项带有法规性质的规定。三聚氰胺问题，因三鹿奶粉事件形成全国性突发事件，与人民群众的生活、生命息息相关。国家高层领导机关发布公告，在于向国内人民群众告知有关三聚氰胺的信息，通过良好沟通实现有效的危机处理。本公告，先说明何为三聚氰胺，接着表明农业部的态度(即禁令)，再说明三聚氰胺的对人体生命产生危害的标准与限度，从而化解人民群众的疑惑，然后再次申明农业部的要求与命令。最后，表明此公告的实施日期，并以“特此公告”结束全文。

二、通告的写作

(一)通告的概念

通告，适用于公布社会各有关方面应当遵守或者周知的事项，属公布知照性公文。通告面向社会各有关方面公开发布，是各级机关、团体常用的具有一定约束力和知照性的下行文。使用比较宽泛，高级机关可以使用，一般行政机关、人民团体、企事业单位也可使用。

通告主要有法规性通告和知照性通告。

(二)通告的特点

1.法规性

通告常用来颁布地方性法规。这些法规一经颁布,特定范围内的单位、部门和人民群众都必须遵守、执行,若违反必将追究法律责任。如《××省无线电管理委员会办公室关于清理整顿无线电通信秩序的通告》,对有关事宜作了八条规定;《××市人民政府关于坚决清理非法占道经营的通告》,为改善交通秩序和市容环境,作了五条规定。

2.周知性

通告的内容,要求在一定范围内特定的人群普遍知晓,以使其了解有关政策法令,遵守某些规定事项,共同维护社会公共管理秩序。

3.务实性

公文都是应用文,从根本性质上说都应该是务实的。但其中还有一些区别,有的公文只是告知某事,或者宣传某些思想、政策,并不指向具体事务。通告则是一种直接指向某项具体事务的文种,务实性比较突出。

4.行业性

不少通告都具有鲜明的行业性特点,如税务局关于征税的通告、机动车管理部门关于机动车辆年度检验的通告、中国人民银行关于发行新版人民币的通告、房产管理局关于对商品房销售面积进行检查的通告等,都是针对其所负责的业务或技术事务发出的通告。因此,通告行文中要时常引用本行业的法规、规章,也免不了使用本行业的术语、行话。但是,通告直接面向某一范围内的广大人民群众,理应保持语言的朴实简明、通俗易懂,如此才能实现既定的行文目的。

(三)通告的格式要求

1. 标题

一是公文标题的常规写法,由发文机关、通告事项、文种三者共同构成。如《河南省地方税务局关于认真落实〈事业单位、社会团体、民办非企业单位企业所得税征收管理办法〉的通告》、《××市人民政府关于禁止“法轮功”邪教组织活动的通告》。

二是由发文机关与文种两部分构成。如《中华人民共和国公安部通告》。

通告也可以由主要内容和文种构成标题,或直接写文种,一般用于机关内部张贴。

2. 正文

通告正文通常是告知某些具体事项或对某些方面做出明确规定,要求被告知对象严格遵循。主要由缘由、事项、结束语三部分构成。

(1)通告缘由,简要交代发布通告的原因、目的、依据等,以增强发文的权威性和针对性。

(2)通告事项,即主体,是通告的主要内容。通告主体部分的写作常常采用条款式的结构方法,即每部分之前加序号;内容较单一简明的通告,也可采用段落式结构。

(3)通告结尾,一般提出执行要求和执行生效的时间;如果是条款式的通告,也往往在主体的最后一条里提出执行要求和执行生效的时间,也就不需要专门的结尾部分。最后在文尾以"特此通告"或"请认真遵照执行"等习惯用语结束。

3. 落款

标题有发文单位的,后面则无落款;标题没有发布单位的,落款要注明发文单位。发布通告的时间,写在标题之后、内容之前,或落款的后面均可。

(四)拟写通告的注意事项

1. 通告的起草者,要有政策观念,确保通告的事项不与现行政策相抵触,不搞不符合法律程序的"土政策"。还要注意政策的连续性。

2. 由于通告可以用来处理带有一定专业性的公务,要求撰稿者有一定的专业知识,因此要注意尽量选择通告对象熟悉的行业用语。通告的语言应该准确明白,如"砍伐碗口粗的树木要罚款",指向就不明确。

3. 通告适用于某一地区、单位的问题,具有较强的针对性。通告事项要表述清楚,不能含糊不清、模棱两可,"允许做什么"、"禁止做什么"、"做了严禁的事项应怎么惩处"等都要明确规定。

4. 通告与公告的区别。首先,发文机关不同。公告的发布机关有限定性,仅限于国家最高权力机关、最高行政机关及其工作部门;通告的发布机关则有较强的普遍性。

其次,发布范围不同。公告面向国内外发布,告知的范围相当广泛;通告的收文对象则局限于一定的地区、单位,如国庆期间在天安门广场及长安街沿线实行交通管制的通告,只针对天安门广场及长安街沿线地区,只限于国庆期间有效。

最后,发文方式不同。公告可通过报纸、电视、广播、网络等新闻媒介发布,也可采用招贴、公文形式;通告一般可以张贴、见报,也可以文件形式下达。

(五)例文评析

1.

8月29日国庆庆典演练活动交通管制通告

根据国庆60周年庆典活动总体安排，北京市国庆筹委会定于8月29日(周六)在天安门地区和长安街举行国庆庆典演练活动。其中，3时至5时，在天安门地区和长安街进行群众游行专项演练；8时30分至10时，在天安门广场进行背景表演专项演练；23时至次日2时，在天安门广场进行联欢晚会专项演练。

为保障三场演练活动的顺利进行，根据《中华人民共和国道路交通安全法》的有关规定，决定对天安门广场地区及相关道路分时、分段采取交通管制措施。现将有关事项通告如下：

一、8月28日20时至次日5时，下列道路(含两侧辅路及停车泊位)禁止车辆停放：

长安街(建国门桥经东、西长安街至复兴门桥)，朝阳门南小街(金宝街路口至北京站街北口)，政协路，北极阁胡同，东单北大街，王府井大街(金鱼胡同西口至王府井大街南口)，霞公府街，大纱帽胡同，南、北河沿大街，北京站街，邮通路，新闻大厦西侧路，崇文门内大街，大华路，东单体育场南侧路，台基厂大街，正义路，北京站东、西街(北半幅)，崇文门西大街，前门东大街，祈年大街，国家博物馆北门外停车场，广场东、西侧路，大会堂西、南侧路，石碑胡同，兵部洼胡同，国家大剧院南侧路，前门西大街，西单北大街(西单路口至灵境胡同西口)，太平桥大街(闹市口路口至武定侯街东口)，闹市口南街，宣武门内大街。

停放在上述道路内的车辆请提前移走。

二、8月28日20时至次日1时，宣武区永定门西街，海淀区五棵松场馆中路，除持有演练活动专用证件的车辆和公共汽车外，禁止其他车辆停放和通行，公共汽车甩站通过。

(第三条至十七条省略)

请社会单位及各界群众给予理解支持，遵照执行。

二〇〇九年八月二十六日

【简析】

本文旨在向社会有关单位和人民群众通告某一特殊时期内在特定地区的重要事项，字里行间就有明显的强制力和约束性。通告缘由部分，讲述通告的依据、目的，以凸显通告的权威性；开头简单讲述通告的总体事项，然后在主体部分分条说明具体事项，措施具体得当，便于当地人民群众的接受执行；结束语，表明态度，提出希望。在语言上，“禁止”、“必须”、“可以”等词语精确恰切，分寸得当，语气肯定，不容置疑，有利于实现行文目的。

2.

通告

根据中国工商银行广州市经济技术开发区支行通知，由于中国工商银行总行实行统一内部账户核算标准工程（1007）工程，对所有国库账户按照内部账户严格管理，要求在国库账户户名前面加注“待报解预算收入”加以控制，因此纳税义务人通过电汇缴纳我关下属黄埔新港海关、黄埔老港海关、保税区海关（开发区办事处）、新沙海关的税款时，需按照以下要求填写电汇凭证：

收款人：待报解预算收入黄埔海关

收款账号：360200571120031××××

汇入行：工商银行广州经济技术开发区支行（工行行号2587××××；跨行行号10258100××××）

特此通告。

黄埔海关

二〇〇六年三月十四日

【简析】

本文是告知某一具体事项，因涉及税款等重要事宜，因此采用通告形式公布。由通告的依据、通告事项与结束语组成。行文简洁，具体明白，在执行上具有可操作性。

三、通知的写作

（一）通知的概念

通知是国家机关、社会团体、企事业单位用来发布法律法规与规章制度，批转下级机关的公文，转发上级机关和不相隶属机关的公文，传达要求下级机关办理或需要有关单位周知或者执行的事项，任免人员时使用的文种。

（二）通知的特点

1. 运用的广泛性

一是发布主体的广泛，党政机关、社会团体、企事业单位皆可使用。二是使用范围最广，使用频率最高，无论是涉及国计民生的重大安排，还是某一单位的具体事项，皆可使用通知。

2. 功用的晓谕性

通知使用广泛，具有告知、劝谕等功用。

3. 办理的时效性

制发通知，相比其他公文，具有快捷、灵便的优势；受文机关对需要办理的事项，应及时办理。需要特别紧急办理的事项，可以在标题中使用"紧急通知"。

4. 操作的便利性

通知要具体明白的说明执行要点和要求，不能含糊其辞；受文机关按照通知要求去做，即可完成任务。

（三）通知的分类

按照功用和适用范围，通知可分为：

第一，指示性通知。用于布置工作，对工作方法原则、组织纪律等提出要求的通知，在不适宜用"指示"的情况下，可用"通知"这一文种。如《中共中央关于认真学习贯彻党的十六大精神的通知》。

第二，批转、转发与发布性通知。

批转性通知，是上级机关用通知批转下级机关的呈转性报告、意见，以让下级有关部门执行。如《国务院关于批转国家税务总局关于加强个体私营经济税收征管强化查账征收工作的通知》，即是国务院将国家税务总局的意见批转给"各省、自治区、直辖市人民政府，国务院各部委、各直属机构"执行。

转发性通知，是转发上级机关和不相隶属机关的来文，通知下级机关与部门执行。如《建设部转发国家物价局财政部关于发布中央管理的建设系统行政事业性收费项目及标准的通知》，"建设部"与"国家物价局"、"财政部"同属于国务院下属机关部门。

发布性通知，是用于发布本机关制定的行政法规、规章和其他材料。如《江苏信息职业技术学院关于印发〈2009 年工作要点〉的通知》，即是江苏信息职业技术学院将《2009 年工作要点》印发给学院各单位，以便当年工作的布置与办理。

第三，规定性通知。用于对某些方面的工作制定政策，提出规范和要求。与指示性通知相比，它更侧重于操作层面的内容，规定在何时做何工作、应当如何做、不应如何做等，具有很强的操作性。如《关于开展迎国庆爱国卫生检查的通知》。

第四，告知类通知，适用于向有关单位部门传达、晓谕、告知有关事项与情况。如《国务院办公厅关于暂停实行夏时制的通知》。

第五，任免通知，用于任免和聘用有关人员。如《中国邮政集团公司、中国邮政集团公司党组任免通知》，这是一则党政联合行文任免干部的通知。

第六，一般性通知，包括布置性通知、会议通知等。如《关于召开全国林木种苗站站长会议的通知》，标题即显示出会议主题，一目了然。

(四)通知的格式要求

通知一般由标题、主送机关、正文、落款四部分构成。

1. 标题

通常情况下,通知的标题由发文机关、事由、文种三部分组成,特别要明确事由部分,以便下级单位准确理解、办理和执行。

标题中事由如果十分重要或非常紧急,可在文种前加上“重要”、“紧急”等词语;如果是两个及以上机关联合行文,加“联合”;是对不久前发的文件进行补充,加“补充”;要准确使用“批转”、“转发”、“印发”等,除发布的规章制度使用书名号,其余均不使用书名号及其他标点符号;要处理好“关于”引起的介词结构,不能重复使用“关于”或“通知的通知”的字样。

2. 主送机关

视通知内容,一般应写明受文单位名称;普发性公文,可写规范化统称,或省略主送机关;如有多个主送机关,则按主次或惯例来排列,彼此间用逗号或顿号隔开。如国务院发文,经常采用“各省、自治区、直辖市人民政府,国务院各部委、各直属机构”的统称方式。

3. 正文

一般由通知缘由、通知事项、执行要求三部分构成。

开头是通知缘由,主要有背景、原因、目的、依据或意义,要交代清楚为什么制发通知,然后往往以“现将有关事项通知如下”、“现通知如下”、“现就有关问题通知如下”、“特作如下紧急通知”等过渡语引领下文。

通知事项是通知的主体部分,是指要求执行或办理的具体事项,主要包括任务、措施、步骤、方法、要求等,需要明确具体的说明。如会议通知的事项要具体全面,应写明会议名称、会议内容、会议起止时间、与会对象、会议报到和开会地点等。

结束语,主要是执行要求。一般采用“以上通知,望认真贯彻执行”、“本通知自下发之日起实行”、“特此通知”等习惯性用语。

批转、转发性通知的写法。批转与转发性通知正文写法大体相同。可以把这两种通知称为“批语”,把被批转、转发的文件看作是通知的主体内容。批语的内容主要有如下三个方面:

(1)说明批转的目的或陈述转发的理由;

(2)对受文单位提出贯彻执行的具体要求;

(3)根据具体情况做出补充性的规定。

用通知批转或转发下级机关、不相隶属机关和上级机关的公文时,对被批转和转发的文件起到了一种公布、认可或推荐的作用。从构成上看，这种通知由批语部分与批转或转发文件组成，批语与被批转或转发文件都不能单独作为一份文件。如果批语脱离被批转或转发文件，没有实际依托内容，不能单独行文；如被批转或转发文件离开批语则不能纳入通知的内容，不能体现发文单位的意图，没有批语予以的权威性和合法地位。

被批转或转发的文件，一般作为批转或转发性通知的附件出现，应当在正文之下标注附件名称和份数，以免漏阅。

4. 签署

应准确标明发文单位名称或加盖印章。在发文单位署名之下，用大写汉字标明成文日期。

（五）拟写通知的注意事项

1. 要讲求实效，切忌滥发通知。发布通知是为了办理公务、传递信息，但不应何事皆要发布通知。

2. 要把握内涵，切忌越俎代庖。通知的主题要集中，严格执行一文一事制度；通知的事项要明确，要加强布置事项的可操作性。

3. 要明确无疑，切忌阻滞含混。通知是以说明体裁为主的文种，在文字表达上要求做到准确简练、层次分明、条理清晰，以便迅速地执行与办理。

4. 通知有下行文的性质，在发文机关和受文者之间一般存在领导与被领导的关系；通告为职能分管关系，不存在领导与被领导的关系。因此，如果一机关和社会受文人员不存在行政领导关系，需要公布的事项，可采用通告，如发布校庆通告。

（六）例文评析

1. 指示性通知

关于认真学习宣传贯彻党的十七大精神的通知

为深入学习宣传贯彻党的十七大精神，把全党全国各族人民的思想统一到党的十七大精神上来，把力量凝聚到实现党的十七大确定的各项任务上来，现通知如下。

一、充分认识学习宣传贯彻党的十七大精神的重大意义

党的十七大是在我国改革发展关键阶段召开的一次十分重要的大会。大会批准了胡锦涛同志代表十六届中央委员会所作的《高举中国特色社会主义伟大旗帜 为夺取全面建设小康社会新胜利而奋斗》的报告，批准了中央纪律检查委员会的工作报告，审议通过了《中国共产党章程（修正案）》，选举产生了新一届中央委员会和中央纪律检查委员会。这次大会高举旗帜、继往开来、求真务

实，是一次团结的大会、胜利的大会、奋进的大会。（略）

二、全面准确学习领会党的十七大精神

学习贯彻党的十七大精神，首先要认真研读党的十七大文件，原原本本学习党的十七大报告和党章，全面准确领会党的十七大精神。学习领会党的十七大精神，要着重把握以下几个方面。

1. 要深刻领会党的十七大的主题，坚定不移地高举中国特色社会主义伟大旗帜。（略）

2. 要深刻领会党的十六大以来党和国家取得新的重大成就，更加自觉地贯彻党的理论和路线方针政策。（略）

3. 要深刻领会改革开放的伟大历史进程和宝贵经验，深刻领会中国特色社会主义道路和中国特色社会主义理论体系。（略）

4. 要深刻领会科学发展观的科学内涵、精神实质和根本要求，增强贯彻落实科学发展观的自觉性和坚定性。（略）

5. 要深刻领会实现全面建设小康社会奋斗目标的新要求，为夺取全面建设小康社会新胜利而奋斗。（略）

6. 要深刻领会社会主义经济建设、政治建设、文化建设、社会建设等方面的重大部署，努力促进各项事业协调发展、共同进步。（略）

7. 要深刻领会以改革创新精神全面推进党的建设新的伟大工程，使党始终成为中国特色社会主义事业的坚强领导核心。（略）

三、坚持理论联系实际，着眼武装头脑、指导实践、推动工作

学习贯彻党的十七大精神，要紧密联系本地区本部门的工作实际，紧密联系广大党员的思想实际，坚持学以致用、用以促学，把用党的十七大精神武装头脑、指导实践、推动工作作为学习的出发点和落脚点。通过学习贯彻党的十七大精神，更加坚定不移地高举中国特色社会主义伟大旗帜，坚持中国特色社会主义道路和中国特色社会主义理论体系不动摇。通过学习贯彻党的十七大精神，深入贯彻落实科学发展观，着力转变不适应不符合科学发展观的思想观念，把全社会的发展积极性引导到科学发展上来，更加自觉地走科学发展道路，实现经济社会又好又快发展。通过学习贯彻党的十七大精神，认真查找精神状态上存在的差距，继续解放思想、振奋精神，保持锐意进取、奋发有为的精神状态，不断创造经得起实践、人民、历史检验的业绩，开创中国特色社会主义事业新局面。通过学习贯彻党的十七大精神，进一步明确本地区本部门的具体奋斗目标，提出改革发展的新思路新举措，着力解决影响和制约科学发展的突出问题，切实把握发展规律、创新发展理念、转变发展方式、破解发展难题，推动经济建

设、政治建设、文化建设、社会建设全面发展。通过学习贯彻党的十七大精神，努力解决人民最关心、最直接、最现实的利益问题，使发展成果更多体现到改善民生上，促进社会和谐，维护社会稳定。通过学习贯彻党的十七大精神，以改革创新精神全面推进党的建设新的伟大工程，坚持党要管党、从严治党，加强党的思想建设、组织建设、作风建设、制度建设和反腐倡廉建设，提高党的执政能力，始终保持党的先进性。通过学习贯彻党的十七大精神，进一步推动主观世界改造，使广大党员、干部成为实践社会主义核心价值体系的模范，做共产主义远大理想和中国特色社会主义共同理想的坚定信仰者、科学发展观的忠实执行者、社会主义荣辱观的自觉实践者、社会和谐的积极促进者。

四、认真组织好党的十七大精神的宣传

要制定宣传方案，加强组织协调，切实抓好党的十七大精神的宣传工作。中央将于10月底组织学习党的十七大精神宣讲团赴各地宣讲。各地也要参照这一做法，充分发挥讲师团的作用，抽调有演讲能力的理论和实际工作者组成宣讲团，到基层开展宣讲活动。要组织各类媒体，精心筹划、周密安排，发挥各自优势和特色，开设一批专栏、专题，推出一批重点社论、评论，撰写一批重点文章，大力宣传党的十七大的重大意义和历史贡献，宣传党的十七大报告和党章，宣传广大干部群众对党的十七大的热烈反响和学习情况，宣传在学习贯彻党的十七大精神过程中解决实际问题的新成效新进展。要贴近实际、贴近生活、贴近群众，善于用事实说话、用典型说话、用数字说话，做到既全面准确又深入浅出。要充分发挥互联网的特点和优势，运用网络广泛宣传党的十七大精神。（略）

五、切实加强组织领导

各级党委要把学习宣传贯彻党的十七大精神作为首要政治任务，摆上重要议事日程，切实加强组织领导。要认真学习，深刻领会，联系实际，讲求实效。要按照中央的部署，结合本地区本部门实际提出具体要求，及时了解学习宣传贯彻情况，总结推广经验，切忌形式主义，把学习宣传贯彻党的十七大精神不断引向深入。各级组织、宣传部门和其他有关部门，要在党委的统一领导下，密切配合，抓好党的十七大精神的学习宣传贯彻工作。组织部门要把学习宣传贯彻党的十七大精神与干部教育培训工作、加强领导班子建设和基层党组织建设结合起来。宣传部门要牢牢把握正确导向，形成学习宣传贯彻党的十七大精神的浓厚氛围。工会、共青团、妇联等人民团体要充分发挥自身优势，开展各具特色的学习教育活动。教育部门要切实抓好党的十七大精神进教材、进课堂、进学生头脑的工作，把学习党的十七大精神作为大中学校思想政治教育和课堂教学的重要内容,融入到学校党团组织各种活动中。

学习党的十七大精神,要区分层次,领导干部要学深学透,广大党员和群众要掌握党的十七大精神的基本内容。要坚持以县处级以上领导干部为重点,推动全党的学习贯彻。中央将举办新进中央委员会的委员、候补委员学习贯彻党的十七大精神研讨班。各级党委(党组)理论学习中心组要把学习党的十七大精神作为中心内容,制定系统学习计划,列出专题进行研讨。领导干部要在认真参加集中学习的同时加强自学,力求多学一点、学深一点。各地要通过举办各种形式的研讨班、培训班、学习班,集中一段时间分期分批把县处级以上领导干部轮训一遍。

企业、农村、机关、学校、部队、社区的基层党组织,要通过组织宣讲等多种生动活泼的形式,帮助广大党员和群众掌握党的十七大精神的基本内容,引导人们为全面建设小康社会而勤奋工作。要注意抓好离退休人员中党员的学习,抓好偏远地区农村党员的学习,抓好新经济组织和新社会组织中党员的学习,抓好下岗失业人员和流动人口中党员的学习,使学习教育覆盖到各个社会群体。

各地区各部门要及时将学习宣传贯彻党的十七大精神的情况报告中央。

二〇〇七年十月二十七日

【简析】

这是一则指示性通知,反映了领导机关的重要指示意图。本文是中共中央发布的重要指示性通知,目的在于号召全党和全国各族人民认真学习贯彻党的十七大精神,并同心同德地完成十七大确定的任务。通知开头就明确发文目的,直接切入主题;结尾部分则提出希望与号召,与开头形成紧密的呼应。通知的主体紧紧围绕"学习贯彻党的十七大精神"这一宏大主题,从五个方面进行论述,主要可以分为三个问题:第一问题,讲述"为什么要学习",主要有第一方面;第二个问题,讲述"学习什么",主要有第二方面,其中又包括七个方面,简要概括了十七大精神的主要内容,行文严密而紧凑;第三个问题,讲述"怎样学习",即第三、第四、第五方面,从学风要求、宣传和组织保障来展开论述,体现了要求严肃、措施周密、逻辑严密的特点。

2. 转发性通知

关于转发洛阳市防火安全委员会
《2008 年全市冬季消防安全工作实施方案》的通知

校属各单位:

近日,洛阳市防火安全委员会印发了《2008 年全市冬季消防安全工作实施方案》,对全市防火工作作出了具体部署。现将全文转发,供大家学习。

进入冬季以来,各地火灾事故频发,我校也在11月17日发生一起居民住宅火灾事件,损失严重,幸无人员伤亡。各单位接此文件后,要将文件精神向全体师生员工传达,结合我校正在开展的消防安全大检查活动,对全体师生员工进行消防知识教育,排除安全隐患,确保师生员工人身及财产安全。

附件:《2008年全市冬季消防安全工作实施方案》

河南科技大学防火委员会
二〇〇八年十一月二十五日

【简析】

这是一则转发性通知,用来转发不相隶属的单位的公文。河南科技大学防火委员会与洛阳市防火委员会属于不相隶属的单位,所以前者应转发后者的公文,来布置本单位的消防工作。本文先布置任务,然后结合本单位实际,提出希望和要求。

3. 规定性通知

关于组织申报2008年度江苏省高新技术产品的通知

各区县科技局,高新区(一区多园)管委会,产业(集团)公司,各有关单位:

根据省科技厅《关于组织申报2008年度江苏省高新技术产品的通知》(苏科高[2008]12号)文件精神,省科技厅将开展2008年度江苏省高新技术产品申报工作,我局负责南京地区省高新技术产品的组织申报工作。现将有关注意事项通知如下:

一、申报条件

凡在南京市注册,具有独立法人资格,生产符合《中国高新技术产品目录(2006)》、江苏省高新技术研究开发领域和优先发展的高新技术产品参考目录的产品的企业均可申报。

二、申报材料

1. 江苏省高新技术产品及出口高新技术产品申报材料及附件必须符合江苏省科技厅相关文件规定的要求(详见省科技厅网站,网址:http://www.jstd.gov.cn)。

2. 2008年江苏省高新技术产品申报软件和认定申请表,请在省科技厅网站自行下载。

3. 申报材料包括:

(1)书面申报材料,一式四份(2008年度出口产品海关报关单一式三份),其中《江苏省高新技术产品认定申请表》须由申报软件自动打印生成,且所有申请表须加盖企业和主管部门红章；

(2)申报系统生成的导出数据软盘2张。

三、申报时间

江苏省高新技术产品申报实行常年受理，分批认定，原则上每季度的第一个月为集中受理期，2008年南京市第一批受理截止期为2月27日，原则上一年认定四批高新技术产品。

四、申报程序

1. 申请企业按要求填写申请表、产品产业化前景分析报告，备齐相关附件，装订成册，导出数据软盘，准备好申报资料。

2. 申请企业将申报资料报送相应主管部门。各主管部门负责对申报资料进行收集汇总、初步审查，盖章后送我局委托受理单位——南京高新技术企业协会(地址：成贤街118号科技中心518室)。

五、其他事项

1. 申报材料中涉及有关年度经济指标一律采用企业2007年的实际数据。

2. 申报的每项高新技术产品须交300元专家咨询费用。各主管部门代收后一并送南京高新技术企业协会。

南京市科技局高新技术与民营科技管理处联系人：刘卫卫

联系电话：83639281、83639282(传真)

南京高新技术企业协会联系人：沈国栋、朱兆熙

联系电话：83226356

联系地址：成贤街118号科技中心518室

二〇〇八年二月四日

【简析】

这是一则规定性通知，是严肃郑重的需要有关方面严格执行的下行文。为布置申报2008年度省级高新技术产品的工作，本文从申报条件、申报材料、申报时间、申报程序、其他事项五个方面作出了明确的规定，要求具体，措施到位，行文简约，便于执行。

4. 事项通知

国务院办公厅关于妥善做好应对日全食工作的通知

国办发明电[2009]14号

各省、自治区、直辖市人民政府，国务院有关部门：

据国际天文联合会和紫金山天文台预测，7月22日将发生日全食现象。本

次日全食持续时间长、涉及区域广，从日食初亏到复原长达两个小时，其中全食持续时间最长可达6分钟左右，全食带覆盖印度中部、缅甸以及我国长江流域等广大地区，偏食带则覆盖我国全境。这次日全食为科学研究、科学普及和观测观赏带来难得机遇。同时，由于日全食期间能见度下降、气温降低、湿度上升，会对交通运输、生产作业、通信安全、社会治安等带来一定影响，也可能在部分人群中产生迷信猜测和心理恐慌。为妥善做好应对工作，经国务院同意，现就有关事项通知如下：

一、加强科普宣传

各级科技部门和科协组织要充分利用此次日全食为科普宣传提供的良好机会，组织相关专家通过电视、广播、网络、报纸等多种渠道，广泛开展天文知识科普宣传活动，对日全食现象进行科学解释说明，对相关防范知识进行宣传普及。宣传工作要深入农村、山区、林区等偏远地区，消除部分群众的迷信和恐惧心理。同时，要注重对科学观测方式方法的宣传教育，避免造成观测人员视觉损伤。请中央和地方各级宣传部门和媒体给予大力支持。

二、做好相关预案和应对准备

针对日全食发生期间因天空亮度骤暗带来的不利影响和问题，请有关部门按照职责分工，制订完善相关预案，积极做好应对准备工作。交通运输、铁路、民航、通信、电力等部门和单位要及早做好安排部署，确保安全、畅通；市政设施管理部门要做好充分准备，日全食发生时及时开启城市道路照明设备；医疗卫生部门要注意防范光线不足对医疗救治的不利影响；气象部门要加强天气监测，及时做好可能出现的灾害性天气预警信息发布；城市高空作业、建筑施工等作业单位要提前通知施工人员，并制订严密的安全保障措施，防止发生安全事故；质检、工商部门要对生产、销售假冒伪劣观测器材进行依法查处；公安部门要做好日全食可能引发的社会治安等问题的防范应对工作，加强公路特别是高速公路交通应急管理，防止发生重特大交通事故。

三、加强旅游和观测的组织与管理

一些地方已将这次日全食观测作为旅游活动进行组织，有关地区和旅游部门要针对可能出现的大量观测人员聚集情况，提前做出安排部署，切实做好游客数量、交通住宿和天文观测设施使用等预警信息发布工作，引导游客合理选择观测地点。要加强对观测活动的组织管理，制订合理的人群疏散等应急预案，妥善做好安全保卫工作，严防发生拥堵、踩踏等事件。

四、强化值守应急

各地区、各有关部门要密切关注此次日全食事件，切实加强值守应急，及时掌握有关情况，一旦发生突发事件，要立即启动相关应急预案，迅速组织力量，妥善高效处置，最大限度降低和减轻日全食造成的不利影响。重大情况要按照有关规定及时向国务院报告。

附件：中国天文学会常务理事会《日全食对社会影响的专业论证报告》

国务院办公厅

2009年7月10日

【简析】

这是一则事项性通知，旨在通知有关单位或人员去做某些具体事情。此类通知要明确几方面的事情，即原因、时间、地点、措施、方法、步骤等。撰写此类通知，要特别注意讲清楚有关事项的要素，突出可操作性。通知缘由，以“国际天文联合会和紫金山天文台预测”为根据来突出行文的权威性，接着讲述通知的目的；通知事项，从四个方面做出安排，具体明确，便于操作；最后，具体说明执行要求，措辞严谨，要求明确。

5. 会议通知

国土资源部办公厅关于召开全国国土资源信息化工作会议的通知

各省、自治区、直辖市国土资源厅(国土环境资源厅、国土资源局、国土资源和房屋管理局、规划和国土资源管理局)，副省级城市国土资源行政主管部门，国家海洋局，国家测绘局，新疆生产建设兵团国土资源局，各派驻地方的国家土地督察局，中国地质调查局及部有关直属单位，部机关各司局：

为进一步明确全国国土资源信息化工作的指导思想，解决好工作部署和推广应用问题，统一思想，提高认识，促进全国国土资源信息化工作再上新台阶，经部领导同意，拟于2009年11月上旬召开全国国土资源信息化工作会议。现就会议有关事项通知如下。

一、会议主要内容

系统总结10年来国土资源信息化工作，交流建设经验，尤其是各地在推进金土工程一期建设中的典型经验和做法。结合“十二五”国土资源工作面临的形势，进一步明确今后一个时期信息化工作的主要思路和内容。部署金土工程二期、国土资源信息服务集群化和产业化，以及全国国土资源“一张图”建设等工作。进一步统一思想，提高认识，加快信息化的应用，以信息化带动国土资源管理的科学化、规范化和精细化。同时，进行全国国土资源信息化建设成果展示。

二、参会人员

1. 国土资源部领导；

2. 国家海洋局和国家测绘局负责同志(各 2 人);

3. 部机关各司局和有关直属单位负责同志(各 1 人);

4. 9 个派驻地方的土地督察局负责同志(各 1 人);

5. 31 个省(区、市)、副省级城市、新疆生产建设兵团国土资源管理部门负责信息化工作的厅(局)负责同志和信息办主任、信息中心主任(2～3 人)。

三、会议时间及地点

会议时间拟定在 11 月上旬。会议地点:上海。(具体时间地点另行通知)

四、有关要求

(一)报名及典型交流材料

请各单位于 10 月 15 日前,将参会名单回执(附件 1)传真至部信息办。

请典型交流单位(部信息办另行通知)于 10 月 20 日之前将交流材料电子文档提交部信息办。

(二)成果展示内容及要求(附件 2)

五、其他事项

会议食宿费自理。

附件:

1. 全国国土资源信息化工作会议参会名单回执

2. 全国国土资源信息化建设成果展展示工作要求

二〇〇九年九月三十日

【简析】

这是一则会议通知,用来通知召开某项会议,一般要具备会议召开的时间、地点、内容、参会人员、准备材料、参会费用等方面。本文基本具备会议通知的相关要素,要求明确具体,便于参会人员理解、执行。

四、通报的写作

(一)通报的概念

通报是对典型的先进事迹、人物进行表彰,对严重的错误予以批评教育,对重要的情况予以传递沟通的一种常用公文。党政机关、人民团体、企事业单位皆可以使用。

(二)通报的特点

1. 典型性

通报的事实,不论是表彰成绩、批评错误,还是通报情况,都要求有典型意义。事实越典型，其警示和借鉴意义越大，只有个性没有普遍意义的题材，缺乏广泛的指导价值。

2. 指导性

通报的内容，其价值往往并不单纯在于发布动态信息、宣布事件处理结果，而是要激励先进、督促后进，树立学习榜样，或者提供反面典型，使读者能够总结经验、吸取教训，得到有益的启示和警示。

3. 时效性

上级机关应该适时发布通报，通报的事实较为具体，对发生的时间、地点等要素都要进行交代，这就要求通报要及时发布。通报的内容总是与特定时期背景有着紧密的联系，通报过于迟缓，就失去其沟通情况、宣传教育的目的。因此，通报的制发应该迅速及时，以免事过境迁，失去其积极的宣传或训诫作用。

（三）通报的格式要求

通报主要有表彰性通报、批评性通报、情况通报三种类型。

第一种，表彰性通报。旨在宣传先进思想和事迹，倡导优良的社会风尚，树立正气，鼓励人们的学习和工作。正文由四部分组成：

1. 叙述先进事迹。概括地叙述先进事迹或先进经验。首先，要把时间、地点、人物、事件、结果五要素简明地交代清楚。其次，要实事求是，不能任意夸大、渲染。

2. 论述重要意义。对先进人物及其先进事迹的重要意义进行论述。要重点突出，涉及能体现先进的精神境界和突出通报主题的，就应详写，无关紧要的可一笔带过或略而不记。

3. 撰写表彰决定。撰写对先进群体或个人作出的表彰决定。

4. 发出希望号召。既包括对被表彰者的勉励和期望，又包括对广大群众的号召和希望。要发掘先进的典型意义和时代精神，针对当时形势需要有感而发，力求符合实际，有针对性，概括、鲜明。

第二种，批评性通报。用来批评错误、宣布纪律处分等，旨在教育干部和群众引以为戒，防止类似错误的持续发生。其正文一般由主要事实、教育意义、惩罚决定和要求三部分构成。

1. 主要事实，概要写出所批评对象的错误事实。

2. 教育意义，分析错误的性质、危害，产生的根源和责任，指出应吸取的主要教训等。

3. 惩罚决定和要求。写明组织结论与予以处理的决定，同时提出对批评对象与读者的告诫与要求。为了防范和杜绝类似错误发生，批评性通报的结尾处，通常要有针对性地提出防范措施或规定。

第三种，情况通报。主要用于对某些社会动态、思想状况及一定时期内某方面工作的进展情况进行沟通，以引起社会关注。

首先写明所通报的情况，对主要情节进行客观叙述，注意把人物、时间、地点、事件、结果写清楚。其次写事项的现况，即事情发生后的临时处理情况。最后要写明发文机关的意见和要求，可以在对客观事实分析的基础上提出。

（四）拟写通报的注意事项

1. 通报与通知的区别：

(1)通报一般可以不抬头，无受文单位；除普发性通知，通知一般应有受文单位。

(2)语言要求不同：通知要求严谨、准确、具体，结构平直篇幅短小；通报相对于通知而言，有叙述有议论，需要一定的文采，但不需要文学笔法。

(3)效力不同：通知具有较强的行政约束力；通报的行政约束力相对要小一些，主要是有则改之、无则加勉。

(4)作用不同：通知多用于告知事项、布置任务、作出规定等，直接告知是其特点；通报大多是通过表彰先进、惩罚错误来表明上级的意图，传递信息是其特点。

2. 通报一般不提出具体工作要求。在实践中，一部分传达上级指示精神的公文既可用通知也可以用通报。在内容上通报不同于通知的特点是，一般不提出工作上的具体要求以及需要具体组织实施的事项。

3. 通报文风要朴实。文字表述要简洁明快，言之有据，切忌夸张渲染。无论是表扬还是批评，都要以实事求是的态度对事实认真核查，一定不要拔高或扭曲。

4. 通报观点要鲜明，提倡什么，反对什么，要是非分明，忌含糊其辞。在行文篇幅上要详略得当，切忌把表彰通报写成报告文学，把批评通报写成情况纪实。

（五）例文评析

1. 表彰性通报

国家林业局关于表彰东北、西南航空护林中心（总站）的通报

各省、自治区、直辖市森林防火指挥部，林业（农林）厅（局），内蒙古、吉林、黑龙江、大兴安岭森工（林业）集团公司，新疆生产建设兵团林业局，东北航空护林中心、西南航空护林总站：

今年春季，内蒙古、黑龙江、四川、云南、西藏、甘肃、新疆等省区相继发生多起森林火灾，其来势凶猛、面积之大、扑救之艰难，是近年来少有的。面对严峻的扑救森林火灾形势，东北、西南航空护林中心（总站）以十六大精神和“三个代表”的重要思想为指导，紧密联系林业发展实际，积极协调各有关单位，精心组织、周密安排，较好地完成了各项任务。

在扑救黑龙江大兴安岭草甸森林火场、富拉罕火场、伊春阿延河火场、内蒙古大兴安岭金河火场、阿尔山外蒙入境火场中，东北航空护林中心适时派出工作组，对火灾扑救工作进行了有效的指导、协调和服务。工作组全体同志发扬火场精神，不怕苦、不怕累、连续作战，利用自身掌握的技术和积累的经验，千方百计掌握火场实况，及时提供准确信息，为扑救工作取得全胜作出了应有的贡献。在扑救四川新龙、道孚、马尔康火场和云南禄丰、牟定火场中，西南航空护林总站赴火场工作组克服了因火场海拔高、交通不便、路况险恶、条件艰苦等重重困难，快速、准确、完整地向国家林业局防火指挥中心传递了火场一线信息，为及时做出扑救决策和扑救工作快速有效地展开奠定了基础。在今春历次扑火作战中，东北、西南航空护林中心（总站）所属（系统）各航空护林站、航行保障人员互相支持，密切配合，从扑火救灾的大局出发，起早贪黑，连续作战，条件差不叫苦、任务重不说累，安全完成每次飞行灭火任务。为此，我局决定，对东北、西南航空护林中心（总站）给予通报表彰。

希望东北、西南航空护林中心（总站）再接再厉，继续以“三个代表”重要思想为指导，认真学习贯彻《中共中央国务院关于加快林业发展的决定》，努力开拓，勇于创新，大力弘扬火场精神，为保护国家森林资源、促进林业跨越式发展作出更大贡献！

二〇〇三年七月二十三日

【简析】

这是一份表彰先进集体的通报，旨在介绍先进经验和典型经验。全文分为三部分：首先介绍有关情况，将东北、西南航空护林中心的先进事迹给予简要说明与肯定；然后表明表彰决定；最后，勉励受表彰的先进单位再接再厉，争取作出更大贡献。

2. 处罚性通报

关于给予×××开除党籍、开除公职处分的通报

淮劳社发[2008]210号

机关各处室、直属各单位：

原市医疗保险基金管理中心工作人员×××，利用职务之便，贪污医疗保险基金被追究刑事责任。根据《中国共产党纪律处分条例》第三十条规定，给予

×××开除党籍处分；经局党组研究，给予×××开除公职处分。现通报如下：

×××，男，1979 年 5 月 1 日出生，汉族，江苏淮安人，大学文化，1999 年 5 月加入中国共产党，2002 年 8 月参加工作，原为市医疗保险基金管理中心结算科办事员，负责办理市直单位医疗保险参保人员的医疗费的报销业务。

×××的主要违纪违法事实如下：

2005 年 5 月至 9 月间，根据其掌握的长期不发生报销业务的杨××等 96 名参保人员的医保卡上剩余金额，凭空填写可支取现金的报销单，在报销单上伪造杨宝梅等 96 名人员的签名，利用本单位审核的管理漏洞，从现金管理人员处领取现金计44 679元。2008 年 1 月 29 日，清河区人民法院对×××作出刑事判决，认为×××所侵吞的财产，是由其单位淮安市医保中心管理、使用中的私人财产，应视为市医保中心的“本单位财产”，其利用职务之便非法占有本单位财产，应以贪污罪处理，依照《中华人民共和国刑法》第三百八十二条第一款、第三百八十三条第一款第三项、第六十四条之规定，判决×××犯贪污罪，判处有期徒刑五年。

×××作为一名中共党员，本应牢记党的宗旨，廉洁奉公，勤政为民，模范遵守党的纪律和国家法律。然而，他却把党和人民赋予的权力作为牟取私利的工具，利用职务之便，贪污医保基金。×××的所作所为，彻底背离了党的宗旨，触犯了党纪国法，完全丧失了一名共产党员应有的道德品质，严重损害了我们党和劳动保障部门的形象，造成了不可挽回的影响。×××案件的教训极为深刻，全系统的党员干部一定要切实引以为戒。

一、全系统的党员干部必须坚持立党为公、执政为民，自觉维护社会保险基金的安全

2002 年 8 月，×××大学毕业后直接进入市医疗保险基金管理中心，从事医疗保险基金结算工作。对他而言，这是一种难得的机遇。这本应是他为党和人民努力工作的好机会，但他却不能正确对待手中的权力，而是把党和人民赋予的权力当成了捞取非法利益的工具，利用从事医疗保险基金结算的工作便利，大肆贪污参保人的医保基金，走上违法犯罪的道路，彻底背离了全心全意为人民服务的宗旨。全系统的党员干部一定要从×××案件中吸取深刻教训，时刻保持清醒头脑，恪守全心全意为人民服务的宗旨。要正确对待手中的权力，坚持立党为公，执政为民，做到权为民所用，情为民所系，利为民所谋。要正确运用手中的权力，在本职岗位上勤奋工作，切切实实地使用好、维护好关系职工群众切身利益的各类社会保障基金和就业资金。要堂堂正正做人，清清白白做官，切不可将人民委托的权力异化为损害人民利益的工具，利用职权牟取私利。

二、全系统的党员干部必须加强学习、提升素质，牢固树立正确的世界观、人生观、价值观

×××走上犯罪道路，其根源在于放松了学习和思想改造，世界观、人生观、价值观严重扭曲。在医保中心工作的几年间，他不注意加强政治和业务知识的学习，而是把时间和精力放在如何更多的非法侵占医保基金、追求物质享受上。×××有时上班很早，但不是去工作、去学习，而是去作案、去犯罪。正是由于×××理想信念丧失，私欲膨胀，拜金主义至上，最终坠入犯罪的深渊。×××贪污犯罪的沉痛教训再次说明，在新的形势下，党员干部不讲学习，不注重世界观、人生观的改造，就会在各种诱惑和“糖弹”面前打败仗，甚至走上违纪违法的道路。全系统党员干部特别是从事各项保险基金和就业资金管理、经办的同志更要引以为鉴，加强学习，牢固树立马克思主义的世界观、人生观、价值观和正确的权力观、地位观、利益观，时刻经受住权力、金钱、美色的考验。各级党组织要充分运用×××案件，在全系统党员干部中深入开展党性党风党纪教育，使广大党员干部严于律己，防微杜渐，始终保持和发扬克己奉公的革命精神，永葆共产党人的本色。

三、全系统各单位必须严格加强对党员干部的监督和管理，切实加强制度建设，不断规范行政行为

×××违纪违法问题的发生，除了他自身蜕化变质的内在因素外，也暴露了个别单位对职工的教育、监督和制度建设方面存在的问题。×××从参加工作到走上犯罪道路只有两年多时间，而他所贪污的医保基金涉及参保职工很多，作案十分频繁，手段十分恶劣，作案时间长达几个月，只是在有关参保人员发现自己医保卡上的金额被人支取，找到医保中心领导后，×××的违法犯罪问题才被发现。如果平时对党员干部的教育再多一点，管理再细一些，监督再严一点，尤其是制度建设方面再健全一些，他的问题可能被纠正在萌芽状态。全系统各单位要从×××案件中认真总结干部教育、监督和制度建设等方面的教训，把惩处和教育、防范、监督结合起来，建立起有效的反腐防腐机制。要切实加强思想道德教育和党纪国法教育，促进党员干部廉洁自律。要把制度建设贯穿于反腐倡廉和业务工作的各个环节，建立健全各项制度，形成制度规范从政行为、按制度办事、靠制度管人的机制。要完善制约监督机制，充分发挥党内监督、群众监督、舆论监督和法律监督的作用，形成监督的合力。要把教育、制度、监督统一于党风廉政建设和反腐败工作的全过程，发挥综合治理、惩防结合的整体效能。

二〇〇八年八月十八日

【简析】

这是一则惩处性通报。首先表明惩处的依据与决定，措辞严谨确切，斩钉截铁，不容置疑。然后讲述违法乱纪的事实根据与危害，用语简洁明确。最后要求广大干部群众引以为戒，这才是本文的落脚点，也是文章浓墨重彩、深入分析的地方，态度明确，针对性强，表述严谨规范；主要从三个方面进行论述，党员干部的责任、义务与加强学习（主要是自律方面），单位的监督与管理与制度建设（主要是他律方面）。

3. 情况通报

关于全市安全生产大检查情况的通报

吉府办字[2005]213 号

各县（市、区）人民政府，市直有关部门：

为深刻吸取广东省梅州市兴宁市大兴煤矿“8·7”特别重大透水事故的惨痛教训，进一步加强我市的安全生产工作，防范重特大安全事故的发生，按照市政府的统一部署，8月中、下旬，全市组织开展了以煤矿安全为重点的安全生产大检查活动。现将有关情况通报如下：

一、全市安全生产大检查工作的主要成效

从督查情况看，全市各县（市、区）、各部门、各单位对这次安全生产大检查工作予以了高度重视，分管领导主持召开了安全生产会议，认真传达了市府办《关于开展全市安全生产大检查的紧急通知》和 8 月 15 日市安委会全体成员会议精神，分析了本地、本部门、本单位的安全生产形势，研究部署了安全生产大检查工作，并且由领导带队，深入企业、深入生产一线，逐厂、逐矿、逐井、逐点进行检查。通过宣传教育，查处隐患，纠正违章，有力地推动了全市安全生产工作。一是增强了全民安全意识；二是促进了各级领导安全责任制的落实；三是强化了企业安全管理和规章制度的落实；四是及时发现、及时整改、及时消除了一批安全隐患，有效减少了一般事故，遏制了重特大安全事故的发生。据统计，市、县两级政府及有关部门共抽调 660 余人，组成 220 多个检查组，检查工矿商贸企业及其重要场所1 700余处，查处各类安全隐患1 668项，下达安全隐患整改通知书 664 份。1 至 8 月，全市共发生各类安全事故1 358起，死亡 205 人，分别比上年同期下降 12.16%和 36.14%，死亡人数占省安委会下达的控制指标的51.15%。

二、当前安全生产工作中存在的突出问题

从各地、各部门、各督查组反馈的情况看，全市安全生产工作进展不平衡，安全状况不容乐观，重生产、轻安全，侥幸麻痹，有章不循、违章指挥、违章作业行为，在一些企业负责人和从业人员中仍然比较严重；企业安全投入不足，基础薄弱，隐患多、欠账多的状况仍未从根本上改变。具体表现在以下八个方面：

1. 煤矿安全问题严重。这次煤矿安全共检查出各类安全隐患228处。一是证照不齐。永丰县杏严煤矿至今证照不齐，仍在生产，特别是一号老井被淘汰封闭，至今仍在非法采煤。二是乡镇煤矿井下作业超过控制人数。吉水县丁江乡煤矿二井、阜田煤矿等井下每班作业超过9人，万安县利民煤矿20号井下人员多达16名。三是通风系统问题严重。吉安县安塘煤矿二井安装非防爆风机，使用编织袋作风筒；安福县石溪煤矿三个掘进头实行串联通风。四是水患严重。许多煤矿对老窿水情况不明确，未标出探水线、积水线，未严格执行探放水制度。安福县昌明、吉福等煤矿采掘工程平面图未标明积水警戒线、探水线、保安煤柱线。五是瓦检制度执行不严。吉水县水南煤矿二井连续8天无瓦检记录。

2. 铁矿、采石场等非煤矿山隐患突出。安福县赤谷铁矿井工矿井无通风系统，无两个安全出口，该矿长溪采区未按设计作业，采剥未形成有效台阶，违规爆破，影响相邻采区安全，废石场存在滑坡、坍塌等安全隐患。吉安县赣闽铁矿废石场无反坡，无挡墙，采区废石场地面出现开裂下陷现象。井冈山市金山碎石建材厂采石场、永新县石桥镇梅田采石场边坡严重超高，陡坡式开采。永丰县中村石人坑石英矿无证开采，北坑萤石矿独眼井开采。

3. 危险化学品生产企业隐患较多。今年以来，我市已处理了多起危险化学品燃烧、泄漏事故，最近省安监局通报了永丰县工业园区江西项氏稀贵金属有限公司生产的罐装氯金酸在香港机场发生泄漏事件，现正在调查之中。在这次检查中，又发现新干县淦辉医化有限公司、赣中气体有限公司、吉州气体有限公司、青原区青洲化工厂等仍然存在多项安全隐患，有的隐患还是省安监局上半年来吉检查发现的，至今仍未整改到位。

4. 渡口安全隐患严重。吉州区、吉安县神岗山渡口安全管理问题扯皮多年，至今未得到协调解决；峡江县万宝水库渡运管理未认真吸取2000年“12·5”翻船事故教训，仍存在人货混装、超载渡运问题；安福县竹江乡竹李、横龙镇洲里渡口渡船破烂渗水，泰和县永昌渡口渡船船底腐烂渗漏，仍然在渡运，问题十分严重。

5. 学校危房严重威胁学生安全。列入省安委会督查整改的吉州区田侯路小学6号教学楼安全隐患未整治到位，学生仍在危房中上课；该区长塘乡庙背小学一幢教学楼已倾斜开裂，至今仍有200多名学生在危房中上课。

6. 公众聚集场所安全问题不容忽视。被省安委会通报为重大安全隐患的吉州区万家福二、三楼小商品批发市场，虽几经整顿，但占道经营阻塞安全出口、疏散通道的问题仍未彻底解决。

7. 道路交通安全问题非常严重。8月5日，遂川县遂桂线高坪镇一辆农用车核载2人，实载13人，翻入落差28米的小河里，死亡4人，伤6人，但至今该县西部山区农用车非法载客现象仍未禁止。吉州区客运腾飞公司车辆挂靠问题仍未按规定脱钩。

8. 民爆器材、电力、锅容管特等方面也存在许多安全隐患，有的甚至还比较严重。

三、进一步加强安全生产的工作要求

1. 集中时间，集中力量，狠抓隐患整改工作，确保国庆节期间的生产、交通、防火安全。各地、各部门、各单位要按照“谁主管，谁负责”、“谁发证，谁负责”、“谁受益，谁负责”的原则，集中时间、集中力量，对所通报的隐患，一项一项进行分析研究，逐项落实整改方案，狠抓整改工作。整改好一项，摘帽一项。各被通报隐患企业单位，要本着不等不靠，立足自我的原则，迅速组织资金和技术力量，一般隐患自己解决，重大隐患在有关业务部门的指导帮助下，加紧解决。市政府安全生产督查组按照分片包干责任制，督促做好隐患整改工作，跟踪问效各项隐患整改工作，力争在国庆节前完成。同时，国庆节前，各地、各部门、各单位要自行组织力量，举一反三，认真组织开展一次安全检查和隐患的排查整改工作，把国庆黄金周期间的生产安全、交通安全和防火安全工作落到实处。并按照重大节日的做法，加强安全值班，确保信息畅通。

2. 加大监管力度，从重处罚违法生产经营行为。各级安全生产监督管理部门要依法加大对被通报安全隐患整改工作的监管力度，对已下达安全隐患整改通知的，要督促有关部门和企业限期整改；对未下达且需要下达整改通知的隐患，要继续下达；对拒不整改，或逾期不整改，或限期内整改不到位的，要依法从重予以处罚，危及生命安全或可能造成重大损失的，责令停产停业整顿，期间发生事故构成犯罪的，要依法追究刑事责任。各有关部门要依法做好行政许可工作，为生产经营单位提供优质服务，为全民创业提供优良环境，努力把严格安全生产许可条件和提供优质服务有机结合起来。

3. 重点做好煤矿安全监管工作。最近，国务院、省政府就煤矿安全工作作出了一系列重大决定，各产煤县要认真贯彻落实。要充分认识煤矿违法生产的危害性，坚持齐抓共管，坚决落实“五整顿、四关闭”措施，严厉打击违法生产行为，严格责任追究，严肃查处煤矿安全事故背后的不正之风和腐败现象，确保煤矿安全的平稳局面。

4. 加大工伤事故保险力度,增强安全事故赔偿支付能力。各地、各部门、各单位要认真贯彻省政府办公厅《关于加快推进全省责任保险发展工作意见的通知》(赣府厅发[2005]3号)精神,进一步加大工伤社会保险和雇主责任保险工作力度,增强全市高危企业安全事故赔偿支付能力,为构建和谐吉安作出贡献。

附:2005年全市第三次安全生产督查事故隐患情况表

吉安市人民政府办公室
二〇〇五年九月二十六日

【简析】

这是一则情况通报,旨在传达上级机关的重要精神或工作中出现的新情况、新问题、新动向等需要下级单位周知的事项。开头讲述通报的目的和事项,然后从检查的成效、发现的问题与工作要求三个方面进行论述,有情况、有分析、有要求,能够起到沟通认识、交流信息、督促后进、激励先进的作用。

五、会议纪要的写作

(一)会议纪要的概念

会议纪要,是在会议以后,根据会议的宗旨和要求,对会议的基本情况、讨论事项和主要结论,加以归纳整理,以通报会议精神,指导工作而形成的文件。

(二)会议纪要的特点

1. 内容的纪实性

会议纪要如实地反映会议内容,它不能离开会议实际再创作,不能人为的拔高、深化或填平补齐。否则,就会失去其内容的客观真实性,违反纪实的要求。

2. 表达的纪要性

会议纪要是依据会议情况综合而成的。撰写会议纪要应围绕会议主旨及主要成果来整理、提炼和概括。重点应放在介绍会议成果,而不是叙述会议的过程,切忌记流水账。

3. 称谓的特殊性

会议纪要一般采用第三人称写法。会议纪要反映的是与会人员的集体意志和意向,常以"会议"作为表述主体,"会议认为"、"会议指出"、"会议决定"、"会议要求"、"会议号召"等就是称谓特殊性的表现。

(三)会议纪要的种类

1. 根据其性质和内容,可分为:决议性会议纪要,主要记载和反映领导层制定的重要决策事项,作为传达和部署工作的重要依据,主要用于领导层办公会;

研讨性会议纪要，记载和反映会议研讨情况，主要用于专门职能部门或学术性会议；协议性会议纪要，记载双边或多边会议的协议情况，以作为会后各方执行公务和履行职责的依据。

2. 按会议的内容与方式，可分为工作、专业或专题会议纪要等。

（四）会议纪要的格式要求

1. 标题

主要有两种情况：一是会议名称加纪要，如《全国农村工作会议纪要》；二是由召开会议的机关、内容与文种组成，如《省经贸委关于企业扭亏的会议纪要》。

2. 正文

会议纪要正文一般由两部分组成。

(1)会议概况。主要包括会议时间、地点、名称、主持人、与会人员、基本议程等。

(2)会议的精神和议定事项。常务会、办公会、日常工作例会的纪要，一般包括会议内容、议定事项，有的还可概述议定事项的意义。工作会议、专业会议和座谈会的纪要，往往还要写出经验、做法、今后工作的意见、措施和要求等。

3. 会议纪要的三种写法

根据会议性质、规模、议题等不同，大致可以有以下几种写法：

(1)集中概述法。是把会议的基本情况，讨论研究的主要问题，与会人员的认识、议定的有关事项（包括解决问题的措施、办法和要求等），用概括叙述的方法，进行整体的阐述和说明。这种写法多用于召开小型会议，而且讨论的问题比较集中单一，意见比较统一，容易贯彻操作，篇幅相对短小。如果议题较多，可分条列述。

(2)分项叙述法。召开大中型会议或议题较多的会议，一般要采取分项叙述的办法，即把会议的主要内容分成几个大的问题，然后加上标号或小标题，分项来写。这种写法侧重于横向分析阐述，内容相对全面，问题也说得比较细，常常包括对目的、意义、现状的分析，以及目标、任务、政策措施等的阐述。这种纪要一般用于需要基层全面领会、深入贯彻的会议。

(3)发言提要法。这种写法是把会上具有典型性、代表性的发言加以整理，提炼出内容要点和精神实质，然后按照发言顺序或不同内容，分别加以阐述说明。这种写法能比较如实地反映与会人员的意见。某些根据上级机关布置，需要了解与会人员不同意见的会议纪要，可采用这种写法。

（五）拟写会议纪要的注意事项

1. 会议纪要是对所有会议材料的概括、综合和提炼。因此，要写好会议纪要必须做好处理材料的工作。要广泛搜集会议材料，全面掌握会议情况；要按照会议精神和领导工作意图，对材料进行分类和筛选；要对选用的材料进行分析和综合，围绕中心组织好材料。

2. 纪要篇幅不宜过长，语言要简明扼要。

3. 会议纪要必须全面准确地反映会议情况和基本精神，其内容必须真实、准确。因此，会议记录人员一定要聚精会神，尽最大努力做好会议记录。

4. 会议纪要与会议记录的区别

(1)性质上，会议纪要是法定行政公文；会议记录是机关、单位内部用于记录会议发言的事务文书。

(2)内容上，会议纪要是经过整理加工的会议上达成的一致认识，是会议内容的要点；会议记录是会议发言的原始记录，基本上要做到有言必录。

(3)形式上，会议纪要基本上按照行政公文的规范格式；会议记录没有统一的格式，都是各单位自定。

(4)发布方式上，会议纪要按公文发文程序发，但没有主送和抄送机关；会议记录仅作为内部资料保存，绝不公开发布。

5. 会议纪要与会议决议的区别

(1)会议纪要是根据会议情况撰写的要点；而决议必须经与会者表决，按照法定程序通过后，才能生效。

(2)一份会议纪要可以同时写不同方面的毫无关联的几项决定，而一个决议只能写某一方面或某一问题。

(3)会议纪要的内容可轻可重、可大可小，只要是会议议定的都可写进去；而决议的内容常常是一个单位或部门、一个地区或系统乃至党和国家的重大问题。

(六)例文评析

(校长办公会)会议纪要

（第12次会议）

会议时间：2010年2月19日上午8：30～12：30

会议地点：办公楼605会议室

会议主持：王广谦

出席者：李俊生　陈明　袁东　王国华　梁勇　计金标

列席者：倪海东　赵丽芬　杨晓波　石刚　张晓红　蔡彩时　吕世彦　巴图　叶飞　蒋西河

签发者:王广谦

签发日期:2010 年 2 月 26 日

记录者:杨禹强

会议议题:

一、讨论研究 2010 年工作重点

二、关于为 2010 年 2 月底到达退休年龄人员办理退休或延聘手续问题

三、审定 2010 年本科生招生计划

一、讨论研究 2010 年工作重点

2009 年,学校各项事业都取得了很大进展,整体办学水平明显提高。目前,学校正处在快速发展时期,2009 年的工作任务依然很重,必须抓住机遇,努力工作,采取有力措施,切实把学校各项事业全面向前推进。

为了给党委全面制定 2009 年学校工作计划做好准备和一些重要工作尽早展开,根据教育部和北京市委教育工委、北京市教委 2009 年工作要点,结合我校实际,王广谦校长就学校行政方面的工作,从十二个方面提出了具体意见和要求,经过与会人员充分讨论与补充,达成如下共识:

(一)加大师资队伍建设力度,实施“人才强校”战略,全面提高教师队伍整体水平。(略)

(二)加强教育教学改革研究,不断提高教学质量。(略)

(三)切实加强科研工作,提高科研水平与应用水平。(略)

(四)提高教育国际化水平,做好国际合作办学项目,积极争取更多的国际合作办学机会,在原有国际合作伙伴基础上,力争再同若干实力、水平相当的国外大学建立姊妹学校;加大招生宣传力度,扩大留学生规模,筹建国际文化交流学院,做好人才储备工作。

(五)巩固学科与院系调整成果,明确相关学科点建设方向;新设立若干个校级重点学科和重点支持学科;全力以赴做好会计硕士和公共事业管理(MPA)专业学位申报工作;建立学科带头人选拔制度,加快学科带头人的培养;加强博士后流动站的管理。

(六)认真做好毕业生就业工作,特别要做好今年专科生就业工作;认真研究自主招生事宜。

(七)结合沙河新校区建设,组织力量,充分调研,修订完善学校战略发展规划、学科和师资队伍建设发展规划、校园建设发展规划;继续完善学校“十五”规划,为制定学校“十一五”规划及申请“211”工程做好准备。

（八）做好新学院论证与筹建工作，根据论证情况筹建相关学院；充分论证和调研，在教学、科研、人事、学生管理和财务等方面对校院两级管理体制进行试点。

（九）加强行政管理，提高服务意识，认真解决师生突出反映的热点难点问题。稳步推进校务公开工作，坚持依法治校；采取切实措施，提高青年教工生活待遇；认真做好离退休老同志工作，共享改革成果；加强临时工管理，提高人员素质并适当提高工资待遇。加强校园安全保卫工作，尤其要做好防火和公共卫生安全工作；完善后勤社会化改革，提高服务质量与管理水平。（略）

（十）认真做好沙河新校区建设与校内建设。（略）

（十一）要理顺关系，完善机制，加快校园网硬件改造，推进校园网主页和二级网站建设，不断充实网页内容；充分利用校园网络资源，推进"电子政务"工作；积极完成校园网二期工程建设工作，做好沙河新校区网络规划工作；改进多媒体教室电脑操作系统。

（十二）要加强对外宣传工作，努力提高学校知名度与美誉度。做好新闻中心的成立工作，建立工作机制，整合资源，调动各单位、部门提供信息的积极性，密切与校外新闻媒体联系，进一步树立学校良好形象。

会议还强调了加强调查研究的重要性，希望领导深入基层调研，在适当时候召开全校性的学科建设、师资队伍建设、科研、国际合作与交流和财务管理、安全保卫等方面的工作会议。

二、关于为2010年2月底到达退休年龄人员办理退休或延聘手续问题

会议听取了人事处负责人×××作的关于为2010年2月底到达退休年龄人员办理退休或延聘手续问题的汇报，经讨论，同意信息管理系×××教授等6人按期办理退休手续；同意财政与公共管理学院×××等9人办理延聘手续（具体名单见附件1）。

会议决定，女高级专家满55周岁，本人申请、院系同意、符合延聘条件提出延聘申请的，经校长办公会讨论通过，即可将延聘期延长到60周岁，不需再上校长办公会进行一年一次的延聘讨论。在55～60周岁期间，如果本人或院系提出不再延聘，由人事处按退休程序办理。

三、审定2010年本科生招生计划

教务处和人事处负责人分别汇报了2010年本科生招生专业和分省招生计划，经讨论，做出如下决定：

（一）2010年我校14个院系30个专业共招生1 250人，根据人才需求和我校实际情况，会议确定了具体招生计划。

（二）为做好退役运动员和体育优秀生招生工作，加强对外宣传，会议决定成立招收退役运动员和体育优秀生资格审查工作小组，由×××副校长任组长，学生处处长××和体育经济与管理系主任××任副组长，成员由学生处、监察审计处和体育经济与管理等单位有关人员组成。

（三）会议要求有关部门要认真做好2010年招生工作，遵守国家和学校规定的有关招生纪律，共同维护学校良好形象。

送：党委常委、校长办公会议成员

发：教务处、研究生部、科研处、国际合作处、宣传部、发展规划处、人事处、学生处

学校办公室2010年2月26日

（共印25份）

【简析】

这是一般的常规性工作会议纪要。校长办公会，是定期召开的常规例会，因此有专门的会议纪要版头。会议概况部分，采用条目式的写作方法，清晰自然，准确明白。纪要正文从三个方面来写，讲述三方面工作。以个人名义发言的，采用一般性的第三人称；达成与会者共识的，采用“会议”这一特殊的第三人称。

任务实施

1. 阅读下列材料，结合当地的实际情况，起草一份市局关于发挥工商行政管理职能服务社会主义新农村建设的通知。要求：公文格式完备。

材料1：

近年来，烟台市工商部门把发展“订单农业”作为促进社会主义新农村建设的重要举措，积极引导，大力帮扶。目前全市涉农企业达到658家，“订单”农户20多万户，年订单额超过200亿元。各级工商部门广泛开展了“订单农业”的宣传活动，通过多种途径对农户和涉农企业进行合同知识和法律法规培训教育，帮助“订单农业”自觉遵规守约，走诚信发展之路。

同时工商部门加强对订单合同事前、事中、事后全过程的监管，既要求涉农企业严格按合同约定收购，不得压级、压价、打白条，也督促农户保质保量完成合同任务，全面履行合同。各地普遍成立了合同纠纷调解小组，聘请地方法院、

公安、乡村干部为调解小组成员，充分发挥行政调解纠纷作用。严厉打击合同欺诈，坚决查处害农坑农的违法行为，确保“订单农业”顺利发展。2002年初，莱州裕兴贸易有限公司与农户签订了2 000吨洋葱种植合同，收购时，市场价格低于约定价格，公司想以市场价收购。通过合同纠纷调解小组反复调解，最终说服了公司按照合同约定价格收购。

大力培育和发展农村经纪人，是快速推进“订单农业”发展的一条重要途径。目前，该市共有农村经纪人或经纪组织3 000多户，农村经纪从业人员近万人。工商部门在法律法规允许的范围内，适当放宽农村经纪人登记条件，降低市场准入门槛。针对农村经纪人主要来自农民、经纪活动具有季节性的特点，允许部分农民季节性地从事经纪活动。规范农村经纪人名称和经营范围，支持一般经纪人面向“三农”开展各项经纪活动。牟平区果品公司在工商部门的帮扶引导下，积极转变经营观念，采取企业联农户的方式，先后发展了110名农村经纪人，收购点遍及烟台、威海6个县市区100多处，年收购量1 200多万公斤。

材料2：

近年来，潍坊市工商部门充分发挥职能优势，努力服务“三农”促进了农业现代化的发展。

工商部门落实帮扶措施，重点支持深加工、外向型涉农龙头企业。全市农业龙头企业与2002年相比增长106%，年销售收入过亿元的达到126户，省级以上重点龙头企业44户，占全省总数的12.1%。在培育“执照农民”方面，采取依托镇村、积极引导、抓大放小、跟上服务、减免规费等多项措施，重点引导农村种养业户登记办照。青州市黄楼镇通过对花卉种植业户进行登记注册，有效地促进了花卉种植规模的扩张，发展成为江北最大的花卉专业镇。在培育农村新型合作经济组织方面，重点引导农户和蚕茧站、兽医站等行业组织以入股、合作等形式，建立产供销相互依赖、利益共享、风险共担的共同体。

各级工商部门围绕扩大订单规模、规范合同行为，拓展领域，深化服务，突出抓了四个重点。一是重点产业。在种养殖基地全面推行订单化生产。全市重点产业基地订单普及率达到了70%，形成了以瓜菜、果品、畜牧为主导的产业群。二是重点村镇。各基层工商所与全市34个种养殖专业镇联合成立订单农业指导小组，与460个种养殖专业村建立联系制度，推行企业、镇政府、村委、农民“四级双向合同签订制度”，专业村镇订单普及率达到了95%以上。三是重点企业。实行合同专管员制度，明确职责，对重点企业定向帮扶，规范签约行为。四是重点大户。通过牵线搭桥、帮助指导签订合同等形式，引导种养大户以市场为导向发展生产。全市5 600户种养殖大户与省内外客户签订了常年订单合同,建立了稳定的产销关系。

围绕建立安全的农业生产秩序和放心的农村消费环境,工商部门加强了三项工作:一是健全三项机制,加强农资市场规范。健全预警防范、信用管理、打假保优三项机制,聘请 560 名红盾护农特邀监督员,建立1 800个访企问农联系点,对农资产品实行定期抽检监测并及时发布消费警示。支持农业生产企业、销售主渠道发展农资连锁经营,评选推介农资经营诚信单位、优质农资产品,开展专项整治,去年查处农资违法违章案件2 860件,曝光了10大典型案例。二是监管自律并重,强化食品安全规范。市、县、所层层签订食品安全监管责任书,全面落实区域监管责任制,将目标任务落实到基层所、监管区、责任人,对农村食品市场实行零距离、无缝隙监管。在认真落实准入自律制度的同时,积极推行信用监管,三是加强"两站"建设,实现维权领域延伸。制定并建议市政府转发了在农村建设消费者协会投诉站和"12315"申诉举报联络站的意见,全市建立规范化农村"两站"5 550处,初步实现了农民投诉不出乡镇、不出村,乡镇"两站"配备了微机,实现了市、县、所三级网络联接,及时分流、及时处理,提高了维权效能。去年,全市农村"两站"处理农民日常生活消费投诉 1.5 万件,为农民挽回经济损失3 270万元。

2. 根据下面的材料,按照要求拟写一份通知,要求:格式规范,结构完整,语言简洁明确,缺少条件请自行补充。

(1)××公司财务处准备对本部门职员进行一次业务培训。

(2)培训主要科目包括:计算机应用、税法、会计法、应用文写作。

(3)拟从××大学和××省社科院研究所聘请专业教师。

(4)培训时间:6 月 20 日至6 月 25 日。

3."淮海大学计算机系的张洪亮同学在期末英语考试中作弊,无视监考老师的劝阻,并对老师出言不逊,被学校处以记过处分"。据此事件拟写一份批评性通报,要求格式规范、内容充实、用语简洁、把握分寸。

4. 请以下面提供的材料为依据,以汉江市环保局的名义撰制一份通报,要求遵循"通报"写作格式,应把错误事实、处分决定、错误性质、善后办法(吸取教训)四个方面写清楚;结构分明,详略得当。

汉江市环保局拟将对因化学物品在运输过程中泄漏的汉江市汉江化工厂给予最高 5 万元的高额罚单。

汉江市汉江化工厂物资处将装有废白油(一种润滑油)的油桶,交与一废品收购私营业主处理(当事人无危险化学品经营许可证)。对方运输车辆经过大山区建设一路时，25只大油桶从车上掉下来，造成约200公斤“白油”外泄（内含有50%易燃、易爆、对人体皮肤有毒副作用的活化剂——三乙基铝）。接警后，大山区环保局应急小分队立即赶赴现场，由于处理及时没有造成人员伤亡。

大山区环保局依法对该厂下达了《行政处罚预先告知书》和《行政处罚听证告知书》，最终罚款额将在举行听证会后决定。

任务五 报请商洽类公文的写作

知识目标

◆ 报告的概念、分类、特点、格式与写作要求

◆ 请示的概念、分类、特点、格式与写作要求

◆ 批复的概念、格式与写作要求

◆ 函的概念、格式与写作要求

能力目标

◆ 提高对报请商洽类公文相应的工作情景分析、评价的能力

◆ 掌握报请商洽类公文的格式要求与注意事项，熟练进行此类公文的写作

任务引入

市民期盼更多管线入地

“在我所在的汉水区工业路、工业一路都刚刚经过改造，但路旁仍有很多木电线杆、水泥线杆。很多路段改造都是管线同步入地，为什么这里不行呢?”昨日，××市市民熊先生致电本报诉说心中的不解。

记者在这几个路段看到，熊先生所称的道路已经完成刷黑，有的正在铺设人行道。路两边的人行道上，确有两排电线杆，上面密布的各种缆线与修葺一新的路面形成鲜明对比。附近不少市民有与熊先生类似的疑问。

汉水区建设局相关负责人解释，管线入地耗资巨大。通常主干道或者景观路段的改造，会有这方面的经费安排。次干道拓宽以后如果电线杆立在马路当中，也会管线入地。这两条路属次干道，但电线杆在人行道上，故暂时没有管线入地计划。该负责人还介绍说，这几个路段地处繁华商业区，关乎城市形象；其

管线入地工程约需800万元资金。他表示，会接受市民建议，立即着手向上级请示，力争早日给市民一个满意的答复。

请用上面提供的材料为依据，以汉水区建设局的名义向上级主管部门撰写一份请求批准类请示。

任务分析

报请商洽类公文主要包括报告、请示、批复、函等文种。此类公文大多是在本单位职权范围内无法解决的问题，需要向有关部门进行请示、报告或商洽时需要作出的。基本功能是请示、商洽问题，报告情况，以便有关部门的指导和帮助。

本任务就是通过对此几种文种的学习，理解其概念、特点、分类等，掌握其格式要求及注意事项，从而熟练掌握此类公文的撰写。

写好报请商洽类公文，对于密切单位之间的联系、尽快解决和处理问题，具有重要的意义。

相关知识

一、报告的写作

（一）报告的概念

报告是向上级机关汇报工作、反映情况、提出建议、答复上级机关的询问或要求时使用的上行文。

报告使用范围较广。按照上级部署或工作计划，每完成一项任务，一般都要向上级写报告，反映工作中的基本情况、取得的经验教训、存在的问题以及今后工作设想等，以取得上级领导部门的指导。

（二）报告的分类

1. 工作报告

是用于汇报工作进程、总结工作经验、反映工作问题、提出工作意见的报告。这类报告是报告中应用最为广泛的一种。工作报告的制度化，有利于工作关系的正常化。如《中共邢台市委、邢台市人民政府关于我市召开全市经济工作会议情况的报告》。

根据需要，工作报告可以写成综合性的，也可以写成专题性的。

综合性的工作报告，它是不同阶段、不同范围的全面工作总结或汇报。可以是各方面的综合工作，或者一个系统、一个部门的全面工作。

专题性的工作报告强调专一性，它是就某一项或某一方面的工作向上级机关所作的报告。它可分为总结经验的专题工作报告和研究工作的专题工作报告。前一类就是呈报上级的专题工作总结，它不需要答复，后一类通常是就落实、开展、加强、发展、改革某项工作向上级做的专题报告。它不一定在工作结束后才写，常常是在工作进程中，待工作告一段落时写好，以待上级答复、批转。

2. 情况报告

是指用于向上级反映工作中的重大情况、特殊情况或新动态的报告。它不需要答复，主要是让上级了解、掌握情况，以便根据情况采取措施，指导工作。向上级提出工作建议的报告，也属这一类。如《关于向阳隧道工程施工造成管道煤气泄漏事故的报告》，即是对某一突发性情况向上级做出的报告。

3. 答复报告

是针对上级对下级机关提出询问或要求，经过调查研究所作出的陈述情况或回答问题的报告，是一种被动行文。如《关于王刚同志职称评定情况的报告》，正文报告缘由中写道，“接到你办 8 月 10 日对我院王刚同志职称评定情况的查询，我院立即调查，现将有关情况汇报如下”，即是针对上级有关问题做出的答复报告。

4. 递送报告

是下级以报告的形式向上级递送文件、物件时使用的报告。

5. 建议报告

是根据工作中的实际情况或存在问题向上级机关提出具体建议、办法、方案的报告。建议而非请示，上级可答可不答。

（三）报告的特点

1. 陈述性

报告在汇报工作、反映情况、答复询问时，均以陈述事实为主，大多采用叙述、说明的表达方式，交代事实，以便上级机关迅速了解把握有关情况。

2. 汇报性

报告的作用在于下情上达，向上级机关汇报工作及其情况。

（四）报告的格式要求

1. 标题

一般由制发机关、事由与文种三部分组成，如《林业部关于抢救大熊猫的紧急报告》。

2. 主送机关

一般为直属上级机关或业务主管部门。

3. 正文

一般由导语、事项和结束语组成。导语,写报告的目的或缘由,写完后常用"现将有关情况报告如下"之类的承启用语过渡到报告内容。事项即报告的具体内容,一般要写清工作进行的情况、存在的问题、经验教训以及下一步的打算措施等。结束语,多用"特此报告"、"专此报告"。它不能要求上级回复,但由于是一种上行文,要表明谦虚的态度,需要表示主动接受评价、审查的态度。所以,才常有"以上报告,请审阅","以上报告,如有不妥,请指正"等习惯性用语。言外之意就是,如果妥当,无须回文。

工作报告的正文一般由基本情况、成绩和经验、问题与不足、改进办法等部分构成。常见的写法有两种:一是当所报告的工作是单一的专项工作时,可先写工作的基本情况,接着写取得的成绩或经验,再写存在的问题与不足,最后写改进办法或今后打算。二是当所报告的工作事项不止一个时,可依工作的主次顺序,将每一项工作作为一个部分依次叙述。

情况报告的正文一般由情况或问题发生的经过、原因、责任分析、处理意见和经验教训等部分构成。

答复报告的正文由报告的原因、回答询问两部分构成。首先要写明什么时候接到上级机关的提出的什么问题或者询问的事项,然后针对上级提出的问题或询问的事项做出回答。

4. 落款

在正文后右下方标注发文机关与成文日期。

(五)拟写报告的注意事项

1. 报告与意见的异同

报告侧重于汇报工作、反映情况,多数情况下不涉及今后具体工作意见,也不要求上级做出批示,只有所反映的情况涉及工作中一些带有普遍性的问题时,往往顺势针对问题提出今后的解决办法,要求上级加以批转。意见(上行的)陈述情况的目的在于给意见的提出做铺垫,所提的意见,不是要求上级给以批示,就是请求上级加以批转,不像报告在多数情况下是对上级没有批示或批转的请求。

2. 作为行政公文的报告,与一些专业部门从事业务工作时所使用的、标题中也带有"报告"的行业文书,如"评估报告"、"审计报告"、"立案报告"等是不同的概念,不能混淆。

3. 写作报告,材料要真实。向上级机关反映工作情况,应本着实事求是的原则,不能只报喜不报忧,也不能有夸大或虚构。

4. 报告中不夹带请示事项。上级机关对报告不必然具有答复责任，不应将请示事项放在报告之中。如有请示事项，应另行以“请示”文种行文。

（六）例文评析

1.

关于加强工商行政管理工作的报告

为了更好地贯彻党的十三届五中全会的精神，在治理整顿期间，工商行政管理机关应充分发挥监督管理的职能，强化和完善各项监督管理措施，为深化改革，促进社会主义经济持续、稳定、协调发展创造良好的条件。根据国务院赋予工商行政管理机关的职能，应进一步拓宽监督管理的广度，增加监督管理的深度，强化监督管理的力度，把工商行政管理工作提高到一个新的水平。为此，今年全国工商行政管理局长会议进行了专门研究，对下一步工作提出以下意见：

一、进一步依法加强对生产资料市场的监督管理，不断提高集贸市场的管理水平。加强对生产资料市场的监督管理，是工商行政管理机关的主要职责之一，也是监督管理的薄弱环节。工商行政管理机关要依法监督生产资料市场的交易行为，审查交易双方的资格，监督交易商品的来源去向，查处各种违法违章行为。凡是有形市场和各种生产资料的交易、订货会，工商行政管理机关都应依法进行监督管理。要把目前问题比较突出的钢材、机动车、房地产市场作为监督管理的重点，逐步摸索一套行之有效的监督管理办法。继续巩固和发展城乡集贸市场，逐步做到经营活动、管理工作和服务设施规范化。继续加强对重要农副产品的管理。重视发展和建设老、少、边、穷地区的集贸市场，加强边境地区边民互市贸易的管理。

二、加强对国营和集体企业的监督管理，积极支持企业集团的建立和发展。要坚决按照党中央、国务院关于清理整顿公司的要求，继续把这项工作抓紧抓好。对决定撤销的公司，要按规定督促主管部门，成立清算组织，清理债权债务，妥善安置人员，办理注销登记。治理整顿中暴露出的问题表明，经济秩序混乱的一个重要原因，是相当一部分国营和集体企业法制观念淡薄，有的甚至为牟取暴利而违法经营。工商行政管理机关应加强对国营和集体企业的监督管理，把大型企业、政企不分的企业、经营专营业务的企业作为法制宣传教育的重点。通过保护合法经营，查处违法活动，支持企业在深化改革中进一步搞活。在深化改革的过程中，工商行政管理机关要依法保护、支持企业集团的健康发展，搞好企业集团的登记管理。应重视对外商投资企业的监督，把重点放在资金的投入和履行合同上。

三、切实加强对个体、私营经济的监督管理，引导它们健康发展。当前需要进一步明确，在公有制为主体的前提下，继续鼓励发展包括个体、私营经济在内的多种经济成分的政策不变，鼓励一部分人靠诚实劳动和合法经营先富起来的政策不变，国家保护个体、私营经济合法权益的政策不变。要用法律、经济、行政等手段，加强对个体、私营经济的引导和管理，发挥其积极作用，限制其消极影响。个体工商户、私营企业必须在法律规定的范围内经营。通过对个体工商户和私营企业的登记和更换营业执照，确定其经营范围，引导他们拾遗补阙，从事国家鼓励和倡导的行业。要按照国家的有关规定，认真清理名为集体、实为个体工商户和私营企业的假集体企业，按其经济性质重新登记注册，解决经济性质不准、产权归属不清、民事责任不明的问题。要切实纠正"以费代管"的做法。任何单位、个人不得在国家法规、政策之外，向个体工商户和私营企业乱收费、乱摊派、乱罚款。待业人员符合条件的应按规定申请营业执照，坚决取缔无照经营。要发挥个体劳动者协会和私营企业协会的作用，加强对个体工商户和私营企业主的政治思想教育、法制教育和职业道德教育。

四、严肃查处制造、经营伪劣商品和刊播虚假广告的行为，切实维护国家和人民群众的利益。工商行政管理机关必须把查处制造、经营伪劣商品的行为和取缔虚假广告作为治理整顿的一项重要工作抓好。目前要集中力量对假化肥、假农药、假种籽、假药、假酒等分项进行治理。要进一步发挥消费者协会的作用，动员社会力量，形成对伪劣商品和虚假广告的监督网。对制造、经营伪劣商品和刊播虚假广告的行为要依法严惩，决不让违法单位和个人在经济上得到好处，情节严重的要停业整顿或吊销营业执照，触犯刑律的要追究刑事责任。对集中生产、经营伪劣商品和虚假广告泛滥的地区，还应追究当地领导的责任。

五、强化经济合同管理，维护社会经济秩序，保证国家计划的完成。经济合同履约率不高是经济秩序混乱的原因之一。在治理整顿期间，工商行政管理机关必须强化对经济合同的监督管理，特别要加强对重要生产资料、大宗农副产品购销合同的签证和备案管理，把好合同签约关，监督当事人按合同办事，保证国家指令性计划的完成。加强对建筑安装工程承包合同的管理，用法律手段保证控制压缩固定资产投资规模的政策贯彻执行。要及时发现和处理违反国家法律、法规、政策和国家指令性计划的合同，并充分发挥行政仲裁作用，解决合同纠纷。逐步规范经济合同文本，解决合同格式不一、条款混乱、容易发生纠纷等问题，促进企业经济行为的规范化。

六、依法保护注册商标专用权，加强商标领域中的国际合作。搞好商标工作，促使企业自觉地执行商标法规，依法关心和保护自己的商标权益。工商行政管理机关要面向企业，加强宣传教育和具体指导。今年重点抓好100个大中型企业的商标工作。同时，要大力整顿药品商标，保护名优药品的发展。要继续加强商标领域中的国际合作，加强我国企业到国外注册商标的管理，加强对马德里协定的宣传和对企业进行马德里协定国际注册的具体指导。

七、加强廉政建设，提高工商行政管理队伍的素质。工商行政管理队伍廉政建设的重点是惩治以权谋私。在廉政建设中，一是要从领导机关，特别是各级领导干部做起，真正做到清正廉明，秉公执法；二是要抓基层，抓好《工商所工作条例》、《工商行政管理人员办事公开要则》、《工商行政管理人员廉洁守则》以及《违反工商行政管理人员廉洁守则处罚办法》等规定的贯彻落实，把群众监督与自我约束机制结合起来。对违法乱纪的要从严处理，决不护短、姑息。各级工商行政管理机关要加强对干部职工的思想政治工作，搞好在职干部的岗位培训，建立一支有理想、懂业务、守纪律的工商行政管理队伍。为提高工商行政管理机关的管理水平，要逐步建立全系统计算机通信网络，培训人员，以适应经济监督和行政执法的需要。

以上报告如无不妥，请批转各地区、各部门执行。

国家工商行政管理总局

二〇〇年三月十八日

【简析】

这是一篇关于加强工商行政管理的工作报告。前言，讲述报告的目的、依据与总体工作思路，然后以“对下一步工作提出以下意见”引出下文；报告主体，从七个方面细致论述了如何加强工商行政管理工作；结束语，需要批转各地区、各部门执行，向上级单位做出准确说明。

2.

淮海县教育体育局关于给县青少年活动中心申请经费的报告

县财政局：

我县青少年活动中心自成立以来，在社会各界特别是县局的大力支持下，以科学发展观为统领，始终坚持一手抓培训，一手抓活动，开展了一系列丰富多彩的主题教育实践活动，赢得了社会和家长的一致好评。

为了使我县青少年活动中心更好的发挥育人功能，打造我县校外教育品牌，今年初按照《岐山县校外教育发展“十一五”规划》，在县局的大力支持下活动中心成立了“岐山县少儿合唱团”。合唱团成立后，原有活动站场所、教室已不能满足学生需求，为了使学生能有更广阔的训练和活动空间，经中心研究决定将中院原有闲置的草地铺设成道砖供学生训练和活动，解决场地不足这一问题。同时，为了进一步做好我县校外教育工作，确保中心在今年全省校外活动场所评估和考核中取得优异成绩，经中心论证和研究，决定将中心西围墙建成不锈钢透视墙，增开西大门，扩大中心活动场地，把周原广场作为中心的写生园和学员课间活动场所，从根本上解决中心占地面积不足的问题。在中院西北角新建自行车棚一个。

经预算，我中心中院铺设道砖共需资金35 977.01元，不锈钢透视墙需资金19 696.81元，自行车棚需资金7 520.67元，合计共需资金63 194.49元。请贵局研究给予资金补助。

附：1.《县青少年活动中心透视墙工程预算书》

2.《县青少年活动中心车棚工程预算书》

二〇〇九年四月三日

【简析】

此篇公文，在公文的文种选择、语言上都存在着一些问题。此县的教育体育局与财政局属于同级单位，在遇到本单位职权范围内违法解决的问题时，不应该使用“报告”这一上行文种，而应该使用请求批准类的“函”。语言不够简洁，应加以锤炼。

二、请示的写作

(一)请示的概念

请示，是下级机关请求上级机关对某项工作或问题做出指示、答复或者批准时使用的报请商洽类公文，属于上行文种。请示主要有政策性请示、工作性请示等。

凡办理下列事项时，都需用请示行文：

1. 主管上级单位明确规定必须请示批准才能办理的事项；

2. 对现行方针、政策、法令、规章、制度不甚了解，需要上级明确答复才能办理的事项；

3. 工作中发生了新情况，又无章可循，需要上级明确指示才能办理的事项；

4. 因情况特殊难以执行现行规定，需要上级重新指示才能办理的事项；

5. 因内部意见分歧无法统一，难以工作，需要上级裁决才能办理的事项；

6. 事关重大，为防止工作失误，需请示上级审核的事项。

凡是下级机关无权、无力解决以及按规定应经上级批准的问题、事项都必须向上级机关请示。请示的内容必须是属于本机关职权范围内无权或确实难以处理的问题与事项，不能超越职权请示不属本机关职权范围的事项，也不应请示自己经过努力能够解决也有条件解决的问题，切忌“事事请示”。

（二）请示的种类

根据请示的不同目的，可以分为三种类型：

第一种是请求指示的请示。对上级制定的方针、政策、法律、法令、法规、规章或某项指示有不同理解，希望上级明确解释，或者从实际出发需要对某项规定、制度、指示作出修订、补充。

第二种是请求批示、解决问题的请示。请求上级机关解决本单位的某些困难，或对本单位的某个问题提出处理意见请求上级批复而写的请示。

第三种是请求批转的请示。某职能部门针对新情况、新问题提出解决的办法和措施，即因为不能直接要求平级或不相隶属的机关部门照办，而需要请求上级审定后批转有关方面执行的请示。这类请求批转的请示，容易同研究工作的专题报告混淆，写作时尤其要注意。

（三）请示的特点

1. 请示性

请示的基本特征就是请求上级给予指示、批准或批转。

2. 单一性

请示必须严格执行一文一事制度，确保主旨单一，且只能主送一个上级部门，不能多头主送。以便上级单位及时答复，从而缩短公文处理周期，提高办事效率。

3. 先行性

请示所提出的要求必须在事前没有做而准备做之前，请示事项必须是需要办理而尚未办理的事项，要“事前请示”。不能“先斩后奏”，即是对上级机关的尊重，也有利于上级机关对重要事项把关，避免工作中的重大失误。

4. 期复性

请示，既然是无法办理的事情，必然要求上级机关有所批复。有请必复，是上级机关处理请示和报告两种文种时的重要区别。

（四）请示的格式要求

1. 标题

请示的标题大致有两种写法：通常由请示机关、请示事项和文种组成，二是由请示事项和文种组成。请示事项即请示的具体内容，一定要准确概括，一般不使用“申请”、“请求”一类词语，避免与文种“请示”在语意上重复。“请示”文种也不能写成“请示报告”。

2. 主送机关

请示的主送机关一般只写一个。受双重领导的机关向上请示，应根据请示的内容，确定负责答复的上级机关为主送机关，另一个则用抄送形式。

3. 正文

请示的正文一般包括请示缘由、请示事项和结束语。

(1)请示缘由。即提出请示事项和要求的理由或根据。请示目的是希望上级批准、同意、解决有关问题的，为达到这一目的，就必须将所要求批准、同意、解决的原因陈述清楚，以求得上级的理解和认同。所以，撰写请示，必须将主要精力用于构思、写作请示原因，应把注意力集中到“怎么说”上，而不应仅注意到“说什么”上，这就强调陈述缘由的技巧。亚里士多德说过，“蠢人用他知道的道理说服我，智者用我知道的道理说服我”。同理，写请示，不能只从本单位的角度思考问题，而应该站在领导的角度、上级单位的角度和全局的立场来陈述理由，以便得到帮助。

(2)请示事项。是请求上级机关批准、解答的具体事项。请示，不是将问题抛给上级机关，而是要提出自己的意见或建议，以便上级给予定夺。用语要明确肯定，不能含糊其辞；所提出的建议要切实可行，若内容较多，也可以分条列举。

(3)结束语。请示结尾应当使用请求语，如“以上请示当否，请批复”、“以上请示，请予批准”、“妥否，请批复”等。不宜用“请从速批复”、“请尽快拨款，以解燃眉之急”等，要谦和得体。

4. 签署与成文日期

(五)拟写请示的注意事项

一要遵守“一文一事”的原则，主旨鲜明集中；“香烧一股，佛敬一尊”，只写一个主送单位；一般不可以越级请示。因特殊情况必须越级请示时，应当同时抄送其直接上级机关。

二要做到材料真实，不能为了让上级领导批准而虚构情况，也不能片面地摆情况、提问题。

三要请示理由要得当、充分，请示事项要明确、具体；提出请示问题后，若对请示事项有两种以上处理意见，要如实反映，并表明自己的倾向。如此，可得到更为明确、针对性更强的批复。

四要语气要平实，恳切，以期引起上级的重视，既不能出言生硬，也不要低声下气，过分客套。

(六)报告与请示的区别

1. 内容含量不同。请示的内容要求一文一事;报告的内容可一文一事,也可一文数事。

2. 性质要求不同。请示属于请示性公文,侧重于提出问题或请求指示、批准;报告属于陈述性公文,侧重于汇报工作、陈述意见或建议。

3. 行文目的不同。请示的目的是请求上级机关批准工作或解决问题;报告的目的是让上级机关了解下情,掌握情况,便于及时指导。

4. 行文时间不同。请示必须事前行文;报告可以在事后或者事情发展过程中行文。

5. 报送要求不同。请示一般只写一个主送机关,受双重领导的单位报其上级机关的请示,应根据请示的内容注明主送机关和抄送机关,主送机关负责答复请示事项;报告可以报送一个或多个上级机关。

6. 处理结果不同。请示属于"办件",指上级机关应对请示及时予以批复;报告属于"阅件",对报告类公文上级机关一般以批转形式予以答复,但也没必要件件予以答复。

(七)例文评析

1. 请求指示的请示

关于妥善解决军官配偶工作调动和易地安置问题的请示

国务院:

多年来,为解决军官配偶的工作调动问题,各级人民政府非常关心,有关部门和单位给予了热情支持,做了大量工作,使一些多年两地分居的军官夫妻得以团聚。这对解决军官及其家属的生活困难,增强他们的光荣感和责任感,调动他们保卫祖国、建设祖国的积极性,加速军队的革命化、现代化、正规化建设和社会主义经济建设,起到了很好的作用。

但是,近几年来,符合随军条件、在地方工作的军官配偶,调动工作比较困难,已经离退休的军官配偶,易地安置很难落实接收单位,致使一部分军官夫妻长期两地分居,给他们的生活带来诸多不便,对军队建设也产生了一定影响。根据宪法、兵役法中有关优待军人家属的规定,以及军人抚恤优待条例中关于随军前家属有正式工作的,驻军所在地的劳动、人事部门应安排适当工作的规定,现对解决符合随军条件的军官配偶(含离退休军官和文职干部的配偶,下同)工作调动和易地安置问题提出如下意见:

一、军官配偶系国家正式职工(含全民和集体所有制单位的合同制工人,下同),需要随军调到部队驻地工作的,经师(旅)级以上单位的政治机关批准,驻军政治机关应将其有关情况提前分别报当地政府人事、劳动部门。人事、劳动部门应积极予以安排适当工作，办理调动手续。在同等条件下，对飞行人员配偶应优先安排。军官配偶要服从组织分配。调出或接收的地区和单位，不得向本人、对方单位及有关部队收取国务院规定以外的费用。

二、军官所在部队驻海岛或边远地区，当地无全民或集体所有制单位，军官配偶是企事业单位职工，要求停薪留职去军官所在地安置的，由本人提出书面申请，经工作单位领导批准后签订停薪留职协议书，并报上级主管部门和当地人事、劳动部门备案。停薪留职后，要求从事个体经营的，凭停薪留职协议书到当地工商行政管理部门办理登记手续；从事有收入劳动的，应按月向原单位缴纳劳动保险基金，其数额一般不低于本人原标准工资的20%。停薪留职期间计算工龄，不参加原单位工资调整，不享受原单位的各种津贴、补贴和劳保福利待遇。停薪留职期间或期满，本人愿意回原单位工作的，需提前一个月向原单位提出申请，原单位应及时安排适当工作。

三、军官配偶是国家正式职工，需要到军官所在地安置的，一般应随调，其中接近退休年龄、体弱多病的，在本人自愿的原则下，经原单位批准可提前离岗退养，提前的年限最长不超过五年。离岗退养期间工龄连续计算，按一定比例发给工资。待本人达到退休年龄时，由原单位按国家有关规定办理退休手续，发给退休费。

四、军官配偶系地方离休、退休、退职职工，需易地到军官所在地安置的，经师（旅）级以上单位的政治机关批准，当地政府应予接收，属于离休干部的，由干部人事部门负责管理；属于企业退休、退职工人的，由政府指定部门或单位负责管理；属于退休干部和党政机关、群众团体、事业单位的退休、退职工人的，由民政部门负责管理。易地安置的离退休、退职人员所需经费，由原工作单位按照有关规定负责解决，每年年初由原工作单位一次拨给接收安置地区（部门、单位）代为掌握支付，年终结算；医疗费用由原工作单位按规定报销。

五、符合随军条件的军官配偶和按《中国人民解放军现役军官服役条例》规定可以随军、随调的子女，在工作调动或易地安置时，当地公安部门凭县（市）以上组织、人事、劳动、民政部门同意调入或接收的证明予以落户，不受城市人口落户指标的限制，也不得征收除国务院规定以外的费用。

以上意见如无不妥，请批转各地执行。

人事部　劳动部
民政部　财政部
公安部　总政治部
年　月　日

【简析】

这是人事部、劳动部、民政部、财政部、公安部、总政治部等部门联合发文，向国务院就“妥善解决军官配偶工作调动和易地安置问题”请求指示的请示。请示缘由从军官配偶的工作的实际情况出发，既肯定成绩，又不回避问题，从而说明此工作的重要性和紧迫性；然后从五个方面提出意见，细致具体，切实可行；最后请求国务院的指示，并表明需要批转各地执行，以实现既定的行文目的。

2. 请求批准的请示

重庆市人民政府关于报请审批重庆市城市总体规划调整方案的请示

渝府文[1997]9 号

国务院：

重庆市城市总体规划和历史文化名城保护规划的修编工作，历时三年，1996 年 5 月经国家建设部和四川省人民政府联合召开评审会审议通过，1996 年 8 月上旬由四川省人民政府以川府发[1996]83 号文《四川省人民政府关于重庆市城市总体规划和历史文化名城保护规划的请示》报送国务院审批。

鉴于重庆市城市总体规划的修编工作是在设立重庆直辖市之前进行的，为适应重庆直辖市的新情况，有必要对原报送的城市总体规划作一些必要的调整。为此，在对重庆辖区开展调查研究和充分论证的基础上，现已对总体规划的文本和图纸作了修改。原文本共二十二章 139 条，这次共修改了 93 条。其中，属重要修改的 8 条，即涉及城市性质 1 条，市域城镇体系规划 7 条。其余 85 条内容做局部修改，主要是为了同重庆市第一届人代会通过的《重庆市国民经济和社会发展第九个五年计划和 2010 年远景目标纲要》相一致；对近期建设项目，根据近两年来的具体情况作了个别调整；对若干数据根据市域扩大后的口径作了更改。但对文本的结构、分章、条目未作变动，主城和都市圈的人口规模、用地指标和城市布局未做更改，以便同中央关于严格控制城市规模、节约用地的精神保持一致。

关于重庆市历史文化名城保护规划，因其范围界定主要是城市主城部分，不涉及市域扩大问题，故未做调整。

现将调整后的重庆市城市总体规划文本、图册、说明报送国务院，请予审批。

附件：一、川府发[1996]83 号文《四川省人民政府关于重庆市城市总体规划和历史文化名城保护规划的请示》

二、重庆市城市总体规划文本

三、重庆市城市总体规划图册

四、关于《重庆市城市总体规划(1996～2020年)》若干问题的说明

一九九七年八月十四日

【简析】

这是一篇请求批准的请示。第一段主要讲述请示的背景,即在设立重庆直辖市前的情况;第二、第三段,讲述设立直辖市后的作出的必要的修改,何处修改,为何修改,清楚明白;结束语,恳切地向国务院表明态度,请予审批。

三、批复的写作

(一)批复的概念

批复是上级机关答复下级机关请示事项时所用的公文。在机关的日常行文中,使用批复的先决条件是下级机关上报"请示"。没有下级机关的请示,则批复无由而发。

批复具有如下特点:

一是行文的被动性,它以下级请示为存在条件,先有请示,后有批复;二是回复的针对性,批复总是针对请示来文答复问题,不另找话题;三是效用的权威性,上级机关的批复有法律效用。

(二)批复的格式要求

1. 标题

第一种,完全式标题,即由发文机关、事由和文种三部分构成。在事由中一般将下级机关及请示的事由和问题写进去,如《国务院关于广东省深化改革扩大开放加快经济发展请示的批复》。

第二种,标题是发文机关、表态词、请示事项、文种四部分构成,如《关于同意唐山城市住房改革方案的批复》。

第三种,由发文机关、批复事项、行文对象、文种四部分构成,如《国务院办公厅关于深圳特区私人建房问题给广东省人民政府办公厅并福建省人民政府办公厅的批复》。

第四种,只写事由和文种,如《关于在行政处罚决定中罚款金额计算问题的批复》。

2. 主送机关

主送机关一般只有一个,即报送请示的下级机关。批复不能越级行文,当所请示的机关不能答复下级机关的问题而需要向更上一级机关转报"请示"时,更上一级机关所作批复的主机关不应是原请示机关,而是"转报机关"。如果批复的内容同时涉及其他的机关和单位,则要采用抄送的形式送达。

3. 正文

正文包括批复引语、批复内容和结束语三部分。

(1)批复引语,要点出批复对象,一般称收到某文,或某文收悉。要写明是对于何时、何号、关于何事的请示的答复,时间和文号可省略。如《国务院关于同意设立德州海关的批复》的批复引语,"你省《关于设立德州海关的请示》(鲁政发[1997]94 号)收悉。现批复如下"。

(2)批复内容,是针对请示中提出的问题所做的答复和指示,意思要明确,语气要适当。什么同意,什么不同意,为什么某些条款不同意,注意事项等都要写清楚。如果不予批准,一定要写明理由。

(3)结束语,一般以"特此批复"、"专此批复"、"此复"等惯用语结束。也可以从上级机关的角度提出的一些补充性意见,或表明希望、提出号召。

(4)落款,即在正文的右下方写明制发批复的机关名称或加盖印章,其下写明成文日期。

(三)拟写批复的注意事项

第一,批复既是上级机关指示性、政策性较强的公文,又是对下级单位请求指示、批准的答复性公文。因此,撰写批复要慎重及时,根据现行政策法令及办事准则,及时给予答复。有时以有关法规、文件精神为依据答复问题时,应写明引据出处,以备执行中查考。

第二,不管同意与否,批复意见必须十分清楚明白,态度明朗。不能含糊其辞,模棱两可,以免下级无所适从。

第三,批复理由要充分。批复中,无论是对有关政策做出解释,还是对请示事项表明态度,都要有可靠的依据和充足的理由。

(四)例文评析

1.

关于个人通过网络买卖虚拟货币取得收入征收个人所得税问题的批复

国税函[2008]818 号

北京市地方税务局:

你局《关于个人通过网络销售虚拟货币取得收入计征个人所得税问题的请示》(京地税[2008]114 号)收悉。现批复如下:

一、个人通过网络收购玩家的虚拟货币,加价后向他人出售取得的收入,属于个人所得税应税所得,应按照"财产转让所得"项目计算缴纳个人所得税。

二、个人销售虚拟货币的财产原值为其收购网络虚拟货币所支付的价款和相关税费。

三、对于个人不能提供有关财产原值凭证的，由主管税务机关核定其财产原值。

国家税务总局
二〇〇八年九月二十八日

【简析】

北京市地方税务局就“个人通过网络销售虚拟货币取得收入计征个人所得税问题”向上级主管部门国家税务总局发文，国家税务总局收文后给予批复。第一段，是批复的常用格式，即“你局《文件名》收悉，现批复如下”；然后做出具体批复，详细、具体、明确。

2.

国务院关于重庆市城市总体规划的批复

（国函[1998]108 号）

重庆市人民政府：

你市《关于报请审批重庆市城市总体规划调整方案的请示》（渝府文[1997]9 号）收悉。现批复如下：

一、原则同意修订后的《重庆市城市总体规划（1996 年至 2020 年）》（以下简称《总体规划》）。

二、重庆市是我国直辖市之一，西南地区和长江上游重要的中心城市，全国重要的工业基地、交通枢纽和贸易口岸。重庆市的城市建设和发展应坚持经济、社会、人口、资源、环境相协调的可持续发展的战略，按照直辖市的建设要求，发挥中心城市作用，完善城市功能，把重庆市建设成为经济繁荣、科学和教育事业发达、社会文明、设施完善、环境优美，具有“山城”、“江城”特色的现代化城市。

三、同意《总体规划》确定的2 500平方公里城市规划区范围。在规划区内，实行城乡统一的规划管理。要充实、调整主城的功能，优化产业结构和用地布局，逐步形成以高新技术和第三产业占较大比重的产业结构。主城要继续保持“多中心、组团式”的布局，要控制主城的开发强度，完善主城的基础设施，提高主城的整体环境水平，采取有效措施，开拓外围组团，改变人口和产业过于集中在主城的状况。

四、严格控制城市的人口和用地规范，采取切实有效的措施保护耕地、节约用地。到 2000 年，城市实际居住人口要控制在 312 万人以内（其中主城 250 万人），建成区建设用地控制在 220 平方公里以内（其中主城 175 平方公里以内），不得突破；到2010年，城市实际居住人口要控制在438万人以内(其中主城320万人)，建成区建设用地控制在329平方公里以内(其中主城240平方公里以内)，不得突破；到2020年的城市实际居住人口和建成区建设用地规模另行报批。

五、进一步完善和深化市域城镇体系规划。市域各级城镇要统筹规划，优化产业结构，合理安排各项基础设施，充分发挥各级城镇的职能，逐步形成以中心城市为依托，层次分明，规模适度，功能合理的市域城镇体系。在市域城镇体系规划指导下做好县域规划、镇(乡)域规划，推动城乡社会、经济协调持续发展。要按照中央"开发性移民"的方针，搞好三峡库区淹没城镇的搬迁规划、建设工作，促进三峡库区的经济发展。要将三峡库区移民工程同建设长江三峡风光带结合起来，切实按照保护为主，永续利用的原则，有计划地开发利用风景名胜和旅游资源。

六、加强基础设施建设。城市基础设施规划要适当超前并分期实施，正确处理好远期与近期建设的关系。要多渠道筹集资金，加快城市基础设施的建设步伐，尽快改变城市交通拥挤、供水不足、排水不畅、污水处理率低、环卫等设施缺乏的状况。要统筹安排区域性基础设施的建设，严格控制好江北机场预留发展用地和净空条件，并做好第二机场的规划论证工作。要开展渝怀铁路的前期准备工作，控制好铁路场站建设用地。要做好公路主枢纽规划，加快渝万、渝黔和国道319线等高速公路和公路主干线的建设。要加大长江、嘉陵江、乌江等河道的综合整治与开发的力度，疏通沿江交通，统筹安排港口的建设。要做好城市防灾工作，进一步搞好防洪工程的规划和建设。

七、做好历史文化名城保护工作。重庆市是国家历史文化名城，要保护好各级文物保护单位及其周围环境，要按规划要求保护重庆市的历史街区，特别要重视对"湖广会馆及东水门"、"磁器口"、"红岩村"等具有悠久历史和革命传统的保护。在城市规划和建设中，塑造好重庆市特有的天际轮廓线，充分体现"山城"、"江城"的特色。

八、切实注意保护和改善生态环境，大力加强城市环境的综合整治。鉴于重庆市环境保护所面临的严峻形势，要特别强化环境保护意识，坚持不懈地进行环境整治工作。要按规划划分的环境功能区的要求调整不合理的工业布局，优化产业结构。要调整能源消费结构，加大天然气、电等清洁能源的比重。控制火电厂的建设，加强超高压电网建设和城市配电网改造建设。要保护好城市水源，加大水源保护区内工业废水的治理力度，尽快实现达标排放。要大力植树造林，提高城市的绿化覆盖率，严格保护主城各组团之间的绿化隔离带。生态环境保护要以防治乡镇企业污染、发展生态农业、治理水土流失为重点,加强自然保护区、风景名胜区管理,认真解决三峡库区开发性移民中的生态环境问题。要制订实施、落实环境保护规划的具体措施,使城市的环境质量尽快得到明显的改善。

九、严格实施《总体规划》。《总体规划》是重庆市城市发展、建设和管理的依据,城市的一切建设活动必须符合《总体规划》的要求。要抓紧编制分区规划、详细规划,深化各项必要的专业规划。进一步完善和健全城市规划、建设和管理的各项法规,提高全社会遵守城市规划的意识。要依法统一管理规划区内的各类开发区,不得下放规划管理权。驻重庆市各单位要模范遵守有关法规及城市规划,支持重庆市人民政府的工作,齐心协力,把重庆市建设成为现代化的城市。

请你市根据本批复精神,认真组织实施《总体规划》,任何单位和个人不得随意改变。建设部要加强对《总体规划》实施的指导、监督和检查工作。

国务院

一九九八年十二月十三日

【简析】

这是国务院针对重庆市人民政府《关于报请审批重庆市城市总体规划调整方案的请示》的批复。批复态度明确,即"原则同意";然后根据重庆市的请示,作出必要的指示,条理清楚,切实可行;最后,提出希望和要求,义正辞严,不容置疑,有利于工作的推行。

四、函的写作

(一)函的概念

函是不相隶属机关之间相互商洽工作、询问和答复问题,向有关主管部门请求批准和答复审批事项等所使用的报请商洽类公文。

函在行政公文中是唯一的平行文。"不相隶属机关之间"指不论级别高低,都不存在职权上的指挥与服从关系,都是平等的,它们之间的行文只能用函。

(二)函的分类

根据往来关系,函可分为来函和复函;根据函的性质,函分为公函和便函。

根据内容的不同,函分为告知函、商洽函、询问函、答复函和请求批准函。

1. 告知函

把某一事项、活动函告对方,或请对方知道,或请对方参加、或请对方选购(商品)等。近似于通知,但由于没有隶属关系,只宜用函。如《四川省电力工业局关于在宝珠寺水电站库区进行开发有关意见的函》。

2. 商洽函

不相隶属机关、单位之间商洽工作、联系事项用商洽函。如《关于工伤保险提法问题的函》。

3. 询问函

本机关职责范围内应予以解决但又无据可查或难以解决的问题,可使用询问函。被询问的机关可以是与此问题有关的平级机关或不相隶属机关。

4. 请求批准函

向有关职能部门请求批准某一事项的函。如《关于上海市教育考试院等申请调整部分考试收费标准及收费立项、审定执收主体的函》,发文机关"上海市教育委员会"就"申请调整部分考试收费标准及收费立项、审定执收主体"等问题向主管机关"上海市财政局、上海市物价局"请求批准,发文机关与受文机关之间属于平级的关系。

5. 答复函

答复函也称复函,它具有明确的针对性,即针对询问函、请求批准函而作的答复。如《关于上海市教育考试院有关考试收费问题的复函》。

(三)函的格式要求

函的标题通常由制发机关、事由、文种三部分构成;如果是便函,也可以不写标题。

函的正文一般包括发文缘由、发文事项和结束语三部分。发文缘由,即是发文的原因、根据、目的等。发文事项,是指商洽、询问、请求、答复的事项。结尾则视行文关系和内容需要,选用恰当的惯用词语,向受文机关表示礼貌,如"此复"、"专此谨复"、"特此函告"、"为盼"、"是荷"等。

(四)拟写函的注意事项

第一,函的适用范围比较广泛。凡是不相隶属机关之间商洽工作、答询问题、请求批准等,均可用函。不相隶属机关间告知有关问题,不能使用通知,而应用函。

第二,函的写作比较灵活。请求批准函,可采用请示的写作格式;答复函,可采用批复的写作格式;告知函,可采用通知的写作格式。

第三,语言要得体。发函一般要求对方关照支持,态度要诚恳,语气要平和,不应客套和媚态。复函用语要明快,以诚待人,不要显示冷漠生硬。要摒弃不必要的客套、无须讲的道理、空洞的套话。

（五）例文评析

1. 告知函

关于征求意见的函

兵团机关有关部门：

为贯彻落实兵团党委新型工业化工作会议和兵团党委建设屯垦戍边新型团场工作会议精神，加快推进兵团新型工业化进程和屯垦戍边新型团场建设步伐，现将《关于加快推进屯垦戍边新型团场信息化建设的指导意见（征求意见稿）》和《关于以信息技术改造传统工业的指导意见（征求意见稿）》发给你们，请根据兵团信息化建设的实际，提出具体的补充修改意见，并请于7月20日前将书面意见反馈兵团信息化工作办公室综合处。

联系人：杨佳伟、李宏亮

电　话：(0991)2890790，2890801

传　真：(0991)2810464

附件：一、《关于加快推进屯垦戍边新型团场信息化建设的指导意见》（征求意见稿）

二、《关于以信息技术改造传统工业的指导意见》（征求意见稿）

兵团信息化工作办公室

二〇〇六年六月二十七日

【简析】

这是一则告知函。正文简洁明白，不拖沓，意尽言止。缘由部分，交代发文原因；然后直接讲述发函的事项，语言得体，要求得当，暗含催促对方办理的压力，值得借鉴。

2. 请求批准函

关于事业单位参照公务员管理的请示函

通水利[2006]92号

市人事局：

根据公务员法和组通字[2006]27号、苏组通[2006]51号、通委组发[2006]94号文件精神，坚持依法办事、从严掌握的原则，我局组织对本局法律法规授权、行使公共事务管理职能、财政负担工资福利的事业单位进行了认真核查。

经党组讨论、核查，有以下七个单位符合参照公务员法管理，其中财政全额拨款、科级行政管理型事业单位三个（南通市水利工程管理站、南通市水政监察支队、南通市区水资源管理处），自收自支、科级市属社会公益型事业单位一个（南通市供排水管理处），财政全额拨款、科级事业单位一个（南通市任港闸管理所)，财政差额拨款、科级事业单位两个(南通市水利局九圩港闸管理所、南通市水利局节制闸管理所)。

对照国家和省、市有关文件精神，以上七个单位均符合参照公务员管理的要求，符合法律法规授权、行使公共事务管理职能的条件，现随文报送相关材料，请予审查批准。特此请示，盼予示复。

南通市水利局

二〇〇六年十一月十六日

【简析】

这是一则请示函，请示函的文面体式可以借鉴“请示”的格式要求。南通市水利局与人事局属于同级单位，因职权范围的不同，针对具体问题，需要向有关职能单位发函请示，但不能用上行文种“请示”。第一段，讲述请示的依据、原则及主要工作；第二段，主要是列出参照公务员管理的事业单位的名单；第三段，表明态度，提出请示，希望有关职能单位办理。但在“请予批准”后，又写“特此请示，盼予示复”，有画蛇添足之感。

3. 批复函

财政部对《关于由总行集中预提定期存款应付利息的请示》的批复函

财债字[1998]59号

中国建设银行：

你行《关于由总行集中预提定期存款应付利息的请示》(建计字[1998]第185号)收悉。经研究，现答复如下：

为了解决预提定期存款应付利息时，预提机构层次多，核算不规范、监管难的问题，同意你行从1998年第4季度起，由总行集中预提定期存款应付利息。即：新增定期存款部分，根据定期存款季度环比增量、结构、预提时的当期挂牌利率，按季预提，若当期定期存款环比增量为负数，应于当季等额冲减应付利息；定期存款存量部分，根据1997年末定期存款的余额、结构、未预提应付利息的年限、预提时的当期利率，按季预提，待未提部分提足后不再提取。

总行集中预提应付利息后，各分行实际发生的利息支出直接列入当期成本。截至1998年3季度末，各分行已提取的定期存款应付利息全部集中到总行。

请你行加强预提定期存款应付利息管理，严格遵循权责发生制的核算原则，严禁多提、少提应付利息及将应付利息重复列支成本，正确核算财务收支。并请将预提定期存款应付利息具体办法报我部备案。

财政部

一九九八年十二月三日

【简析】

这是一则批复函。先有中国建设银行的《关于由总行集中预提定期存款应付利息的请示》,财政部针对此事作出批复,采用“批复”的文面格式,符合公文的写作要求。批复引语得当,符合惯例;批复事项,细致具体,条理清晰;然后提出执行要求,态度明确。

五、议案的写作

(一)议案的概念

议案是列入行政公文中的新文种,是国务院和地方各级人民政府,按照法律程序,向同级人民代表大会或人民代表大会常务委员会提请审议事项的书面文件,是具有法定议案权的机关向国家权力机关提出的议事方案。包括下列几层意思:

1. 议案的作者必须是政府机关。议案是政府机关与同级人民代表大会之间联系工作的一种例行公文,政府各部门、党群机关、企事业单位和社会团体均不能使用;

2. 议案的内容是就有关重大事项提出审议意见,而有关重大事项的范围必须根据各级人民代表大会或其常务委员会依照法律规定的职权范围来确定;

3. 议案的受文机关是同级人民代表大会或其常务委员会;

4. 议案的提出、审议,必须依照有关的法律程序进行。

议案,在人大《办法》中给的定义是:“适用于根据法定程序,有关机构向人大及其常委会提请审议的事项”;在行政《办法》中给的定义是:“适用于各级人民政府按照法律程序向同级人民代表大会或人民代表大会常务委员会提请审议事项”。这两个议案定义有一个共同特点:都是围绕人大这个中心行文的文种。所不同的是,人大议案的行文主体是多元化的,适用范围广泛;行政议案的行文主体只有政府一家,适用范围单一。①

(二)议案的特点

1. 制发机关的法定性

议案的制发机关只能是各级人民政府,政府的职能部门无权制发。

2. 内容的特定性

人民政府所提议案的内容,必须属于该级人民代表大会或常务委员会职权

① 杨柏林、杨梅:“应用写作”,《试析议案的适用范围及写作要求》,2005年第3期。

范围内的有关事项。

3. 规定的时效性

各级人民政府的议案，必须在同级人民代表大会或其常务委员会举行会议规定的限期前提出，否则不能列为议案。超过期限提交的议案一般改作"建议"处理，或移交下次人大会议处理。提交大会审议的议案，必须限期审议表决或提出处理意见。

4. 行文的定向性

议案只能由各级人民政府向同级人民代表大会或其常务委员会行文，不能向其他部门单位行文。主送机关也只有一个。

5. 事项的必要性和可行性

适合提交人大议案审议的事项，必须是重要事项，符合人民群众的意愿和要求，而且议案中提出的方案办法措施，也必须是切实可行的，才有可能获得通过。

6. 经审议通过的议案具有约束力。

（三）议案的分类

1. 法律、地方性法规案。

2. 重大事项案。

3. 机构变动案。

4. 批准条约案。

5. 人事变动案。

（四）议案的格式要求

"议案"一般由公文常规的标题、正文和落款三部分组成，落款亦分上、下款。

1. 标题

标题一般采用完整式标题，即由发文机关、事由（提请审议事项）、文种三部分构成。如《国务院关于提请审议〈中华人民共和国劳动法（草案）的议案〉的议案》，发文机关是国务院，"事由"是"关于提请审议《中华人民共和国劳动法（草案）》"，"文种"即"议案"。

2. 主送机关

要将同级人民代表大会或其常务委员会名称在正文之前顶格标写。

3. 正文

从内容上看，由提请审议内容、说明（缘由、目的、意义、形成过程等）和要求组成。从形式上看，除多以"要求"结尾外，可以从提出审议事项开头，然后加以说明；也可以在开头说明议案的缘起或目的意义或形成过程，然后再提出审议事项，最后结尾。

4. 落款

发文机关和行政首长签名，另行写提请审议的年月。

（五）拟写议案的注意事项

1. 要认真进行调查研究，事实准确，建议具体，议案应当尽可能具有可行性。

2. 要做到一事一案。

3. 中国共产党系统的各级机关不使用议案这一文种。

4. 议案要言之成理。要将议案理由和根据说明清楚，文字表达严谨、准确，涉及的数据要符合有关规定。

（六）例文评析

1. 重大事项议案

国务院关于提请审议批准《中华人民共和国和俄罗斯联邦关于中俄国界西段的协定》的议案

全国人民代表大会常务委员会：

《中华人民共和国和俄罗斯联邦关于中俄国界西段的协定》已由国务院副总理兼外交部长钱其琛和俄罗斯外交部长科济列夫于1994年9月3日在莫斯科分别代表本国签署。

《中华人民共和国和俄罗斯联邦关于中俄国界西段的协定》是中俄双方以目前有关中俄边界的条约为基础，本着平等协商、互谅互让的精神，经过谈判达成一致的。经审核，该协定的各项条款是公平合理的，符合中俄边界的实际情况。该协定的签订，有利于中俄边界的稳定并将进一步促进两国关系的正常发展。

国务院同意《中华人民共和国和俄罗斯联邦关于中俄国界西段的协定》。现提请审议，并请作出批准的决定。

国务院总理　李鹏（印）

××年×月×日

【简析】

本议案，是国务院行政首长向全国人民代表大会常务委员会提出议案，审议《中华人民共和国和俄罗斯联邦关于中俄国界西段的协定》。只有得到全国人大或者常务委员会的批准，《协定》才具备合法性。

2. 立法议案

国务院关于提请审议《中华人民共和国反不正当竞争法》的议案

全国人民代表大会常务委员会：

为了维护社会主义市场经济秩序，鼓励和保护公平竞争，制止不正当竞争行为，保障经营者的合法权益，国家工商行政管理局经过调查研究，广泛征求意见，草拟了《中华人民共和国反不正当竞争法(草案)》。这个草案业经国务院常务会议讨论通过，现提请审议。

国务院总理　李鹏

一九九三年六月十日

【简析】

这是一则提请审议法律法规的议案。由提请审议的目的、审议对象、提请语组成，简洁明白。

任务实施

1. 根据下列材料，按照要求回答问题。

向阳商贸集团总公司是省属的集化工、电子、服装、原材料、副食品等进出口贸易于一体的大型国有企业。目前拥有分公司15家，总资产近150亿元，在职职工近5万人。在开发国内外两个市场中不断发展壮大。

向阳商贸集团第五分公司主要经销副食品。几年来，随着城乡人民生活水平的不断提高，第五分公司的市场前景越来越广阔，分公司的规模也不断扩大。2000年，第五分公司所属的一个副食品冷库，需要扩建。根据有关人员反映，自1996年以来，由于市场经济的迅速发展，农村许多地方办起了养殖场、鱼塘等，有的实行了联营，鲜肉、鲜蛋、鱼虾等副食品大量增加，极大地丰富了菜篮子。但原有冷库不能满足需要。他们想在分公司所在地的东望县再建一个冷库，面积为90×60平方米，这样，可储存鲜肉、鲜蛋、鱼虾等近200吨，还想进口部分冷冻设备。请求总公司拨款800万元。若有可能，将于今年(2000年)破土动工，争取明年下半年投入使用。第五分公司将选派一名有经验有能力的副经理分管此项工作。

总公司接到第五分公司的请示后，当即予以回复。希望分公司接此文后，即同当地有关部门协商，在保障安全的前提下，选好建库地址，按期投入使用。所拨资金要专款专用，不得超支。作为扩建冷库的专用资金，进口高级冷库设备不合适，需要的外汇太多，而且懂得外国冷冻设备安装和调试的技术人员也不好找。要求拨800万元建一个冷库，标准太高。因为国家资金有限，标准太高，也无太大必要，所以，只拨给建筑款项500万元。随着市场经济的发展和我国即将加入WTO,扩建冷库很有必要。款不够,可采用其他办法筹款,你们自行安排,但要符合国家政策。

第五分公司接到总公司批复和建筑款后,当即派王副经理负责此项工作。第五分公司采取股份办法,自筹资金100万元。王副经理组织一干人马,经过严格的招标后,确定由本省建筑工程公司第三建筑队负责施工。工程于2000年3月破土动工,2001年7月10日竣工。然后,又用了近20天时间布置、安装、调试设备,该冷库于2001年8月1日正式投入使用。该冷库建在东望县南郊,西邻火车站,东邻108国道,交通运输便利。该冷库占地面积为80×50平方米,分上下两层,四个区域,分别储存肉类、蛋品、海鲜等,储藏量可达200吨。分公司又自筹资金,购置了一套国产冷冻设备,冷冻效果很好,扩大了市场销售量。该冷库投入使用3个月来,营业收入就比去年同期增长了20%,极大地鼓舞了干部和职工。职工纷纷表示,要以更大的热情投入工作,为了公司的发展,不怕苦和累。第五分公司的经理非常高兴,于2001年11月,写报告向总公司汇报了这些情况

(1)以第五分公司的名义写一份主送给商贸集团总公司的请示。

(2)以向阳商贸集团总公司的名义写一份给第五分公司的批复。

(3)写一份第五分公司向总公司汇报建冷库情况及投入使用后情况的报告。

2. 永新化工厂决定调整每天上下班时间,以避开城市交通拥挤的高峰。厂办秘书小张根据厂长办公会议讨论的内容和厂长的指示,写了如下一份文件。厂长看后说小张写得不好,有些方面不符合公文的行文规范。请你按照公文的行文要求和有关文种的写作规范,替小张重新改写。不少于400字。

永新化工厂调整每天上下班时间的报告

新办发[2005]315号

集团总公司:

我厂去年8月由城北迁至城南,作息时间还是执行过去的制度,每天上午8点上班,下午5点下班。由于历史原因,厂里大部分职工现在仍住在城北老厂厂址附近的职工宿舍区,每天都要穿越整个城区到新厂上班,因为上下班时间正好和全市各单位上下班时间相同,正好处于我市交通高峰时间,职工们平均花在上下班途中的时间超过一个小时,甚至更长。厂里没有专门的上下班班车接送职工,职工们自己乘公交车或者骑自行车上下班,多数职工中途还要转车,所以常常迟到,影响正常工作,还影响他们的正常收入(因为厂里规定每迟到一次扣工资10元),除此以外,更严重的是,他们在路上很容易引发交通事故。自

从到新厂来上班，已经发生大小事故七八起，一车间刘××同志在骑车上班途中不幸被汽车撞伤致残，二车间孙刚同志甚至在上班途中遭遇车祸，献出了宝贵的年轻的生命。所以，一提起上下班赶路，职工们就苦不堪言，头疼极了。

经过反复调查研究和讨论，我厂决定把每天的作息时间调整一下，上午改成8点半上班，下午下班时间顺延半小时，这样就可以有效地避开上班高峰时间，为职工提供极大的方便，他们的出行速度会大大提高，工作积极性也就得到焕发。

特此报告，请审阅批准。

××市永新化工厂

2005年3月1日

3. 某学院法律文秘专业拟与某法庭联合举行模拟法庭活动，原因有四：学生学习了法律理论知识，但实践知识欠缺，拟通过模拟法庭活动，得到一次实际锻炼；同时，通过模拟法庭活动，能够得到具有丰富实践经验的法官们的指导，充分将学校学的理论知识与实战部门的实践相融合；通过与法庭提供的有关案例，增进学生对社会的了解；通过活动，加强对外联系，增进与友好单位的友谊。

请为学院写一份公函，与某法庭商洽相关事宜。然后，以某法庭的角度写一份复函。

4. 根据下列材料，代近江经贸职业技术学院拟写一份公文。

近江经贸职业技术学院这几年来发展很快，招生规模越来越大，原有的教学楼、学生宿舍楼已经明显地不够使用，管理上困难很大，学生的意见也很多。学院领导决定就地对原有的教学楼、学生宿舍楼翻新扩建，目前这个项目已经报批，资金也到位了，但项目涉及5株大白杨树需要砍伐。现在请你就此事向近江市园林局拟写一份请求批准的公文。

（全国2005年1月高等教育自学考试公文写作与处理试题）

模块三 事务文书的写作

任务一 计划的写作

知识目标

- 计划的概念、特点与分类
- 计划的格式要求与注意事项

能力目标

- 提高对计划写作相应的工作情景分析、评价的能力
- 掌握计划的写作格式与内容要求，能够熟练进行各种计划的写作
- 提高对工作情景中发现问题、分析问题与辨析修改的能力

任务引入

总公司关于印发《厚生公司 2009 年工作要点》的通知

各分公司、各职能部门：

2008 年 12 月 21 至 22 日，我总公司召开了 2009 年度工作会议。2009 年工作的总体要求是，继续解放思想，谋划发展，提高质量，加强管理，增加效益。

现将经会议通过的《厚生公司 2009 年工作要点》印发给你们，请结合本部门、本单位实际，认真研究，贯彻落实。

附件：厚生公司 2009 年工作要点

总公司

二〇〇九年一月七日

请按照《总公司关于印发〈厚生公司 2009 年工作要点〉的通知》精神和要求，收集材料，拟写一篇工作要点。

任务分析

事务文书是党政机关、企事业单位、社会团体与个人在日常生活和工作中处理公私事务时使用的具有实用价值和惯用格式的应用文书。它主要包括计划、总结、简报、调查报告、述职报告、规章制度等多种样式。它具有交流与沟通信息、部署与联系工作、总结经验与教训、规范行为的作用。

计划是日常生活和工作中经常用到的一种事务文书。制定计划，需要有科学的方法。本任务就是通过对计划的概念、特点、分类与格式要求等基本知识点的学习，从而形成熟练进行计划写作的基本能力。

计划的写作，经常遇到这样一些问题。首先，散文化倾向，计划不是乌托邦式的美丽幻想，而是立足于现实对于未来的一种有根据的安排与设想，不应过多进行文学化叙述。其次，计划的制定，既要立足于现实，又要高于现实，还不能太高，即“跳一跳，够得着”。再次，计划的制定，不应只有目标，关键在于措施、保障与进度安排。

相关知识

一、计划的概念

计划是国家机关、社会团体和企事业单位在一定时期为实现特定目标或完成某项任务而预先做出的安排和设想。顾名思义，就是事先的打算、安排。

《礼记·中庸》有言：“凡事预则立，不预则废”，“预”则是对未来事情所做的预想、预测，也就是做任何事情都要做出事先的计划与安排；否则，“人无远虑必有近忧”，可能会出现混乱的局面，影响发展目标的实现。从管理学的角度讲，计划是对未来的一种有序的时间管理，是实施主体为在一定时限内实现既定目标而做出的科学管理。

因为计划涉及内容和期限的不同，计划文书还有不同的叫法：

规划，是全局性的、较长时期的长远设想。如《大学生职业生涯规划》，即是大学生对未来职业生涯的长期性的设想。

要点，是列出工作主要目标的计划。如《江苏信息职业技术学院2009年工作要点》。

纲要，是全局性的、纲领性的要点。如《中华人民共和国国民经济和社会发展十一五规划纲要》。

方案，是从目的、要求、工作方式到工作步骤等对专项工作做出全面部署与安排的计划。如《2009年大学生志愿服务西部计划实施方案》。

此外，还有“设想”、“打算”、“安排”等，这几种都是计划的别称，但是不够规范。为实现工作规范化，增强发文的权威性和有效性，应主要使用“计划”、“纲要”、“方案”、“规划”等名称。

二、计划的分类

按内容分，有学习计划、生产计划、工作计划、研究计划、财务计划、教学计划、收购计划、销售计划等；

按使用范围分，有班组计划、单位计划、地区计划、国家计划等；

按时间分，有周计划、月份计划、季度计划、年度计划、五年计划、十年规划等；

按性质和作用分，有指令性计划、指导性计划，综合性计划、专题计划等；

按格式分，有条文式计划、表格式计划、条文与表格相结合的计划、文件式计划：

1. 条文式计划，即把计划的全部内容按时间和性质分成若干部分，每部分一个小内容，再在每一部分下面分条列项，逐条逐项说明计划的全部内容。

2. 表格式计划，即将计划中所提出的任务或指标、实施步骤、完成时间、损耗数量等，都可以在事先设计或印制的表格有关栏目里填写清楚。一般适用于内容比较简单、数据资料比较多的计划，其优点是篇幅短小，简明扼要，重点突出，对比性强。

3. 条文表格相结合的计划。用条文形式叙述计划内容的同时，遇到不少数据资料，需要用表格形式加以表现，于是采用条文与表格相结合的办法，来表达计划的全部内容。此种计划既有条文计划的特点，又有表格式计划的内容，多用于内容比较复杂的计划。

4. 文件式计划，即因内容重大，牵扯时限较长，涉及范围较广，接受计划的下属单位较多，为了能够引起对计划的重视，保证计划的实施，在计划送上发下时，可以套用公文的形式行文，即在计划形式上加上文头、标题和发文字号，再注明主送单位和抄报、抄送单位。

三、计划的特点

1. 内容的预见性

计划不是对已经形成的事实和状况的描述，而是在行动之前对行动的目标与任务、措施与方法、进度等所作出的预见性确认。但这种预想不是盲目的、空想的，而是以上级部门的规定和指示为指导，以本单位的实际条件为基础，以过去的成绩和问题为依据，对今后的发展趋势作出科学预测之后制定的。

2. 对象的针对性

计划是根据党和国家的方针政策、上级部门的工作安排或指示精神而定，是针对本单位的工作任务、主客观条件和相应能力而定。总之,从实际出发制定出来的计划,才是有意义、有价值的。

3.措施的可行性

可行性是和预见性、针对性紧密联系在一起的,预见准确、针对性强的计划,在现实中才真正可行。制定计划,要让计划的执行者“跳一跳,够得着”。如果目标定得过高、措施不合理,这个计划就是空中楼阁;反之,目标定得过低,措施方法都没有创见性,实现虽然很容易,并不能因此取得有价值的成就。

4.作用的约束性

计划一经通过、批准或认定,在其所指向的范围内就具有了约束作用,在这一范围内无论是集体还是个人都必须按计划的内容开展工作和活动,不得违背和拖延。

四、计划的格式要求

1. 计划的标题

一般由制订计划的单位、完成计划任务的时限、计划的内容和文种四部分构成,如《人力资源 081 班 2009 年学风建设月工作计划》。也可省略机关名称,如国务院办公厅转发科技部等八部门制定的《中药现代化发展纲要(2002—2010)》。计划的时间性明显,所以标题中一般应包含时间要素。

如果计划不成熟需要讨论或者经过上级批准才能通过的,应在标题末尾加括号注明“草稿”、“征求意见稿”、“草案”、“讨论稿”等,如《2007 年度国家环境保护标准制订计划(征求意见稿)》。

2. 计划的前言

一般由两部分构成,先说明制订计划的指导思想、背景、目的、依据等与简述计划的基本内容。其后以“特制订计划如下”、“对本次活动计划安排如下”等过渡语导入主体部分。

3. 计划的主体

(1)计划目标,是指计划在规定时限内要完成的目标和任务,包括总目标、总任务及其分解出来的子目标、子任务,主要是“做什么”的问题。目标要切实、具体、明确,不能模棱两可。

(2)措施办法,是完成目标、任务所采取的措施办法,主要是“怎么做”的问题。应写明依靠哪些力量,采取哪些方式方法,利用哪些有利条件。措施的制订应当切实可行,提出的方法应当具体合理,对完成任务的数量、质量、进度都应当有明确的规定。

(3)进度安排,是分步骤完成目标、任务或工作项目,主要是“何时完成”的问题。要明确由哪个部门负责,由哪个责任人主管,按照什么程序,分步骤在什么时限内完成。

4.结束语

可以用来强调重点任务和执行要求,也可用来表明完成计划的信心和决心,还可用来提出希望、展望前景或发出号召。

五、拟写计划的注意事项

1. 要吃透“两头”,注意“上策”与“下情”的结合。既要符合党和国家的路线、方针、政策,又要从本地区、本单位或本人实际出发,处理好全局与局部、组织与个人、长远与当前的利益关系。

2. 要走群众路线,要注意集中群众的智慧。不能“闭门造车”,“秀才不出门,便知天下事”,躲在办公室里空想,而要走群众路线,从群众中来,到群众中去,深入调研,才能发现问题,找出规律。

3.计划要具有预见性,又要有可行性,以“跳一跳,够得着”为好。计划的目标应当明确、具体,计划的措施应当具有可操作性。

六、例文评析

1. 方案

2009 年大学生志愿服务西部计划实施方案

为进一步引导高校毕业生在社会主义新农村建设和促进区域经济协调发展中发挥积极作用,促进高校毕业生就业创业,贯彻落实国务院办公厅《关于加强普通高等学校毕业生就业工作的通知》(国办发[2009]3 号)有关精神,根据共青团中央、教育部、财政部、人力资源和社会保障部实施大学生志愿服务西部计划(以下简称“西部计划”)的有关文件精神,进一步健全工作机制、完善政策措施,推动西部计划健康科学发展,为构建社会主义和谐社会贡献力量,特制定2009 年西部计划实施方案。

一、工作内容

2009 年由中央财政支持的全国项目按照公开招募、自愿报名、组织选拔、集中派遣的方式,选派万名左右的普通高等学校(以下简称“高校”)应届毕业生,到基层乡镇一级从事为期 1～3 年的志愿服务工作。继续实施支教、支医、支农、全国农村党员干部现代远程教育、西部基层检察院、西部基层法律援助、西部基层人民法院、开发性金融和西部农村平安建设、灾后重建(原抗震救灾)等专项行动，新增加基层青年工作专项行动（原“农村区域化”专项行动不再单独实施），完善2009年延长为2年期、3年期志愿者和2009年新招募志愿者的管理服务工作。努力做好2007年2年期和2008年1年期志愿者的就业服务工作。

二、主题口号

到西部去、到基层去、到祖国最需要的地方去。

三、2009年宣传口号

新西部、新生活、新成长。

四、工作步骤

（以下时间均为参考时间，具体进度将根据实际情况做适当调整）

（一）服务县、服务岗位申报（略）

（二）宣传动员（略）

（三）招募工作（略）

（四）集中培训及上岗（略）

（五）管理服务（略）

（六）就业服务（略）

（七）评估考核（略）

（八）总结表彰（略）

五、政策保障

根据《关于实施大学生志愿服务西部计划的通知》（中青联发[2003]26号），《关于做好2004年大学生志愿服务西部计划工作的通知》（中青联发[2004]16号），中办、国办《关于引导和鼓励高校毕业生面向基层就业的意见》（中办发[2005]18号）和国务院办公厅《关于加强普通高等学校毕业生就业工作的通知》（国办发[2009]3号）有关精神，2009年大学生志愿服务西部计划志愿者除享受国家规定的高校毕业生就业优惠政策外，给予以下政策支持。

（共11条，略）

全国项目办将深入研究、加强协调，进一步做好西部计划与相关鼓励和引导高校毕业生面向基层就业专门项目的待遇政策的衔接工作。各省项目办也要与省有关部门积极沟通，争取党政大力支持，为西部计划志愿者提供良好的政策保障。

六、经费保障

1. 志愿者补贴。志愿者服务期间中央财政给予一定补贴。生活补贴为每人每月680元，同时根据所在服务地享受艰苦边远地区津贴（按照人事部、财政部《完善艰苦边远地区津贴制度实施方案》，全国有984个县、市、区纳入实施艰苦边远地区津贴范围,每月津贴标准分别为:一类区 65 元,二类区 120 元,三类区 215 元,四类区 370 元,五类区 640 元,六类区 950 元),按月发放。具体标准由省项目办与本省财政厅联系后做相关解释。交通补贴按志愿者家庭所在地和服务地之间的实际里程发放,每年发放两次。志愿者的生活补贴和交通补贴由全国项目办划拨至服务省指定专户,服务省项目办统一拨付至志愿者所持银行卡中;志愿者所在服务县、服务单位要切实关心爱护志愿者,帮助他们解决生活、工作中遇到的一些实际困难和问题,有条件的地区和单位可根据实际情况给予志愿者适当生活补贴。

2. 志愿者保险费用。志愿者保险由全国项目办统保,保费为每人 200 元。

3. 志愿者体检费。由中央财政按照人均 200 元的标准给予支持,全国项目办在志愿者到岗后按照各省实际到岗人数一次性拨付给招募省项目办,由省项目办根据实际情况分配。

4. 其他经费。各级项目办要积极争取在同级财政安排的专项工作经费中,列支培训、项目管理工作经费。服务县项目办应结合实际争取党委、政府支持,将西部计划纳入当地年度重点工作范围,并将管理经费列入同级地方财政预算。

七、地方项目

2009 年,各省(区、市)项目办要进一步加大地方项目的实施力度,同时要认真按照西部计划全国项目的运行模式和工作要求,以统筹规范、完善政策、健全机制为主要工作目标,协调处理好与其他引导大学生到基层就业项目的关系。地方项目的实施要与全国项目统筹兼顾,地方项目纳入全国项目的表彰范围,志愿者享受同等政策待遇。今年地方项目的具体实施方案由各省根据实际制定,及时报全国项目办备案。地市以下项目办自行开展的有关项目,主办单位申请纳入西部计划地方项目实施范围的,报所在省级项目办审核,并由省级项目办报全国项目办备案。

附件:

1. 西部计划服务岗位申报表(点击下载)

2. 2009 年西部计划体检标准、体检项目(点击下载)

3. 西部计划志愿者综合保障险简介(点击下载)

全国项目管理办公室
地　　址:北京前门东大街 10 号
邮　　编:100051
联系电话:(010)85212269
传　　真:(010)85212269
电子邮件:zyz2269@126.com

【简析】

这是一则实施方案。方案是各类计划中内容较为复杂的一种。由于具有某种职能的具体工作比较复杂,不做全面部署不足以说明问题,因而内容构成应全面、具体,一般由指导思想、主要目标、工作重点、实施步骤、政策措施、具体要求等部分构成。

本方案的前言,由实施方案的目的、依据构成;主体部分由实施方案的工作内容、口号、工作步骤、政策保障、经费保障、地方项目等几部分构成,目标明确具体,措施得当、便于操作,又有政策、经费、地方等方面的保障与支持;既有全局的总体把握,又给以各地区结合当地实际的可能,便于在总体指导下结合当地实际有效执行。

2. 工作要点

教育部2009年工作要点

2009年教育工作的总体要求是:全面贯彻党的十七大和十七届三中全会精神,以邓小平理论和"三个代表"重要思想为指导,深入贯彻落实科学发展观,全面贯彻党的教育方针,继续解放思想,坚持改革开放,谋划发展,提高质量,促进公平,加强管理,办好人民满意教育,努力建设人力资源强国。

一、深入学习实践科学发展观,制定国家中长期教育改革和发展规划纲要

1. 以开展深入学习实践科学发展观活动为主线,促进教育事业优先发展、科学发展。深入推进教育部机关学习实践活动,着力抓好直属高校学习实践活动,配合各地推进大中小学积极开展学习实践活动。以"谋划教育事业科学发展,努力办好人民满意教育"为载体,全面落实学习实践活动的指导思想、目标要求和主要原则,确保教育系统学习实践活动取得实效。

2. 在党中央、国务院领导下,研究制定国家中长期教育改革和发展规划纲要,做好全国教育大会筹备工作。总结和宣传新中国成立60周年特别是改革开放30年来教育事业改革发展的成绩与经验,动员和组织全国教育系统与全社会力量广泛开展教育大调研、大讨论活动,把规划纲要的制定过程作为解放思想、形成共识、推进工作的过程。面向现代化、面向世界、面向未来,制定一个人民群众满意、符合中国国情和时代发展要求的规划纲要,对未来十二年教育事业改革发展作出全面规划和部署。

3. 认真贯彻党的十七届三中全会精神,坚持农村教育重中之重的战略地位,大力办好农村教育事业。以提高质量为核心,巩固农村义务教育普及成果;以深化改革为动力,大力加强农村教师队伍建设;以中等职业教育为重点,加快普及农村高中阶段教育;以服务"三农"为方向,增强高校为农输送人才和服务

能力;以强化政府责任为关键,推动形成大力办好农村教育事业的合力。

4. 认真落实中央保增长、调结构、扩内需的要求和部署,以加强薄弱环节为重点,继续增加教育投入,集中力量办一些让社会公众满意、给教育发展添动力的事情。保质保量完成中央新增教育投资项目。统筹城乡教育发展,继续将新增教育经费主要用于农村,扶持贫困地区、民族地区和边远地区教育事业发展。积极化解农村"普九"债务,争取三年内基本化解历史欠账。开展化解高校债务风险工作。加强教育经费统计和监测,依法推动落实教育经费"三个增长"。坚持勤俭办教育、办学校,加强规划项目和资金的管理,提高教育经费使用效益。

5. 大力加强教育法制建设。加快修订《职业教育法》进程;配合国务院法制办,继续做好《考试法》的修订;加快起草《学位法》、《终身学习法》,深入落实我部制定的教育立法规划。加大教育法律贯彻实施和执法监督检查力度。全面落实教育系统"五五"普法规划,大力推进依法治教、依法治校。

二、切实推进素质教育,着力培养学生创新精神和实践能力

三、大力办好农村义务教育,促进义务教育均衡发展

四、大力发展职业教育,重点加强农村中等职业教育

五、提高高等教育质量,增强培养高素质人才、科技创新和社会服务的能力

六、积极发展成人继续教育,推动全民学习、终身学习的学习型社会建设

七、重点加强农村教师队伍建设,全面提高教师素质

八、落实教育惠民政策,努力办好人民满意教育

九、深入推进改革开放,进一步提高教育管理水平

十、加强教育系统党的建设,提高领导教育事业科学发展的能力

(编者注:全文共55条,从第二至第十部分的具体条目省略)

摘自:《中国教育报》2009年1月2日(责任编辑:张珏瑛)

【简析】

这是一则年度工作要点,是教育部对2009年度工作计划的概要。前言,是年度教育工作的总体要求。然后,纲举目张,主体部分从十个部分,点面结合、纵横结合、分层次地讲述各类教育工作。第一部分,主要讲述要深入落实实践学习科学发展观,制定国家中长期教育规划发展纲要,这是当前最基本的任务。第二至第六部分,是教育的不同类型,从加强素质教育入手,来谈农村义务教育、职业教育、高等教育、成人教育等几方面。第七至第十部分,是教育工作的保障层面,从师资队伍建设、教育惠民政策、教育管理水平、党的建设等方面来加强教育工作的保障。

任务实施

1. 请为自己拟订一份下学年的学习计划。要求严格按照计划的格式写法。
2. 工商管理系将组织第一届电子商务策划竞赛,请代为拟订一份计划。

任务二 总结的写作

知识目标

- ◆ 总结的概念、特点与分类
- ◆ 总结的写作格式与内容要求
- ◆ 撰写总结的注意事项

能力目标

- ◆ 提高对总结写作相应工作情景的分析、评价的能力
- ◆ 掌握总结的格式要求与写作的注意事项,能够熟练进行各类总结的写作

任务引入

2009 年 12 月 20 日,厚生公司年度总结表彰会即将召开。本次会议包括总结表彰会、企业文化培训、营销技巧培训等。

会议前,业务部主管刘强卫要总结 2009 年取得的销售工作的成绩,提出工作中的不足,为业务部今后的发展明确工作思路,以给业务人员鼓舞与动力。

岁末将至,颇让部门主管或员工头疼的事情就是写年终总结。从通知下达之日起,许多人开始抓耳挠腮,不知年度总结应该如何写。其写的总结也往往是为了应付差事,内容上流于形式,大唱高调,对成绩大吹大擂,对问题不疼不痒,分析起来都是客观原因。刘主管责令业务部助理陈强拟写一份部门年度总结。那么,一份高质量的年度总结究竟应该如何写呢?

任务分析

总结是对自身实践活动的回顾,又是人们思想认识从感性阶段向理性认识阶段不断提高的过程。总结是为了对过去的行为进行归纳、分析,找出经验与

教训，从而指导今后的工作。本任务是总结的写作，理解总结的概念、特点与分类，掌握总结写作的格式要求与注意事项。

相关知识

一、总结的概念

总结是国家机关、社会团体、企事业单位或个人对过去某个时期、某个阶段、某个方面的实践活动进行回顾和评价，通过归纳、分析与研究，从中找出经验与教训，引出规律性的认识，以明确今后工作方向的一种事务文书。

总结可以使本系统、本地区、本单位或个人的某一项工作的实践活动由感性认识上升到理性认识，以便发扬成绩，克服缺点，吸取经验与教训，使今后的工作多出成果、少走弯路；它可以为各级领导机关提供基层工作的情况和经验，以便加强科学管理和指导；还可以用于表彰先进，树立典型，交流推广先进经验，指导和推动工作。

北宋司马光主编的《资治通鉴》，其目的是"鉴前世之兴衰，考当今之行失"。宋神宗赐名《资治通鉴》，意为"鉴于往事，资于治道"，即以历史的得失作为鉴诫来巩固统治秩序。"鉴"，本"镜"意，引申为"借鉴"、"审查"的意思，此处就是要总结历史教训；资，此处取"取用"意，此处就是要为当下事情做借鉴。所以，无论一个社会组织，还是某一个体，都不能只顾"低头拉车"，还要"抬头看路"（指"计划"的制订），更要"回头看辙"（指"总结"的制定）。

二、总结的分类

按照总结的范围，总结可分为：

1. 全面总结

全面总结也称综合性总结。主要用于对一个部门、一个地区、一个单位在一定时期内的各项工作进行全面的总结，如年终总结、阶段总结等。这类总结，一般是对过去的工作进行一次总体的回顾与检查，从中找出经验和教训，以发扬成绩，克服缺点，把此后的工作做得更好。

全面总结要全，但这种"全"并不是包罗万象，面面俱到，把什么都写进去；而是要点面结合，突出重点。"点"要详，"面"要略，有详有略，主次分明。

2. 专题总结

专题总结，是对某一项或某一方面的问题进行专门的总结。一般选取工作中的突出成绩、典型经验或者存在问题进行分析研究，以便指导工作。专题总结，针对性强，使用广泛，写这类总结，要明确总结的重点，不能把面铺得过宽。

专题总结常用于推广典型经验或揭露问题。

3. 个人总结

个人总结，主要着重总结个人在某个阶段或问题上的工作情况。

三、总结的特点

1. 内容的自我性

总结是对自身社会实践进行回顾的产物，它以自身工作实践为材料，采用的是第一人称写法，其中的成绩、做法、经验、教训等，都有自指性的特征。

2. 思维的回顾性

计划是预想未来，对将要开展的工作进行安排。总结是回顾过去，对前一段的工作进行检验，但目的还是为了做好下一阶段的工作。所以，总结和计划这两种文体的关系是十分密切的，计划是总结的标准和依据，总结又是制订下一步工作计划的重要参考。

3. 材料的客观性

总结是对前段社会实践活动进行全面回顾、检查的文种，决定了总结有很强的客观性。它是以自身的实践活动为依据的，所列举的事例和数据都必须完全可靠，确凿无误，任何夸大、缩小、随意杜撰、歪曲事实的做法都会使总结失去应有的价值。

4. 总结的理论性

总结还必须从理论的高度概括经验教训。凡是正确的实践活动，总会产生物质和精神两个方面的成果。作为精神成果的经验教训，因为它对今后的社会实践有着重要的指导作用，从某种意义上说，比物质成果更加宝贵。拟写总结必须坚持“实践是检验真理的唯一标准”的原则，正确地反映客观事物的本来面目，找出正反两方面的经验，找出规律性认识，才能达到总结的目的。

四、总结的格式要求

1. 标题

总结的标题通常有两种写法。

(1)公文式标题。由单位名称、时间、事由与文种四部分构成，如《××县地方税务局2002年税收工作总结》；也可以写明单位名称、时间与文种，或者单位名称、事由与文种，如《××县计划生育工作总结》；还可以只写明事由与文种，或者时间与文种，如《教育工作总结》、《2003年上半年教学工作总结》。

(2)根据内容概括标题。可以是单标题,如《从增强责任感入手加强思想政治教育》;也可以采用双标题,即正标题概括总结内容,副标题标明单位名称和文种,如《构建农民进入市场的新机制——运城麦棉产区发展农村经济的实践与总结》、《加强医德修养 树立医疗新风——南方医院惠侨科精神文明建设的经验》。

2. 正文

总结的正文通常由前言、主体和结语三部分组成。

(1)前言。总结的前言主要用来概述基本情况。包括单位名称、工作性质、主要任务、时代背景、指导思想,以及总结目的、主要内容等。拟写前言部分,要注意简明扼要,不需过多铺陈。

(2)主体。这是总结的主要部分,主要包括基本情况、主要做法与成绩、教训及其原因、改进措施与今后打算四方面。

第一,基本情况。要写明做了哪些工作、采用了什么方法和措施、取得了哪些成绩、遇到了什么问题、是如何解决的。

第二,主要做法、成绩和经验。这部分是总结的重点,写法多种多样,主要根据总结的性质和内容来确定。主要有两种写法:一种是先谈做法、成绩,后写经验体会。好处是做法和经验分明,便于集中力量写好过程,深入阐述经验体会。另一种写法是按照内容要求把做法、成绩和经验、体会综合在一起,或以做法带经验,或以经验带做法,归纳出几条,夹叙夹议。好处是材料与观点结合得比较紧密,文章的整体性比较突出。不论采用哪种写法,都必须写明取得哪些经验、有什么体会,要上升到理论高度加以分析,以找出规律性的东西。

第三,问题、教训及其原因。写出工作中存在的缺点、错误以及产生的原因和教训,或没有完成的工作,或有待解决的问题。目的在于引以为戒,以推动此后工作的顺利开展。

第四,改进措施与今后打算。要针对前面总结的经验教训和存在问题来写,提出此后努力方向,规定任务,表明决心,展望前景,要注意明确具体、言之有物。

这四部分在总结中可以灵活组合,根据总结的目的、内容、要求有所侧重,不必面面俱到。主体部分常见的结构形态有三种:

第一,纵式结构。即按照事物或实践活动的过程安排内容。写作时,把总结所包括的时间划分为几个阶段,按时间顺序分别叙述每个阶段的成绩、做法、经验与体会。好处是事物发展或社会活动的全过程清楚明白。

第二,横式结构。即按事实性质和规律的不同,分门别类依次展开内容,使各层之间呈现相互并列的态势。优点是各层次的内容鲜明集中。

第三,纵横式结构。安排内容时,既考虑到时间的先后顺序,体现事物的发展过程,又注意内容的逻辑联系,从几个方面总结出经验教训。这种写法,多数是先采用纵式结构,写事物发展的各个阶段的情况或问题,然后用横式结构总结经验或教训。

3. 结尾

结尾是正文的收束,应在总结经验教训的基础上,提出今后的方向、任务和措施,表明决心、展望前景。结尾要与开头相照应,篇幅不应过长。有些总结在主体部分已将这些内容表达过了,就不必再写结尾。

五、拟写总结的注意事项

1. 要坚持实事求是的原则

实事求是、一切从实际出发,这是总结写作的基本原则。有人认为"三分工作七分吹",在总结中夸大成绩,隐瞒缺点,报喜不报忧。这种弄虚作假、浮夸邀功的坏作风,对国家、单位、个人都没有任何益处,必须坚决防止与杜绝。

2. 要注意共性、把握个性

总结很容易写得千篇一律、缺乏个性。当然,总结不是文学作品,无需刻意追求个性特色,但千篇一律的文章是不会有独到价值的。要写出个性,总结就要有独到的发现、独到的体会、新鲜的角度、新颖的材料。

3. 要详略得当,突出重点

有人写总结总想把一切成绩都写进去,不肯舍弃所有的正面材料,结果文章写得臃肿拖沓,没有重点,不能给人留下深刻印象。总结的选材不能求全贪多、主次不分,要根据实际情况和总结目的,把那些既能显示本单位、本地区特点,又有一定普遍性的材料作为重点选用,写得详细、具体。而一般性的材料则要略写或舍弃。

六、例文评析

1. 全面总结

南涧县质量技术监督局关于二〇〇五至二〇〇七年度的工作总结

南涧县精神文明建设指导委员会:

在州局党组及县委、政府的正确领导下,南涧县质量技术监督局真抓实干,结合南涧实际,认真落实县委、政府和州局相关工作会议精神,树立和落实科学发展观,努力实践"三个代表"的重要思想,紧紧围绕州局党组和县委、政府中心开展工作。以保护人民生命健康、财产安全为重点，维护消费者合法权益，促进我县社会经济健康、和谐发展。经过全局同志的辛勤努力，已全面完成三年来的既定目标，各项工作稳中求进，为下阶段工作的顺利开展打下了坚实基础。现将三年来的的工作总结如下：

一、2005～2007 年我局工作开展情况

(一)深入开展理论学习活动

1. 我局在完成各项业务工作的同时，认真抓队伍建设，结合实施“云岭先锋”工程，“保持共产党员先进性”教育活动，狠抓干部队伍素质建设。提高队伍依法行政和为人民服务觉悟与素质。按照省、州、县党委的要求，以党支部为主，抓《中国共产党党章》、胡锦涛同志在中纪委六次全会上的讲话及关于“八荣八耻”的重要论述的学习。通过学习，全体党员的党性更加纯洁，严格要求自己，争作先锋，全体职工严格按公务员要求工作，令行禁止，无一违纪者，在工作中争当表率，处处体现和发挥共产党员先锋模范作用，极大地增强队伍战斗力，全体职工精神饱满，斗志昂扬，充满信心，有决心全面完成今年各项工作任务。

2. 高度重视党风廉政和行风建设工作。年初，对此项工作全面安排和布置，并与州局党组签订了党风廉政建设目标责任书，把党风廉政建设和行风建设纳入年度工作目标，使各项措施落实到位，做到了党风廉政和行风建设工作齐安排、齐布置。结合以实践“三个代表”重要思想为主要内容的保持共产党员先进性教育活动和云南省委《关于实施“云岭先锋”工程，全面推进党的基层组织建设的规定》，制定了《南涧县质量技术监督局“保持共产党员先进性教育活动实施方案》，成立了以局长为组长的领导组。按照县委保持共产党员先进性教育活动领导组的安排布置和《实施方案》扎实认真的有效地开展了教育活动，使党员干部进一步明确了新时期共产党员先进性的基本要求，完成了三个阶段的工作，达到了提高党员素质，加强基层组织，服务人民群众，促进各项工作的目标要求，在活动开展的同时建立了完善的《学习制度》、《首问首办责任制度》等相关制度，强化了内部管理和政务公开，把涉及我局行政许可的事项、时限、程序、条件、收费情况进行公示。在州监察局组织的全州行政许可法执行情况大检查中受到好评。在县企业保障委组织的民主评议经济管理部门和公共服务部门的评议中满意率逐年上升。

3. 以学十七大精神为主的学习活动成效明显。全局干部职工认真开展学习十七大报告、十七大通过的新的《党章》、胡锦涛同志在中央党校的重要讲话、《江泽民文选》、《行政机关公务员处分条例》等学习活动，理论学习做到学有计划、有安排、有笔记、有测试。全局 8 名干部职工积极参加学习教育活动，在学

习中还通过建立和完善了相应的制度,加强对学习组织和管理,党员素质有了新提高,党组织有了新气象,执政为民有了新举措,各项工作有了新成效。

(二)行政执法工作成绩斐然

(三)标准化工作

(四)计量检定工作

(五)安全监察工作力度进一步加大,确保各类特种设备安全运行。

(六)扎实开展产品质量和食品安全工作,为打造"和谐南涧"作出新贡献

(七)认真开展普洱茶专项整治

(八)队伍建设

(九)继续发挥好协会的联系作用

(十)党委政府交办的其他工作(第二至第十条,略)

二、存在问题

虽然我局取得了可喜的成绩,但仍还存在不足和差距。主要存在以下的问题:

(一)人员少、工作多、矛盾突出,特别是对食品质量安全监管工作难度大。

(二)队伍整体执法素质有待进一步提高。

(三)执法大环境差、阻力大,执法工作难度较大。

(四)执法装备差,难以适应发展需要。特别是交通工具制约,难以适应南涧山区山高坡陡、路窄的工作环境。

(五)帮助企业时间少,受技术限制,帮扶效率不高。

三、后三年的工作计划

(一)加强学习、提高队伍素质,提高服务本领,继续抓好打假治劣、食品生产专项整治。

(二)积极支持以小湾电站国家重点工程的建设,切实抓好特种设备安全监察,杜绝重、特大安全事故发生。

(三)落实党风廉政建设工作责任制,抓好治理商业贿赂工作,促进本单位行风建设各项工作,落实政务公开,树立质监部门良好形象。

(四)坚持帮扶企业联系制度,发展地方产品,壮大经济。

(五)开展计量强制检定工作,服务烟叶收购和粮食入库工作。

(六)加大标准执行检查力度,提高标准有效性,抓好新一批农业标准化示范项目立项前期准备工作。

(七)加大培训力度,狠抓队伍建设,不断提高战斗力,确保各项工作顺利开展。

(八)围绕党委政府中心工作,充分发挥部门职能作用,为县域经济发展做好服务工作。以提高干部队伍素质为核心,以"忠于职守、勇于负责、严格把关、

保国安民”的质监工作职能，投身于服务社会、服务经济、服务企业、服务人民的实际行动，为全面贯彻实现我县“优一、兴三、强二”的经济发展战略，构建和谐社会作贡献。

南涧县质量技术监督局
2008 年 6 月 6 日

【简析】

这则工作总结，时间长度为三年，涉及南涧县质量监督局的全面工作。前言部分，简要概述三年来的基本工作情况，简明扼要，没有过多的修辞和描述。然后，分别从主要工作开展情况、存在问题与后三年的计划三方面进行总结，主要讲经验与方法，但也不回避问题，关键在于从实际出发提出了改进措施。不足之处，不应仅指出问题，而应该找出原因，才能更好地“对症下药”。

2. 个人总结

2005 年 11 月个人工作总结

不知不觉来到苏信物业已经一个月的时间了。在这一个月里，(**重复，啰嗦**)通过各位领导对我的指导，通过同事们对我的支持和帮助，(**帽子太多**)通过自身的努力，我感觉自己在工作理念上有了很大的突破，工作技能上有了很大的提高。在上一个月中，通过领导的方向性指点，使得我认识到自己当前主要的工作目标是尽快融入苏信物业这个大家庭。在领导指导下，参照当前公司宣传的重点，结合企业文化，完成一个文字秘书的主要工作——在规定的时间内完成公司日常的文字撰写任务，并使之达到公司的基本要求。

下面我就自己上个月的工作、学习、思想情况进行总结汇报。

一、工作情况汇报

根据领导安排，以及对 ISO9001 综合办公室操作文件的学习，作为苏信物业综合办公室文字秘书，主要职责有 9 点。下面我分别就这 9 点进行总结。

1. 负责公司主要文件，包括工作报告、企业管理制度、领导讲话、交流材料、对外公函、行政等文件的起草。由于来到苏信物业是一个特殊时期，(**因为处于试用期，就特殊吗？可删除**)在第一个月的工作中，我就接触到了以上几乎所有文件的撰写编辑工作(**“接触到”与真正的工作并非一样**)。参与编写完成了《苏信物业保持共产党员先进性教育活动表彰终结大会资料》，其中包括《先进性表彰决定》和《先进性表彰大会上的讲话》两个部分，并基本符合公司领导要求。

2. 参与公司重要会议、重大活动的组织实施工作、协调安排公司领导活动。由于来到公司时日尚浅，(**不需重复表明工作时日尚浅**)目前我还只是服从领导安排，配合其他老员工做好相关协调工作。

3. 收集、审核对内、外公布的各类业务宣传、统计数据、资料，确保公司对外发布信息的全面性与准确性。(**注意其中“、”的应用**)目前我接触到的公司对内、外公布数据方式主要是通过公司网站，该项问题将在公司网站建设中具体论述。

4. 负责做好公司各项规章制度的推进工作。通过对公司相关制度的学习，我已经了解了公司内部的各种管理制度，并在日常工作中严格遵守。对于新制定的制度，譬如说办公楼下不得停放非机动车辆的制度，我坚决执行，还通过各种渠道方式在公司内部进行宣传。

5. 负责各类会议的记录、整理，并完成会议纪要的草拟工作。在 11 月份参加 11 月 15 日保持共产党员先进性总结表彰大会和党支部会议。(**月度总结，不需再提“11 月”**)主要负责会议协调和会议记录工作，并在会后做了相关情况的报道。11 月 16 日至 24 日，参加了公司 2005 年度第二次内审会议。

6. 负责拟写部门及公司月度工作计划。在公司领导以及王巍和童颖等同志的指导帮助下，我顺利的完成了公司 11 月份工作总结和 12 月份工作计划。目前已顺利下发，耗时 3 个工作日。完成了《11 月份经营情况汇报》，目前已顺利上报省实业集团公司市场部，耗费时间 2 个工作日。

7. 负责做好公司内部刊物的编撰工作。在公司领导和王巍的指导帮助下，我和童颖顺利完成了《苏信物业家园报》第 37 期。报刊内容基本符合公司领导要求，时间性上也符合相关制度规定。

8. 负责公司网站建设。目前，按照公司领导的安排，公司网站的内容更新主要由我负责。在上个月中，在公司领导和王巍的指导帮助下，我根据具体情况，完成了《公司动态》、《行业资讯》、《在线租赁》、《物管法规》等内容的管理更新工作，并根据领导要求和相关文件规定，完成了公司宣传的任务。

9. 完成领导交办的其他工作。在上个月中，我根据领导安排，积极发挥补位意识，在公司保洁员不在的情况下，承担起公司男厕所卫生打扫任务。虽然只有一天的时间，但是感觉收益良多，一方面认识到体力劳动的辛苦，以后会更加珍惜公司美丽整洁的环境；另外一方面，通过劳动也认识到了正确使用劳动工具的重要性。只有正确地使用的劳动工具，发挥它们的作用，才能取得预期的效果。

二、学习情况汇报

(1)对公司情况了解方面 (**注意序号的使用方法**)

通过对公司网站和相关文件的学习，我对公司的以下情况有了一个清楚的了解。主要包括以下几个方面：公司机构组成(包括公司、各个子(分)公司、各物管部)，(**括号的使用有问题**)人员数量及信息(姓名、电话)，公司的主要业务状况(房屋租赁、物业管理、外拓业务等),公司的状况(历史状况、成长状况、当前状况、未来规划等),企业文化(服务理念、质量方针等)。具体细节由于篇幅的问题,暂不展开论述。(**可简略来写**)

(2)对于秘书组工作了解方面

对于综合办公室各个职位的职责,质量目标,具体工作流程等都有一个大致的了解,重点对文字秘书的相关职责,质量要求以及相关工作流程有了深刻了解。

(3)对于文字秘书工作方面

工作具体职责参照上面对于工作情况的汇报,质量目标和工作流程方面,目前我已经有了一个清晰的脉络,还有收发文以及档案管理等方面,虽然以前都学习实践过,但由于11月份我的主要工作都在文字方面,目前暂时还不能说百分之百的完全熟悉,在12月的工作中,我将继续持续关注这方面的内容,争取早日学习掌握。

三、思想情况汇报

在11月份的工作中,经过领导对我的指导教育,同事们对我的关心帮助,在加上自身的努力,我在工作、思想方面都有了很大的提高。但是由于自身的惰性较重,加上一些客观因素的影响,导致了在具体工作中,仍然没有能够完全符合领导的要求。我对自己目前思想中存在的问题做了一个总结分析,请领导批评指正。

(1)拖拉作风严重

对于领导交代事情不能及时的完成任务,甚至存在着等,靠,要的思想(**标点符号的运用问题**)。根源是自己在过去养成的一种被动的学习模式。经过领导的批评指点,我已经认识到这种错误思想的严重性,认识到这样的思想不仅仅危害到我自己的工作,长此以往,必然会对公司的发展造成不必要的损失和影响。在11月的工作中,通过领导对我的方向性的批评指导,我已经认识到自己这方面存在的错误,认识到一个合格的文字秘书,不仅仅要承担文字的撰写工作,同时也要对自己的文字负责,对文字的准确性有一个稳定的高标准,这样才能做一个让领导放心的文字秘书。

(2)工作缺乏主动性

工作的主动性包括对于定量工作的按期完成和对不定量工作的超前准备。我目前最缺乏的就是这样的精神和工作实践。在具体工作中,不能按照计划去完成,相反只是被动地去应付工作。事实证明这样的工作态度和工作思想是错误的。我认为一个文字秘书主要工作是在文字之外的,只有把文字外的各种工作做好了,做到位,才有可能把自己的本职文字工作做好。我在12月份的工作中，将做到熟练掌握公司企业文化的各种内涵及外延，并将之熟练的运用到公司的各种宣传文件中去。

四、十二月份工作重点

(1)对于1万字以上的文章错字率低于万分之三，五千至三千字以内的最多不超过两个错字，三千字以内的力争没有错字。

(2)文章没有基本语句语法错误。

(3)提前做好相关准备工作，长的文章力争在规定期限之前一个到两个工作日内交付领导审核；短的消息力争当天发稿，当天完成初稿。

(4)时刻牢记自身职责，深刻理解公司企业文化，寻找一切时机为企业做宣传，力争能够按照领导的要求完成相关宣传任务。

(5)日常事务性工作力争没有基本错误，力争一次性通过。

(6)首先把自己的文章做好，然后进一步发展，完成文字秘书对公司其他部门发文的文字把关工作。

【简析】

这是一则个人月度工作总结。能够及时地进行工作总结，有利于总结经验、发现问题并进而找到改进措施，从而更好地开展工作。这则总结，从工作、学习和思想三方面，进行总结，谈经验，不回避问题，条理性较强，是可取的。但是在语言文字与标点符号的运用等方面，还有许多需要加以修改的地方。前言部分，虽然处于试用期，但也不必过多“戴帽”，只需简要概述基本情况。主体部分，语言稍显啰嗦。括号内为编者所注。文章是改出来的，“吟安一个字，捻段数颈须”，就是这个道理。

任务实施

1. 请为自己已完成的大学生活做一次总结。要求严格按照总结的文面格式与内容要求。

2. 根据下面的材料，给××职业技术学院第一届电子商务竞赛活动拟订一份总结。

为了全面考察我院电子商务专业学生在电子商务领域的综合应用能力，挖掘我院大学生中优秀的电子商务人才，培养团队合作精神，积极推动电子商务事业的发展，在学院与工商管理系相关领导的大力支持下，4月26日到7月31日，我院组织了第一届电子商务竞赛。

本次竞赛的主题是诚信、实践、创业。大赛不收取学生任何费用，组委会设立了多种奖项，鼓励学生学好电子商务知识，进行电子商务实践、尝试电子商务网上创业、体验电子商务新生活。大赛以促进青年人才成长，强化电子商务人才资源建设为目标的科技活动。本次竞赛面向全院学生，旨在提高在校学生电子商务理论水平和电子商务实际操作技能。

竞赛包括个人网上创业赛、大学生网上创业之星的选拔以及团体赛等系列活动。团体赛以代表队的形式参加，三个学生为一个团队，既充分考察每个学生的个人水平，也培养团队合作精神。团体赛内容由三部分考试题型组成：知识比赛、模拟比赛、创意比赛。

网上创业比赛是让参赛者在“淘宝网”上开设网上商店，在规定的比赛期限内卖出物品，并获得良好的信用评价。其中，交易额、交易数量、交易评价都是影响打分的关键因素。

本次竞赛获得了全院各系部的热烈响应，来自全国院 24 支代表队参加团体赛角逐。最后，工商管理系电子商务 071 班代表队获得了团体冠军，沈玉清同学以积分 380 分的高分获得了创业之星的荣誉称号。

任务三　简报的写作

知识目标

◆ 简报的概念、特点与分类

◆ 简报的文面格式与内容要求

◆ 撰写简报的注意事项

能力目标

◆ 提高对简报写作相应工作情景分析、评价的能力

◆ 掌握制作简报的文面格式与注意事项，能够熟练进行简报的制作

任务引入

当前，全球金融危机以来，由于经济的全球化、一体化，我国的外向型经济受影响颇大。为了更好地应对金融危机，应对整个全球经济环境和区域经济环境进行分析，请根据下面的材料以厚生公司办公室的名义编制一份简报。

我国企业景气状况回升　企业用工将增加

新华社信息北京11月16日电(记者郭小兰 白洁纯)中国企业家调查系统14日发布的调查报告显示,企业经营者对中国经济形势持谨慎乐观态度。随着中国经济的企稳回升,国内企业的景气状态也在温和回升。六成企业经营者预计本企业下半年将处于盈利状态,这将随之带动用工增加。

在被调查的企业中,认为目前企业经营状况"良好"的企业经营者占33%,认为"不佳"的占18.9%,认为"良好"的比认为"不佳"的多14.1个百分点,比2008年略高1个百分点,比今年一季度的调查结果高26个百分点,表明我国企业整体经营状况正在好转。61.5%的企业经营者预计今年下半年将有"较大盈利"或"略有盈余",比上半年盈利的企业多10.1个百分点。

金融危机以来,西部和东北地区企业盈利状况好于东部和中部地区,大型企业盈利状况明显好于中小型企业,国有及国有控股公司盈利状况明显好于非国有企业。

上半年盈利状况较好的行业包括:交通运输、仓储和邮政业,批发和零售业以及制造业中的医药、橡胶等行业。预计下半年批发和零售业以及制造业中的医药、化纤、通信设备和仪器仪表等行业经营状况相对较为乐观,数据表明上述行业中超过七成的企业经营者预计下半年本企业"盈利较大"或"略有盈余"。

从企业订货情况看,60.9%的企业订货"正常"或"高于正常",明显高于今年一季度的水平,接近2008年的调查结果,但与2006年和2007年相比仍有20个百分点左右的差距。

从企业产销形势看,认为企业的生产(服务)量、销售量"增加"的企业经营者分别占39%和40%,比认为"减少"的分别多20.5个和19.3个百分点,这一结果虽然低于2007年的水平,但比2008年分别高出12.1个和12.4个百分点。

调查结果显示,与上半年相比,27%的被调查企业用工"增加",比用工"减少"的多7.4个百分点。西部地区用工"增加"的比"减少"的多11.6个百分点,高于其他地区。本次调查是由中国企业家调查系统组织的第17次全国性企业经营者年度跟踪调查,该项调查每年组织两次。与前16次年度跟踪调查一样,本次调查以企业法人代表为主的企业经营者群体为调查对象。调查采用邮寄问卷的方式进行,共发放问卷16 000份,回收有效问卷5 016份。该调查是由国务院发展研究中心人力资源研究培训中心、国务院研究室工交贸易研究司、国务院国有资产监督管理委员会企业分配局、国家统计局国民经济综合统计司等多家权威部门和单位联合组织实施的。

任务分析

当今是一个信息社会，政府机关、企事业单位、社会团体在传递信息时，经常制定定期与不定期的简报，以在各级机关间做到信息的有效沟通。与行政公文相比，简报具有快捷、方便、简短等优越性，并且在格式上具有较强的灵活性。

本任务是简报的写作，要理解简报的概念、特点、种类等，掌握简报写作的格式要求与注意事项。要注意简报的文面格式及其与行政公文的区别与联系。

相关知识

一、简报的概念

简报是行政机关、社会团体、企事业单位内部或之间用来下情上报、上情下达和互通情况、交流信息的一种事务文书。

“简”主要是指内容简要，篇幅简短，言简意赅；“报”除了说明它具有报道、报告、通报的某些性能外，在制作形式上还像是一种内部报刊：有固定刊名、出刊期号、编辑部门、稳定的发送对象、编印日期和印制份数等，简报只在单位内部和有联系的单位之间运转。

在使用的过程中，因其功能、使用领域的差异，简报还有其他一些名称，如“工作简报”、“教学简报”、“情况反映”、“政工通讯”、“学术动态”、“春运信息”、“内部参考”等。

二、简报的特点

1. 内容的专业性

简报不同于公开的报纸杂志，它一般由有关单位、部门主办，专业性十分明显。如《人口普查简报》、《计划生育简报》、《防汛抗旱简报》等，由主办单位组织专人撰写，传递该项工作的情况、经验、问题和对策等。专业性的信息多说，一般性的信息少说，无关的信息不说，如此，才能使简报的读者了解工作情况，增强责任感，推进工作进展。

2. 风格的简明性

篇幅特别简短，一期简报一般只有一篇文章，几段信息或几篇文章；提倡千字文，适应现代快节奏工作的需要；语言简明精炼，直截了当，不穿靴戴帽；内容言简意赅，主旨集中，重点突出。

3. 制发的及时性

简报写作要快，制作及发送也要简易迅速，尽量让读者在第一时间里了解到最新的现实情况。这就要求编写者具有预见性和洞察力，准确把握时代脉搏，眼疾手快地写作、编制与传递简报。

4. 交流的局限性

简报一般在编报机关管辖范围内各单位之间交流，不宜甚至不能公开传播，特别是涉外机关和专政机关主办的简报更是如此。有的简报，往往是专给某一级领导人看的，有一定的保密要求，不能任意扩大阅读范围。

三、简报的分类

简报种类繁多，按照不同的分类标准，可以划分为很多不同类型。按时间划分，简报可分为定期简报和不定期简报；按内容划分，简报可分为工作简报、生产简报、工作简报、会议简报、信访简报、科技简报、教学简报等。下面主要介绍四种类型。

1. 工作简报

是为迅速反映中心工作或某项重要工作进展情况、措施方法及其取得成绩而编发的简报。它的任务是反映工作开展情况，介绍工作经验，报告工作中的问题等。工作简报又可分为综合工作简报和专题工作简报两种。此类简报时效性较强。

2. 会议简报

是会议期间为反映会议进展情况、会议发言中的意见和建议、会议议决事项等内容而编发的简报。一些规模较大的重要会议，会议代表并不能了解会议的整体情况，譬如分组讨论时的重要发言、有价值的提案等，需要依靠简报来了解会议的基本面貌或片段情况。重要会议的简报往往具有连续性的特点，即通过多期简报将会议进程中的情况接连不断地反映出来。会议简报一般由会议秘书处或主持单位编写。

3. 科技简报

是为反映最新科学技术研究成果、介绍推广新产品、新工艺、新技术、新理论、新动向而编写的简报。这类简报内容新、专业性强，有的属于经济情报或技术情报，有一定的机密性，必要时需加密级。

4. 动态简报

是为反映本单位、本系统的思想、政治、经济、文化等方面情况及信息而编写的综合性简报。动态简报着重反映与本单位工作有关的正反两方面的新情况、新动向、新问题，为领导和有关部门研究工作提供鲜活的第一手资料，向群众报告工作、学习、生产、思想的最新动态。

5. 典型经验简报

是专门用来推广典型工作经验的简报，有很强的针对性。

四、简报的格式要求

(一)报头

简报的报头，相当于公文眉首部分，主要用来表明简报的名称、期号、编制单位和编制日期，其格式安排以约定俗成为原则。如果涉及不宜公开的事项，应在报头左上方表明“内部参考 注意保存”等字样。

(二)报核

报核是简报的核心，包括目录、按语、标题、正文等部分。基本上是一题一文，也可以将围绕同一主题的几篇简短材料刊登在一篇简报中。

1. 目录

集束式的简报可编排目录。由于简报内容单纯，容易查找，目录一般不需标序码和页码，只需将编者按各篇标题排列出来即可。

2. 按语

必要时可加编者按，主要内容是工作任务来源、本期重点稿件的意义和价值、征稿通知、征求意见等。主要有：提示性按语，把按语的中心内容提示出来，便于迅速把握文章的精华；评价性按语，表明编者对事实的看法，引导掌握政策界限；批示性按语，根据领导的意见，提出简报的内容和借鉴的原则要求。

3. 标题

简报的标题与新闻的标题有些类似，可分为单标题和双标题两种基本类型。

第一种，单标题。将报道的核心事实或其主要意义概括为一句话作为标题，如《学习调研成效显著，重庆大学顺利转入学习实践活动第二阶段》、《排查突出问题，研究“三讲”教育方案》。标题中间可以用空格的方式表示间隔，也可以加用标点符号。

第二种，双标题。双标题有两种情况：一是正题加副题，如《再展宏图创全国一流市场——向阳农贸市场荣获市信誉市场称号》，正题概括事实的性质，副题补充叙述基本事实；二是引题加正题，如《尽责社会完善自身——华东师大团委开展“把知识献给人民”活动》，引题指出作用和意义，正题概括主要报道内容。

4. 正文

(1)导语。导语就是简报的开头语，要用简短的文字，准确概括报道内容，说明报道宗旨，引导读者阅读全文。导语的具体写法可根据主题需要，分别采用叙述式、描写式、提问式、结论式等几种形式。用概括叙述的方法介绍简报的主要内容，称作叙述式。把简报里的主要事实或某个有意义的侧面加以形象的描写，以引起读者的阅读兴趣，称作描写式。把简报反映的主要问题用设问的形式提出来，以引起读者的思考，称作提问式。先将结论用一两句话在开头点出来，然后在主体部分再作必要的解释和说明，称作结论式。

(2)主体。主体是简报的主要部分，它的任务是用足够的、典型的、富有说服力的材料把内容具体化，用材料来说明观点。写好主体是编好简报的关键。主体的内容，或是反映具体的情况，或是介绍具体的做法，或是叙述取得的成绩和经验，或是指出存在的问题，或是几项兼而有之，要视具体情况而定，没有固定的框框。

主体的层次安排有"纵式"和"横式"两种形态。纵式结构按事件发生、发展的时间顺序来安排材料，横式结构按事理分类的顺序安排材料。如果内容比较丰富，各层可加小标题。

(3)结尾。简报要不要结尾，因内容而定。事情比较单一、篇幅比较短小，可以不单写结尾，主体部分写完就结束，干净利落。事情比较复杂、内容较多的，可以写，对全文作总结，以加深读者印象。有些带有连续性的简报，为了引起人们注意事态的发展，可用一句交代性话语作为结束，如"对事情的发展我们将继续报告"、"我们将在下期报告处理结果"等。

(三)报尾

报尾在简报末页，用间隔横线和报核分开。报尾内容比较简单，只需写明报什么机关、送什么机关、发什么单位即可。

五、拟写简报的注意事项

1. 明确编写宗旨。简报主要是用以反映新情况、新动态，提出新问题、新做法，交流新经验、新成效等，为各级领导提供决策和推动工作服务的，在实际工作中往往起着辅助领导决策、协助领导管理、促进部门交流、指导基层实践、推动全局发展等作用。因此，编写工作要紧紧围绕大事、要事、难事、新情况、新问题、新做法、突发性公共事件、苗头性、倾向性、不宜公开报道但需引起领导重视及关注的问题等来进行，在思想内容上要保持前瞻性、预见性、典型性、代表性、针对性和指导性。

2. 熟悉采编渠道。一是定期收集，在本地、本行业和系统有关单位设立固定的信息网络。二是预约采编，围绕一个时期上级党委政府的决策重点及本地贯彻实施的意见，提前给基层信息员出题目、拟观点、定要求，让其有的放矢地编写。三是热点跟踪。围绕某一时期工作重心以及重点、热点、焦点、难点问题，密切关注相关领域的新动态、新进展，及时予以采编。四是重点"求索"，对综合性强、工作性质比较重要、“敏感”的部门或单位，采取经常走访、联系和沟通、询问的办法，从中索取更多的信息点、信息源、信息“面”。五是观察捕捉，随时留心观察经济社会生活中的动态动向，悉心体会身边的社情民意，及时从中获取有利用价值的各类动态、动向性信息。六是综合处理，即通过对相关会议、文件材料、领导讲话等的分析、判断、提炼，从信息简报工作的角度予加工整理，形成富有特色的信息。这也是最为常用的一种便捷方法。

3. 注重编写方法。一是平中寻“亮”，就是对于语言平淡、层次不高但又有其可取利用之处的“基层来稿”，要通过仔细阅读、分析和判断，找出其中的亮点，施以“去粗存精”式的内容调整、文字加工和润色，使其合乎规范。二是浅者掘深，对内容浅显但尚具可用、可读性的“问题性”信息，可采取“热点跟踪、难点透视、实地调查”等方式予以进一步挖掘，增加份量，提高档次。三是狭者拓宽，对观点新颖、事例典型，但范围较狭窄的信息点，要站在全局的高度，通过分析、综合、提炼，从中找出带有规律性、普遍性和代表性的东西，以拓宽其内涵和外延。四是陈者换新，对于那些看似普通平凡但仍有借鉴意义的信息源，可采取另辟蹊径如换位思考、逆向思维、“旧瓶装新酒”等办法，从全新的角度加工出富有新意的信息，则能收“横看成岭侧成峰”之效。五是零者备储，对于一些内容单一、零碎、貌似残缺不全，暂时好像用不上的信息，要“多长个心眼”，及时予以“备储”，以便需要时“化零为整”所用。六是深度加工，对多视点、内容宽、含量重又普遍性和指导意义的信息，还可通过“顺藤摸瓜”、解剖“麻雀”等进一步调查研究的办法，由表及里、由点及面地进行拓展、延伸，使其上升为有份量的调查报告，以指导和推动实际工作。

六、例文评析

内部资料
注意保存

中共××省委深入学习实践科学发展观活动

简 报

第三批　第42期

中共××省委深入学习实践科学发展观活动领导小组办公室　　2009年10月19日

提升能力　理清思路　建章立制

××区××乡注重强化基层夯实基础

××市××区××乡坚持把第三批学习实践活动和党的基层组织建设深

化拓展年活动结合起来，切实加强以村党支部为核心的村级组织建设，明思路、强管理、创机制，进一步强化基层、夯实基础。

强管理，农村干部提升能力。以队伍建设为突破口，加大村级干部的培养、选拔、管理力度，激发村干部干事创业活力。一是选才用才。建立《村级后备干部管理办法》，加强村级后备干部管理，推进后备干部“备用结合”，促进人尽其才、才尽其用。全乡9个村培养村级后备干部45人，统一规范建档、跟踪培养、动态管理，结合村级后备干部技能特长提供实践锻炼平台，适时把有文化、能力强、技术精、带动好的优秀青年选拔充实进村支两委班子。村支书平均年龄较2007年下降了11岁，村委会主任平均年龄下降了17岁，文化程度总体在高中以上，其中7名支部书记获得了大专学历。二是疏通出口。加大懒、散、软、庸村干部的调整力度，在村干部队伍建设中引入符合科学发展观的干部考核评价机制，按照发扬民主、尊重民意、突出实绩的原则，把文化偏低、年龄偏大、素质偏低的“三偏”干部作为撤换重点，按照组织程序先后调整村支书5名，村主任6名，村两委成员11名。三是提升素质。充分发挥农村党员干部现代远程教育优势，坚持学以致用、学用结合，积极组织党员开展形式多样的学习活动，促进学用成果转化。邀请9名专家对各村村支两委干部及部分党员进行新农村建设、村务公开、村级民主与法制、农业科技等知识培训，共培训240人(次)。组织村干部、种养殖能手、科技示范户等100人(次)到外地参观学习，开阔视野，增长知识。

创机制，为基层工作“建章立制”。一是建立党建工作责任制。强化“书记抓、抓书记”意识，明确乡党委书记和各村党支部书记分别为乡、村基层党建“第一责任人”，乡村两级签订“责任状”，明确目标任务和奖惩措施。建立领导干部联系点，10名副科级以上党员领导干部各联系1个村，要求每周必须有2个工作日驻村工作，集中解决组织建设、发展思路、民计民生、矛盾纠纷等方面的实际问题。二是建立党员结对帮扶机制。按照“一人加一户”的思路，乡机关党员和农村有条件的120名党员与126户贫困户结成帮扶对子，及时帮助解决子女入学、急需农资、突发灾情等生产生活困难。三是建立党员承诺机制。动员党员参与承诺、积极“践诺”，为贫困群众每年办1件以上实事。各支部组织召开党员大会，由参与承诺的党员在会上公开承诺，接受群众监督，支部及时跟踪督促，年终对照考核，兑现奖惩。四是建立宣传工作机制。出台宣传奖励办法，对在省、市、特区新闻媒体发表有关本地经济社会发展相关内容的稿件，给予20元至1 500元的奖励。同时在公路沿线，群众聚集的地方制作了“科学种养富万家，发展全靠你我他”等各具特色的宣传标语300余条、流动宣传展板20块、宣传画30余幅。五是建立示范带动机制。推进党的基层组织建设年活动深化拓展，将所辖中寨村和把仕寨村作为"示范带动"工程的首批实施点,围绕"发挥村活动场所功能"、"推进新农村建设"、"发展特色种养业"等重点,促进工作进一步规范化、科学化,总结出特色种养协调发展的"中寨经验"和母猪赊销启动、农户分散养殖、公司集中收购的猪产业发展"把仕模式"。乡党委政府适时组织其他各村到示范点学习,通过现场会、交流会等方式,促进成功经验不断推广,增强辐射效应。

明思路,为农村发展"科学定位"。在学习实践活动中,乡党委政府紧密结合当前农村各项工作,通过集中培训和专题辅导,深入农村、深入农户征求群众意见,开展调研走访,围绕新农村建设的目标任务,进一步摸清现状,找准问题,理清思路,明确了"围绕一个目标、抓住两个重点、做活三大产业、实现四个转变"发展思路。"一个目标",即促进农民增收致富,力争到2011年基本消除贫困,农民人均纯收入达到3 200元以上,人均占有粮达到500公斤以上,基本形成合理的农业产业结构和更加完善的农业基础设施。"两个重点",即抓好班子建设和社会和谐两大工程。在加强乡村班子建设、增强服务群众本领、增强基层组织创造力凝聚力战斗力的同时,注重人与资源、环境、教育的和谐发展。"三大产业",即积极推动粮食增收致富、产业示范带动、农村富余劳动力有序流转,到2011年基本建成5 000亩以上生姜基地、5 000亩以上经果林,二元杂交母猪基地规模达3 000头以上,特色养殖达10万羽以上,"无公害农产品基地"初步形成,农村剩余劳动力流动更加有序。"四个转变",即立足新的形势和任务要求,积极推进干部作风、发展理念、服务意识、致富观念的转变,为推进折溪乡科学发展奠定坚实基础。按照上述"1234"发展思路,乡党委政府先后争取发展项目122个,落实项目资金2 279.6万元。"三横三纵"公路交通网络初具雏形,庭院美化、敬老院、农家书屋、农民文化中心等新农村建设项目逐一落实,农民得到更多实惠。

报:中央学习实践活动领导小组办公室、中组部组织局、中央巡回检查组
　　省委常委,省人大、省政府、省政协省级党员领导干部,省委党建领导小组成员,省委学习实践活动领导小组成员

送:省委组织部部务会成员,省委宣传部班子成员

发:第一批学习实践活动单位,第二批学习实践活动单位,第三批学习实践活动单位,省委学习实践活动各巡回检查组,各系统指导小组

中共××省委学习实践活动办公室　　2009年10月19日

【简析】

这是一则专题活动简报，格式规范，内容简洁。报头，借鉴于行政公文的眉首部分，又不完全相同，注意其中的秘密等级。简报中的文章，标题是双行标题，引题“提升能力 理清思路 建章立制”表明工作的思路与原则，正题“××区××乡注重强化基层夯实基础”揭示文章的主题。正文中，前言部分简洁扼要，进一步揭示文章主题；后面分三个部分，来写如何通过学习实践科学发展观活动，加强基层党组织的建设。报尾，借鉴行政公文的版记部分。

任务实施

1. 请以下面提供的材料为依据，以孝感市孝昌县政府的名义撰写一份简报的主体内容。

要求：(1)撰写简报主体内容，包括按语、标题和正文三个部分；(2)按语准确精要，标题简明新颖，正文层次分明，详略得当。

7月10日，孝感市孝昌县丰山镇长春村，由青年农民程志初捐款30万元兴建的一条水泥公路，正式建成通车，全村2 000多村民敲锣打鼓庆祝。他们的农产品可以直运孝感市区、省城武汉，再也不用为运输犯愁了。

捐款的程志初1986年初中毕业后，就离开长春村老家，外出哈尔滨、宜昌等地建筑工地打工。由于丰山镇属贫困山区，落后的交通条件是制约该镇经济发展的瓶颈，也是当地乡亲的一块心病。程志初当时就立下誓言：“等我赚钱了，一定要把村里的道路修通。”

在哈尔滨建筑工地，他从抹灰、粉墙开始，逐步搞起了单项承包，慢慢地做起项目来。1989年，他到北京发展，通过自己的努力，于2002年成立了一家房地产公司，打工农民当上了老板。2004年底，听到家乡人说起国家扶持乡村路网建设的优惠政策，程志初觉得是报效家乡的机会。要修通长春村至丰山镇的水泥公路，需资金40多万元，国家和县里只能补15万元，资金缺口30万元。2005年5月8日，程志初赶回老家，给了村里15万元，5月22日又从北京汇15万元给村里。该路从5月9日开工，到7月10日竣工，并经县交通局验收合格。

程志初一个人捐款30万元修路的事一下子传遍全镇和全县。目前，丰山镇23个行政村共有50多个在外打工的农民向家乡捐款80多万元修路，已有15个村修了村级水泥公路。

(全国2006年1月自学考试公文写作与处理试题)

2. 厚生公司于10月开展了“产品质量活动月”活动，以此为题写一份工作简报。

任务四 述职报告的写作

知识目标

- ◆ 述职报告的概念、特点
- ◆ 述职报告的文面格式与内容要求
- ◆ 注意述职报告与工作总结的区别与联系

能力目标

- ◆ 提高对述职报告写作相应工作情景分析、评价的能力
- ◆ 掌握述职报告的格式要求与写作的注意事项，具备熟练进行述职报告写作的能力

任务引入

厚生公司召开公司中层干部考核述职会议，要求各部门负责人参加。班子和领导干部队伍建设，建立健全聘任考核长效机制的重要步骤和举措，对于打造高素质的经营治理者队伍，促进企业全面可持续发展具有重要的意义。

根据公司董事会的通知要求，进行述职的同志应当围绕"德、能、勤、绩、廉"五个方面实事求是地阐述自己 2010 年工作，分析取得的经验、存在的不足，以及 2011 年的工作打算等。请代为人力资源部张部长拟写一份述职报告。

任务分析

述职报告是随着人事管理制度改革而出现的一种新型应用文体。它是考察干部履行职责情况及是否称职的一种手段。

本任务是述职报告的写作，理解述职报告的概念、特点、种类，掌握述职报告的格式要求和注意事项。注意述职报告与工作总结的差异。

相关知识

一、述职报告的概念

述职报告是指述职人(指党政机关、社会团体、企事业单位的领导者或工作

人员)就任职一定时期内向任命机关、主管部门或下属群众陈述任职情况并接受审查和监督的陈述性文案,包括履行岗位职责,完成工作任务的成绩与经验、缺点与问题、设想,进行自我回顾、评估、鉴定。

《孟子·梁惠王下》中就有"述职"一词及解释:"诸侯朝于天子曰述职——述职者,述所职也。"述职可以是口头的,也可以是书面的,书面的陈述,实际上就是一种"述职报告"。

法定社会组织的机关和部门的负责人一般要对权力机关(如上级机关部门或者人民代表大会、董事会等)作述职报告。这是推动社会组织工作的重要因素,对于促进和监督社会组织各项工作有着重要的意义。

二、述职报告的特点

1. 个人性

述职报告对个人所负责的组织、部门在某一阶段的工作进行全面的回顾,按照法规在一定时间(立法会议或者上级开会期间和工作任期之后)进行,要从工作实践中去总结成绩和经验,找出不足与教训,从而对过去的工作做出正确的结论。它不是单位的工作总结,而是对个人履行职责的总结。主要讲"我"的工作,而不是"我们"的工作。

2. 规律性

述职报告要写事实,必须对搜集来的事实、数据、材料等进行认真的归类、整理与分析,从中找出某种带有普遍性的规律,得出公正的评价议论。述职报告是否具有理论性、规律性是衡量一篇述职报告好坏的重要标志。述职报告的目的在于总结经验教训,找寻履行职责的规律,使未来的工作能在前期工作的基础上有所进步、提高。

3. 规定性

写述职报告,要根据人事部门考核干部的有关规定,要求对任职期间的德、能、勤、绩、廉五方面述职。尤其是绩,是评价干部好坏的主要标志。

4. 通俗性

面对会议听众,要尽可能让个性不同、情况各异的与会代表全部听懂,这就决定了述职报告必须具有通俗性。对于与会者来说,内容应当是通俗易懂的,才能使听众声声入耳。

三、述职报告的格式要求

述职报告的结构主要包括标题、称谓、正文和署名四部分。

1. 标题

(1)单行标题。第一种,直接以文种作为标题,如《述职报告》。第二种,全称式,由单位名称、职务、任职时间、文种等部分构成,如《江苏省财政厅厅长任职期间的述职报告》。

(2)双行标题。正题写主题,副题写述职场合,如《继往开来,与时俱进,全力以赴向国家级示范性高中冲刺——在××中学第二届教职工代表大会第四次扩大会议上的述职报告(1999～2000 年度)》。

2. 称谓

称谓是报告者对听众的称呼。称谓要根据会议性质及听众对象而定。如一篇在教职工代表大会上述职报告的称谓:"尊敬的各位领导、来宾,全体教职工代表,同志们"。

3. 正文

述职报告的写法依据报告的场合和对象而定,一般来说采用总结式写法,共分四部分。

(1)基本情况。用平直、概括、精练的语言,概括地交代履行职责的基本情况,如主要情况、时间、地点、背景、事件经过等。

(2)成绩经验。述职人要突出工作中的实绩,在任职期间如何完成职责的,主要做了哪些事情,如何去做的,取得了哪些成果,有什么经验体会。

(3)问题教训。要实实在在,要有条理,不要避重就轻。

(4)今后计划。包括目标、措施、要求三要素。要切实可行。这部分与总结不同,数量少一些,占全文 1/5 以下为好。

4. 结束语

报告结束时要用称谓礼貌用语,如"以上述职报告妥否,请予审议。谢谢大家!"

5. 落款

述职报告的落款要写明自身姓名及单位名称,最后写报告日期。

四、拟写述职报告的注意事项

1. 实事求是,准确可靠

述职报告必须把过去一段时间内所做工作的材料全面地搜集起来,包括面上的材料与点上的材料、正面的材料与反面的材料、事件材料与数字材料以及背景资料等。事件材料必须真实可信,数字要准确可靠,背景材料要有辅助性,能与事实形成鲜明的对比或者烘托。

2. 提炼主题,找寻规律

述职报告的目的是以后更好地工作，扬长避短，要从自己掌握的事实与材料中总结出规律性的东西。要把已知的材料分门别类地进行分析、比较、鉴别，把零散的、感性的事实与材料上升到理性的高度，引出让人看得见、摸得着、用得上的规律，以对实践工作进行指导。

3. 变文字为有声语言

在写作述职报告的时候，一定要随时考虑到讲话时的情况。这就要注意文字变成有声语言的特点。语言一般是生活化、口语化、大众化的。

4. 避免把述职报告写成单位工作总结

述职报告和单位工作总结都采用自述的方式，对已经发生过的事情进行回顾、反思、总结和评价，却是完全不同的两个文种。第一，内容范围不同。单位工作总结是回顾整个单位的工作，重视过程性和全面性，注重展示整个工作过程中的具体做法，是全方位地反映情况。述职报告重在叙述个人履行职责的情况，着眼于汇报个人是否胜任某职、履行职责的能力如何。第二，写作目的不同。总结作为常规性的工作回顾，主要目的是总结成绩，发现问题，寻找带有规律性的认识，以利于今后在实践中更有效地推动工作向前发展。述职报告主要是比照某一职务的岗位职责来写，对自己任期内履行岗位职责时所表现出的德、能、勤、绩等方面的情况进行自我评估，自觉接受领导的考核和群众的评议。第三，写作主体不同。述职报告的写作主体是个体，单位工作总结的写作主体是集体。[①]

五、例文评析

某省财政厅长述职报告

主任、副主任、秘书长、各位委员：

我于2000年5月被省人大常委会任命为省财政厅厅长，至今已有两年多的时间。遵照省人大常委会的要求，现述职如下：

第一部分　两年来的履行职责情况

到财政厅之前，我在省工商局任职8年，情况熟悉，工作顺手，加上年龄又比较大等因素，从个人角度考虑，当时我不愿到新岗位任职。但我是入党37年的共产党员，必须服从党的决定。我曾向省委和省人大郑重表态：既然服从了组织决定，接受了人大的任命，就要勇往直前，义无反顾，恪尽职守，全力以赴地做好财政工作。两年多来，我履行了自己的诺言。我和领导班子成员齐心协力，带领广大财政干部团结奋斗，使全省财政依法行政和依法理财观念得到加

① 张立云："谈述职报告写作的'六避免'"，《应用写作》2006年第6期。

强，各项改革不断推进，内部管理日益规范，工作作风明显改善，服务意识进一步增强，较好地完成了各项任务。

一、树立依法行政观念，着力推进财政改革，全面规范财政管理

如何管好钱、用好钱，发挥好财政的宏观调节作用，促进全省经济和社会事业发展，是我任新职后必须首先要解决的问题。为此，我带领一班人，进行了近半个月的调查研究，提出了全省财政工作的总体思路，即树立依法行政、依法理财的观念，围绕省委、省政府中心工作，以保稳定、保改革、保发展为目标，通过深化财政改革，规范财政管理，逐步建立适应公共财政要求的财政运行机制。

（一）适时调整全省分税制财政体制。为了进一步完善我省的分税制财政体制，2000 年下半年，在考察了广东、浙江两省的财政体制和财政运行机制后，结合我省的实际情况和预算法实行分税制的要求，提出了调整我省分税制财政体制的指导思想，即：扶持苏北，雪中送炭；激励苏南，锦上添花。据此制定的调整方案报经省委、省政府同意后，及时向省人大常委会作了报告，并从 2001 年起实施。两年来的实践证明，我省财政体制调整是成功的。一是省级增加集中一部分财力，增强了支持全省社会经济和社会事业发展的能力，特别是建立了相对规范的省级财政转移支付制度。二是充分调动了地方培植财源和组织收入的积极性。三是在今年所得税分享改革中，为我省争取了较大的利益。各地为保证地方利益在体制调整前加大了征收力度，使我省 2000 年所得税收入基数大大增加，在所得税分享改革中占据了主动。

（二）全面推行农村税费改革，切实减轻农民负担。

（三）认真执行省人大常委会《关于加强省级预算审查监督的决定》，改革财政收支预算管理。

（四）调整优化支出结构，确保工资发放等重点支出需要。

（五）规范国有资产管理，建立健全国有资产管理监管机制。

（六）加大干部交流力度，改革用人机制。（第二条至第六条，略）

二、以行风评议为契机，全面加强财政部门廉政建设和作风建设

2001 年，根据省纪委十一次全会和省纠风办的部署，全省财政系统广泛开展了行风评议活动。对各方面反映的问题，从思想上和作风上找原因、挖根源，逐项制定整改措施，逐条进行落实纠正。

（一）积极推行文明办公制度，切实提高办事效率。

（二）针对少数干部政治素质不高、廉洁从政要求不严等问题，加强全系统干部的思想教育工作。

（三）根据中央“作风转变年、调查研究年”的要求，大力推行“基层工作法”，

努力形成求真务实、注重实效的工作作风。(第一条至第三条,略)

此外,我本人在思想作风方面:坚持实事求是,说真话、办实事,绝不说假话。为人坦诚,办事力求公道。班子内部,能以身作则,平等待人,多商量,多通气,不搞一言堂。凡符合党的路线、方针,符合改革的方向,自己又看准了的事,就全力推进,不怕流言蜚语,不计个人得失。在廉政建设方面:执行省委、省政府和省纪委各项规定,并切实负起了党风廉政建设第一责任人的责任。两年多来,厅机关未发现严重违法违纪的现象。

三、自觉接受省人大及其常委会的监督,认真办理人大代表建议,全面提高省级财政管理水平(略)

第二部分　存在问题和努力方向

任职两年来,虽然做了一些工作,取得了一些成绩,但也存在一些不足之处。主要有:

一是执行财经法规的力度还不够强。在两年多的工作中,尽管自己尽力想做到依法行政、依法理财,但由于多方面的原因,在年度预算执行中,对单位的经费申请有追加的现象;财政资金下拨后,追踪问效不够;省级少数单位存在违反财经纪律的现象,督查处理也不够。

二是个人理论学习不够。学习理论的自觉性、持久性、系统性不足。抓理论学习教育的各项措施落实不到位,执行制度不严。在学习中有偏重学习经济理论、管理知识和财政知识,偏轻学习政治理论、党建理论和知识的倾向。

三是有些工作抓得不紧。财政支出结构调整仍存在薄弱环节,保工资、"两个确保"和"低保"的保障基础还不牢固;管理工作滞后,清理财政供给范围的力度仍需加强;巩固、完善、提高农村税费改革成果的任务比较艰巨;队伍建设抓得不够严,制约监督机制不健全;对机关一般干部的谈心和思想政治工作不到位,至今仍有一些干部不熟悉。

四是廉政建设与中央、省委要求有差距。对党风廉政建设和反腐败斗争的重要性、紧迫性、长期性理解和认识仍显不足。干部接受吃、请等现象虽受到制约,但尚未绝迹。存在重业务、轻监管现象。

五是当矛盾多、压力大时会出现急躁情绪,有时不注意工作方式、方法。与兄弟单位,尤其是主要经济部门主动沟通不多。

针对上述这些问题,我将借助这次向省人大常委会述职的机会,进一步认真反思自己的工作和思想,实事求是地总结经验教训,增强做好本职工作的责任感和使命感,并切实做好以下几方面的工作:

1. 带头抓好政治理论和业务知识学习。

2. 进一步增强依法行政、依法理财观念，深化农村税费改革和部门预算、国库集中支付、政府采购、预算外资金管理等各项改革。（第一条、第二条，略）

以上述职如有疏漏和不当之处，恳请主任、副主任、秘书长和各位委员批评指正。

姓名

日期

【简析】

这是某省财政厅长在人大会议上的述职报告。称谓为“主任、副主任、秘书长、各位委员”，是因为财政厅长作为述职人应向该省的权力机关即人民代表大会负责，向其述职；而“委员”指的是“政治协商会议委员”，是列席人大会议的。正文，第一部分是“两年来的履行职责情况”，从三个方面进行论述；第二部分是“存在问题和努力方向”，虽然篇幅不多，但也切中实际问题，并非泛泛而谈。要注意的是，述职报告不是单位的工作总结，是“我”在报告，而不是“我们”在报告。

任务实施

1. 假如你是学校学生会主席，某学院第四届学生代表大会即将召开，请你拟写一份述职报告。

2. 某大学召开 2009 年度述职会议，请你代为公共管理系主任拟写一份述职报告。

任务五　规章制度类文书的写作

知识目标

◆ 章程、条例、办法、细则、守则、法规等规章制度的概念、特点

◆ 各种规章制度文书的文面格式与写作要求

能力目标

◆ 提高对规章制度类文书写作的相应工作情景分析、评价的能力

◆ 通过对各类规章制度的学习，掌握其格式要求与注意事项，能够熟练进行各类规章制度的写作

任务引入

为进一步促进规章制度建设，厚生公司召开规章制度体系建设领导小组第七次会议，总结两年来规章制度建设的成绩，审议集团公司章程、规章制度体系建设框架修改意见和规章制度体系建设验收方案等。公司总经理刘兴国、总经理助理赵晨晓、法律顾问李晓波，以及总部各部门主要领导参加了会议。

李晓波法律顾问系统总结了近两年集团公司规章制度体系建设工作的情况。两年来，集团公司总部、各分公司及直属单位按照统一部署，在对原有规章制度清理的基础上，制订了本单位的实施方案和计划，认真开展了制度制定工作，其中共完成 2 万余件规章制度的清理，制订(修订)规章制度近2 500件，规章制度体系框架进一步完善，规章制度数据库建设取得重大进展。

刘兴国总经理在讲话中说，规章制度建设是公司长远建设的一项根本性机制，是公司发展的长远大计，必须进一步认识其重要性。同时，规章制度建设是一个大的系统工程，近两年要在这方面工作取得重大进展的基础上，做好后续各项工作，进一步完善公司制度建设。

刘兴国对集团公司即将开展的规章制度体系建设验收工作提出了具体要求：各单位必须按节点完成规定的规章制度的建设；重要规章制度的使用情况要有一定的总结；各单位要对规章制度建设工作进行预验收。验收工作结束后，各单位要组织好相关规章制度的宣传工作，使这些规章制度真正起到实效。

会议经研究决定，为更加深入扎实地开展规章制度体系建设，根据规章制度体系建设工作需要，验收工作推迟到明年春节后进行。按照公司工作要求，要继续做好规章制度体系建设的后续工作，圆满完成规章制度体系建设的任务。

任务分析

本任务是规章制度类文书的写作。规章制度类文书主要包括章程、条例、规定、办法、规则、细则、守则、公约等，理解规章制度类各种文书的概念、特点、分类等，掌握规章制度类文书写作的格式要求和注意事项。

应注意规章制度与法律法规在制发机构、使用权限与效力等方面的区别。

相关知识

规章制度在现实经济、政治生活中占据着极其特殊重要的地位，它不仅是社会组织和公民个人的行为依据和准则，而且是构成法制体系的必不可少的要素。建设法治社会,推进国家和社会组织的制度化建设,加强规范化管理,增强全社会的法治意识,都离不开规章制度。

一、规章制度的含义和特点

(一)规章制度的含义

规章制度,是党政机关、社会团体、企事业单位等为了维护党和人民的利益,在其职权范围内,以一定的强制力推行的、用于规范和约束人们行为的各种规章制度的统称。

中国共产党的十七大提出"全面落实依法治国基本方略,加快建设社会主义法治国家"的重要政策。于此,完善规章制度建设,对于构建社会主义和谐社会,大力加强社会主义民主和法制建设,建立和完善社会主义市场经济体制,具有极其重要的作用。

(二)规章制度的特点

1. 执行的强制性

各类规章制度在规定的时间、空间范围内,对其所适用的所有单位和人员,都具有法定的强制力和执行效用。一旦正式公布,有关单位和人员都必须遵照执行,否则就会受到行政处罚、纪律处分或法律的制裁。

2. 内容的周密性

规章制度在内容上要求面面俱到,具有周密性。它以严肃与严密为出发点,对所涉及对象的各个方面,都要做出相应的规定:应该怎样,不应该怎样,做好了怎么奖励,违反了怎么处理,奖惩由谁办理,什么时间办理等,都逐条逐项说清楚,不能有丝毫疏忽遗漏。为了保证每条规定都有明确的含义,语言必须准确、明晰、无懈可击,不能有不清楚、不周全、不严密的地方。

3. 表达的条款性

规章制度在表达上采用条理分明的章断条连式结构或条文并列式结构。

4. 运行的依附性

规章制度可以直接颁发,也可以依附"令"、"公告"或"通知"予以发布,具有运行的依附性。"令"、"公告"和"通知"是其所依附而赖以运行的载体。

(三)规章制度的分类

按性质、内容的不同,规章制度可分为行政规章、组织规章、业务规章和一般规章等。

1. 行政规章。按作者及其权限,可分成两类:一是国务院部门规章,是由国务院所属各部、各委员会制定、发布的规章;二是地方政府规章,是由省(自治区、直辖市)、省和自治区政府所在市和经国务院批准的较大的市的人民政府制定的规章。行政规章常用规定、办法、细则等文种。

2. 组织规章。是指对一个组织或团体的性质、宗旨、任务、组织原则、成员及其权利义务、机构及职权、活动及纪律等做出系统规定的规章。组织规章的常用文种是章程。

3. 业务规章。是指对专项业务的性质、内容、范围及其运作规范等做出系统规定的规章。业务规章的常用文种为章程、办法等。

4. 一般规章。一般规章是各级各类机关、团体、企事业单位,为实施管理、规范工作和活动,在其职权内制发的规章。这类规章便是通常所说的规章制度。一般规章的常用文种有规定、办法、准则、细则、制度、规程、守则、规则等。

(四)规章制度的结构形式与写法

1. 标题

第一,由法定作者(适应地区)、事由、文种三部分构成,如《北京市人民政府工作规则》,"北京市人民政府"是法定作者,"规则"是文种。第二,由单位名称、文种两部分构成,如《中国作家协会章程》。第三,由事由、文种两部分构成,如《长江三峡工程建设移民条例》,"长江三峡工程建设移民"是事由,"条例"是文种。

2. 题注

在标题正下方,用小括号括起,注明通过该文件的会议名称和批准生效的或发布的日期。

中国水利学会章程

(第七次全国会员代表大会通过 一九九九年四月一日)

3. 正文

(1)章断条连式。正文由"章、条、款"组合而成,适用于内容较复杂、篇幅较长的规章制度。其基本内容包括三部分:第一章为总则,阐明制发规章制度的法律依据或事实根据、行文目的、适用范围或基本要求等,相当于总纲;第二章及其后为分则,是规章制度的具体内容;最后一章为附则,将不适宜放入分则的内容归入附则部分,以增强其严肃性与约束力,如实施要求、生效日期、解释与修改权限、与原有文件的关系及其他未尽事宜的处理办法等。

(2)一条到底式。全文从头到尾,不分章节,以分条分款为基本格式,贯穿全文。前几条相当于总则,中间几条相当于分则,最后几条相当于附则。

(五)法规与规章制度的区别

1. 效力大小不同

法规从属于宪法和法律，具有强制执行的法律效力，违反法规就是违法行为，法院可以将之直接作为法律适用的依据。而规章则具有行政约束力，违反规章是违规行为，要受到相应的行政处罚或批评教育。

2. 制作主体不同

法规的作者有严格的限定，不是任何机关都能制定法规的。按照《中华人民共和国宪法》、《中华人民共和国国务院组织法》、《中华人民共和国地方各级人民代表大会和地方各级人民政府组织法》及《行政法规制定程序暂行条例》的规定，行政法规由国务院制定；地方性法规由省、自治区、直辖市人民代表大会及其常务委员会、省会所在市和经国务院批准的较大的市（一般为计划单列市）的人民代表大会制定；民族自治地方的人民代表大会则可制定自治条例等单行地方性法规。

规章的制定主体的范围十分广泛，但也有规范性要求。国务院各部门、省（自治区、直辖市）、省会所在市及经国务院批准的较大的市的人民政府可制定行政规章；党的各级领导机关、民主党派、社会团体可制定组织规章；企业可制定业务规章；所有的机关、团体、单位都可制定相应的一般规章。

3. 制发程序不同

4. 使用文种有所不同

法规使用的文种有条例、规定、办法等，其中条例只能用作法规（党务文件例外）。规章使用文种较多，除规定、办法兼用作规章文种外，其他规章文种有章程、细则、制度、规则、规程、守则、准则等。

二、章程的写作

（一）章程的含义和特点

章程，是政党、社会团体、企事业单位等社会组织对本组织的性质、宗旨、任务、组织机构、组织成员、活动规则或企业的权利、义务、经济性质、业务范围和规模、活动制度以及就某项业务所制定的准则和规范。它是某一组织（或业务）的纲领性文件，是有条理、有程式的规章。

章程主要有两个特点：

1. 内容纲领性强

章程规定一个组织的组织规程和办事规则，具有纲领的性质。它属下所有组织和成员都得承认，共同遵守。组织章程是该组织的最高准则，该组织的一切活动，都必须遵循这个章程，体现这个章程的基本精神。

2. 通过合法程序制定

章程一定要通过合法的程序制定，才能要求属下所有组织和成员认可，才能要求所有的组织和成员遵守。通常是成立起草小组拟出草案征求意见，最后由该组织的最高级会议——代表大会通过，成为正式章程。

（二）章程的主要类别

1. 组织章程，适用于组织、社团制定组织规程。

2. 业务章程，适用于单位在行使业务职权时制定的规则。

（三）章程的格式要求

1. 标题

由组织、活动、事项、单位或团体的全称加“章程”两字构成。有的还在标题下面注明此章程通过的时间和会议名称。

2. 正文

（1）总则。总则是章程的纲领。一般来说，组织章程总则部分要阐明该组织的名称、性质、宗旨、任务、指导思想和组织本身的建设要求等内容。企业章程的总则部分一般要写明企业名称、宗旨、经济性质、隶属关系、业务范围等。业务章程总则部分一般要写明业务内容、范围、服务对象、办理机构等。

（2）分则。组织章程分则部分一般由下列几部分构成：

组织人员：参加条件，参加手续和程序，承担义务和享受的权利，对成员的纪律规定及开除条件与办法等。

组织机构：领导机构、常务机构和办事机构的设置、规模、产生方式和程序、任期、职责、相互关系等。

组织经费：来源和管理方式。

组织活动：内容和方式。

其他事宜：视不同组织、团体的需要而确定。

企业章程分则部分主要需写明资本、组织、人事管理、资产管理、利润分配等内容。

业务章程分则部分需逐条写明该项业务的办理及运作程序的规定等。

（3）附则。附则是主体部分的补充，主要说明解释权、修订权、实施要求、生效日期，本章程与其他法规、规章的关系及其他未尽事项等。对于组织章程还需说明办事机构地址或对下属组织的要求等内容。而企业、业务章程则一般写公布施行与修改补充等问题。有的章程不写附则。

（四）拟写章程的注意事项

1. 使用要规范。一是要注意不要将章程同其他文种如规定、办法、规则等混用，二是要注意章程使用要履行规范的程序。一般说来，章程主要用于制定组织准则。使用时必须先以草案形式发到会员手中征求意见，在此基础上再经本组织最高级会议审议通过。如果是合资企业的章程，则必须在充分协商、条款内容经过反复讨论、成熟后才使用；因为章程是合资企业的最高行为准则，未经充分协商或条件不成熟的，都不宜成文。

2. 结构要严谨。章程结构要合乎规范写法。格式规范、结构严谨的章程有助于维护其严肃性。全文由总到分，要有合理的顺序。分则部分，一般是先讲成员，后讲组织；先讲全国组织，次讲地方组织，后讲基层组织；先讲对内，后讲对外。要环环相扣，体现严密的逻辑性，使之成为有机的统一体。

3. 条款要简短单一。除一些大型团体组织章程内容比较丰富，条款可以相对长些外，一般条款要写得简短。只有每条内容表述一个完整独立的意思，才便于执行。

4. 要注意章程与简章的区别。简章，通常是对某项工作、某一事项的办理原则、要求、方式、方法做出规定的文书。内容只是有针对性地说明某一工作或事项的办事程序，在性质上更接近于“规定”和“办法”，如《××市市级机关招收公务人员简章》、《××大学招生简章》等，而章程在适用范围上和写法上均不同。

（五）例文评析

中国青年书法家协会章程

总则

第一条　中国青年书法家协会（简称中国青年书协）由香港特别行政区领导，各民族书法家组成的人民团体，是繁荣社会主义文艺、发展先进文化的重要力量，是中国青年文学艺术界联合会团体会员。

第二条　中国青年书协以马克思列宁主义、毛泽东思想、邓小平理念和“三个代表”重要思想为指导，贯彻执行党的基本路线，坚持文艺为人民服务、为社会主义服务的方向和百花齐放、百家争鸣的方针，弘扬主旋律，提倡多样化，团结、组织全国及海外各民族书法家、书法工作者，为发展和繁荣社会主义书法事业，发展面向现代化，面向世界、面向未来的，民族的，科学的，大众的社会主义文化，为建设社会主义精神文明和推进中华民族人的伟大复兴而努力奋斗。

第三条　中国青年书协遵守中华人民共和国宪法及香港特别行政区各项法律，按照自身特点积极主动开展工作。

任务

第四条　中国青年书协对会员有联络、协调、服务的职责，在会务活动中对会员进行业务指导。

第五条　坚持以科学的理论武装人，以正确的舆论引导人，以高尚的精神塑造人，以优秀的作品鼓舞人。努力提高书法队伍的思想道德素质、文化修养和业务水平。

第六条　鼓励和帮助会员深入群众，深入生活，在艺术创作中努力反映社会主义时代精神和人民群众创造历史的精神风貌。

第七条　着眼于世界文化发展的前沿，继承和发扬中华民族人优秀书法传统，学习、借鉴世界各国优秀文化成果。举办各种形式的书法展览和评奖活动。提倡体裁、题材、艺术形式及风格、流派的多样化。对优秀的创作成果、理论研究成果以及在组织、教育、编辑等工作中做出突出贡献的书法家和书法工作者，给予奖励和表彰。

第八条　努力加强书法理论建设，积极开展书法评论，为中国书法事业的健康发展提供正确导向。

第九条　开展人才培训工作，不断提高书法创作和理论研究的思想水平和学术水平；发现和培养书法创作、理论、编辑、教育、组织等方面的新生力量，发展和壮大会员队伍。

第十条　遵循艺术规律，发挥专家优势，提高学术水平，成立中国青年书协艺术委员会，下设书法各门类艺术委员会。

第十一条　努力办好《翰艺苑》和其他合作主办的学术报刊。遵循党及香港特别行政区的文艺方针，及时反映全国及海外书法创作、理论研究，推出新人和交流信息，不断提高报刊水平。

第十二条　尊重各民族书法传统和特色，大力培养民族书法家，促进各民族书法的发展，加强各民族之间的书法交流，巩固和扩大全国及海外各民族书法家的大团结。

第十三条　增进同中国大陆、澳门特别行政区、台湾地区及海外侨胞书法家的联系、交流与团结，为弘扬中华民族文化、促进祖国统一贡献力量。

第十四条　推进中外书法交流，积极参加和开展国际书法活动，扩大友好往来，增进同世界各国书法家的友谊，维护世界和平，努力为世界书法发展做出贡献。

第十五条　加强与政府有关部门及社会各界的密切合作，发展我国书法事业；根据国家及香港特别行政区政策，发展书法文化产业。

第十六条　依法维护会员的合法权益。

会员

第十七条　中国青年书协实行团体会员和个人会员制。各全国及海外性产业文联所属书协，凡赞成中国青年书协章程，提出申请并经中国书协主席团审议批准，可成为团体会员。

第十八条　有中国公民及香港特别行政区公民身份，赞成中国青年书协章程，经本人申请并由各团体会员推荐，解放军和武警部队中的申请人经部队专门机构推荐，报中国青年书协审批、履行手续后，可成为中国青年书法家协会会员。

具备以下基本条件之一者，可申请入会：

1. 从事书法创作，作品入选中国青年书协主办——事先已确认为入会条件之一的全国及海外书法展览，累计满两次者；

2. 从事书法理论研究，具有较高学术水准并有著作出版者；

3. 从事书法编辑、书法教育、书法组织以及其他有关工作，成绩卓著者。

第十九条　会员有遵守中国青年书协章程、执行中国青年书协、参加中国青年书协活动、维护中国青年书协权益、缴纳会费的义务；有选举权，被选举权威；有对中国青年书协工作进行监督和提出意见、建议的权利。会员有即会自由。

第二十条　会员如严重违反中国青年书协章程或因违法犯罪、触及刑律，经中国青年书协领导机构讨论决定，可取消其会籍。

组织

第二十一条　中国青年书协的组织原则是民主集中制。

中国青年书协的最高权力机构为全国及海外代表大会。其职权是：

1. 决定中国青年书协的工作方针和任务；

2. 审议工作报告；

3. 制定和修改《中国青年书法家协会章程》；

4. 选举产生领导机构；

5. 决定其他生大事项。

在全国及海外代表大会闭会期间，由理事会负责执行代表大会的决议。理事会闭会期间，由主席团行使其权力。

第二十二条　全国及海外代表大的代表由各团体会员推行和中国青年书协特邀产生；各团体会员一名主持日常会务工作的负责人为全国及海外代表大

会的团体会员代表。

第二十三条　理事候选人由各团体会员按商定名额推行后提名，由全国及海外代表大会选举产生理事会。各团体会员一名主持日常会务工作的负责人为代表团体会员的理事候选人。代表团体会员的理事，工作变动后同原团体会员另行推举更替人选，报主席团确认。

第二十四条　理事会选举主席一人，副主席若干人组成主席团；由主席团任命秘书长一人、副秘书长若干人，负责处理日常会务工作。

第二十五条　中国青年书协设顾问及名誉主席若干名，由主席团聘请。顾问不担任中国青年书协理事。

第二十六条　全国及海外代表大会每三年召开一次，必要时可提前或延期召开。理事会会议根据工作需要不定期召开。主席团会议根据工作需要随时召开。

资产管理使用原则

第二十七条　中国青年书协经费来源包括：政府拨款、会员会费、社会赞助、其他合法收入。

第二十八条　中国青年书协按照国家有关规定每位会员收取每月十元会费，每五年交纳一次。特殊情况经理事会批准可减免。

第二十九条　中国青年书协经费必须用于本章程规定的业务范围和事业的发展。不得在会员中分配。

第三十条　中国青年书协建立严格的财务制度，保证会计资料合法、准确、真实、完整。

附则

第三十一条　中国青年书协的英文名称是“CHINA YOUNG ARTISTS ASSOCIATION”，总部会址设在香港。

第三十二条　本章程由全国及海外代表大会讨论通过，其修改权属全国及海外代表大会。章程条文的解释权属中国青年书协。

【简析】

《中国青年书法家协会章程》属于组织章程，结构上是章断条连式的。总则讲述中国青年书法家协会的性质、指导思想与开展工作的依据。分则由四部分组成，分别从“任务”、“会员”、“组织”与“资产使用原则”来论述，结构严谨，有条不紊，层次分明。附则讲述组织的名称、总部、通过日期、修改权与解释权。通篇内容严谨，表达简明，符合规章制度类文书的写作要求。

三、条例的写作

（一）条例的概念

条例是国家权力机关或行政机关依照法律、法规和政策而制定的，用于规定经济、政治及文化等领域某些具体事项或机关团体等职权问题的规章制度。

条例是由国家机关制定或批准的，用于规定国家经济、政治和文化某些重要的事项；也用于规定机关团体或工作人员的职权、职责及奖惩。条例具有法规性，由权力机关和行政机关制定颁发，所规定的事项一般比较重要，全面系统，长期具有法定效力。

（二）条例的特点

1. 制发机关的特指性

国家最高权力机关、行政机关或经过其授权的组织才有条例的制定权，地方党政机关一般不能使用条例。

2. 执行中的约束性

条例是依据法律条文制定，并且是最高权力机关和行政机关制定的，所以具有法律的约束力和权威性，一经制定和颁布必须遵照执行。

3. 时间上的长久性

条例所涉及的内容一般是长期性工作，属于一种立法。一经制定，要经过较长一段时间执行之后，除非出现明显的不适用或不合理才做出修订。

（三）条例的种类

1. 根据权限的不同分为直接颁发的条例和批准颁发的条例。直接颁发的条例是由有权制定条例的机关直接制定并颁发的条例；批准颁发的条例是经过被授权的组织制定条例，由授权机关批准后颁发的条例。

2. 根据内容的不同分为事务性条例和职权职责性条例。事务性条例是对有关方面的事务做出约束的条例，如《城市房屋拆迁管理条例》；职权职责性条例是对部门的权责做出规定的条例，如《中华人民共和国律师暂行条例》。

3. 根据时效性的不同分为长期性条例和暂行条例。长期性条例是在一个时期内具有相对稳定性，时效性较长，不加长期标记；暂行条例是临时性条例，要明确标明“暂行”字样，如《国家公务员暂行条例》。

（四）条例的格式要求

条例由首部和正文两部分构成。

（1）首部。包括标题和生效标识。标题一般有两种写法。一是由“主题”加文种构成，标题之下标明通过或发布时间及制定单位或批准机关；二是由“适用范围”、“主题”加文种构成。

如果条例有待完善，可标明暂行条例。生效标识在标题之下注明。无论哪种写法，生效标识可写在文尾部分。

(2)正文。正文的内容由总则、分则、附则三部分构成。总则说明制定及发布条例的目的、意义、范围及制定的依据等；分则说明条例的具体内容；附则说明对分则的某些补充内容，包括生效日期、解释和修改权限及其他内容等。

(五)撰写条例的注意事项

1. 首部要规范，主题要鲜明。首部由标题和生效标识构成，要按照规范要求来写。生效标识可写在文尾，这种写法首部只有标题。标题一定要高度概括，形成鲜明的主题。

2. 层次要清晰，要有严密的逻辑关系，主从关系不能混淆。内容复杂的要按层次写成章条式的，每章的划分要具有相对独立性，第一章为总则，最后一章为附则，中间各章为分则。分则要将条例的具体内容进行合理分类，将每类写成一章，每章要按照逻辑关系排列先后顺序。

3. 内容要具体、全面，不能空泛。条例是对某一政策、法律、法规或法令的补充说明和辅助规定，是一种立法手段。所以，每一条都应有实际的内容或要求，某一项条例的内容应该全面，不能写成不完整的条例。

4. 语言要简练，表达要准确。要做到言简意赅，表达清楚准确，通俗易懂。

(六)例文评析

国务院信访条例

第一章 总则

第一条 为了保持各级人民政府同人民群众的密切联系，保护信访人的合法权益，维护信访秩序，制定本条例。

第二条 本条例所称信访，是指公民、法人或者其他组织采用书信、电子邮件、传真、电话、走访等形式，向各级人民政府、县级以上人民政府工作部门反映情况，提出建议、意见或者投诉请求，依法由有关行政机关处理的活动。

采用前款规定的形式，反映情况，提出建议、意见或者投诉请求的公民、法人或者其他组织，称信访人。

第三条 各级人民政府、县级以上人民政府工作部门应当做好信访工作，认真处理来信、接待来访，倾听人民群众的意见、建议和要求，接受人民群众的监督，努力为人民群众服务。

各级人民政府、县级以上人民政府工作部门应当畅通信访渠道，为信访人采用本条例规定的形式反映情况，提出建议、意见或者投诉请求提供便利条件。

任何组织和个人不得打击报复信访人。

第四条　信访工作应当在各级人民政府领导下，坚持属地管理、分级负责，谁主管、谁负责，依法、及时、就地解决问题与疏导教育相结合的原则。

第五条　各级人民政府、县级以上人民政府工作部门应当科学、民主决策，依法履行职责，从源头上预防导致信访事项的矛盾和纠纷。

县级以上人民政府应当建立统一领导、部门协调，统筹兼顾、标本兼治，各负其责、齐抓共管的信访工作格局，通过联席会议、建立排查调处机制、建立信访督查工作制度等方式，及时化解矛盾和纠纷。

各级人民政府、县级以上人民政府各工作部门的负责人应当阅批重要来信、接待重要来访、听取信访工作汇报，研究解决信访工作中的突出问题。

第六条　县级以上人民政府应当设立信访工作机构；县级以上人民政府工作部门及乡、镇人民政府应当按照有利工作、方便信访人的原则，确定负责信访工作的机构（以下简称信访工作机构）或者人员，具体负责信访工作。（略）

第七条　各级人民政府应当建立健全信访工作责任制，对信访工作中的失职、渎职行为，严格依照有关法律、行政法规和本条例的规定，追究有关责任人员的责任，并在一定范围内予以通报。

各级人民政府应当将信访工作绩效纳入公务员考核体系。

第八条　信访人反映的情况，提出的建议、意见，对国民经济和社会发展或者对改进国家机关工作以及保护社会公共利益有贡献的，由有关行政机关或者单位给予奖励。

对在信访工作中做出优异成绩的单位或者个人，由有关行政机关给予奖励。

第二章　信访渠道

第九条　各级人民政府、县级以上人民政府工作部门应当向社会公布信访工作机构的通信地址、电子信箱、投诉电话、信访接待的时间和地点、查询信访事项处理进展及结果的方式等相关事项。

各级人民政府、县级以上人民政府工作部门应当在其信访接待场所或者网站公布与信访工作有关的法律、法规、规章，信访事项的处理程序，以及其他为信访人提供便利的相关事项。

第十条　设区的市级、县级人民政府及其工作部门，乡、镇人民政府应当建立行政机关负责人信访接待日制度，由行政机关负责人协调处理信访事项。信访人可以在公布的接待日和接待地点向有关行政机关负责人当面反映信访事项。

县级以上人民政府及其工作部门负责人或者其指定的人员，可以就信访人反映突出的问题到信访人居住地与信访人面谈沟通。

第十一条　国家信访工作机构充分利用现有政务信息网络资源，建立全国信访信息系统，为信访人在当地提出信访事项、查询信访事项办理情况提供便利。

县级以上地方人民政府应当充分利用现有政务信息网络资源，建立或者确定本行政区域的信访信息系统，并与上级人民政府、政府有关部门、下级人民政府的信访信息系统实现互联互通。

第十二条　县级以上各级人民政府的信访工作机构或者有关工作部门应当及时将信访人的投诉请求输入信访信息系统，信访人可以持行政机关出具的投诉请求受理凭证到当地人民政府的信访工作机构或者有关工作部门的接待场所查询其所提出的投诉请求的办理情况。具体实施办法和步骤由省、自治区、直辖市人民政府规定。

第十三条　设区的市、县两级人民政府可以根据信访工作的实际需要，建立政府主导、社会参与、有利于迅速解决纠纷的工作机制。

信访工作机构应当组织相关社会团体、法律援助机构、相关专业人员、社会志愿者等共同参与，运用咨询、教育、协商、调解、听证等方法，依法、及时、合理处理信访人的投诉请求。

第三章　信访事项的提出（第十四条至第二十条，略）

第四章　信访事项的受理（第二十一条至第二十七条，略）

第五章　信访事项的办理和督办（第二十八条第三十九条，略）

第六章　法律责任（第四十条至第四十八条，略）

第七章　附则

第四十九条　社会团体、企业事业单位的信访工作参照本条例执行。

第五十条　对外国人、无国籍人、外国组织信访事项的处理，参照本条例执行。

第五十一条　本条例自2005年5月1日起施行。1995年10月28日国务院发布的《信访条例》同时废止。

【简析】

本则条例由国务院颁布，用于处理信访事宜，是由权力机关颁布的长期的事务性条例。总则讲述制发本条例的依据、目的，本条例中“信访”的内涵，信访工作的基本原则等，概念清晰，规范对象明确；分则由五个部分组成，分别从“信访渠道”、“信访事项的提出”、“信访事项的受理”、“信访事项的办理和督办”、“法律责任”几方面进行论述，结构严谨，逻辑性强；分则部分主要讲述本条例的生效日期与附加事项，简洁明快。

四、办法的写作

（一）办法的含义和特点

办法，是社会组织为实施法规或管理工作的需要，做出具体安排或提出具体措施时制定的规章制度。《行政法规制定程序暂行条例》规定，办法是“对某一项行政工作做比较具体的规定”。

办法的特点有：

1. 管理性。办法侧重于对有关事项、问题的落实和执行制定标准、做法。

2. 具体性。办法写法上要求侧重于对某项工作的做法、措施、步骤、程序、标准等部分做出说明。

3 实践性、试行性。办法的涉及面比条例和规定窄，同时，不少办法属于实践探索阶段的产物，成熟程度比其他法规性文书要低。

（二）办法的分类

1. 实施办法。实施文件的办法通常称为“实施办法”，它以实施对象为成文的主要依据，具有附属性，是对原件的一种具体化，或提出实施办法，或提出实施意见。

实施办法主要包括实施法律的办法、实施条例的办法与实施规定的办法。如《上海市实施〈中华人民土地管理法〉办法》、《江苏省实施〈医疗机构管理条例〉办法》、《北京市失业保险规定实施办法》。

2. 管理办法。是各类机关单位在各自的管理权限范围内，在实际管理工作尚无条文可依的情况下制定的，如《下岗失业人员小额担保贷款管理办法》。

（三）办法的格式要求

1. 实施办法

(1)标题。一般由规范对象加“实施办法”构成,如“生猪、鲜蛋、菜牛、菜羊、家禽购销合同实施办法”。也有不显示“实施”二字的,如“婚姻登记办法”。

另一种标题写法是由施行区域(单位)、规范对象加“实施办法”构成,如《广东省科学技术进步奖励实施办法》。

还有一种标题写法是由原件标题加“实施办法”构成,如《中华人民共和国学位条例暂行实施办法》。

(2)正文。一般由因由、规范和说明三部分组成。

2. 管理办法

(1)标题。常有两种写法:一是规范范围、规范对象加“办法”构成,如《国家行政机关公文处理办法》;二是规范范围、对象、文种修饰语加“办法”构成,如《广东省音乐茶座管理暂行办法》。

(2)正文。管理办法的正文也由因由、规范和说明三部分组成。

(四)拟写办法的注意事项

1. 明确两类办法的不同写法。实施办法着重对原件实施提出具体意见,多是诠释、说明有关条款,或结合实施范围的实际情况补充一些条款。要求写得比较具体,不求全面系统。管理办法则一般比较全面,往往就管理的范围、原则、规范、责任和施行要求做出规定,要求写得比较系统周全,针对管理对象制定条款。

2. 条款具体明确。应对概念、范围、措施、方法、界限、要求等方面做出具体的规定与表述。

3. 结构严谨清晰。应较好地反映内容之间的联系,以方便阅读、引述或检索。

(五)例文评析

国家行政机关公文处理办法

(2000 年 8 月 24 日国务院国发[2000]23 号发布)

第一章 总则

第一条 为使国家行政机关(以下简称行政机关)的公文处理工作规范化、制度化、科学化,制定本办法。

第二条 行政机关的公文(包括电报,下同),是行政机关在行政管理过程中形成的具有法定效力和规范体式的文书,是依法行政和进行公务活动的重要工具。

第三条 公文处理指公文的办理、管理、整理(立卷)、归档等一系列相互关联、衔接有序的工作。

第四条 公文处理应当坚持实事求是、精简、高效的原则，做到及时、准确、安全。

第五条 公文处理必须严格执行国家保密法律、法规和其他有关规定，确保国家秘密的安全。

第六条 各级行政机关的负责人应当高度重视公文处理工作，模范遵守本办法并加强对本机关公文处理工作的领导和检查。

第七条 各级行政机关的办公厅(室)是公文处理的管理机构，主管本机关的公文处理工作并指导下级机关的公文处理工作。

第八条 各级行政机关的办公厅(室)应当设立文秘部门或者配备专职人员负责公文处理工作。

第二章 公文种类

第九条 行政机关的公文种类主要有以下内容。(略)

第三章 公文格式

第十条 公文一般由秘密等级和保密期限、紧急程度、发文机关标识、发文字号、签发人、标题、主送机关、正文、附件说明、成文日期、印章、附注、附件、主题词、抄送机关、印发机关和印发日期等部分组成。(略)

第十一条 公文中各组成部分的标识规则，参照《国家行政机关公文格式》国家标准执行。

第十二条 公文用纸一般采用国际标准A4型(210mm×297mm)，左侧装订。张贴的公文用纸大小，根据实际需要确定。

第四章 行文规则

第十三条 行文应当确有必要，注重效用。

第十四条 行文关系根据隶属关系和职权范围确定，一般不得越级请示和报告。

第十五条 政府各部门依据部门职权可以相互行文和向下一级政府的相关业务部门行文；除以函的形式商洽工作、询问和答复问题、审批事项外，一般不得向下一级政府正式行文。

部门内设机构除办公厅(室)外不得对外正式行文。

第十六条 同级政府、同级政府各部门、上级政府部门与下一级政府可以联合行文;政府与同级党委和军队机关可以联合行文;政府部门与相应的党组织和军队机关可以联合行文;政府部门与同级人民团体和具有行政职能的事业单位也可以联合行文。

第十七条　属于部门职权范围内的事务,应当由部门自行行文或联合行文。联合行文应当明确主办部门。须经政府审批的事项,经政府同意也可以由部门行文,文中应当注明经政府同意。

第十八条　属于主管部门职务范围内的具体问题,应当直接报送主管部门处理。

第十九条　部门之间对有关问题未经协商一致,不得各自向下行文。如擅自行文,上级机关应当责令纠正或撤销。

第二十条　向下级机关或者本系统的重要行文,应当同时抄送直接上级机关。

第二十一条　“请示”应当一文一事;一般只写一个主送机关,需要同时送其他机关的,应当用抄送形式,但不得抄送其下级机关。

“报告”不得夹带请示事项。

第二十二条　除上级机关负责人直接交办的事项外,不得以机关名义向上级机关负责人报送“请示”、“意见”和“报告”。

第二十三条　受双重领导的机关向上级机关行文,应当写明主送机关和抄送机关。上级机关向受双重领导的下级机关行文,必要时应当抄送其另一上级机关。

第五章　发文办理

第二十四条　发文办理指以本机关名义制发公文的过程,包括草拟、审核、签发、复核、缮印、用印、登记、分发等程序。

第二十五条　草拟公文应当做到以下方面。(略)

第二十六条　拟制公文,对涉及其他部门职权范围内的事项,主办部门应当主动与有关部门协商,取得一致意见后方可行文;如有分歧,主办部门的主要负责人应当出面协调,仍不能取得一致时,主办部门可以列明各方理据,提出建设性意见,并与有关部门会签后报请上级机关协调或裁定。

第二十七条　公文送负责人签发前,应当由办公厅(室)进行审核,审核的重点是:是否确需行文,行文方式是否妥当,是否符合行文规则和拟制公文的有关要求,公文格式是否符合本办法的规定等。

第二十八条　以本机关名义制发的上行文,由主要负责人或者主持工作的负责人签发;以本机关名义制发的下行文或平行文,由主要负责人或者由主要负责人授权的其他负责人签发。

第二十九条 公文正式印制前,文秘部门应当进行复核,重点是:审批、签发手续是否完备,附件材料是否齐全,格式是否统一、规范等。

经复核需要对文稿进行实质性修改的,应按程序复审。

第六章 收文办理

第三十条 收文办理指对收到公文的办理过程,包括签收、登记、审核、拟办、承办、催办等程序。

第三十一条 收到下级机关上报的需要办理的公文,文秘部门应当进行审核。审核的重点是:是否应由本机关办理;是否符合行文规则;内容是否符合国家法律、法规及其他有关规定;涉及其他部门或地区职权的事项是否已协商、会签;文种使用、公文格式是否规范。

第三十二条 经审核,对符合本办法规定的公文,文秘部门应当及时提出拟办意见送负责人批示或者交有关部门办理,需要两个以上部门办理的应当明确主办部门。紧急公文,应当明确办理时限。对不符合本办法规定的公文,经办公厅(室)负责人批准后,可以退回呈报单位并说明理由。

第三十三条 承办部门收到交办的公文后应当及时办理,不得延误、推诿。紧急公文应当按时限要求办理,确有困难的,应当及时予以说明。对不属于本单位职权范围或者不宜由本单位办理的,应当及时退回交办的文秘部门并说明理由。

第三十四条 收到上级机关下发或交办的公文,由文秘部门提出拟办意见,送负责人批示后办理。

第三十五条 公文办理中遇有涉及其他部门职权的事项,主办部门应当主动与有关部门协商;如有分歧,主办部门主要负责人要出面协调,如仍不能取得一致,可以报请上级机关协调或裁定。

第三十六条 审批公文时,对有具体请示事项的,主批人应当明确签署意见、姓名和审批日期,其他审批人圈阅视为同意;没有请示事项的,圈阅表示已阅知。

第三十七条 送负责人批示或者交有关部门办理的公文,文秘部门要负责催办,做到紧急公文跟踪催办,重要公文重点催办,一般公文定期催办。

第七章 公文归档

第三十八条 公文办理完毕后,应当根据《中华人民共和国档案法》和其他有关规定，及时整理（立卷）、归档。

个人不得保存应当归档的公文。

第三十九条　归档范围内的公文，应当根据其相互联系、特征和保存价值等整理（立卷），要保证归档公文齐全、完整，能正确反映本机关的主要工作情况，便于保管和利用。

第四十条　联合办理的公文，原件由主办机关整理（立卷）、归档，其他机关保存复制件或其他形式的公文副本。

第四十一条　本机关负责人兼任其他机关职务，在履行所兼职务职责过程中形成的公文，由其兼职机关整理（立卷）、归档。

第四十二条　归档范围内的公文应当确定保管期限，按照有关规定定期向档案部门移交。

第四十三条　拟制、修改和签批公文，书写及所用纸张和字迹材料必须符合存档要求。

第八章　公文管理

第四十四条　公文由文秘部门或专职人员统一收发、审核、用印、归档和销毁。

第四十五条　文秘部门应当建立健全本机关公文处理的有关制度。

第四十六条　上级机关的公文，除绝密级和注明不准翻印的以外，下一级机关经负责人或者办公厅（室）主任批准，可以翻印。翻印时，应当注明翻印的机关、日期、份数和印发范围。

第四十七条　公开发布行政机关公文，必须经发文机关批准。经批准公开发布的公文，同发文机关正式印发的公文具有同等效力。

第四十八条　公文复印件作为正式公文使用时，应当加盖复印机关证明章。

第四十九条　公文被撤销，视作自始不产生效力；公文被废止，视作自废止之日起不产生效力。

第五十条　不具备归档和存查价值的公文，经过鉴别并经办公厅（室）负责人批准，可以销毁。

第五十一条　销毁秘密公文应当到指定场所由两人以上监销，保证不丢失、不漏销。其中，销毁绝密公文（含密码电报）应当进行登记。

第五十二条　机关合并时，全部公文应当随之合并管理。机关撤销时，需要归档的公文整理（立卷）后按有关规定移交档案部门。

工作人员调离工作岗位时，应当将本人暂存、借用的公文按照有关规定移交、清退。

第五十三条　密码电报的使用和管理，按照有关规定执行。

第九章　附则

第五十四条　行政法规、规章方面的公文，依照有关规定处理。外事方面的公文，按照外交部的有关规定处理。

第五十五条　公文处理中涉及电子文件的有关规定另行制定。统一规定发布之前，各级行政机关可以制定本机关或者本地区、本系统的试行规定。

第五十六条　各级行政机关的办公厅(室)对上级机关和本机关下发公文的贯彻落实情况应当进行督促检查并建立督察制度。有关规定另行制定。

第五十七条　本办法自2001年1月1日起施行。1993年11月21日国务院办公厅发布，1994年1月1日起施行的《国家行政机关公文处理办法》同时废止。

【简析】

这是一则关于行政机关公文处理的管理办法。全篇的结构由标题和正文两部分组成，采取章断条连式的结构。标题是“三项式”：机关＋事由＋文种。正文共九章五十七条。第一章(前八条)是总则，说明制定本办法的目的、公文定义等有关问题。分则共七章四十五条，从“公文种类”、“公文格式”、“行文规则”、“发文办理”、“收文办理”、“公文归档”和“公文管理”七个方面说明国家行政机关公文处理的具体办法。第九章(末四条)是附则，对实施本办法的有关问题作了具体说明。

五、细则的写作

(一)细则的概念

细则，也称实施细则，是社会组织根据下发公文的规定或实施需要，为了贯彻执行某一法律、法规或其中的部分条文，结合实际情况，制定出具体的实施办法，或作出补充、辅助说明的法规性文件。细则是对某一法律、法规全部或部分内容的具体化。

(二)细则的特点

1. 依附性

细则的制定必须依附于某一具体法律、法规，是对原有文件的补充或细化规定，具有辅助实施的功能。没有某法律、法规，就没有某法律、法规的实施细则。

2. 诠释性

实施细则对原法律、法规的某一重要原则、重要事项或某一关键词语负有诠释的任务，以使其表意更加具体明确化。

3. 补充性

法律、法规所规定的事项，都是比较原则的，执行者对它的理解就会有一定的伸缩性；再者，同一法律、法规，同一条文在执行中遇到的实施对象的情况各不相同。对于某一规定具体适用的范围究竟怎样限定，就需要以细则对其做出明确具体的补充规定或辅助性说明。

（三）细则的格式要求

细则一般由首部和正文两部分组成。

1. 首部

包括标题、制发时间和制发依据等项目。

(1)标题。其一，由地区、法（条令、规定）名称和文种组成，如《中华人民共和国义务教育法实施细则》。其二，由法（条例、规定）名称和文种组成，如《文物保护法实施细则》。

(2)制发时间和依据。一般在标题之下，用括号注明细则的发布日期与机关名称，或者批准、修订日期与机关名称。

2. 正文

正文一般由总则、分则和附则三部分组成。总则说明制作本细则的目的、根据、适用范围、执行原则；分则根据法律、法规、规章的有关条款制订出具体的执行标准、实施措施、执行程序和奖惩措施；附则说明解释权和施行时间，有的细则还对一些未尽事宜做出说明。

（四）撰写细则的注意事项

1. 实施细则的法律效力和地位是否高于地方性法规

实施细则是为了使法律易于理解和操作，由法律授权的机关在不违背法律原则的前提下，对法律所做的具体、详细、可操作的解释性规定。实施细则具有法律效力，当事人应当遵照执行，但它的法律效力比法律低，并且不能与本法相冲突，不能做超越本法的扩大解释。制定好实施细则，对于完善立法、保证法律的正确实施，具有重要意义。

2. 细则与条例、规定、办法写作的比较

细则虽然在使用和写法上和其他法规性公文有些相似，但还是有其显著的写作特点。主要有三点不同：一是条文写法不同。条例、规定写得比较概括，一般是对规范内容做出原则性的规定，突出依据性、指导性；而细则较多的是对条文或工作规范做出详细解释，突出其操作性、说明性。二是行文依附、依据不同。条例、规定也有为实施法律法规而行文的，但使用情况不多，大多是独立行文的，没有依附性；而细则则较多地是为实施文件而行文的，有依附性，可称为"实施细则"。三是制发机关不同。条例、规定大多是一级机关制发，特别是条例，制定的机关级严格规定；而细则较多是业务部门或下级机关为实施上级法规而制定的。

细则与办法比较接近，其使用范围和制发机关大致相同。但细加比较，还是有所区别。主要表现在：办法既用于实施文件，也用于制定管理办法，且后一种办法还为数不少；而细则主要为实施法规性文件，用于制定一般工作细则的较少。细则内容上更详细一些，且有些实施细则是对实施办法的细则化和地方化，对原文件做出更加具体的解释和规定。细则在条文表述上侧重于对界限范围的划分和对概念、措施的解释；办法则侧重于对措施、步骤、程序、要求等方面做出规定。

（五）例文评析

中国互联网络信息中心域名注册实施细则

第一章　总则

第一条　为了规范域名的注册和管理，根据《中国互联网络域名管理办法》（以下简称《管理办法》），制定本实施细则。

第二条　申请注册由中国互联网络信息中心负责管理的CN域名和中文域名，或者开展相关活动，应当遵守本实施细则。

第三条　本实施细则涉及的域名体系遵守信息产业部关于中国互联网络域名体系的公告。

第二章　域名注册的申请与审核

第四条　域名注册申请者（以下简称申请者）应当是依法登记并且能够独立承担民事责任的组织。

第五条　申请者申请注册域名时，可以通过联机注册、电子邮件等方式向域名注册服务机构递交域名注册申请表，提出域名注册申请，并且与域名注册服务机构签订域名注册协议。

第六条　域名注册申请表内容应当包括：

（一）申请的域名；

（二）域名主域名服务器和辅域名服务器的主机名以及IP地址；

（三）域名持有者的单位名称、单位负责人、所在单位行业、通信地址、邮政编码、电子邮件、电话号码、传真号码以及认证信息；

（四）域名技术联系人、管理联系人、缴费联系人、承办人的姓名、所在单位名称、通信地址、邮政编码、电子邮址、电话号码以及传真号码。

第七条 申请者应当在域名注册协议中保证：

（一）遵守有关互联网络的法律和规定；

（二）遵守《中国互联网络域名管理办法》以及主管部门的其他相关规定；

（三）遵守中国互联网络信息中心制定的域名注册实施细则、域名争议解决办法等相关规定，以及修订后的版本；

（四）提交的域名注册信息真实、准确、完整。

第八条 域名注册管理机构收到第一次有效注册申请的日期为申请日。域名注册服务机构应当将申请日告知域名申请者。

第九条 域名注册服务机构负责受理域名注册申请，并且根据《管理办法》对域名进行审核。

第十条 对于违反《管理办法》规定的域名，域名注册服务机构应当予以删除。域名申请者或者持有者对于域名注册服务机构删除行为不服的，可以提请域名主管机关复审。

第十一条 在二级域名GOV下申请注册三级域名时，申请者应当提交下列书面资料：

（一）盖有申请单位公章的域名注册申请表；

（二）证明申请单位为政府机构的相关资料。

第十二条 在二级域名EDU下申请注册三级域名的规则，由中国教育和科研计算机网网络中心另行规定。

第三章 注册域名的变更与注销

第十三条 与注册域名有关的注册信息发生变更的，域名持有者应当及时向域名注册服务机构申请变更注册信息。申请变更注册信息时，申请者应当按照申请注册域名时所选择的变更确认方式提交域名变更申请资料。经域名注册服务机构核准后，予以变更运行。

第十四条 申请转让已注册的域名，出让人应当向域名注册服务机构提交盖有申请单位公章或者经公证的域名转让申请表。经域名注册服务机构核准后，该域名由域名注册服务机构予以变更运行。

第十五条 申请注销已注册的域名，申请者应当向域名注册服务机构提交盖有申请单位公章或者经公证的域名注销申请表。经域名注册服务机构核准后，该域名由域名注册服务机构予以注销。

第十六条 域名持有者可以选择和变更域名注册服务机构。变更域名注册服务机构，域名持有者和相关域名注册服务机构应当遵守《中国互联网络信息中心域名注册服务机构变更办法》。

第四章 域名运行管理费

第十七条 根据《管理办法》的规定，域名注册服务机构对注册域名收取年度运行管理费。有关收费办法另行制定。

第十八条 每年域名续费截止日同申请日。对于续费截止日未完成续费的域名，将暂停服务。暂停服务 15 日仍未完成续费的域名，将予以注销。

第五章 附则

第十九条 在中国互联网络信息中心设立的 WWW 服务器（网址是：http://www.cnnic.net.cn）用于发布域名注册信息以及其他有关事项。

第二十条 申请者在域名注册申请表中所填写的各项信息，除申请者特别声明不得公开之外，由域名注册管理机构或者域名注册服务机构录入公众查询的数据库中以及其他出版物中，作为域名注册管理机构或者域名注册服务机构向互联网络用户提供目录服务的一项内容。

第二十一条 根据互联网络和域名系统的发展，以及相关法律、法规、政策的变化等情况，中国互联网络信息中心可以修改本实施细则。

第二十二条 本实施细则由中国互联网络信息中心负责解释。

第二十三条 本实施细则自 2002 年 12 月 1 日起施行。

【简析】

这是一则章断条连式的实施细则，主要是为了实施《中国互联网络域名管理办法》。第一章为总则，讲述执法本细则的目的与基本要求；第二至第四章为分则，讲述中国互联网络信息中心域名注册实施的具体措施和要求；第五章为附则，讲述服务器名称、未尽事宜、解释权限与生效日期等。

六、守则的写作

（一）守则的概念和特点

守则是国家机关、社会团体、企事业单位为了维护公共利益，向所属成员发布的一种要求自觉遵守的约束性公文。

守则是根据党和国家的各项方针政策、法律、法规的精神，结合本单位、本部门、本系统的实际情况而制定的用于规范、约束人们的道德行为的规章制度。守则具有约束性和规范性的特点，但不具备直接的法律制约作用。

（二）守则的格式要求

守则一般由首部和正文两部分组成。

1. 首部

一般由适用对象和文种构成。如《国家机关工作人员守则》、《中学生守则》。

2. 正文

守则的正文一般由总则、分则、附则组成。

总则是关于制定守则的指导思想、目的、意义等项内容；分则是规范项目，要求条目清晰，逻辑严密，表述准确、精炼；附则是关于执行要求的说明。有的守则内容比较单一，全文由分则内容组成，没有总则和附则部分。

（三）例文评析

大学生行为守则

一、志存高远，信念坚定。努力学习马克思列宁主义、毛泽东思想、邓小平理论和“三个代表”重要思想，面向世界，了解国情，确立在中国教育旗帜下走社会主义道路、实现中华民族伟大复兴的共同理想和坚定信念，努力成为有理想、有道德、有文化、有纪律的社会主义新人。

二、热爱祖国，服务人民。弘扬民族精神，维护国家利益和民族团结。不参与违反四项基本原则、影响国家统一和社会稳定的活动。培养同人民群众的深厚感情，正确处理国家、集体和个人三者利益关系，增强社会责任感，甘愿为祖国为人民奉献。

三、勤奋学习，自强不息。追求真理，崇尚科学；刻苦钻研，严谨求实；积极实践，勇于创新。

四、遵纪守法，弘扬正气。遵守宪法、法律法规，遵守校纪校规；正确行使权利，依法履行义务；敬廉崇洁，公道正派；敢于并善于同各种违法违纪行为作斗争。

五、诚实守信，严于律己。履约践诺，知行统一；遵从学术规范，恪守学术道德，不作弊，不剽窃；自尊自爱，自省自律；文明使用互联网；自觉抵制黄、赌、毒等不良诱惑。

六、明礼修身，团结友爱。弘扬传统美德，遵守社会公德，男女交往文明；关心集体,爱护公物,热心公益;尊敬师长,友爱同学,团结合作;仪表整洁,待人礼貌;豁达宽容,积极向上。

七、勤俭节约,艰苦奋斗。热爱劳动,珍惜他人和社会劳动成果;生活俭朴,杜绝浪费;不追求超越自身和家庭实际的物质享受。

八、强健体魄,热爱生活。积极参加文体活动,提高身体素质,保持心理健康;磨砺意志,不怕挫折,提高适应能力;增强安全意识,防止意外事故;关爱自然,爱护环境,珍惜资源。

【简析】

这是一则大学生行为守则。守则的写作,与章程、条例、办法、细则等规章制度的写作相比,有些差异。守则在结构上,一般都是一条到底式,不需要长篇累牍的叙述与说明;在语言上,更加通俗化、口语化,注重阅读与记诵的“琅琅上口”;在形式上,更加工整,有一种建筑的美。

七、公约的写作

(一)公约的含义

公约是指一定范围或行业的社会成员,在自觉自愿的基础上,经过充分酝酿民主讨论制定的、共同遵守的行为准则和道德规范。公约多用于公共事业方面的道德和行为规范。

古时,我国乡村地区常有乡民集体制作的有“乡规民约”,常采用大致的句式,押韵,好听好记。

(二)公约的特点

1. 公众约定性

公约虽有约束性,但它不是有关管理部门制定的强制性的法规,而是订约单位或订约人自愿协商缔结公共约法。它产生于社会团体或民众之间,有一定的民间特色,不是正式的法律和法规,对参与者只有道德约束力,没有法律效力。

2. 长期适用性

公约具有长期适用性,不会在短时间内就因为时过境迁而成为废文。制定公约时应该充分考虑到这一点,要选择大家共同关心的、有长期意义的原则性事项写入公约。

3. 集体监督性

公约一经公众认定,就是订约人的行为和道德规范。每个人都有履行公约的义务,不得违反。同时,它也是人们互相监督的依据,每个人也都有以公约为准则监督别人的义务。一旦发现有违背公约的行为，其他订约人都有权进行批评和谴责。

4. 基本原则性

公约的内容在多数情况下都是一些基本道德准则和精神文明建设的原则要求，一般不涉及具体的行动方法和实施措施，不像细则那样详尽具体，因而公约大多短小精悍。

5. 一致认同性

公约是在一个公共协商的基础上拟订的，应得到每个缔约者的认同。就一般情况而言，有弃权票，不影响公约的通过，但有否决票则公约不能被通过，即每个制定者拥有"一票否决权"。在特殊情况下，在有否决票的情况下可以强制通过，但投否决票者可以选择不加入该公约。如《联合国海洋法公约》，美国就没有加入该公约，美国科考船进入中国南海而不受该公约的约束。

（三）公约的格式要求：

1. 标题

公约的标题有三种写法：

一是适用人加文种，如《教师公约》；二是适用范围加文种，如《花园小区公约》；三是涉及事项加文种，如《护林公约》。

2. 正文

公约的正文由引言、主体和结尾组成。

（1）引言。主要用来写明制定公约的目的、意义，常套用"为了……特制定本公约"的固定格式。

（2）主体。条文式写法，将具体内容逐项列出。要做到结构完整，层次清楚，言简意明，朴实通畅。

3. 署名与日期

对于有些公约而言，署名是很重要的一项，因为署名就意味着承诺，表明遵守公约的意向，表明愿意为违背公约承担责任。特别是行业公约，这一点显得更为突出。

（四）例文评析

首都市民文明公约

为加强首都社会主义精神文明建设，进一步提高首都市民素质，增强首都意识，在以江泽民同志为核心的党中央领导下，把首都建设成为现代化国际大都市，特制定本公约。

一、热爱祖国　热爱北京　民族和睦　维护安定

二、热爱劳动　爱岗敬业　诚实守信　勤俭节约

三、遵守法纪　维护秩序　见义勇为　弘扬正气

四、美化市容　讲究卫生　绿化首都　保护环境

五、关心集体　爱护公物　热心公益　保护文物

六、崇尚科学　重教尊师　自强不息　提高素质

七、敬老爱幼　拥军爱民　尊重妇女　助残济困

八、移风易俗　健康生活　计划生育　增强体魄

九、举止文明　礼待宾客　胸襟大度　助人为乐

本公约于1995年末，经公众参与讨论修订而成，凡在首都北京生活的每一个人应自觉遵守。

首都精神文明建设委员会

一九九六年三月

【简析】

这是一则公约。公约的语言也追求口语化和通俗化，便于记诵；在形式上，更加工整美观。

任务实施

1. 为加强员工管理，请为某饭店拟订一份《员工守则》。

2. 为了增强班级凝聚力、向心力，创造一个良好的班级环境，请在民主协商的基础上，为你班拟订一份《班级公约》。

3. 某学院人文社会科学系拟加强课堂教学管理，请代为拟订一份《某学院人文社会科学系关于加强课堂教学管理的办法》。

4. 指出下面章程存在的问题。

××大学校友会章程

本会是××大学校友的群众组织，本会宗旨是遵循党的方针政策，发挥校友作用，倡导民族精神，为学校争光，为四化建设服务。为此，特拟订以下细则：

第一条　活动内容

1. 加强与母校联系，为母校作贡献，为校友知识更新提供方便，创造条件。

2. 密切校友之间的联系，沟通信息，互相协作，提供方便，把各位校友所辖的企业或单位搞得锦上添花。

第二条　会员条件凡在××学校毕业，并且现在担任领导职务的人，均可加入本会。

第三条　会员义务遵守本会章程，执行本会决议，完成本会交给的工作；积

极参加本会活动，为建设好本会献计献策，出钱出力，充分利用手中权力为本会服务。

第四条　本会最高权力机构是领导小组，由处级以上职务的若干校友组成，职权是审查通过计划；审查工作报告；通过并修改章程。

第五条　会员权力行使表决权、选举权、被选举权；可优先取得××大学和本会编印的有关学术资料。

第六条　领导小组下设秘书部、信息部，吸收少量未兼领导职务的人做具体工作。

第七条　经费来源动员领导职务高的会员单位提供赞助，按领导职务大小缴纳会费。

第八条　本章程从领导小组通过之日起实施。

5. 学习《中国共产党章程》，并评析其写作特点。

6. 经学院团委批准，沧海文学社即将成立，请代为起草《沧海文学社章程》。

模块四　财经文书的写作

任务一 市场调查报告的写作

知识目标

◆ 市场调查报告的概念和分类

◆ 市场调查的内容和方法

◆ 市场调查报告的格式要求与注意事项

能力目标

◆ 提高对市场调查报告写作相应工作情景分析、评价的能力

◆ 通过对市场调查报告的学习，掌握市场调查报告的文面格式与写作的注意事项，能够熟练进行市场调查报告的写作

任务引入

淮海市滨江职教园区是一个新开发的大学城，配套设施相对不太齐全。厚生公司拟在滨江职教园区商业街筹建一座集餐饮与教学辅助的商业综合体，请代为公司市场调研部拟写一份市场调查报告。

基本情况如下：

园区累计完成工程总量 11 亿元，首期 2 平方公里启动区的“九通一平”和征地、拆迁、安置、社保等基本到位，道路绿化、亮化、美化同步跟上，景观雕塑工程即将完工，各项配套设施逐步完善，职教园区初具规模，职教氛围初步呈现。园区一期入驻院校 6 所，其中淮海商业职业技术学院等 4 所院校 3 万多师生已于 2007 年 9 月开学，淮海公益职业学校和淮海职教中心学校正在抓紧建设，9 月将正式开学。届时园区共有近 6 万师生入驻。

任务分析

市场调查报告是市场调查研究成果的集中体现，其撰写的好坏将直接影响到整个市场调查研究工作的质量。一份好的市场调查报告，能给企业的市场经营活动提供有效的导向作用，能为企业的决策提供客观依据。

本任务就是市场调查报告的写作。要理解市场调查报告的概念、特点、种

类，市场调查的方式和方法，掌握市场调查报告写作的格式要求与注意事项。

从严格意义上说，市场调查报告没有固定不变的格式。不同的市场调查报告写作，主要依据调查的目的、内容、结果以及主要用途来决定。

要注意市场调查报告与社会调查报告、市场预测报告的区别与联系。

相关知识

一、市场调查报告的概念

市场调查报告，是通过各种调查方法，全面系统地收集商品生产、供应、需求等市场情况资料，经过综合整理、分析研究，提出合乎客观事物发展规律的结论，用书面形式表现出调查结果并作出预测的财经文书。

市场调查报告在经济活动中具有十分重大的意义。它为市场预测提供科学依据；为经济部门制定经济政策和开拓新市场、开发新产品、改善经营管理、提高经济效益提供科学依据。

二、市场调查报告的分类

市场调查报告涉及的内容很多，范围很广，各企业的业务性质不同，经营范围与规模不同，经营过程中所需解决的问题不同，调查者对调查的目的、调查的内容各有侧重，归纳起来，调查报告的种类大致有下述几种：

1. 市场供求的调查报告

市场供求有其特定的含义，即在一定的地理区域、时间期限、经营环境、销售渠道内，由顾客群体所购买的商品的总数量。多了就供过于求，少了就供不应求。市场供求关系不是一成不变的，常常处于动态变化之中；某一因素变化，就会直接影响市场的供求。

(1)按照对市场商品性质需求总量的不同可分为：生活消费品需求总量的调查报告与生产消费需求总量的调查报告。

(2)按照货币支付能力对市场提供商品需求的对象的不同可分为：城乡居民购买力的调查报告、集团消费购买力的调查报告与工农业生产资料购买力的调查报告。

通过上述的调查研究分析消费者的消费动态，即买什么、为什么买、怎样买、何时何地买等，从而了解消费者购买过程中的心态及来自家庭、群众、阶层等方面的因素，使经营者能够作出比较合乎实际的经营决策。

2. 市场营销组合的调查报告

所谓营销组合，指的是对产品、定价、销售渠道、促销手段等进行调查。这种调查，既可以营销组合调查，也可以分解调查，又可分为产品调查报告、定价调查报告、销售渠道的调查报告、促销调查报告。

3. 市场资源的调查报告

按产品性质和供给渠道可分为：工业产品的调查报告、农副产品的调查报告、进口产品的调查报告。

三、市场调查的内容和方法

（一）市场调查的内容

市场调查的内容涉及市场营销活动的整个过程，主要包括如下几个方面：

1. 市场环境的调查

市场环境调查主要包括经济环境、政治环境、社会文化环境、科学环境和自然地理环境等。具体的调查内容可以是市场的购买力水平、经济结构、国家的方针、政策和法律法规、风俗习惯、科学发展动态、气候等各种影响市场营销的因素。

2. 市场需求的调查

市场需求调查主要包括消费者需求量调查、收入调查、结构调查、行为调查，包括消费者为什么购买、购买什么、购买数量、购买频率、购买时间、购买方式、购买习惯、购买偏好和购买后的评价等。

3. 市场供给调查

市场供给调查主要包括产品生产能力调查、产品实体调查等。具体为某一产品市场可以提供的产品数量、质量、功能、型号、品牌等，生产供应企业的情况等。

4. 市场营销因素调查

市场营销因素调查主要包括产品、价格、渠道和促销的调查。产品的调查主要有了解市场上新产品开发的情况、设计的情况、消费者使用的情况、消费者的评价、产品生命周期阶段、产品的组合情况等。产品的价格调查主要有了解消费者对价格的接受情况，对价格策略的反应等。渠道调查主要包括了解渠道的结构、中间商的情况、消费者对中间商的满意情况等。促销活动调查主要包括各种促销活动的效果，如广告实施的效果、人员推销的效果、营业推广的效果和对外宣传的市场反应等。

5. 市场竞争情况调查

市场竞争情况调查主要包括对竞争企业的调查和分析，了解同类企业的产品、价格等方面的情况，他们采取了什么竞争手段和策略，做到知己知彼，通过调查帮助企业确定企业的竞争策略。

（二）市场调查的方法

1. 基本调查法

（1）普遍调查。对调查对象进行全面调查，这种调查法工作量大，费时、费力、费钱，一般比较少用。

（2）抽样调查。从调查对象中随机抽取一部分对象进行调查。从部分调查对象调查结果推断全部对象的状况，作出合理的论断。这种调查法有数理统计上的科学依据，操作上经济、迅速、省时、省力，被普遍采用。主要有如下几种：

其一，简单随机抽样法。是一种最简单的一步抽样法，它是从总体中选择出抽样单位，从总体中抽取的每个可能样本均有同等被抽中的概率。抽样时，处于抽样总体中的抽样单位被编排成 1～n 编码，然后利用随机数码表或专用的计算机程序确定处于 1～n 间的随机数码，那些在总体中与随机数码吻合的单位便成为随机抽样的样本。这种抽样方法简单，误差分析较容易，但是需要样本容量较多，适用于个体之间差异较小的情况。

其二，系统抽样法。又称顺序抽样法，是从随机点开始在总体中按照一定的间隔抽取样本。此法的优点是抽样样本分布比较好，有好的理论，总体估计值容易计算。

其三，分层抽样法。它是根据某些特定的特征，将总体分为同质、不相互重叠的若干层，再从各层中独立抽取样本，是一种不等概率抽样。分层抽样利用辅助信息分层，各层内应该同质，各层间差异尽可能大。分层抽样能够提高样本的代表性、总体估计值的精度和抽样方案的效率，抽样的操作、管理比较方便。但是抽样框较复杂，费用较高，误差分析也较为复杂。此法适用于母体复杂、个体之间差异较大、数量较多的情况。

其四，整群抽样法。是先将总体单元分群，可以按照自然分群或按照需要分群，在交通调查中可以按照地理特征进行分群，随机选择群体作为抽样样本，调查样本群中的所有单元。整群抽样样本比较集中，可以降低调查费用。优点是组织简单，缺点是样本代表性差。

其五，多阶段抽样法。是采取两个或多个连续阶段抽取样本的一种不等概率抽样。对阶段抽样的单元是分级的，每个阶段的抽样单元在结构上也不同，多阶段抽样的样本分布集中，能够节省时间和经费。调查的组织复杂，总体估计值的计算复杂。

（3）典型调查法。选取在市场经济运转过程中，比较突出的、有代表性的一种或数种对象，对其进行调查。这种调查方法比较深入，具有普遍意义，有利于以点带面做好工作。

2. 具体操作调查法

(1)访问法。访问被调查对象的有单位或个人，从中获取一些情报资料。访问法有两种，即口头访问和书面访问。口头访问是个体访问，到被调查对象的所在地面对面交谈；也可以通过电话与被调查对象交谈。这种方法范围小，费时、费力，但比较实在。书面访问是群体访问的一种形式，先把所要询问的问题设计好问卷，让被调查者迅速给予回答。近地派人分发收取，远地通过邮政投递，也可以通过网络获取情报。

(2)观察法。对被调查对象不直接提出问题，而是通过录音、录像、照片等形式对其直接的观察，从而得出实质性的结论。其优点是被调查者不知不觉，所得情况比较真实，被调查者不仅了解事物的全过程，而且感受到市场的环境与氛围，但又容易被表面现象所迷惑。

(3)实验法。这是引进科学实验求证的方法，在生产上称为试产，在经营管理上称为试点。即确定试验对象，设计试验程序，采用试验方法。如对某项产品的设计、质量、价格、包装等是否符合市场的需求，进行反馈，来推断产品的市场地位，预测市场的销售量，从而决定批量生产。经营管理上，先制定一系列改革措施。通过具体实践收集情况，再补充修订，经多次反复，臻于成熟，再全面推广。

(4)问卷调查法。通过设计调查问卷，让被调查者填写调查表的方式获得所调查对象的信息。将调查的资料设计成问卷后，让接受调查对象将自己的意见或答案，填入问卷中。在一般进行的实地调查中，以问答卷采用最广。设计调查问卷，应注意如下几个方面的问题：问卷的基本结构；问卷设计的总框架；重点掌握问卷语句的类型；语句如何避免诱导性，重点掌握如何对敏感问题进行处理；封闭式问卷与开放式问卷两种回答方式的优缺点。

四、市场调查报告的格式要求

(一)标题

一是由调查单位或地区、时限、内容和文种四部分组成，如《湖北省 1998 年农村服装销售调查报告》。

二是由调查单位或地区、内容和正文三部分组成，如《淮海市汗衫背心销售情况调查报告》。

三是由正副标题组成，正标题务虚，副标题点出实质内容，如《电器商机看好——某县农村电器市场的调查》。

四是文章式标题，如《发展高速铁路势在必行》、《进口产品大兵压境，钢材产销体系受冲击》。

(二)正文

市场调查报告的正文由开头、主体、结尾三部分组成。

1. 开头

也称前言，一般说明市场调查的目的和意义，介绍市场调查工作基本概况，包括市场调查的时间、地点、内容和对象以及采用的调查方法、方式。这是比较常见的写法。也有调查报告在导言中，先写调查的结论是什么，或直接提出问题等，这种写法能增强读者阅读报告的兴趣。

2. 主体

是全文的主干部分，一般可分为三个层次。

第一层次，介绍市场调查所获得的情报资料，按问题的性质，归纳整理；或按对象的产生、发展的时间加以整理，使之条理化。

第二层次，分析研究上述提出问题的性质，事物发展的内在联系。

第三层次，对上述所分析的问题做出结论，提出建设性意见，或对有关市场的动向做出预测。

3. 结尾

主要是形成市场调查的基本结论，也就是对市场调查的结果做一个小结。有的调查报告还要提出对策措施，供有关决策者参考。

有的市场调查报告还有附录。附录的内容一般是有关调查的统计图表、有关材料出处、参考文献等。

五、拟写市场调查报告的注意事项

1. 认真做好调查研究。进行调查报告的写作，先要调查，“没有调查，就没有发言权”。只有深入细致地做好调查研究工作，才能写出较有分量的调查报告，否则“巧妇难为无米之炊”。那么，怎样做好调查研究工作呢？

一是调查前要明确调查的目的和任务，拟订调查提纲，包括拟好问卷等；二是调查中对得来的情报资料要反复核实，数据、事实要准确；三是调查后要及时归纳整理，不明确的或有出入的问题，应做进一步调查。

2. 要尊重事实。事实是立论的基础，事实包括数据、情况、例证。一切观点看法，都在事实基础上产生和形成，切忌唯心、唯上、唯书，一定要唯实。

3. 重点要突出。市场的运转是纷繁复杂的，但在纷繁复杂的矛盾中，要善于分清主要矛盾和次要矛盾，抓住主要矛盾，其他矛盾就迎刃而解了。写作时切忌一是面面俱到，重点不突出；二是罗列材料，复述调查情况。要做到突出重点，观点与材料相统一，就要对材料进行去粗取精、去伪存真、由表及里、由此及彼的分析，这样才能得出比较合乎实际的结论。

六、例文评析

大学生手机市场调查报告

调研项目：财院手机使用情况及市场预测

调查方法：问卷调查、文献调查

随着我国经济持续稳定的增长和移动通信服务的发展，移动通信市场增长迅速，手机日渐普及。中低年龄层手机普及率的增长要明显高于老年人；而且，手机潜在消费群有低龄化的趋势，青少年市场是巨大的。在校园里，手持手机边走边通话的大学生、高中生已是屡见不鲜，在沿海及东部发达地区某些初中生中也出现了许多"吃螃蟹"者，这股手机潮大有愈演愈烈之势。

作为全球市场容量最大、最有潜力的中国市场，国产品牌手机与外资品牌手机的争夺战也愈演愈烈。在此大背景下，无收入、无职业却拥有无穷消费潜力的特殊消费群体——学生手机族，已经成为手机消费市场中一支不容忽视的生力军。学生手机市场逐步成为一块新的大蛋糕，越来越多的厂商开始关注学生消费群体并觊觎这块大蛋糕。那么，手机厂商到底该采取什么样的策略才能在学生手机市场上叱咤风云呢？下面通过对本校学生做出的调查研究做点说明和分析，希望能对手机生产厂家有所启示。

一、市场状况分析

（一）市场容量和潜力

校园的学生群体当中，大学生、准大学生群体是目前学生消费群体的主力军。目前学生手机年消费量约在50万部左右，约占市场总消费量的8.2%。虽然还不能说是对市场起举足轻重的影响，但这一特殊的消费群体具有其他群体所不具备的优点和潜力，抓住这块市场，对于厂商来说大有裨益。首先是因为群体的规模较大和增长速度较快。随着近几年来各地高校的不断扩招，目前全国每年新增大学生超过了250万，高校在校生人数得到了快速的发展，今年在校生人数将接近900万，而这些年龄段在18～25岁的年轻人正是手机消费的主要群体。此外，大学生基本以集体生活为主，相互间影响大，信息交流很快，这就非常利于进行集中式的促销活动。与一般市场相比，同样的促销投入能得到更好的效果，尤其是对一些进入市场不久、知名度不高的手机品牌来说，往往能起到事半功倍的作用。

根据国家教育部《2002年教育事业统计主要结果及分析》显示，2002年全国学生数共有31 879万，其中全国普通、成人高等学校本科、高职（专科）在校生达1 462.52万人；整个高中阶段教育共有学生1 176.92万人；全国普通高中共有学生676.70万人。目前，学生的基数是很大的，我们应该好好发掘这个潜在的巨大市场。

另外，根据对武汉5所高校1 137名学生随机抽查的问卷调查显示，高校有301人拥有手机，即高校大学生的手机拥有率为26.5%；在“如果你没有手机，打不打算去买一部”的问题中，选择“有这个计划，过一段时间就去买”的有531人，占46.7%；而选择“这对我没有吸引力，我不会买”的被调查人仅有198人，占17.4%。另据有关网站报道，沿海城市有57%甚至更多的大学生拥有手机。（上海《中学生报》对该市5个区县的高中职校学生抽样调查后发现，被调查者中30%拥有手机。）

随着手机市场首次购机比重的逐渐萎缩，每年近250万的入校新生和近200万毕业生的大学生市场就显得尤为重要，他们将是以后首次购机人群稳定的主要组成部分。此外，大学生群居性、集中性购买的特点非常利于商家们进行季节性的重点促销，能得到更高的投入产出比；年轻人勇于尝试的个性化特点也给了一些手机中小品牌与大品牌竞争的机会。目前的大学生用户就是将来的中高端用户，抢占大学生市场，不但能提升现在的市场占有率，也是在抢占未来中高端用户的心理市场。

由以上分析，我们可以得出结论：学生手机市场是一个很广阔的具有巨大发展潜力的市场。

（二）目前学生手机市场份额分析

根据调查显示，在学生市场份额排名靠前的品牌中，学生市场份额偏高的品牌有诺基亚34%、摩托罗拉21%、三星11%等。目前，国产品牌在学生市场中认可度也在不断提高。

众多手机厂商与经销商都认为低价位款式造型又比较时尚的手机就是学生手机，但是这是否就成为学生的最佳选择，是否就能够真正满足学生的潜在需求了呢？下面我们对学生消费群的特点来做一分析，或许我们能够发现什么。

二、消费者分析

（一）学生消费群的普遍特点

针对目前的学生手机市场这块大蛋糕，我们怎样才能够从众多商家中夺得大部分份额呢？我们只有针对学生的特点进行分析，进一步细分市场找出学生的潜在需求和市场空白，针对不同学生群体开发产品或进行针对性的营销手段，才能够抢占市场。下面我们就来对学生群体的特点来进行分析：

学生消费群的普遍特点：(1)没有经济收入；(2)追逐时尚、崇尚个性化的独特风格和注重个性张扬；(3)具有求新、求奇的消费心理，对一切感兴趣的新奇事物产生强烈的消费欲望，对新产品新技术反应极其敏感，易于接受新事物；(4)渴求、需要更多的情感沟通与交流；(5)物品的使用大多“喜新厌旧”；(6)主要任务是应付繁重的学习，各方面的压力较大；(7)生理上正处于生长发育阶段；(8)学生基本以集体生活为主，相互间信息交流易受同学、朋友的影响；(9)品牌意识强烈，喜爱名牌产品；(10)对家庭购买的影响力越来越大；(11)信息主要来源于互联网。

(二)学生消费者购买手机的准则和特点

大、中学生购买手机主要考虑因素是时尚个性化款式、功能、价格、品牌等，这也成为学生购买手机的四个基本准则。在调查中表明，大学生选择手机时最看重的是手机的外观设计，如形状、大小、厚薄、材料、颜色等，占45%；但大学生也并非一味追求外表漂亮，“内涵”也很重要，所以手机功能也占有一席之位，占40%；其次看重的是价格，而较少看重的是品牌，看来现在的大学生还是比较看重实际的。

学生购买手机的特点主要有：

1. 选购要求为时尚、实用和低价
2. 更换手机频繁，容易形成再次消费
3. 倾向于寻求方便
4. 消费心理还存在一定的攀比和面子问题
5. 学生购买手机的主要目的多为发短信和联系亲朋好友及方便学习、求职
6. 主要购买群体为毕业生和追赶时尚的学生
7. 学生希望产品提供的利益

三、竞争者分析(略)

四、宏观环境分析

(一)经济；(二)政治；(三)文化；(四)自然；(五)技术；(六)人口。(具体内容省略)

五、机会优势分析

根据以上分析，我们认为手机厂商如果明白学生购买手机的主要用途和潜

在需求利益，结合学生特点再在手机功能上下一些工夫，这样设计生产出来的产品将会更容易赢得这一块市场。

所以我们提出以下学生手机概念：学生手机就是在功能上能够为学生的生活学习提供方便，在外观上为学生所喜爱，在价格上能够为大部分学生所接受。

其产品的基本特点有（可参考）：

1. 时尚：个性化的外观设计和功能搭配，时尚的款式和颜色。

2. 实用：电子词典（汉英互译），电子书（可下载），超强短信息，学生用计算器，笔记本记录本（可储存公式或其他笔记），智能时间表（计时、提醒）。智能中文输入、来电显示、电话簿检索、闹钟功能、内置震动和振铃、和弦音乐、智力游戏等。

3. 价廉：3 年的保证使用寿命（更新快），更加实用的功能组合，手机成本低；依托小灵通设计，话费便宜实在。

4. 环保：手机发射功率极低，辐射极少，对人体无伤害以保护学生的大脑，健康成就未来。

纵观整个手机市场，目前还没有真正定位于学生的具有时尚、实用、价廉、环保特色的手机产品，所以学生市场还存在这样的市场空白，厂商若能够抓住这个机遇定会获得巨大的发展。

六、小结

综上所述，学生市场是手机市场中的一块大蛋糕，学生对真正的学生手机有着巨大的需求空间。作为一个企业主体，市场需求是第一位的，客户就是上帝，在买方市场下尤其如此。一位经济学家说过，对于市场需求，如果不是想方设法地去满足，那它就是白痴的企业。对于企业来说，只要存在市场需求，就必须想方设法去满足。

“第一”胜过“更好”。创造一种新产品，在人们心目中先入为主，比起努力使人们相信你可以比产品首创者提供更好的产品要容易得多。人们对第一印象深刻，对第二、第三却没有兴趣。我们能记住世界上最高的山峰，但对第二高的山峰却印象淡薄。顾客永远是对的，我们无权责备他们，只有尽量去满足他们，我们才能够取得尽快和长远的发展。

所以，哪个厂商若能够率先设计生产并推出真正的学生手机，那么他们就一定能在学生手机市场乃至整个手机市场上获得独特的竞争优势。

七、附录

资料来源：

（一）《销售与市场》

(二)《人民日报》

(三)《财院女生手机使用情况调查问卷》

您好,我们是营销专业的学生,正在做我校女生手机使用情况的调查,耽误您几分钟时间,帮我们做一下问卷,提出您宝贵的想法及建议。谢谢。

1. 您所在的年级是:

A. 大一　B. 大二　C. 大三

2. 您目前拥有手机吗?

A. 有　B. 没有

3. 您的手机牌子是什么?

A. 诺基亚　B. 摩托罗拉　C. 三星　D. 索尼爱立信

E. CECT　F. 夏新　G. 其他(　)

4. 您购买手机的场所是?

A. 商场　B. 专卖店　C. 网上订购　D. 其他(　)

5. 您喜欢的手机牌子是什么?

A. 诺基亚　B. 摩托罗拉　C. 三星　D. 其他(　)

6. 购买手机,您认为合适的价位是多少?

A. 500～1 000 元　B. 1 000～1 500 元

C. 1 500～2 000 元　D. 2 000 元以上

7. 您认为同一款手机需要有几种颜色以备挑选?

A. 1 种　B. 2 种　C. 3 种　D. 3 种以上

8. 您购买手机的主要用途是什么?

A. 发短信　B. 打电话　C. 打游戏　D. 其他

9. 您购买手机首先考虑的问题是?

A. 外形　B. 功能　C. 价格　D. 品牌

E. 其他

10. 现在手机功能越来越强大,例如,摄像头、MP3 等,您的看法:(　)

A. 有没有无所谓　B. 不需要这些功能

C. 我想拥有但不经济　D. 价格贵一些没关系

11. 以下促销方式中最能吸引您的是?

A. 购买赠话费　B. 现场打折　C. 送相关配件　D. 抽奖活动

12. 您平均多长时间更换一部手机?

A. 没换过　B. ≤六个月　C. 一年　D. 一年半

E. ≥两年

13. 您更换手机的原因是?

A. 质量出现问题　　B. 功能太少

C. 外观出现磨损,掉色　　D. 样式陈旧

E. 其他

14. 若您要更换手机,在经济条件允许的前提下,您最想使用下列哪种类型的手机?

A. 智能手机　　B. 拍照手机

C. 音乐手机　　D. 普通手机

15. 您喜欢手机分男/女款吗?

A. 喜欢　　B. 不喜欢　　C. 无所谓

16. 您的手机主要用来?

A. 打电话　　B. 发信息　　C. 玩游戏　　D. 上网

17. 手机的质量方面您最注重什么?

A. 持久耐用　　B. 信号灵敏　　C. 实用省电　　D. 功能齐全

E. 其他

18. 您喜欢下列哪种款式?

(1)A. 翻盖　　B. 直板　　C. 滑盖　　D. 其他

(2)A. 双屏　　B. 单屏

(3)A. 黑　　B. 白　　C. 红　　D. 银

E. 蓝　　F. 其他

(4)A. 金属　　B. 皮革　　C. 塑料　　D. 其他

(5)A. 小巧玲珑　　B. 时尚前卫　　C. 高贵典雅　　D. 绚丽活泼

E. 简约硬朗　　F. 简单大方

19. 您现在或曾经使用过哪些手机功能?

A. 文字短信　　B. 彩信　　C. 手机摄影　　D. 无线上网

E. 下载游戏　　F. EMS

20. 您将来会尝试使用哪些手机业务与手机功能?

A. 文字短信　　B. 彩信　　C. 彩铃　　D. 手机广播信息

E. 手机摄影　　F. 手机报纸　　G. 手机小说　　H. 手机电影/电视

I. 游戏　　K. GPRS　　L. 手机交友

21. 您每天大概使用手机通信(如短信、电话等)所消耗的时间为:

A. 0.5 小时以下　　B. 0.5～1 小时　　C. 1～2 小时　　D. 2 小时以上

22. 您觉得手机对您的生活来说:

A. 很重要　　B. 比较重要　　C. 一般　　D. 比较不重要

E. 一点都不重要

23. 经常使用手机有没有感觉身体有不良反应？

A. 会，经常　　B. 会，有时　　C. 会，偶尔　　D. 不会

24. 您是否希望手机厂商提供"零首付"或分期付款？

A. 是　　B. 否

25. 作为顾客，您希不希望厂家配送配套的手机套、手机链？

A. 希望　　B. 不希望

26. 您购买手机时关心的问题？

A. 价格　　B. 功能　　C. 品牌　　D. 辐射

E. 售后服务　　F. 时尚　　G. 其他

27. 您希望手机厂商提供什么样的服务？

A. 校内维修　　B. 学生专卖店　　C. 手机专卖店

28. 您换过几次手机？

A. 1　　B. 2　　C. 3　　D. 3 次以上

29. 您希望有专门为大学生量身定做的手机吗？

A. 希望　　B. 不希望　　C. 无所谓

30. 请简单描述您理想中的手机。

【简析】

这是一则某大学学生所做的《大学生手机市场调查报告》。首先，采用了问卷调查与文献调查两种方法，获得调研项目所需要的数据与资料。然后，在归纳、分析的基础上，进行数据分析，从而形成一篇数据严谨、资料翔实、观点鲜明并能为市场提供明确预测的大学生手机市场调查报告。前言部分，主要讲述了手机市场的基本状况。然后，从市场状况、消费者、竞争者、宏观环境、机会优势等方面进行分析，并对市场做出明确清晰地预测，提出了自己设计的概念手机。不过，在语言方面，仍不够精炼、明白、准确。

任务实施

1. 请你组织一个调查小组，对学校食堂做一次调查，根据调查结果综合分析，形成调查报告。可以从饮食质量、饮食价格、食堂卫生、服务态度、管理方式、学生就餐选择状况及其动机等方面进行调查。

2. 某商业银行淮海市分行决定在继续扩大住房个人贷款业务的同时，在本市开展"个人汽车贷款"业务，作为该行新的利润增长点。为了有效地开展此项

业务，决定进行消费者购买行为调查。

本次调查的具体内容包括以下几个方面：

(1)了解目标消费群体的基本特征，包括：人口统计特征、消费及贷款心理特征、贷款使用的主要方向等。

(2)了解本市居民对于个人住房消费贷款和汽车消费贷款的认知情况。

(3)了解目标消费群体对此项新业务的反应。

(4)了解哪些因素会对目标消费群的反应产生影响，哪些因素会使目标消费群做出积极的反应。

(5)确定反应程度，进行预测。

3. 在全球金融危机的影响下，加上大学扩招带来的某些问题，如今就业问题特别是大学生就业受到社会各界的关注，同时也是对就业的高校毕业生一次严峻的考验。为积极应对严峻的就业形势，理应更清楚地认识其严重性，采取相关的措施来积极应对。因此，某大学学生会开展了一次"毕业生就业调查"活动。请先拟写一份"毕业生就业状况调查问卷"，然后通过对调查结果的分析，拟写"毕业生就业状况调查报告"。

可以从全国整体就业环境与大学毕业生就业环境、需求单位性质、热门专业与需求形式、就业态度、促进就业措施等方面来进行分析。

任务二 可行性分析报告的写作

知识目标

◆ 可行性分析报告的概念与分类

◆ 可行性分析报告的格式要求与注意事项

能力目标

◆ 提高对可行性分析报告写作相应工作情景分析、评价的能力

◆ 掌握可行性分析报告的格式要求与注意事项，能够熟练进行可行性分析报告的写作

任务引入

针对厚生公司市场调研部制定的《滨江职教园区餐饮业调查报告》，进行科学分析，制订一份关于筹建某餐饮娱乐综合体的可行性分析报告。

任务分析

在市场调查之后，需要对项目进行可行性分析，制订可行性分析报告。经过科学分析论证，可以为决策者提供重要的参考。

本任务是可行性分析报告的写作。要理解可行性分析报告的概念、特点、种类，掌握可行性分析报告写作的格式要求与注意事项。

可行性分析报告的应用范围非常广泛，但主要应用于经济领域。在商品竞争日益激烈的背景下，无论是投资于科学研究项目，还是市政工程建设、参与基础设施的招投标，可行性分析研究都是必不可少的环节。

注意可行性分析报告与市场预测报告、商务策划书的区别与联系。

相关知识

一、可行性分析报告的概念

可行性分析报告，也就是可行性研究报告，是在制订生产、基建、科研计划的前期，为取得最佳经济或学术效果，通过全面的调查研究，对项目的先进性和合理性进行全面的系统分析和科学论证，以供决策者作出最佳决策的参考，形成的一种书面材料。

项目可行性研究报告主要是通过对项目的主要内容和配套条件，如市场需求、资源供应、建设规模、工艺路线、设备选型、环境影响、资金筹措、盈利能力等，从技术、经济、工程等方面进行调查研究和分析比较，并对项目建成以后可能取得的财务、经济效益及社会影响进行预测，从而提出该项目是否值得投资和如何进行建设的咨询意见，为项目决策提供依据的一种综合性的分析方法。可行性研究具有预见性、公正性、可靠性、科学性的特点。

编制项目可行性研究报告，看起来容易，找一个模板，填充一些材料，似可大功告成。事实上，编制项目可行性报告，是专业性很强的团队工作，特别是在项目审查越来越规范的情况下，可行性分析报告质量好坏将直接决定成功率。

二、可行性分析报告的分类

1. 按照投资项目内容，可分为：企业项目投资可行性分析报告、企业项目开发可行性分析报告、企业项目经营可行性分析报告、企业项目市场调查报告、企业项目营销可行性分析报告、企业广告策划方案、企业涉外项目可行性分析报告。

2. 按照投资项目，可分为：工业建设项目、非工业建设项目、改造扩建项目、引进设备和技术项目、科研开发项目。

三、可行性分析报告的格式要求

可行性分析报告按项目的大小可分为书刊式和文件式两种。书刊式的有封面、目录、扉页、插图、封底等。可行性分析报告的结构一般包括标题、正文、附件等几部分。

1. 标题

一般有两种形式。第一，由单位名称、项目名称及文种三部分构成，如《某电气公司新建等离子彩电生产线工程项目可行性研究报告》；第二，由项目名称与文种构成，如《毕业论文开题报告》。

2. 正文

可行性分析报告的正文一般由项目概况、承担单位的基本情况及条件、可行性分析论证与结论等组成。

(1)项目概况。概述可行性分析的基本内容，一般包括项目提出的背景、依据、目的，投资项目的必要性和经济技术意义，项目的具体名称、起止年限、承担单位，说明可行性分析的范围、要求等。

(2)承担单位的基本情况即条件。主要包括人员情况、技术与设施等，即承担单位的资质。

(3)可行性分析论证。各类可行性研究内容侧重点差异较大，其主体内容因行业不同而有很大差别，但一般应包括以下内容：

第一，投资必要性。主要根据市场调查及预测的结果，以及有关的产业政策等因素，论证项目投资建设的必要性。

第二，技术的可行性。主要从事项目实施的技术角度，合理设计技术方案，并进行比选和评价。

第三，财务可行性。主要从项目及投资者的角度，设计合理财务方案，从企业理财的角度进行资本预算，评价项目的财务盈利能力，进行投资决策，并从融资主体(企业)的角度评价股东投资收益、现金流量计划及债务清偿能力。

第四，组织可行性。制订合理的项目实施进度计划、设计合理组织机构、选择经验丰富的管理人员、建立良好的协作关系、制订合适的培训计划等,保证项目顺利执行。

第五,经济可行性。主要是从资源配置的角度衡量项目的价值,评价项目在实现区域经济发展目标、有效配置经济资源、增加供应、创造就业、改善环境、提高人民生活等方面的效益。

第六，社会可行性。主要分析项目对社会的影响,包括政治体制、方针政策、经济结构、法律道德、宗教民族、妇女儿童及社会稳定性等。

第七,风险因素及对策。主要是对项目的市场风险、技术风险、财务风险、组织风险、法律风险、经济及社会风险等因素进行评价,制定规避风险的对策,为项目全过程的风险管理提供依据。

(4)结论

这是对全篇的总结与概括,应就项目实施的可行性提出结论性意见。

3. 附件

可行性分析报告之后都会有一些附件,如统计图表、设计图表、实验数据及文字性论证材料等,以此作为支撑性材料。

四、拟写可行性分析报告注意事项

1. 材料要真实,保证材料的真实准确。建立在事实上的分析,才是最有价值的。

2. 内容要完整,应达到应有的深度。要理论与实际相联系,多方面进行分析论证。

3. 论证要科学,力求准确可靠。既注意可行性分析,也要注意不可行性论证。

五、例文评析

邵阳市鸿远特种养殖基地有限公司蜗牛养殖与加工工程可行性分析报告

第一章　总论

一、项目提要

1. 项目名称:邵阳市鸿远特种养殖基地有限公司蜗牛养殖与加工工程

2. 建设性质:扩建

3. 项目建设单位:邵阳市鸿远特种养殖基地有限公司

法人代表:罗乾震

所有制形式:股份制企业

4. 建设地点:邵阳市大祥区城南乡白洲村

建设规模:10万只蜗牛种螺养殖基地建设,1 000吨商品蜗牛,300号蜗牛罐头,3 000公斤蜗牛酶设,100吨蜗牛保健品,100吨EM生物液,200吨蜗牛粉

建设期限:2001年至2004年

5. 项目申报单位:邵阳市鸿远特种养殖基地有限公司

法人代表:罗乾震

6. 投资规模:4 375万元

7. 资金构成:建筑工程408万元,设备及安装1 944万元,种苗引进57万元,技术引进800万元,其他的作用

8. 资金筹措:财政资金2 445万元,自筹资金640万元,贷款1 290万元

9. 主要技术指标(略)

10. 项目辐射范围及带动能力(略)

二、可行性研究报告编制依据

1. 中共中央、国务院《关于做好2001年农业和农村工作的意见》。

2. 2001年国家科委星火计划。

3. 邵阳市大祥区人民政府关于国民经济和社会发展中长期规划和年度计划。

三、综合评价和论证结论

蜗牛,其蛋白质含量和质量居世界动物之首,是最佳的医药保健性食品,为世界"四大名菜"之首和七种走俏的野味之一。蜗牛养殖简单方便,投资少,效益高,与兽禽、绿色植物循环利用,对环境无污染。蜗牛养殖与加工,可辐射带动相关产业的发展,增加农民收入,解决农村剩余劳动力,有着广泛的社会效益。本项目符合国家产业政策和发展方向,建议将该项目做大做强,大力发展。

第二章 项目背景及必要性

一、项目建设背景

本项目是在国家和省、市、区有关产业政策的引导下产生的。

1. 中共中央、国务院《关于做好2001年农业和农村工作的意见》。

2. 2001年国家科委星火计划重点推荐项目的有关论述:"特别是与畜禽及鱼类等产品产量相比,蜗牛产业还正处在商品化大生产的发展初级阶段,有着广阔的发展前景。从发展的眼光看蜗牛市场,在以后人类食品中,蜗牛将起着

举足轻重的作用”。

3. 邵阳市大祥区人民政府关于国民经济和社会发展中长期规划和年度计划。

本项目于2001年2月启动，现在固定资产120万元，办公楼500平方米，种螺孵化室525平方米，10万只种螺，30亩中心养殖示范场，30亩牧草基地，养殖户108户。

二、项目的经营现状

本项目于2001年2月启动，现有固定资产120万元。

三、项目建设的必要性及目的意义（略）

第三章 建设条件

一、地理位置及区域范围

二、自然条件

三、项目区的社会经济条件

四、项目实施的有利条件

第四章 建设单位的基本情况

一、建设单位概况

二、研发能力

第五章 市场分析与销售方案

一、市场分析

二、项目经营管理模式

三、技术培训

第六章 项目建设方案

一、项目规划和布局

二、蜗牛加工的工艺流程

三、项目具体建设内容和规模

四、工程实施进度

第七章 投资估算和资金筹措

一、投资估算表说明

二、项目建设投资估算

三、资金使用计划

第八章　财务评价

一、基本参数

二、财务分析

第九章　环境影响评价

第十章　农业产业化经营与农民增收和效益评价

一、农业产业化经营

二、农民增收

三、其他社会影响

第十一章　项目组织与管理

一、依照公司法有关内容，成立邵阳市鸿远特种养殖基地有限公司，其组织机构示意如下

二、项目经营管理模式

三、技术培训

第十二章　可行性研究结论和建议

一、可行性研究结论

1. 本项目符合国家产业结构调整总体规划。

2. 本项目符合邵阳市大祥区国民经济和社会发展“十五”计划的总体规划。

3. 本项目建设对调整农业结构，增加农民收入，改善居民饮食结构，解决农村剩余劳动力就业等有良好的社会效益。

二、建议

本项目选项准确、新颖，应以项目本身的广泛价值和特色为主导，发挥辐射带动作用，大力招商引资，做大做强，有效地发挥项目的投资效益和社会效益。

（第二章至第十一章具体内容省略）

【简析】

这是某公司关于蜗牛养殖与加工工程的可行性分析报告。数据严谨，资料翔实，分析透彻到位，能给公司的决策者提供重要的参考。

任务实施

1. 某大学城刚刚成立，餐饮、住宿、娱乐等基本的配套设施还有待完善。某公司希望在大学城的商业街上投资一个中型的饭店，请你代为拟订一篇市场预测与可行性分析报告。

2. 最近，你申请了学院的大学生创业与就业方面的课题，请拟订一份开题报告。

任务三 决策方案报告的写作

知识目标

◆ 决策方案报告的概念和分类

◆ 常用的决策分析技术

◆ 企业决策方案报告的格式要求与注意事项

能力目标

◆ 提高对决策方案报告写作相应工作情景分析、评价的能力

◆ 掌握决策方案报告的文面格式与写作要求，能够熟练进行决策方案报告的写作

任务描述

1987 年，深圳机场的选址，提出了两种方案：一是在市北建黄田机场；二是在市区南面填海建白石洲机场。建黄田机场的理由是：客源主要来自内陆地区，不会影响城市的发展，便于飞机安全飞行。建白石洲机场的理由是：与香港共用，争取更多的国际客源。机场到底建在哪里，争论非常激烈。反对建白石洲机场的人认为，机场建在白石洲，妨碍城市的进一步发展，机场自身也无扩展的余地，机场的噪音严重影响深圳大学，而且对附近的红树林和鸟类保护区带来破坏性的影响。赞成建白石洲机场的人认为，与香港争客源是最重要的，上述问题可以采取安装双重玻璃窗和“驱鸟器”等措施来解决。最后决定以“白石洲机场方案”作为首选方案向中央领导汇报，但反对者拒绝在该方案上签字。

最后，国务院派出专门的工作组赴实地考察，在多次听取各方面的意见后，否定了“白石洲机场方案”，批准了“黄田机场方案”。从深圳机场建成以来的运行情况看，这一决策是正确的。

首先，决策必须有选择，即围绕决策目标拟订两个以上的决策方案，比如“白石洲机场方案”或“黄田机场方案”，通过联系实际，综合考虑，对各种方案进行比较分析，最终做出决策，如国务院批准“黄田机场方案”。

其次，决策方案的分析对比、选择是一项复杂的工作，决策者必须具有扎实的工作作风，以科学的态度认真对待。各种决策方案的优劣并不是简单明了的，常常需要从理论到实践的综合分析才能得出结论。“白石洲机场方案”与“黄田机场方案”就各有优劣，关键是要从实际出发，合理做出选择。

最后，决策过程中要尊重不同意见，认真对待不同意见，深入分析不同意见。决策人员认识问题的角度不同，解决问题的方法相异，对决策方案会做出不同的选择，这是正常的。决策方案的选择过程就是不同意见相互影响、相互碰撞、相互补充、取长补短的过程。决策者都应独立思考，坚持原则，追求科学，而不能人云亦云，随波逐流。此案例中“白石洲机场方案”反对者的精神可嘉，值得决策者的学习。同时，每一位决策者都应尊重他人的不同意见，只有如此，才能尽可能地避免决策的失误。

任务分析

本任务决策方案报告的写作，通过对决策方案报告的知识介绍，掌握决策方案报告写作的格式要求与注意事项。

注意决策分析技术的合理运用。

相关知识

一、决策方案报告的概念

决策，就是做出决定或选择，是指通过分析、比较，在若干种可供选择的方案中选定最优方案的过程。

时至今日，对决策概念的界定不下上百种，但仍未形成统一的看法。诸多界定归纳起来，基本有以下三种理解：一是把决策看作是一个包括提出问题、确立目标、设计和选择方案的过程。这是广义的理解。二是把决策看作是从几种备选的行动方案中作出最终抉择，是决策者的拍板定案。这是狭义的理解。三是认为决策是对不确定条件下发生的偶发事件所做的处理决定。这类事件既无先例，又没有可遵循的规律，做出选择要冒一定的风险。也就是说，只有冒一定的风险的选择才是决策。这是对决策概念最狭义的理解。以上对决策概念的解释是从不同的角度作出的，要科学地理解决策概念，有必要考察决策专家西蒙在决策理论中对决策内涵的看法。

在企业的经济管理活动中，咨询机构或者企业的职能部门为实现企业的经营目标或解决新出现的重大问题，利用有关信息和资料，结合企业实际情况，运用科学的方法，经研究分析后，提出解决问题的方案，形成文字，就是决策方案报告。一般要提出若干方案，并分析论证优劣，供决策者决策时参考。

二、决策方案报告的分类

1. 按照决策的作用，可分为战略性决策方案报告和战术性决策方案报告。

2. 按照决策的定性程度，可分为确定性决策方案报告、风险性决策方案报告和非确定性决策方案报告。

3. 按照决策的性质，可分为常规性决策方案报告和非常规性决策方案报告。

4. 按照决策的范围，可分为国际决策方案报告、国家决策方案报告、团体决策方案报告和个体决策方案报告。

三、常用的决策分析技术

常用的决策分析技术有：确定型情况下的决策分析、风险型情况下的决策分析、不确定型情况下的决策分析。

1. 确定型情况下的决策分析。确定型决策问题的主要特征有四方面：一是只有一个状态；二是有决策者希望达到的一个明确的目标；三是存在着可供决策者选择的两个或两个以上的方案；四是不同方案在该状态下的收益值是清楚的。

确定型决策分析技术包括用微分法求极大值和用数学规划等。

2. 风险型情况下的决策分析。风险型情况下，未来可能状态不只一种，究竟出现哪种状态，不能事先肯定，只知道各种状态出现的可能性大小（如概率、频率、比例或权等）。常用的风险型决策分析技术有期望值法和决策树法。

期望值法是根据各可行方案在各自然状态下收益值的概率平均值的大小，决定各方案的取舍。决策树法有利于决策人员使决策问题形象比，可把各种可以更换的方案、可能出现的状态、可能性大小及产生的后果等，简单地绘制在一张图上，以便计算、研究与分析，同时还可以随时补充和不确定型情况下的决策分析。如果不只有一个状态，各状态出现的可能性的大小又不确知，便称为不确定型决策。

常用的风险型决策分析方法有：

(1)乐观准则。比较乐观的决策者愿意争取一切机会获得最好结果。决策步骤是从每个方案中选一个最大收益值，再从这些最大收益值中选一个最大值，该最大值对应的方案便是入选方案。

(2)悲观准则。比较悲观的决策者总是小心谨慎，从最坏结果着想。决策步骤是先从各方案中选一个最小收益值，再从这些最小收益值中选出一个最大收益值，其对应方案便是最优方案。这是从各种最不利的情况中找出一个最有利的方案。

(3)等可能性准则。决策者对于状态信息毫无所知，所以对它们一视同仁，即认为它们出现的可能性大小相等。于是这样就可按风险型情况下的方法进行决策。

四、企业决策方案报告的格式要求

1. 标题

一般由决策目标和文种构成，如《改造设备的决策方案》、《关于接受建造两万五千吨级货轮的决策方案报告》、《解决牦牛绒积压问题的决策方案报告》。

2. 正文

第一，确定决策目标。决策目标是指在一定外部环境和内部环境条件下，在市场调查和研究的基础上所预测达到的结果。决策目标是根据所要解决的问题来确定的。因此，必须把握住所要解决问题的要害。

第二，拟订备选方案。决策目标确定以后，就应拟订达到目标的各种备选方案。拟订备选方案，第一步是分析和研究目标实现的外部因素和内部条件，积极因素和消极因素，以及决策事物未来的运动趋势和发展状况。第二步是在此基础上，将外部环境各不利因素和有利因素、内部业务活动的有利条件和不利条件等，同决策事物未来趋势和发展状况的各种估计进行排列组合，拟订出实现目标的方案。第三步是将这些方案同目标要求进行粗略的分析对比，权衡利弊，从中选择出若干个利多弊少的可行方案，供进一步评估和抉择。

第三，评价备选方案。备选方案拟订以后，随之便是对备选方案进行评价，评价标准是看哪一个方案最有利于达到决策目标。

第四，选择方案。选择方案就是对各种备选方案进行总体权衡后，由决策者挑选一个最好的方案。

3. 结尾

可写上“以上方案请领导裁定”、“以上请领导决策参考”等，并写上名字、日期。

五、拟写决策方案报告的注意事项

1. 加强调查研究，准确掌握有关决策对象的信息。信息是制作决策方案的基础，只有“知己知彼”，才能抓住主要矛盾，通盘考虑，权衡得失，为领导拿出具有真知灼见的方案报告。

2. 要博采众长。在拟制决策方案报告过程中，要广泛听取各方面专家、学者的意见，也要认真听取不同的和反对的意见，集思广益。

3. 要有创新精神。任何决策都是有时效的，所谓老经验、老做法，都是昨天的决策，不能全盘继承。决策是面向未来的，因此，制作决策方案报告的立足点应是放眼未来、大胆创新。

六、例文评析

关于车间闲置厂房设备的决策方案

问题：第三车间尚有部分厂房、设备闲置未用，拟：(1)维持现状；(2)将由甲厂供货的附件(甲)，改为自行生产；(3)把闲置厂房、设备租给甲厂，每月收取租金。

资料：

1. 第三车间附件(甲)每月需要 2 000 件，甲厂供应价每件 28 元；

2. 自行生产每件成本 25 元，其中：材料 15 元，工资 5 元，费用 5 元(包括投产后资金占用费)，厂房、设备折旧费 2 万元；

3. 厂房、设备租给甲厂，每月可收租金 3 万元，附件(甲)仍由甲厂按原价供应。

方案：

关于对第三车间闲置未用的厂房、设备的处理意见。

第三车间提出利用闲置未用的部分厂房、设备自产附件(甲)的问题，现提出以下三个方案：

1. 维持现状。每月支付附件(甲)进价费56 000元，但应考虑可用而未用的厂房、设备折旧费 2 万元，支付应为76 000元。

2. 取消定货，改为自产。折旧费共支出 70 000 元。

3. 收取租金。甲厂同意每月付给租金 3 万元，扣除折旧费 2 万元，实际只比第一个方案减少 1 万元。

比较：

以上第二个方案效益最高，比第一个方案每月减少支出 6 000 元，每年共减少72 000元;比第三个方案每月减少4 000元,每年共减少48 000元。但第二个方案要增加第三车间生产附件(甲)的资金,取消定货也会造成甲厂安排上的困难。第三个方案将会出现人员杂处,带来管理上的困难。

以上请领导决策参考。

红星厂车间管理办公室
一九九九年四月六日

【简析】

这是一则关于处理闲置厂房的决策方案。在提出问题的基础上,明确决策的目标。然后根据基本资料,提出三种方案,并进行分析论证,做出最优方案,以供领导决策时参考。注意决策分析技术的合理运用。此决策方案,结构合理,内容翔实,可以为决策者的决策行为提供有力的参考。

任务实施

根据厚生公司对《滨江职教园区的餐饮业市场调查报告》与《筹建餐娱乐综合体的可行性分析报告》,制定此餐饮娱乐综合体的决策方案。要求在前面调查研究与科学分析的基础上,提出三个方案,并分析各自的优缺点,从而为决策者提供决策的参考和依据。

任务四　招标书、投标书的写作

知识目标

◆ 招标书、投标书的概念、特点与分类

◆ 招标书、投标书的文面格式与写作要求

能力目标

◆ 提高对招标书、投标书写作相应工作情景分析、评价的能力

◆ 掌握招标书、投标书的格式要求,能够熟练进行招标书、投标书的写作

任务引入

江苏明达职业技术学院新校区高低压变配电设备招标

地区:江苏

详细内容:

1. 江苏明达职业技术学院的新校区高低压变配电设备已经送发改委(2006)第585号文批准建设。现决定对该项目的高低压变配电设备进行公开招标,选定供货商。

2. 本次招标工程项目的概况如下:

2.1 本标的为学校高低压变配电设备,本次招标共分1个标段;高低压变配电设备(1个总变电所、4个分变电所)。合同估算价约500万元,本次招标范围工程图纸范围内的高低压变配电设备;资金来源:100%自筹已全部落实。

2.2 工程建设地点:淮海市藕塘职教园区。

2.3 计划供货日期为2007年7月10日~2007年8月10日。

2.4 质量要求:按国家有关标准一次性验收合格。

3. 凡具备承担招标工程项目的生产能力并具有相应资格条件的供货商,均可对上述1个招标标段向招标人提出资格预审申请,只有资格预审合格的投标申请人才能参加投标。

4. 投标申请人须是具备承担招标工程项目(设备)的生产能力并具有相应资格条件的供货商。

5. 报名时须携带经办人的身份证件及联系方式、单位介绍信(原件)、单位营业执照、企业生产许可证、企业安全生产许可证、业绩等资料(复印件)密封,报名时间2007年6月20日至6月22日(节假日除外),每天上午9时至11时,下午13时30分至16时;资料投放地点:××区工程交易管理中心建设工程3号报名箱(××经济开发区政和大道209号,××区建设局6楼,联系电话:0510-××××××);资格预审文件获取时间2007年6月18日至6月22日(节假日除外),每天上午9时至11时,下午13时30分至16时;资格预审文件获取地点:淮海市普信工程造价咨询有限公司。

6. 资格预审申请书封面上应清楚地注明“江苏明达职业技术学院新校区高低压变配电设备投标申请人资格预审申请书”字样。

7. 资格预审申请书须密封后,于2007年6月25日14时30分以前送至××区建设局6楼(带单位营业执照、企业、项目经理资质证书、企业生产许可证,企业安全生产许可证、业绩资料等相关资料原件),逾期送达或不符合规定的资格预审申请书将被拒绝。

8. 资格预审合格的单位超过九家,由业主抽签选择九家单位入围。

招标人:江苏明达职业技术学院

招标代理机构:淮海市××工程造价咨询有限公司

办公地址:淮海市人民中路××号×楼×××室

邮政编码:214000

联系电话:0510-××××××

传真:×××××

联系人:王××

任务分析

本任务是招标书、投标书的写作,通过对招标书、投标书的知识介绍,掌握市场招标书、投标书写作的格式要求与注意事项。

招标和投标被广泛地应用于国际商业贸易、租赁业务以及工程承包、发包等经济竞争活动中。近年来,随着改革开放的深入发展,招投标被广泛地应用于经济活动的各个领域。标书是为适应经济活动中招标、投标的需要,按照一定格式和要求编制的一种经济法律文书。

相关知识

一、招标书、投标书的概念与特点

招标书,即招标一方按照规定条件发招标书,邀请投票人投标,在投标人中选择理想合作伙伴的一种方式。招标书是招标过程中介绍情况、指导工作,履行一定程序所使用的一种实用性文书。

投标书是指投标单位按照招标书的条件和要求,向招标单位提交的报价并填具标单的文书。它要求密封后邮寄或派专人送到招标单位,故又称标函。它是投标单位在充分领会招标文件,进行现场实地考察和调查的基础上所编制的投标文书,是对招标公告提出的要求的响应和承诺,并同时提出具体的标价及有关事项来竞争中标。

投标单位因为参与公平竞争而拥有获得新的市场的机会;而投标单位为了在竞争中取胜,就必须努力改善经营策略,不断提高管理水平,进行技术改造和革新,以达到招标公告规定的标准和条件,进而提高企业的经济效益,增强企业的综合素质。

招标书具有如下特点:

1. 告示性

招标书是一种告示性文书,它提供全面情况,便于投票方根据招标书提供的情况做好准备工作，同时指导招标工作开展。

2. 广告性

招标书也称为招标通知、招标公告、招标启事，是一种告知性文件。它一般通过大众传媒公开，因此也称招标广告，具有广告性。

3. 竞争性

招标书是吸引竞争者加入的一种文书，它具有相当的竞争性。

4. 时效性

招标书要求在短时间内获得结果，因此，又具有时间的紧迫性。

二、招标书、投标书的分类

(一)招标书

1. 按性质，可分为大宗商品交易招标书、选聘企业经营者招标书、企业承包招标书、企业租赁招标书。

2. 按时间，可分为长期招标书、短期招标书。

(二)投标书

1. 按形式，可分为企业投标书、全员投标书、合伙投标书、个人投标书。

2. 按性质，可分为租赁企业投标书、承包企业投标书、大宗商品投标书、聘任经营者投标书。

3. 按时间，可分为长期投标书与短期投标书。

4. 按范围，可分为内部投标与外部投标，国内投标与国际投标。

三、招标书、投标书的格式要求

(一)招标书

一般由标题、正文、结尾三部分组成。

1. 标题

常见写法主要有四种：一是由招标单位名称、招标性质及内容、招标形式、文种四元素构成；二是由招标性质及内容、招标形式、文种三元素组成的标题；三是只写文种名称“招标书”；四是广告性标题，如《谁来承包×××工厂》。

2. 正文

正文由引言、主体部分组成。引言部分要求写清楚招标依据、原因。主体部分要详实交代招标方式（公开招标、内部招标、邀请招标）、招标范围、招标程序、招标内容的具体要求，双方签订合同的原则、招标过程中的权利和义务、组织领导、其他注意事项等内容。

3. 结尾

招标书的结尾，应签具招标单位的名称、地址、电话、电报挂号等，以便投票者参与。

(二)投标书

投标书格式，此部分由招标公司编制，投标书格式是对投标文件的规范要求。其中包括投标方授权代表签署的投标函，说明投标的具体内容和总报价，并承诺遵守招标程序和各项责任、义务，确认在规定的投标有效期内，投标期限所具有的约束力。还包括技术方案内容的提纲和投标价目表格式，争取做到性能对表在标书售出时一同交投标商，以便招标者对所有投标者的文件进行同口径的比较。

四、拟写招标书、投标书的注意事项

1. 周密严谨。招标书不但是一种“广告”，也是签订合同的依据。因而，它是一种具有法律效应的文件。这里的周密与严谨，既是指内容，也是指措辞。

2. 简洁清晰。招标书没有必要长篇大论，只要把所要讲的内容简要介绍，突出重点即可，切忌没完没了地胡乱罗列、堆砌材料。

3. 注意礼貌。招(投)标涉及的是商业贸易活动，要遵守平等、诚恳的原则，切忌盛气凌人，更反对低声下气。

五、关于招标与投标

招标与投标是一种必须依照《中华人民共和国招标投标法》的法律规定而进行的竞争性经济活动。

招投标的程序：

1. 发布招标广告、启事或邀请书。
2. 欲投标者出示有关证件或材料，填写报名登记表，递交投标申请书。
3. 招标方对投标者进行资格审查。
4. 招标方宣布或通知资格审查合格者，送发招标书。
5. 招标方介绍招标企业情况或商品要求。
6. 投标撰写投标书，把投标书密封送招标方。
7. 组织投标方公开演讲、答辩。
8. 招标方组织审标、议标、评标、定标。
9. 招标方向中标方发中标通知书。
10. 招标方向未中标者退投标书。

六、例文评析

1. 招标书

招标书

各公司、厂商：

上海理工大学出版印刷学院根据教学科研需求，需架设一条从水丰路（分部）到军工路（本部）的光缆与本部的网络连通，距离约3公里左右。欢迎各单位参与投标。

一、光缆架设要求

1. 所拉光缆规格为单模12芯光缆，且保证所供产品为原装正牌产品，产品应提供产商授权证明。如所提供假冒伪劣产品造成损失，由供货单位承担全部责任和经济损失。

2. 提供产品详细的明细表、名称、型号、规格、产地、生产厂家，以及现行价格等。

3. 光缆铺设，必须尽量走地下管道（包括校内）进行铺设，并且提供光缆走线图。

二、投标人资格要求

1. 投标人必须为中华人民共和国的法人或其他组织，经营范围必须包括光缆工程建设等相关专业内容。

2. 投标人必须拥有传输设备和光缆线路安装和维护的专用车辆、仪器和设备（包括光功率计、光纤熔接机、OTDR等），拥有光通信专业的工程师不少于2名。

3. 2000年以来具有同类型光缆工程项目经验（含光缆工程建设不少于100万元人民币）。

招标截止日期：2007年2月9日

标书请寄：上海市水丰路100号230信箱

邮编200093

联系地址：上海理工大学出版印刷学院后保办公楼

招标联系事务电话：65678172

传真：65673520

上海出版印刷高等专科学校
设备招标领导小组
2007年2月2日

【简析】

这是一则光缆的招标书。引言部分写清楚招标依据、原因与招标任务。主体部分详实交代了光缆架设要求、投标人资格要求等具体要求。结尾部分，写明招标的截止日期、联系方式等。

2. 投标书

建设单位：____________

1. 根据已收到的招标编号为________的____________工程的招标文件，遵照《工程施工招标投标管理办法》的规定，我单位经考察现场和研究上述工程招标文件的投标须知、合同条件、技术规范、图纸、工程量清单和其他有关文件后，我方愿以人民币________元的总价，按上述合同条件、技术规范、图纸、工程量清单的条件承包上述工程的施工、竣工和保修。

2. 一旦我方中标，我方保证在________年________月________日开工，________年________月________日竣工，即________天（日历日）内竣工并移交整个工程。

3. 如果我方中标，我方将按照规定提交上述总价5%的银行保函或上述总价10%的由具有独立法人资格的经济实体企业出具的履约担保书，作为履约保证金，共同地和分别地承担责任。

4. 我方同意所递交的投标文件在"投标须知"第11条规定的投标有效期有效，在此期间内我方的投标有可能中标，我方将受此约束。

5. 除非另外达成协议并生效，你方的中标通知书和本投标文件将构成约束我们双方的合同。

6. 我方金额为人民币________元的投标保证金与本投标书同时递交。

投标单位：（盖章）

单位地址：

法定代表人：（签字、盖章）

邮政编码：

电话：

传真：

开户银行名称：

银行账号：

开户行地址：

电话：

日期：________年________月________日

任务实施

1. 厚生公司拟进行员工宿舍楼改造，现在进行邀请招标，定于 2009 年 7 月 1 日 9 时在淮海市滨江新区××路 1 号厚生公司后勤管理处发放标书。

要求：(1)撰写招标书要符合格式，内容准确，语言简洁。(2)主体内容应包括：工程概况、工厂要求、投标注意事项、投标时间、投标地点、投标费用、联系方式等。

2. 因宣传工作需要，某大学宣传部现面向社会招标广告设计制作公司，承接本单位 2009～2010 学年宣传品制作，欢迎有资质的单位参与竞标。

要求：(1)严格按照招标书的格式要求来写。

(2)招标书主体应包括：招标人、招标项目、投标人资质条件、投标截止时间、投标书送达地点、投标人投标时应提供的材料、项目说明、联系方式等。

任务五 经济活动分析报告的写作

知识目标

◆ 经济活动分析报告的概念和分类

◆ 常用的经济分析方法

◆ 经济活动分析报告的格式要求与注意事项

能力目标

◆ 提高对经济活动分析报告写作相应工作情景分析、评价的能力

◆ 掌握经济活动分析报告的格式要求，能够熟练进行经济活动分析报告的写作

任务引入

为了加强公司的经营管理，适时了解和掌握项目的经济活动情况，以便进一步完善动态监控、适时纠偏的机制，保证各项经济活动健康、有序、受控，提高公司整体经济效益，厚生公司已成立了经济活动分析领导小组，现将有关经济活动分析的要求通知如下：

1. 为搞好此项工作，项目部应成立由项目经理为组长的经济活动分析领导小组，小组中须有经营、财务、机物、工程、人力资源等部门负责人参加。领导小组下设办公室，办公室设在经营管理部，由经营管理部主任兼任办公室主任。

2. 经济活动分析要紧紧围绕项目的生产经营状况，主要经济技术指标完成情况和存在的问题以及合同的履约情况按月进行分析和讨论，并针对存在的问题制定解决的实施方案，力求实效。

3. 各项目部根据《公司所属项目经济活动分析报告制度》开展经济活动分析工作，并将分析结果以书面和电子版形式同时按要求报送分局经济活动分析领导小组办公室；公司经济活动分析领导小组办公室负责收集整理各项目的分析报告，各职能部门按各自分解的工作内容和相应的职责准备相关资料，在领导小组的领导下开展分局的经济活动分析工作，及时以书面形式将分析结果向公司主要领导提交。

4. 项目部应按照《公司所属项目经济活动分析报告制度》的要求和规定程序将工作内容分解到各职能部门，切实开展经济活动分析工作，并在规定的时间内报公司经营管理部汇总。

5. 公司的经济活动分析的要求、程序和各职能部门的职责见《公司经济活动分析实施办法》。

经济活动分析报告制度是厚生公司推行精细化管理、提升管理能力、提高经济效益的一项重要措施，要求各项目部、各职能部门高度重视，严格执行相关规定，履行好各自的分解任务，努力做好经济活动分析工作。

任务分析

本任务是经济活动分析报告的写作，通过对经济活动分析报告的知识介绍，掌握经济活动分析报告写作的格式要求与注意事项。

相关知识

一、经济活动分析报告的概念

经济活动分析报告，是从企业的计划指标、会计核算、统计核算等资料入手，通过调查研究分析企业完成计划过程所产生的结果，用书面形式写出来的报告。

理解这个概念，应从经济活动分析报告的内容入手。一个企业在一定时期的经济活动，主要表现在生产、销售、分配和消费四个方面：即生产计划指标完成情况、产品成本计划完成情况、劳动计划完成情况、固定资产的利用情况、销售计划完成情况、企业财务状况等总的评价，并以货币形式反映上述种种活动的效益，从而考核一定时期经济运转情况，找出各个环节完成或没有完成的原因，挖掘各方面的潜力，提出合理化建议，加强完善企业生产经营管理。总之，经济活动分析报告的基本任务就是围绕生产、销售、分配与消费四方面的调查研究分析，摸清企业经济活动规律。一方面肯定成绩，表彰先进；另一方面揭露矛盾，提出解决矛盾的有效措施，促进企业的转化，使企业沿着社会主义市场经济轨道前进。

二、经济活动分析报告的分类

1. 按其范围的不同，可分为：

(1)从企业内部进行分析，即企业的生产计划、劳动计划、产品成本计划、原辅材料供应计划、销售计划、固定资产利用情况、财务状况等的研究分析。

(2)从企业外部进行分析，即企业主管部门、财税、银行、审计部门协助主管部门与该企业上下结合来研究分析。

2. 按其内容的不同，可分为：

(1)全面分析报告，又称综合分析报告，即利用会计核算、统计核算、财务核算等资料，以货币的形式反映企业的经济活动，检查企业经济指标完成情况。

(2)专题分析报告，即围绕某一财务指标或抓住一两个重要问题进行分析、观察经济活动的趋势，工作进程及经济效益。

(3)简要分析报告，又称岗位分析报告，是指一般基层单位的各类人员按岗位职责，对各分管经济责任指标的预测和完成情况进行分析形成的报告。

3. 按其性质的不同，可分为：

(1)综合性分析：即企业在某一特定时期的经济活动，依据各项计划指标，系统地综合地研究分析。

(2)专题性分析：即对企业经济活动中，实施某种重大的经济措施，或企业业务内容的重大变化，或企业经营管理过程中某些薄弱环节，或企业生产过程中某些关键性问题所进行的专题性分析。

三、经济活动分析方法

(一)比较分析法

又称对比分析法，“有比较才能鉴别，有鉴别才能发展”。比较分析法是把两种时间、项目条件等客观因素基本相同或相似，但经营的结果却完全不同，二者放在一起进行对比，从而发现问题，查明原因，提出改进办法。

使用比较分析法，一般有下列两种做法：

1. 自我对比法

(1)把本时期制定的各项计划指标与完成的实际指标作对比，从而说明计划执行的情况，分析主要存在的问题，指明存在问题的原因，提出解决问题的办法。

(2)把本时期完成的各项指标与本单位历史上最高指标作对比，从而分析企业经营活动的变化与发展的趋势，以便改进企业的经营管理。

2. 与兄弟单位对比法

这种对比要求在时间地点、内容、条件等客观因素基本相同或相似的行业作比较，通过比较，加大反差，从而寻找造成差距的主客观因素，分析其中存在的问题，便于学习先进的经验。

(二)因素分析法

因素分析法是对某一经济现象的各种因素进行分析，而决定某一经济现象的因素，纷繁复杂，务必从众多的因素中，抓住某一关键的起决定作用的因素进行分析。如《牵住市场"牛鼻子"》一文，阐述的是某地龙眼成熟了，本地市场早已饱和，果农面临着"丰收成灾"的境地，如何疏通市场销售渠道。在众多因素中，由政府出面召开订购会，则是解决这一矛盾的决定性因素。抓住这一主要矛盾，分析解决这一矛盾的办法，就是因素分析法。

(三)动态分析法

企业的经济活动要在竞争中保持生存与发展，最重要的是必须研究市场的动态。在市场经济中，产、供、销各个环节，最重要的环节是对销售领域做科学分析。消费者常常受到主客观因素的制约。主观因素有社会习俗、传统消费观念等；客观因素有经济收入，社会周边环境等。不管是主观因素还是客观因素，都是在动态中发展变化的。因此，从消费动态中分析有关经济活动变化的规律，为经营决策提供有价值的建议，是动态分析的任务。

以上三种分析法，在一篇文章中，既可以单独使用一种分析法，也可以三种分析法综合使用。一般来说，简单的经济活动现象，分析法可以单一，而复杂的经济活动，就要求多侧面、多角度、多层次进行分析。因此，如何应用分析法，要依据分析对象的具体情况，作出自己的抉择。

四、经济活动分析报告的格式要求

1. 标题

一般由时间、分析对象和文种三部分组成，如《1998年电器价格趋势的分析报告》、《1998年6月份财务指标完成情况简要说明》；有的省略了时间概念，只有分析对象和文种，如《塑胶门窗产销情况分析报告》；有的是简洁地概述内容，如《从削价战中吸取经验教训》；有的是直接摆出观点，如《牵引市场“牛鼻子”》；有的是提出问题令人思考，如《国内棉花价格缘何持续上涨》。如果是企业外部的经济活动分析报告，必要时还要加上发文单位的名称，如《无锡市建设银行关于某房地产公司贷款使用情况的分析报告》。

2. 正文

一般由开头、主体和结尾三部分组成。

(1)开头：也称前言。这一部分概括说明有关经济活动的基本情况，当前经济形势，材料背景，点出分析目的。

(2)主体：这是经济活动分析报告的主要部分，必须根据经济活动分析报告的种类和目的来安排内容。

全面分析报告，依据企业某一特定时期各项经济计划指标系统综合，就其经济活动中带有根本性战略性意义的问题分析。

局部分析报告，则是抓住带有关键性意义的问题进行分析。

专题性分析报告，针对某一专题对象进行分析。

总之，不论哪类分析报告，主体要求分析下述几个问题：企业生存与发展的条件、产生问题的原因、解决问题的办法等。

主体部分有三种表达形式：即文字式、表格式、文字表格结合式。

3. 结尾

这是全文的总结。总结的方法，有的是重申要点，有的提出建议，有的不设结尾，把解决问题的办法放在主体中，写完即止。

五、拟写经济活动分析报告的注意事项

1. 分析对象要集中，重点要突出

一个企业，产品生产的环节很多，销售的渠道方法也很多，但写作经济活动分析报告，不能面面俱到，眉毛胡子一把抓，分析对象要集中，主次要分明，重点要突出。如在企业生产中，是分析完不成计划指标的原因呢？还是分析产品质量提不高的原因？是分析成本居高不下呢？还是分析利润上升或下滑？一篇文章，要紧扣一个对象。总之，要紧紧抓住关键性问题，使分析报告写深写透，并提出有预见性的解决方案。

2. 数据要精确，材料要典型

数据与材料都是经济活动分析报告的重要依据，离开数据与材料，分析是空洞无物的。反过来，光罗列数据与材料，见物不见人，就缺乏深度。一篇切合实际的经济活动分析报告，其数据要精确，做到精确，应从来源入手。一方面从计划取表、账表或其他书面材料入手，这些材料固然很重要，但它是账面上的东西，还应该通过调查研究和实物的清理，查出深层次的东西，才不会被表面现象所迷惑。从这两方面入手，得到的数据，才是比较可靠、精确的。经济活动分析报告，目的是揭露矛盾，分析矛盾的原因，提出解决矛盾的方法，归根到底要分析人的作用。因此，要善于抓典型事例进行分析，才能使精确的数据和典型的材料有机地结合起来，起到解决矛盾的目的。

3. 既要报喜，又要报忧

报喜还是报忧，这是写作经济活动分析报告的态度问题。人们习惯于听好话，听顺耳话，写起来，总是摆脱不开"成绩与问题"是"十个指头与一个指头"这种固定的思维模式。不敢揭示存在的问题，这是认识事物的一大误区。工作就是解决问题。掩盖矛盾和问题的经济活动分析报告，是没有任何实际意义的。正确态度是既要报喜，又要报忧，要善于揭露矛盾，分析矛盾，提出解决矛盾的方法，唯此才能推动事物的发展。

4. 要加强科学性

撰写经济活动分析报告要注重科学性。比如在经营过程中，"成绩与问题"始终是相辅相成的，而人们撰写经济活动认识是不能一次完成的。因此，必须坚持实事求是的态度，科学分析矛盾的原因，哪些是有利的因素，哪些是不利的因素，如何充分利用有利因素，克服不利因素，这样，才能使经济活动分析报告建立在科学论证的基础上。

六、例文评析

农村信用社改革的成功探索——江阴市农村商业银行运营情况初析

江阴市农村商业银行是去年底在农村信用联社基础上组建起来的股份制商业银行，作为全国第一批农村信用社改革试点单位，半年多来的运营情况是许多金融界人士所关心并迫切希望了解的。近日，我们对该行的运营和发展情况进行了调查。

一、组建农村商业银行是经济发达地区农村信用社改革的较好模式。

1. 农村商业银行的成立为农村信用社的业务发展创造了有利条件。

2. 初步建立起了现代金融企业制度框架。

3. 金融竞争实力和竞争意识增强。

4. 加速压降不良资产，不断拓展服务领域。

5. 增强了对职工的培养、调度、使用，初步建立了人才竞争和激励机制。

二、农村商业银行运行中亟需解决的几个问题

1. 法人治理结构需要进一步完善。

2. 不良资产占比过高，历史包袱过重，需要较长的化解过程。

3. 资金成本较高和结算手段的制约，影响了农村商业银行的盈利能力。

4. 员工整体素质与现代商业银行的要求相比还有较大差距。

三、必须加大对农村商业银行指导、扶持、监管和服务力度，促使其健康、快速发展

在经济较发达地区将农村信用社改组为农村商业银行，对支持地方经济发展，化解信用社自身风险，促进商业银行的改革和竞争，都是一种较好的选择，但由于历史形成的包袱和农村商业银行规模小，抗风险能力差，其自身又有一些难以克服的弱点，所以必须对其进行指导、扶持，强化监管和服务，才能促进其健康、快速成长。

1. 加强理论研究和指导。

2. 政府应给予农村商业银行一定的优惠政策，帮助其尽快丢掉历史包袱。

3. 人民银行应加强对农村商业银行的监管和服务，预防金融风险的产生。

【简析】

这是一则关于“农村商业银行运行情况”的经济活动分析报告。前言部分，讲述江阴农村商业银行的基本情况，简单扼要。然后，从组建农村商业银行是经济发达地区农村信用社改革的较好模式(基本情况及经验)、农村商业银行运行中亟需解决的几个问题、必须加大对农村商业银行指导、扶持、监管和服务力度，促使其健康、快速发展(改进措施)等三个部分进行分析论述，资料详实，数据准确，能够为经济活动分析提供有力的支撑。

任务实施

厚生公司在滨江职教园区投资餐饮娱乐综合体以来，运作良好，经济效益颇丰。请项目部经历拟写关于滨江职教园区餐饮娱乐综合体的经济活动分析报告。

任务六 经济合同的写作

知识目标

- ◆ 合同与经济合同的概念、分类与订立合同的基本原则
- ◆ 经济合同的基本条款
- ◆ 经济合同的格式要求与写作的注意事项

能力目标

- ◆ 提高对经济合同写作相应工作情景分析、评价的能力
- ◆ 掌握经济合同的基本条款与格式要求,能够熟练进行经济合同的写作

任务引入

请指出下面合同存在的问题,并在保留其基本内容的前提下,对其进行修改。

买卖合同

卖方:四方食品公司

买方:兴隆商厦

一、卖方为买方提供速冻鱼丸 1 000 包,全部用买方提供的娃娃鱼制作。

二、自 2009 年 7 月 12 日,分期分批供货。

三、买方付定金 12 000 元,其余货款 38 000 元,收货即付。

四、如买方不如期付款、卖方可行使留置权,在逾期付款一个月后,即可变卖留置的速冻鱼丸。

五、无论何方违约,均使用定金罚则,同时,支付违约金 5%。

六、本合同自双方签字盖章之日起生效。一式三份,双方各执一份,买方法律顾问持一份。

卖方:四方食品公司

买方:兴隆商厦

合同签订日期:2000 年 10 月 31 日

任务分析

本任务是经济合同的写作。经济合同在当前市场经济环境中具有极为重要的地位，它是合同双方当事人的利益的协调者与见证人。

通过对经济合同的知识介绍，掌握经济合同写作的格式要求与写作的注意事项。要注意经济合同中基本条款的具体表述。

相关知识

一、合同与经济合同

(一)合同的概念

现在，随着我国社会主义市场经济体制的确立，特别是加入世贸组织以后，与国际商贸交流日益加深，全球一体化程度逐渐提高，为了建立法治社会，规范各类社会组织之间的经济行为，我国颁布了一系列推行合同法规，并加强合同管理。可以说，合同无处不在，即法谚所谓“契约的总和即为市场”。

合同在国内外法律的表述如下：

1. 根据《民法通则》，合同是当事人之间设立、变更、终止民事关系的协议。依法成立的合同，受法律保护。

2.《中华人民共和国合同法》第 2 条：“合同是平等主体的自然人、法人、其他组织之间设立、变更、终止民事权利义务关系的协议。”

3. 法国法的定义：《法国民法典》第 1101 条规定，“合同为一种合意，依此合意，一人或数人对于其他一人或数人负担给付某物、作为或不作为的债务。”这是大陆法系关于合同的经典定义。

4. 德国法的定义：《德国民法典》第 305 条规定，“以法律行为发生债的关系或改变债的关系的内容者除法律另有规定者，必须有当事人双方之间的合同”。

5. 美国《法律重述：合同》：合同是一个允诺或一系列允诺，违反该允诺将由法律给予救济；履行该允诺是法律所确认的义务。

综合上述法律表述，合同也就是协议，是作为平等主体的自然人、法人、其他组织之间设立、变更、终止民事权利义务的约定、合意。合同作为一种民事法律行为，是当事人协商一致的产物，是两个以上的意思表示相一致的协议。只有当事人所作出的意思表示合法，合同才具有法律约束力。依法成立的合同从成立之日起生效，具有法律约束力。

合同作为一种法律概念，有广义与狭义之分。此处所说的合同是指受《合同法》调整的合同，具有如下法律特征：

首先，合同是一种法律行为，建立的是当事人之间的法律关系。法律行为是人们表示自己意志的、有法律后果的行为；法律关系是人们之间的权利义务关系。订立合同时法律行为，在当事人之间产生权利义务关系，当事人的权利受到法律保护，不履行义务要承担法律责任，所以合同这种法律行为和一般行为是不同的。

其次，合同是两个或两个以上当事人的法律行为，是当事人意志一致的表示，不是单方面的法律行为。

再次，合同是当事人之间的协议，当事人在合同关系中的法律地位是平等的，一方不得强迫另一方接受自己的意见。

最后，合同是当事人合法的行为，合同的订立和内容必须合法，合同确认的权利义务，必须是双方当事人依法可以行使的权利和承担的义务。

（二）经济合同的概念

经济合同是平等主体的自然人、法人、其他组织之间在各自的经营权限或业务范围之内为了实现一定的经济目的，按照法律规定，在平等互利、协商一致的原则下明确相互之间的权利和义务关系而共同订立和遵守的书面协议。

自然人，是公民，依法享有民事权利承担民事义务的人。法人，是经国家认可，有独立的财产或独立的预算，具有民事权利能力和行为能力，依法独立享受民事权利和承担民事义务的社会组织。法定代表人是依照法律或者法人组织章程规定，代表法人行使职权的负责人。法人是组织，法定代表人是自然人，这是二者最直观的区别。

签订经济合同是一种法律行为，必须遵循合法原则、平等互利原则、协商一致原则和等价有偿原则。经济合同依法成立，即具有法律约束力，当事人必须全面履行合同规定的义务，任何一方不得擅自变更或解除合同。违反合同，要追究责任，赔偿损失，直至法律制裁。

二、经济合同的类型

《中华人民共和国合同法》规定有 15 种：买卖合同（购销合同），供用电、水、气、热力合同，赠与合同，借款合同，租赁合同，融资租赁合同，承揽合同，建设工程合同，运输合同，技术合同，仓储合同，保管合同，行纪合同，委托合同，居间合同等。

虽然法律并没有对合同分类作出明确规定，但按照比较通行的说法，合同主要可以分为以下几类：

第一，根据当事人双方权利义务的分担方式，可分为双务合同与单务合同。双务合同，是指当事人双方相互享有权利、承担义务的合同。如买卖、互易、租赁、承揽、运送、保险等合同为双务合同。单务合同，是指当事人一方只享有权利，另一方只承担义务的合同。如赠与、借用合同就是单务合同。

第二，根据当事人取得权利是否以偿付为代价，可以分为有偿合同与无偿合同。有偿合同，是指当事人一方只享有合同权利而不偿付任何代价的合同。有些合同只能是有偿的，如买卖、互易、租赁等合同；有些合同只能是无偿的，如赠与等合同；有些合同既可以是有偿的也可以是无偿的，由当事人协商确定，如委托、保管等合同。双务合同都是有偿合同，单务合同原则上为无偿合同，但有的单务合同也可为有偿合同，如有息贷款合同。

第三，根据合同的成立是否以交付标的物为要件，可分为诺成合同与实践合同。诺成合同，又叫不要物合同，是指当事人意思表示一致即可成立的合同。实践合同，又称要物合同，是指除当事人意思表示一致外，还须交付标的物方能成立的合同。

第四，根据合同的成立是否需要特定的形式，可分为要式合同与不要式合同。要式合同，是指法律要求必须具备一定的形式和手续的合同。不要式合同，是指法律不要求必须具备一定形式和手续的合同。

第五，根据订立的合同是为谁的利益，可分为订约当事人利益的合同与为第三人利益的合同。为订约当事人利益的合同，是指仅订约当事人享有合同权利和直接取得利益的合同。为第三人利益的合同，是指订约的一方当事人不是为了自己，而是为第三人设定权利，使其获得利益的合同。在这种合同中，第三人既不是缔约人，也不通过代理人参加订立合同，但可以直接享有合同的某些权利，可直接基于合同取得利益。如为第三人利益订立的保险合同。

第六，根据合同间是否有主从关系，可分为主合同与从合同。主合同，是指不依赖其他合同而能够独立存在的合同。从合同，是指须以其他合同的存在为前提而存在的合同。

第七，格式合同。格式合同，又称定型化合同、标准合同，是指合同条款由当事人一方预先拟订，对方只能表示全部同意或者不同意的合同，亦即一方当事人要么整体上接受合同条件，要么不订立合同。

三、订立经济合同的原则

1. 平等原则

合同当事人的地位平等，一方不得将自己的意志强加给另一方。合同双方权利义务对等。

2. 公平原则

以利益均衡作为价值判断标准来调整合同主体之间的关系，强调双方负担和风险的合理分配。

3. 诚实信用原则

要求当事人在订立、履行以及合同终止后的全过程，都要诚实守信。

4. 合法原则

合同的内容与程序必须是合法的。

5. 自愿原则

民事活动的基本准则。订不订合同自愿；与谁订合同自愿；合同内容由当事人在不违法的情况下自愿约定；合同履行过程中，当事人可以协议补充、协议变更有关内容；双方可以协议解除合同；发生争议时，当事人可以自愿选择解决争议的方式。

6. 严守合同原则

四、经济合同的基本内容

按照《经济合同法》第十二条规定，经济合同一般应包括如下基本条款。

1. 合同双方当事人

明确合同双方当事人，是为确定权利的享受者和义务的承担者。要标明合同双方当事人的名称或者姓名和场所。

在中国，公司的注册地址就是其住所。住所具有特定的法律含义，根据《民法通则》规定，法人以其主要办事机构所在地为住所。中国采取住所单一主义，自然人或法人只能有一个住所，但可能有多个居所或多个办事机构。法人的住所属于登记必要记载事项，法人住所应以营业执照登记记载为准。住所往往与法院管辖权联系在一起，根据中国法律规定，如当事人无特别约定或无专属管辖的情形下，一般适用“原告就被告”的司法管辖原则。

合同检查和会签过程中发现法人和法人代表经常被混淆或等同，尤其是在同一个自然人作为两个公司的法定代表人或者公司被法定代表人个人控制或实际拥有等情形下，比如经常听到“其实两家公司是一家，法人都是×××”。无论两家公司是否皆为同一人控制或拥有，也无论这两家公司是否为两块牌子、一套人马，根据中国《公司法》的规定，它们就是两个独立的民事主体，各自对外独立承担民事责任，与公司法定代表人个人无甚关联，如果混淆或等同可能会给公司带来巨大的损失。例如，项目在实施过程中因资金紧张欲向业主 A

公司借款，但是由于错把A公司等同于该公司法定代表人B人，借条上载明出借人为B人，而非A公司。工程竣工后，A公司拖欠工程款，承包商多次催讨未果，无奈诉至法院，请求法院判令A公司支付拖欠工程款、违约金及利息。而B人同时将承包商告上法庭，请求偿还借款，并查封承包商银行账户。简单说就是A公司拖欠承包商工程款，承包商欠B人借款，承包商所面临的尴尬就是工程款收回难度大、周期长，甚至可能因为A公司支付不能或破产或执行难而不能收回工程款，而同时却仍要用自有资金偿还B人借款，这种可怕的结果想一想都会令人颤栗。

2. 标的

标的，是合同双方权利和义务共同指向的对象，是合同的中心内容和必要条件。

标的主要包括：有形财产（生产资料、生活资料、货有价证券），无形财产（商标权、专利权、著作权、技术秘密），劳务（运输行为，保管行为，接受委托进行代理、行纪、居间），工作成果（承揽合同中承揽人完成的工作成果，建设工程合同中承包人完成的建设项目，技术开发合同中研究开发人的研究开发成果）等。

对标的的规定应当清楚明白，准确无误。名称、型号、规格、品种、等级、花色。特别是不易确定的无形财产、劳务、工作成果，尽可能准确明白。绝不能用含混不清的语言或有歧义的词语，以免发生纠纷。

3. 数量和质量

数量和质量是标的的具体化。

(1)数量。对于有形财产，数量是单位个数、体积、面积、长度、容积、重量等的计量；对于无形财产，数量是个数、件数、字数以及使用范围等多种量度方法；对于劳务，数量为劳动量；对于劳动成果，数量是工作量及成果数量。

计量准确，选择双方当事人共同接受的计量单位、计量方法和计量工具。在不同性质的经济合同中，应根据不同的标的物使用相应的计量单位，同时应按国家有关度量衡的统一规定和方法计量，要规定得准确、具体，切忌使用模棱两可的计量单位，如“堆”、“块”等。

(2)质量。质量是标的物内在素质和外在形态的结合。一方面是产品的外观形态，如造型、结构、色泽、味觉等；一方面是产品的内在素质，如物理和机械性能、生物特征等。

质量一般以品种、型号、规格、等级和工程项目的标准等体现出来。质量标准一般应写明国家、部颁、省级标准字样。如需特殊标准，则应由当事人协议并在合同相应条款中标明。

4. 价款或报酬

两者简称价金，是指当事人获取标的物所应支付的货币。价款是对提供财产的当事人支付的货币，如买卖合同的货款、租赁合同的租金，借款合同中借款人向贷款人支付的本金和利息。报酬是指对提供劳务和工作成果的当事人支付的货币，如保管合同中的保管费、仓储合同中的仓储费。

价款包括单位价款和总和价款。明确规定数额、计算标准、结算方式和程序。

在书写数字时，应同时采用汉字和阿拉伯数字书写，注意二者是否等值。合同解释理论认为，人们书写阿拉伯数字要比书写汉字更容易犯错误，所以当二者不一致时，以汉字为准。

5. 履行期限、履行地点与方式

履行期限是指合同中规定的一方当事人向对方当事人履行义务的期限，如交付标的物、价款或报酬的时间期限，履行劳务的时间期限。它是判断经济合同是否按时履行的标志，也是检查违约责任的根据。在处理时间期限时，注意设定截止日期。比如“接到甲方书面通知后”与“接到甲方书面通知 7 日内”，其差别在于前者是时间射线，具有不确定性，后者是个时间线段。

履行地点是指合同规定的当事人履行合同义务和对方当事人接受履行的地点。买卖合同中的，买方提货的，履行地为提货地；卖方送货的，履行地为买方收货地。履行地点关系到履行合同的费用、风险由谁来承担，以及确定所有权是否转移、何时转移、发生纠纷后应当由何地法院管辖的依据。地点应该是具体、详细、准确的，比如“收货地点：无锡”就无法到达。

履行方式是指合同当事人履行义务的方式、方法。一般包括：货物交付方式、价款结算方式和任务完成方式。

6. 违约责任

违约责任是指合同当事人一方或者双方不履行合同或者不适当履行合同时，按照法律规定或者合同约定应当承担的法律责任。

约定金、违约金，约定赔偿金额以及赔偿金的计算方法。

7. 解决争议的方法

是指合同当事人事先约定的，在履行合同中双方发生争议时解决的方法。常用的方法有：当事人协商和解、第三人调解、仲裁、诉讼。

五、经济合同的结构与写法

1. 标题

一般由合同的性质和文种构成，如《基本建设合同》、《粮食定购合同》。标题的下方应标明合同编号。

在表格式合同中，签订日期和地点也可放在标题的右下方，与编号上下排列，用小一号字体。

2. 订立合同双方当事人的名称

合同签约各方应写全称，为方便表述可在各方前面或后面注明“甲方”、“乙方”或“供方”、“需方”。

3. 正文

(1)引言。是合同的开头，通常需要写明当事人双方签订合同的目的和依据。常见写法有“为了……，根据……法律的规定，……双方经过充分协商，特订立本合同，以便共同遵守”。引言可部分省略或全部省略，在写法上比较灵活。

(2)主体。指合同的主要条款和具体内容。

①必备条款(标的、数量、质量、价款或酬金、履行期限、履行地点与方式、验收、结算方式、违约责任、解决争议的方法)。

②其他条款。

(3)附则。如合同执行中发生意外情况的处理办法，合同中未尽事宜的补充规定、合同的附件等。

4. 结尾

一般应包括合同正副文本的份数、交存机构、生效和终止期限、附件名称、当事人单位及代表签章、合同订立日期和当事人单位的地址、邮编、电话、开户银行、账号等。

合同的分数与交存机构，如“本合同一式四份，甲乙双方各执一份，副本两份，送双方上级主管机关存查”。

合同的有效期限：合同执行的起止日期。例如，“本合同有效期自一九九九年三月五日至二〇〇〇年四月五日，过期作废”。“本合同自双方代表签字，加盖双方公章或合同专用章即生效，至××后终止”。

附件说明：有附件，注明合同附件的效力。例如，“本合同附件、附表均为本合同的组成部分，且具有同等的法律效力”。附件、附表均写在合同条款的最下方。注明附件名称、序数和份数。

六、拟写合同的注意事项

1. 经济合同的内容必须合法

经济合同所涉及的内容必须符合国家的有关法律、法规和有关职能部门或行业的管理规定。这样，合同的内容才可能建立在合法的基础上。同时，合同的内容应是当事人意愿的共同体现。

2. 经济合同的格式必须规范

可向当地工商行政管理机关或业务主管部门购买合同纸，也可按照示范文本格式自行印刷使用。合同的撰写，要严肃认真，不得随意涂改。合同如有错误或遇到特殊情况确需修改时，应将双方同意的意见作为附件附上。如在原件上修改，应加盖双方印章。

3. 经济合同的语言必须准确

不允许出现含糊不清或模棱两可的句子或语言，以避免在合同的履行中出现不必要的争执和纠纷。合同中使用的概念，当事人应该有一致的理解，忌用模糊概念，以防歧义产生。经济合同的语义应该准确，避免使用"希望"、"尽可能"、"争取"等模糊性用语，不说空话、套话。再如，甲、乙口头约定，乙向甲借款5万元，后乙归还部分借款，甲为乙出具1张凭据："还欠款1万元"。后甲因乙迟迟不归还余款，遂诉至法院，要求偿还剩余欠款4万元。乙抗辩称已还4万元，只欠1万元。这里就出现了两种理解，一种认为是还(huán)欠款1万元，另一种是还(hái)欠款1万元。两者意义差之毫厘，却有天壤之别。经济合同的数字应核对无误，金额应大写。同时还要注意正确使用标点符号，防止句号、逗号用错或点错而造成不必要的纷争或造成损失。

七、例文评析

运输合同

订立合同双方：

托运方：..

承运方：..

根据国家有关运输规定，经过双方充分协商，特订立本合同，以便双方共同遵守。

一、货物名称、规格、数量、价款：货物编号品名规格单位单价数量金额(元)

二、包装要求：托运方必须按照国家主管机关规定的标准包装；没有统一规定包装标准的，应根据保证货物运输安全的原则进行包装，否则承运方有权拒绝承运

三、运输办法及运杂费负担：..

四、托运时间及地点：..

五、到货时间及地点：________

六、收货人领取货物及验收办法：________

七、付款办法：________

八、违约责任：

托运方责任：

1. 未按合同规定的时间和要求提供托运的货物，托运方应按货物价值的____%偿付给承运方违约金。

2. 由于在普通货物中夹带、匿报危险货物，错报笨重货物重量等而招致吊具断裂、货物摔损、吊机倾翻、爆炸、腐蚀等事故，托运方应承担赔偿责任。

3. 由于货物包装缺陷产生破损，致使其他货物或运输工具，机械设备被污染腐蚀、损坏，造成人身伤亡的，托运方应承担赔偿责任。

4. 在托运方专用线或在港、站公用线、专用铁道自装的货物，在到站卸货时，发现货物损坏、缺少，在车辆施封完好或无异状的情况下，托运方应赔偿收货人的损失。

5. 罐车发运货物，因未随车附带规格质量证明或化验报告，造成收货方无法卸货时，托运方应偿付承运方卸车等存费及违约金。

承运方责任：

1. 不按合同规定的时间和要求配车（船）发运的承运方应偿付托运方违约金____元。

2. 承运方如将货物错运到货地点或接货人，应无偿运至合同规定的到货地点或接货人。如果货物逾期达到，承运方应偿付逾期交货的违约金。

3. 运输过程中货物灭失、短少、变质、污染、损坏，承运方应按货物的实际损失（包括包装费、运杂费）赔偿托运方。

4. 联运的货物发生灭失、短少、变质、污染。损坏应由承运方承担赔偿责任的，由终点阶段的承运方向负有责任的其他承运方追偿。

5. 在符合法律和合同规定条件下的运输，由于下列原因造成货物灭失、短少、变质、污染、损坏的，承运方不承担违约责任：①不可抗力；②货物本身的自然属性；③货物的合理损耗；④托运方或收货方本身的过错。

九、本合同正本一式二份，合同双方各执一份；合同副本一式____份，送____等单位各留一份。

托运方：________ 承运方：________

代表人：________ 代表人：________

地址：________ 地址：________

电话：________________ 电话：________________
开户银行：______________ 开户银行：______________
账号：________________
____年____月____日 ____年____月____日

任务实施

1. 某职业技术学院为改善办学条件，拟在校园北操场后，建一座公寓式学生宿舍楼，占地面积1 000平方米，6层框架结构，建筑面积6 000平方米，预算资金1 100万元。与本市建工集团公司签订协议，本年3月破土动工，本年11月交付使用。请你代写一份合同。

2. 请根据以下材料写一份买卖合同。

大丰果品商店的代表杜云光，于1999年3月16日与光明园艺场的代表肖鹏飞订了一份合同。双方在协商中提到：大丰果品商店购买光明园艺场出产的水蜜桃8 000公斤、鸭梨10 000公斤和红富士苹果15 000公斤。要求每种水果在八成熟采摘后，一星期内分三批交货，由光明园艺场负责以柳筐包装并及时运到大丰果品商店；其包装筐费和运输费均由大丰果品商店负担。各类水果的价格视质量好坏，按国家规定当地收购牌价折算，货款在每批水果交货当日通过银行托付。如因突发的自然灾害不能如数交货，光明园艺场应及时通知大丰果品商店，并互相协商修订合同。在正常情况下，如果大丰果品商店拒绝收货，应处以拒收部分价款20%的违约金；光明园艺场交货量不足，应处以不足部分价款30%的违约金。这份合同一式四份，双方各执一份，各自的上级单位备案一份。

模块五　传播文书的写作

任务一 启事、声明、公示的写作

知识目标

◆ 启事的概念、种类与格式要求

◆ 声明的概念、种类与格式要求

◆ 公示的概念与格式要求

能力目标

◆ 提高对启事、声明、公示等文书写作相应工作情景分析、评价的能力

◆ 掌握启事、声明、公示的基本知识，具备能够熟练进行启事、声明与公示写作的能力

任务引入

因公司发展需要，厚生公司经董事会研究决定，拟招聘10名销售人员与5名采购人员，人力资源部通过细致的调查研究，制订了完善的招聘计划。现由助理王晓华拟写一篇招聘启事。

任务分析

本任务启事、声明、公示的写作，通过对启事、声明、公示的知识介绍，掌握启事、声明、公示写作的格式要求和注意事项。

相关知识

一、启事的写作

（一）启事的概念与种类

启事是单位或个人有事向大家解释、说明、告知或者希望大家协助解决时，张贴在公共场所或刊登在报纸杂志上的简明扼要的信息文书。

“启事”和“启示”，是人们日常生活中用得较频繁但又容易混淆的两个词。遗失了东西，写一张“寻物启事”；某单位要招工，贴一份“招聘启事”。但是，上

述“启事”却常被人写成“启示”，这类错误甚至见诸报刊上的广告用词，可见对这两个词的构成和它们各自的含义大有辨析的必要。

“启”是个多义字。“启”的甲骨文字形像用手去开门，所以它的本义是打开。如《左传・襄公二十五年》“门启而入”，“启”指打开，后来“启”由打开的意义引申为开启、启发、让人得以领悟等意思，“启发”、“启迪”均用此义。开导蒙昧叫“启蒙”。再引申之，“启”还有陈述、表白的意思。旧式书信在正文开头称“某启”或“敬启者”，“启”均表写信的人向对方表白启告。“启”的这个意义构成的双音词有“启白”、“启告”、“启报”等。

在合成词“启事”和“启示”中，“启”表示意义并不相同。“启示”的“启”义为开导启发，“示”也表示同样的意义。“示”本指把东西给人看，在“示威”、“示弱”、“示众”等词语中，“示”皆表此义。再引申，“示”又有指示、开导、让人明白某种道理的意思。因此，在合成词“启示”中，“启”与“示”是同义并用，并列结构，意思是启发指示、使人有所领悟。“启事”的“启”，则为陈述表白，“启事”即为公开陈述某件事情。

启事的种类有很多。根据实情的不同内容，可分为寻求启事（寻人启事、寻物启事）、招领启事、征求启事（征稿启事、征婚启事、招聘启事）、告知启事（搬迁启事、促销启事、停业启事）等。

（二）启事的格式与写法

1. 招聘启事的格式要求

（1）标题：直接写“招聘启事”或加上启事的内容，如“某大学面向全社会公开招聘教师”。

（2）正文的内容一般要求写清楚启事的具体事项。首先，介绍招聘单位的性质、所在城市、地理位置及企业的基本经营状况。其次说明应聘者的条件：招聘的岗位、性别、年龄、学历、专业、工作经历等。再次应明确应聘者的工作待遇、优惠条件。最后应说明报名办法、需要准备的个人资料及应聘流程等。落款应有招聘单位名称、地址、电话、联系人、网址。

2. 寻物启事的格式要求

（1）寻物启事的概念、分类和特性。寻物启事是个人或单位丢了东西，希望通过启事得到帮助找回东西的一种应用文。寻物启事一般可张贴于丢物的地点，或贴在单位门口或街巷较显眼的位置，有的寻物启事也登在报纸上。

寻物启事的分类：依据丢失东西物主的身份，可分为两种：一种是个人由于不慎或遗忘将东西遗失而写的寻物启事，另一种是单位由于遗失了东西而发布的寻物启事。

寻物启事的特性:第一,寻物启事的公开性:寻物启事无论是个人寻找丢失物或是单位寻找丢失物均是公开张贴或散发的。它是要在较大的范围内发布有关信息,以期能最终找回所丢失的东西。第二,寻物启事的目的明确性:寻物启事是针对具体丢失的物件而使用的一种应用文,其发文目的是明确的,它不涉及与寻找物体无关的东西。

(2)寻物启事的具体写法格式。寻物启事的标题可以有两种构成格式:第一,由文种名称和缘由构成,如“寻物启事”;第二,由文种名和具体丢失物名构成,如“寻书启事”、“寻自行车启事”。

寻物启事的正文一般由以下几项内容构成:其一,写明丢失物的名称、外观、规格、数量、品牌等,同时要写明丢失的原因、时间和具体地点。其二,交代清楚拾物者送还的具体方式,或注明发文者的详细地址、联络方式等。其三,寻物启事是求人协助寻找的,故除文中写些表示谢意的话外,还可以写明给予拾到者必要的酬金之类的话。落款要署上发文的单位名称或个人姓名,并署上发文日期。

(三)例文评析

1.招聘启事

中国科学院办公厅公开招聘工作人员启事

中国科学院是国务院直属事业单位。根据工作需要,中国科学院办公厅面向社会公开招聘工作人员1名。

一、招聘岗位

安全保卫保密办公室业务主管(或业务助理)1名。

二、岗位职责

负责全院安全、保卫、保密、信访工作的宏观指导与综合协调;制订和修订相关管理标准与规章制度;采集分析全院安全、保卫、保密工作信息;组织全院安全保密检查;配合国家有关部门查处重大案件、事故;负责本处的日常公文处理及归档工作。

三、应聘条件

1. 热爱管理工作,责任心强,吃苦耐劳,有较强的进取精神和团队合作精神,具有较高的协调沟通能力及创新能力。

2. 具有较强的文字和口头表达能力,能熟练使用计算机办公软件,独立撰写具有一定水平的研究报告、信息统计及工作总结等。

3. 具有本科及以上学历、学位。

4. 有北京市户口,身体健康,年龄一般不超过35周岁。

四、招聘方式及程序

(一)自发布招聘通知起,凡符合招聘条件的人员均可报名。报名可采用信件或电子邮件方式(请注明岗位竞聘),报名截止时间为 2009 年 3 月 10 日(以收到报名表时间为准)。

(二)应聘者须提供以下材料

1. 填写中国科学院院机关岗位竞聘申请表(见附件);

2. 提供能证明本人能力、水平的相关资料(学历、学位证书、获奖证书、专业技术职务任职证明材料、重要论文等);

3. 学习和工作简历。

(三)资格审查

根据应聘者所提供材料进行初审。初审通过者将于 2009 年 3 月底前通知面试。未通过初审者将不被通知参加面试,材料恕不退回。

(四)岗位竞聘

公开进行竞聘。应聘人员作 10～15 分钟竞聘报告,答辩 5～10 分钟。竞聘报告内容包括本人基本情况、工作业绩、对应聘岗位的理解、认识及工作设想等。竞聘时间及地点另行通知。

(五)组织考核,择优遴选

对通过评审的候选人进行组织考核,对合格者,确认聘任人选。

五、聘后管理

1. 招聘岗位属于事业编制岗位,实行合同管理。

2. 录用人员待遇执行中国科学院机关工作人员的相应政策。

六、联系方式及联系人

地址:北京市西城区三里河路××号(邮编:100864)

联系人:中国科学院办公厅 王××

电话:010—××××

传真:010—××××

电子邮箱:××××@cashq. ac. cn

【简析】

这是中国科学院办公厅公开招聘工作人员的启事。首先,介绍中国科学院的性质;其次说明招聘的岗位、岗位职责及应聘条件;接着说明招聘方式与程序,由报名时间、提交材料、资格审查、岗位竞聘、组织考核等步骤组成;然后讲述品聘后管理方法与相关待遇;最后说明联系方式,由招聘单位地址、电话、联系人与电子邮箱等。符合招聘启事的格式要求,结构合理,内容明确,通过招聘条件的设置可以节省招聘成本，也可以更好地完成招聘任务。

2. 寻物启事

寻物启事

本人不慎于元月二十五日乘7路公共汽车时，将部队复员证、驾驶证、复员介绍信遗失。有拾到者请与××厂机修车间×××联系，必有重谢。

电话：×××

启事人：×××

×年×月×日

【简析】

这是一则公开登在报缝中的寻物启事。标题以较大的黑体字显示，以加强明显性，引起别人注意。

二、声明的写作

(一)声明的概念与分类

声明是就有关事项或问题向社会表明自己立场、态度的应用文体，是告启类文书的一种。政党和国家的领导机关及其领导人、机关单位、社会团体、企事业单位、其他组织或公民个人均可发表声明。

声明可以在报刊登载，也可以通过广播、电台播发，还可以进行张贴。

声明通常有两类：一类是警告声明，当自己的某种合法权益受到侵害，为维护自己的合法权益、引起公众关注，并要求侵权方停止侵害行为的声明。另一类是遗失声明，在自己遗失了支票、证件等重要凭据或证明文件时，为防止他人冒领冒用而发表的声明。

(二)声明的作用

1. 表明立场、观点、态度的作用；

2. 警告、警示的作用；

3. 保护自己合法权益的作用。

(三)声明的格式要求

声明一般由标题、正文和尾部三部分组成。

1. 标题

一般只写文种“声明”；另一种由事由和文种构成，如《遗失声明》等，还有一种采用发文机关名称、授权事由、文种三项结构形式，如《××××有限责任公司授权法律顾问××律师声明》。

2. 正文

简明扼要地写明发表声明的原因，表明对有关事件的立场、态度。

3. 尾部

包括署名、时间和附项三项内。有的声明正文内容中写有希望公众检举揭发侵权者的意思，还应在署名项目的右下方附注自己单位的地址、电话、电传号码以及邮政编码，以便联系。

（四）例文评析

著作权保护声明

百度作为全球最大的中文搜索引擎，基于全球互联网向广大网民提供中文检索服务。根据用户本人的指令，百度的搜索引擎系统会以非人工检索方式自动生成到第三方网页的链接，以便用户能够找到和使用第三方网页上各种文档、资料等内容。“百度”自身不存储、控制、编辑或修改被链接的第三方网页上登载、存储、编辑、显示被检索（包括但不限于以文字、图片或音乐等形式出现）的信息的内容或其表现形式。

百度一贯高度重视知识产权保护并遵守中国各项知识产权法律、法规和具有约束力的规范性文件。重视正版，打击盗版。根据法律、法规和规范性文件要求，百度制定了旨在保护知识产权权利人的合法权益的措施和步骤，当著作权人和/或依法可以行使著作权的权利人发现在百度生成的链接所指向的第三方网页的内容侵犯其著作权时，权利人应事先向百度发出“权利通知”，百度将根据中国法律法规和政府规范性文件采取措施移除相关内容或屏蔽相关链接。

具体措施和步骤如下：

权利通知

任何个人或单位如果同时符合以下两个条件：

1. 是某一作品的著作权人和/或依法可以行使著作权的权利人；

2. 百度的搜索引擎系统以自动检索方式而链接到第三方网页的内容侵犯了上述作品的著作权。

请上述个人或单位务必以书面（传真或邮寄信件）的通信方式向百度提交权利通知（除非有事先经百度同意，请勿使用电子邮件方式提交通知）。

请注意：如果权利通知的陈述失实，权利通知提交者将承担对由此造成的全部法律责任（包括但不限于赔偿各种费用及律师费）。如果上述个人或单位不确定网络上可获取的资料是否侵犯了其著作权，百度建议该个人或单位首先咨询专业人士。

为了百度有效处理上述个人或单位的权利通知，请使用以下格式（包括各条款的序号）：

1. 权利人对涉嫌侵权内容拥有著作权和/或依法可以行使著作权的权属证明；

2. 请充分、明确地描述确信被侵犯了著作权的作品并请提供非法登载该作品的第三方网址。

3. 请指明涉嫌侵权网页的哪些内容侵犯了第2项中列明的作品的著作权。

4. 请提供权利人具体的联络信息，包括姓名、身份证或护照复印件(对自然人)、单位登记证明复印件(对单位)、通信地址、电话号码、传真和电子邮件。

5. 请提供涉嫌侵权内容在信息网络上的位置(如指明您举报的含有侵权内容的出处，即：指网页地址或网页内的位置)以便我们与您举报的含有侵权内容的网页的所有权人/管理人联系。

6. 请在权利通知中加入如下关于通知内容真实性的声明："(1)我本人为该作品的著作权人和/或依法可以行使著作权的合法权利人；(2)在我举报的第三方网页上登载的内容侵犯了本人相应的著作权；(3)本人确认：如果本权利通知内容不完全属实，本人将承担由此产生的一切法律责任。"

7. 请在权利通知中加入以下陈述："我保证，本通知中所述信息是充分、真实、准确的，我是该作品的著作权人，或，我已获授权，有权行使第2项中列明作品的著作权。"

8. 请您签署该文件，如果您是依法成立的机构或组织，请您加盖公章。

请您把以上资料和联络方式书面发往以下地址：

中国北京市北四环西路×××号×××大厦12层

百度公司 法务部

邮政编码：100080

或，传真至：(86—10)×××—×××或×××—×××

【简析】

这是百度公司发布的"著作权保护声明"。首先简要介绍百度搜索引擎的搜索模式以及百度在著作权保护方面的原则。接着说明具体的措施与步骤，以及处理时应使用的格式说明。结构合理，内容简洁，既能表明本公司态度，又能起到告知相关信息的作用。

三、公示的写作

(一)公示的概念

公示，是党政机关、企事业单位、社会团体等事先预告群众周知，用以征询意见、改善工作的应用文。

它不同于“告示”和“公告”这两种文体。现在有人把它当作“告示”或“公告”，甚至认为“公示”就是两者的“合二为一”，是不正确的。现代应用写作学界普遍认为，公示已逐渐成为一种新文种。

“告示”作为一种应用文体，产生较早，始于明朝。官以事告知于下，称为“示”。所谓“告示”，就是官府把一件或几件重大的事情，以文书的形式，公开告知属下和民众，要他们了解与执行，如人们常见的“安民告示”之类。而“公告”产生比较晚，始于新中国成立后，是党和国家最高权力机构专门用来向国内外宣布重大事情或决定时所采用的一种公文形式。它与告示有相似的性质，如公开性和周知性；但又不同，特别是它具有权威性，不是一般权力机构所能使用的，只有被授权的新华通讯社才能发布。“公告”的内容虽系重大，但只是为了让人们知道和了解信息，并不要求公众像“告示”那样去遵照执行。

（二）公示的特点

公示的内涵与性质显然不同于告示和公告，它具有以下几个特点：

1. 公开性

就是指它所写作的内容、承载的信息，都是要向一定范围内或特定范围内的人员公开出来的，是要让大家知道和了解的，具有较强的透明度，不存在任何秘密和暗箱操作。

2. 周知性

就是指它写作的目的，是为了让关注它内容与信息的人们都了解是怎么回事，从而参与其事。

3. 科学性

就是指公示的时间要科学合理，不但要反映公示的过程，更要反映出公示的结果，反映出群众的意愿。公示是事先的公示，不是事后的公示。公示的内容是初步的决定而非最终的决定。

4. 民主性

就是指公示的过程与结果，都是公开、公平、公正的，都是有群众参与和监督，并为他们所认可的。

（三）公示的格式要求

公示作为一种新兴的应用文体，有着较为固定的格式。一个完整的公示应由标题、正文和落款三个部分组成。有时也可有附录或附表、附图。

1. 标题

一般直接写文种名称“公示”，或者以公示内容加文种组成，如“关于×××的公示”。

2. 正文

(1)公示的缘由。

(2)公示的基本情况。党员发展公示一般要包括有关人员的姓名、性别、出生年月、工作单位、职务、入党时间等。

(3)公示的起始及截止日期(以工作日计),意见反馈单位地址及联系方式。

(4)发布公示的单位名称(加盖公章)及发布时间。

(四)例文评析

公 示

经本人申请,党组织长期培养考察,近期确定×××3名同学为拟发展对象,根据中央及我院党委发展党员公示制的规定,现公示如下:

姓名	性别	出生年月	系别	班级	职务
李明华	男	1985.6	经济管理系	03级××××1班	班长
王丽	女	1985.7	经济管理系	03级××××2班	团支书
张晓芳	女	1985.8	经济管理系	03级××××1班	组织委员

公示期自即日始5个工作日,即12月6日~12月10日,凡对发展上述同志入党有意见者,请及时以书面或口头形式向经济管理系党总支反映,也可直接向党委组织部反映。

接待时间:每天8:00~12:00,14:00~16:30

联系电话:经济管理系党总支:××××× 学院党委组织部:××××××

经济管理系

2009年11月18日

【简析】

这是一则关于入党发展对象的公示。由公示缘由(程序、根据)、公示内容、公示时间以及意见反馈方式等四部分组成。结构合理,内容简明扼要,符合公示的格式要求。

任务实施

1.“十·一”就要到了,育红中学决定在全校发起一次“歌颂祖国“的征文活动,请你以该校学生会的名义写一份《“歌颂祖国”征文启事》。要写清楚这次征文活动的目的、要求、做法,格式行款要正确,字数在150左右。

2.恒利达公司的“全家福”系列家电产品很受消费者欢迎。为进一步扩大销售,该公司准备在无锡地区寻求代理商。在无锡打开销路后,却发现有人冒用公司名义销售假冒产品。请选择适当文种，就这两件事情为该公司拟写两篇应用文，告示公众，表明态度。

3. 某职业学院因发展需要，面向全国招聘教师、辅导员和教学辅助人员，请代为其人事处拟写一份招聘启事。

4. 厚生公司经过细致的培训与考核，从基层管理人员中提拔了 3 名人员，担任其部门的主管助理，请拟写一篇“公示”。

任务二　消息的写作

知识目标

◆ 消息的概念、特点、种类

◆ 消息写作的格式要求与注意事项

能力目标

◆ 提高对消息等新闻写作相应工作情景分析、评价的能力

◆ 掌握消息写作的格式要求，具备能够熟练进行消息等新闻写作的能力

任务引入

厚生公司一向致力于公益活动，一方面是作为企业公民应当承担的社会责任，也是为了更好地塑造组织形象和提高社会地位，从而获得更大的经济效益。请根据如下材料，拟写一篇新闻稿，发布在厚生公司的企业期刊上。

2009 年 6 月 7 日至 8 日，厚生公司在淮海市高新区举办了“爱心献高考”公益活动。高考当日，在全区所设的四个考点分别安排工作人员，并准备了湿纸巾、饮水机、遮阳伞、椅子、桶装饮用水、一次性水杯等，免费为考生和家长们提供服务，引起了社会的广泛关注和赞誉，取得了良好的效果。

精心筹划，公益活动厚积薄发。在旁人看来，做一项公益活动或许很简单，但在高考期间为考生、为家长做一次公益活动却不是一件简单的事情。为确保活动能够顺利开展，早谋划、快行动、细安排，几次到实地进行考察调研，制定了详细的实施方案，并积极与新区管委会、教育局、城管局、卫生防疫等部门沟通联系，赢得了广泛支持，确保了公益活动的顺利开展。

认真组织，活动开展井然有序。为了确保活动有效有序开展，坚持“低调做事，高效率服务”的理念。针对四个考点的考场和考生情况，建立了一个由 20 名成员组成的工作组，并根据实际情况，提前准备了 100 包湿纸巾、4 台饮水机、45 把遮阳伞、300 把椅子、100 个桶装饮用水、3 000个纸杯，分别安排在四个考点候考区域。在两天考期内，工作人员坚持做到早上 5:30 往考点运送相关物品，6 点准备工作全部到位；中午时间，所有工作人员一律坚守岗位，轮流吃盒饭；下午坚持到候考区域的考生和家长全部离开，才撤离相关物品。

细致服务，真诚关爱春风化雨。高考期间，温度始终在 30℃左右，为使广大考生和家长们在炎热里感受到公司品牌的“清凉”，有一杯水喝，有一把凳子座，工作人员坚持做到了“一站(工作人员站立式服务，把座位和阴凉让给考生和家长)、一引(把酷暑中等候的学生和家长，引领到遮阳伞下)、一听(对于考生和家长提出的建议，工作人员总会虚心听取、及时改进)、二说(对即将走进考场的学生，工作人员上前说‘祝你考试成功’，对考场外焦急等待的家长，工作人员会说‘请休息一下’)、三递(给酷暑中等待入场的考生递上一张湿巾纸，给家长递去一把凳子，给交警和城管人员等递上一杯水)”。

广泛宣传，公司形象家喻户晓。一位考生在 8 日下午考试结束后，跑到坐在遮阳伞下的父母跟前，激动地说“这两天在你们这里不知疲倦地守候着我，谢谢爸爸妈妈，将来不论我走到什么地方学习，我都会记得厚生公司为父母准备的乘凉伞”。通过此次公益活动，厚生公司的社会形象和市场地位进一步得到提升。

任务分析

本任务是消息的写作，理解消息的概念、特点、种类，掌握消息写作的格式要求与注意事项。

注意消息与通讯、报告文学等新闻文体的差异。

相关知识

一、消息的含义与特点

消息，是指用简洁明快的文字，迅速、及时地反映现实生活中新近发生的具有意义的事实的新闻体裁。它是新闻报道中运用最广泛、最经常采用的文体。

“消息”一词最早出现于《易经》：“日中则昃，月盈则食，天地盈虚，与时消息。”意思是说，太阳到了中午就要逐渐西斜，月亮圆了就要逐渐亏缺，天地间的事物，或丰盈或虚弱，都随着时间的推移而变化，有时削减，有时滋长。由此可见，我国古代就把客观世界的变化，把它们的发生、发展和结局，把它们的枯荣、聚散、沉浮、升降、兴衰、动静、得失等变化中的事实称之为“消息”。到了近代，现代新闻业的出现，消息才逐渐成为一种固定的新闻体裁。

中国共产党宣传部前部长陆定一曾经如此定义消息，“新闻是新近发生的事实的报道”。此定义，简洁明了，揭示了新闻的基本特征：首先，是新近发生的，不是几天前甚至十天半个月以前发生的；其次，是事实，不能虚构、编造；再次，必须报道出去，不报道出去，大家不知道，也不叫新闻。

由此可见，消息的主要特点有以下几点：

1. 时效性

在实际的新闻采访、写作、编辑与印发中，都要眼疾手快。新闻常与“抢”字相联系，“抢新闻”、“抢消息”就生动地反映了消息的时效性特点。在当下信息爆炸、新闻媒体同质化的时代语境下，抢占新闻的第一线尤为重要。

2. 客观性

第一，消息的对象是社会事实，无论国家大事，还是街闻巷议，都要真实可靠，不能有任何的虚构和夸张，“纸馅包子”事件就被查实是一则虚假新闻；第二，客观性还指新闻的立场是客观的，“零介入”是很重要的，“杨丽娟”事件中，新闻媒体一直处于诱导的位置，就不是客观的，从而制造了一出人生的悲剧。

3. 新鲜性

新闻的采写要注重新鲜性，“狗咬人不是新闻，人咬狗才是新闻”就是这个意思。

二、消息的分类

1. 按新闻所报道事件的性质来分，有事件性新闻和非事件性新闻。事件性新闻是对新近发生的事件的报道，时间性强，如动态消息等。非事件性新闻与事件性新闻相对，报道的是一个阶段持续发展的事物，如经验性消息、述评性消息等。

2. 按报道内容分，有政治新闻、经济新闻、科技新闻、军事新闻、体育新闻、教育新闻、文艺新闻、社会新闻等。

3. 按媒体分，有报刊消息（文字、图片、图文）、广播消息、电视消息、网络消息等。

4. 按照消息的特点，可分为动态消息、典型消息、综合消息、简讯。

三、消息的格式要求

(一)总结构

1. 倒金字塔结构：一种头重脚轻的结构，它把最重要的材料或事件总体情况介绍放在篇首，后面再开始叙述事件的详细内容或其他相关情况。这种消息的开头就是“一句话新闻”。

2. 时间顺序结构：它往往按时间顺序来安排事实，先发生的放在前面，后发生的放在后面。这种结构叙事条理清晰，现场感强，但缺点是开头平淡，消息的重点不突出。比如体育新闻中，对一场球赛的写作，可以采用时间顺序式结构，来展现其跌宕起伏、悬念丛生带来的扣人心弦。

冻死的孩子重新复活

美国威斯康星州一个名叫麦肯罗的孩子，今年只有两岁半。一月十九日，在家里人没有注意的情况下，他穿着一身睡衣，只身来到零下二十九度严寒的室外。等家里人发觉后把他抱回屋里时，麦肯罗的一部分血液已经“冻结”，手脚也都僵硬了。当他被送往医院时，体温已下降到十五点五度。但是，在经过了包括使用心肺泵等先进设备抢救以后，麦肯罗竟然奇迹般地复活了。像这样处于低温状态下的人能够死而复生，在世界上是没有先例的，参加抢救麦肯罗的医生对此感到惊叹不已。现在，除了他的左手可能会有冻伤后遗症以外，其他恢复都很正常，估计三、四周内，即可恢复健康。

(二)标题

在网络语境下的信息化时代，新闻写作中，标题的地位日益重要。因为在新闻网页上，直接映入眼帘的就是标题，标题的优劣与新闻文章的点击率及相应的关注程度有很大关系。网络文章中，“标题党”的蜂拥出现就是一个突出的例子。诚然，新闻的写作，不能因为点击量而故意去撰写哗众取宠、眩人耳目的“奇观”标题；但是，从这一层面来看，标题的撰写还是应该认真去面对的。标题就是文章的眼睛，如何撰写是一个重要的问题。

标题的形式可分为以下三种：

1. 多行标题：引题＋正题＋副题。引题的位置置于正题之上，又称“肩题”、“眉题”，常用来介绍背景、烘托气氛，以引出正题。正题，是标题的主题，起到揭示主旨的作用。副题，置于正题之下，又称“辅题”，多起补充说明、点名意义、扩大效果的作用。

中央各部门各单位出版社体制改革会议在京举行

以体制机制创新推动我国出版业又好又快发展

刘云山出席并讲话　刘延东主持

2. 双行标题：

引题＋正题。引题一般用来交代背景，说明原因、烘托气氛，一般没有实际的新闻内容。

出生率过低困扰

俄罗斯“世纪婴儿”将获赠小轿车

正题＋副题：副题一般用来补充注释和说明主题，同样具有新闻内容。

美“挑战者”号航天飞机升空后爆炸，七名宇航员全部遇难

里根总统表示哀悼

3. 单行标题：这种标题称为正题，只有一行文字，对消息中最主要的内容与含义作出说明，基本起到揭示文章主旨的作用。特点是准确、简练、突出。

选导师难就业难嫁人难　女研究生事事不如男

这则消息的标题，先讲女研究生在选导师、就业、嫁人等三方面的“难”，接着讲述其事事不如“男”。通过“难”与“男”的谐音，一方面读起来朗朗上口，有着音律和节奏的美；另一方面，可以突显“难”正是因为“男”，即是性别差异乃至性别歧视的问题。

甲：周迅被抱出“重围”

乙：周迅南京遇影迷骚乱　被经纪人抱出人群

这两则消息指向同一新闻事件，就是在2006年南京的一次电动车展上，周迅作为某品牌的形象代言人出现，造成其影迷骚乱。甲标题简洁有力，又有一种悬疑感，能够吸引读者的眼球，使其有一种急切的阅读期待。乙标题则点出了新闻的基本情况，一目了然，准确。两标题风格各有不同。

（三）导语

1. 导语与电头

导语一般指的是消息开头的第一句话或第一段话。它用最简明的语言把消息基本的、核心的内容概括出来，其目的是吸引读者往下看。在导语的前面一般还会有“电头”。如“新华社12月6日电”或“本报讯”。

2. 导语的写法

（1）叙述式：它以凝练的语言，扼要而直接地将消息中主要的事实叙述出来，是导语最基本、最常见的写法之一。新闻写作中有“六要素”：何时（when），何地（where），何人（who），何事（what），何因（why），如何（how）。写叙述性导语的时候要安排好前五个要素。

（2）描写式：以展示事物的形象和事件的场景为主要特征。写作时常抓取

某一生动形象、鲜明的色彩或有特色的细节加以描绘。但描写时应简洁而传神、力避过分雕饰。

本报讯　多么威武神气的猫头鹰！一对大眼睛正在扫射着什么，翅膀微微耸起，看来它准备振翼飞扑过去，抓住那狡猾的大田鼠。这只用棕榈树桩因材施艺而雕琢成的猫头鹰，最近飞越太平洋，在美国旧金山的"中国上海民间艺术展览会"上栖息。

(3)评论式：对所报道的事实进行评论，揭示其意义。

中国在体育方面已不再是"东亚病夫"，相反，她在新德里举行的亚运会上已经成为亚洲首屈一指的体育强国。

(四)主体

1. 消息主体的写作顺序。

(1)按时间顺序排列。根据事情发生的先后来安排消息的相关内容。

(2)按逻辑关系安排。根据事物的内在联系、发展来安排材料。

2. 消息主体的重点新闻事件最重要的部分，在消息的主体中要加以突出，要有详有略。

(五)背景材料

背景材料是为主题服务的，使用它的目的在于突出主题、深化主题、丰富所报道的内容，收到更好的宣传效果。背景材料一般是介绍知识、补充情况，帮助读者了解消息中涉及的人或事物。不是每篇消息都需要背景材料。

(六)结尾是消息的最后部分

1. 自然结尾，随着主体的结束而结束。

2. 概括结尾，概括主体的内容。

3. 议论结尾，对消息的内容发表自己的看法。

4. 背景结尾，介绍相关背景材料结尾。

四、拟写消息的注意事项

1. 真实准确，用事实说话。事实是新闻的本源，没有事实就没有新闻。新闻报道是社会生活的客观反映，记者不能根据自己的观点或偏见报道事实，更不允许对事实加以篡改或妄加评判。这也是新闻写作与文学创作不同的地方。

2. 强调时效性。当今是一个信息社会，现代通信技术的发达，势必要求新闻写作与编发的速度加快。可以说，没有时效，就没新闻。

3. 简明扼要。消息的篇幅不宜太长，唯其短，才能快捷；唯其短，才能引起读者在信息快餐中的阅读兴趣。要简明扼要，必须抓住问题要害，去掉多余的评价，用简洁的语言说明事实与讲述道理。

五、例文评析

1.

我国内地首条海底隧道在厦门全线贯通

人民网厦门11月5日电　我国大陆第一条海底隧道——厦门翔安海底隧道历时4年多的建设，今日全线贯通。该隧道全长8.695千米，隧道最深在海平面下约70米，由我国完全自主设计、施工。设计使用寿命100年。它的贯通对于探索适合我国国情的海底隧道建造技术，为类似工程的动工兴建，具有里程碑式的意义。

记者在现场看到，该隧道由两条行车主洞和一条服务中孔构成。主洞宽17.2米，高12米，可同时行驶3车。贯通后，厦门岛与翔安区的车程将由1个半小时，缩短至8分钟，大大推动海峡西岸经济区的开发建设。

中国铁建二十二局集团厦门翔安海底隧道项目部指挥长郭衍敬告诉记者，厦门翔安海底隧道拥有数项世界罕见难题——世界上覆盖层最浅的海底隧道，最薄处仅5.7米；行车主洞开挖断面面积达170.7平方米，在世界海底隧道建设史上尚属首例；软弱围岩（俗称烂泥巴）、富水砂层、风化槽群（囊）这些不良地质段规模之大也为世界罕见。

为攻克这些世界级难题，建设者们依靠科技进步，加强地质超前预报，使用传统与创新相结合的办法，因地制宜，安全稳步推进隧道建设。他们采购了当今世界最先进的RPD180C多功能钻机，秉承“有险必探、无险也探、先探后干”的原则，确保建设的每一步都心中有数；他们创新性地改造了传统CRD施工作业法，在软弱围岩中连续月掘进速度超过60米，最高值达73米，创造了同等地质条件下世界特大断面海底隧道施工进度纪录；他们采用“地下连续墙井点降水”法，成功穿越630多米的富水砂层；用“全断面帷幕注浆技术”和“注浆小导管技术”，克制了强风化槽的肆虐。

正是依靠自主创新，翔安海底隧道安全性得到了最大限度保障。其抗腐蚀、抗渗水度均为最高等级，能抵抗8级地震，施工工艺达世界顶级水平，工程质量合格率100%，被交通运输部确定成为全国三大样板工程之一。

据统计，从翔安海底隧道中开挖、弃运土石方约235万立方米，几乎可以将埃及大金字塔塞满。支护用锚杆、钢架、钢筋网、衬砌钢筋等钢材约5万吨，相当于7座巴黎艾菲尔铁塔。目前，全世界已建、在建的跨海隧道有20多条，主要分布在欧洲、日本和我国香港地区。（陈云，孔祥文，尤家民，2009年11月05

日,10:55,人民网)

【简析】

这是一则事件性消息。作为网络新闻的标题,直接概括主题,简洁明白,一目了然,容易引起读者的兴趣。正文由电头、导语、主体、结尾等组成。导语部分,以凝练的语言,扼要而直接地将消息中主要的事实叙述出来;然后对全国首条海底隧道的背景及其他信息按照一定的逻辑顺序写下来。

2.

上海迪士尼一期最早明年开工　最快2014年开业

在坊间已热炒数年的"美国迪士尼将落户上海"的消息得到证实。上海市政府新闻办昨日宣布,该项目申请报告已获发改委核准。上海市市长韩正表示,市政府将于近期专门召开新闻发布会,公布项目的最新进展。迪士尼在全世界共有5个项目,上海这个将是第6个。

落户浦东新区

上海市政府新闻办在宣布这一消息时表示,上海迪士尼乐园项目经过中美双方多年接触和谈判,本着互惠互利的原则,于今年初签订了合作框架协议,并按有关程序向国家有关部门上报了项目申请报告。10月底,报告获得核准。

目前,项目中美双方正就合作的具体内容和细节进行深入磋商,将长期合作在上海浦东新区共同建设世界一流的迪士尼乐园。

预算总投资244亿

据悉,上海迪士尼的投资规模将超过上海世博会。世博会的基础投资是236个亿,而迪士尼预算总投资目前是244个亿。根据相关协议,在这一项目中,上海市政府下属的企业将持股57%,迪士尼公司持股43%。

这一投资数字也超过了上海此前的几个声名显赫的大项目——上海磁悬浮列车投资是100个亿,上海国际赛车场的投资是120个亿。横向比较:1983年在法国巴黎兴建的欧洲迪士尼乐园总投资44亿美元;被誉为亚洲第一游乐园的东京迪士尼乐园前后共耗资近7 000亿日元;2005年开业的香港迪士尼乐园首期投资35亿美元。

已开始征地

据报道,浦东新区针对项目的土地征用工作目前已经展开。早在今年8月底,上海市政府就下发了批文,批准迪士尼规划用地的征用。9月,上海国土资源网就悄然挂出了迪士尼项目的一期征地公告。它将涉及59家被征地单位,总面积达到4 089 435平方米(约6 134亩),这将是美国迪士尼公司在全球占地面积最大的主题乐园。

此次征地的补偿登记期限仅有半月左右。专家表示，这样的登记周期显得有些仓促，但也表明相关政府部门已经就拆迁方案等问题做好了充分准备。专家推测，按此进度，迪士尼一期工程最早将在明年展开。

另据报道，上海迪士尼打算在2014年开业，对于迪士尼这样大规模的主题公园来说，从项目获批到落成，这已是最快的速度了。（2009年11月05日《重庆晚报》）

【简析】

这是一则关于上海迪斯尼建设的消息。标题，同样简明扼要地概括了文章主题，将开工和最早开业的日期告知读者，引发读者的阅读兴趣与期待。导语部分，明确美国迪斯尼落户上海的基本情况。然后，分别从"建设地址"、"预算总投资"及"现实状况"三个方面进行讲述，分别加以小标题，更加醒目，便于读者理清思路。

任务实施

1. 根据以下材料，写一篇600字左右的消息。要求：(1)按"结合式"结构安排事实材料。(2)标题、导语能概括主题，引人注目。(3)叙事完整，立意清楚。

11月13日是南昌大学学生自定的"无偿献血日"。这天，江西省血液中心的采血车旁增加了一个服务台，台上放着一张"为萧亚璋同学建立个人血库"的空白表格。前来献血的同学争相写下自己的名字，通信地址和联系电话。原打算将"流动血库"的人数控制在20人，结果报名多达60人。

萧亚璋是江西萍乡人，1996年以高分考入上海外国语大学日语系。她在校品学兼优，不幸的是，1997年8月，萧患上了"非何杰金氏恶性淋巴瘤"，身体多处病理性骨折，而且身体的造血功能被严重破坏，血色素含量不及正常人一半。为治病，家里先后花去了10余万元，因再也无力支付巨额医疗费，萧被迫回江西老家。

10月23日，萧的遭遇在电视台播出。南昌大学99级学生王国平看完电视，第二天便直奔医院帮助她，却发现难以给其实质性的帮助。

王国平想到了自己刚刚加入的南昌大学青年自愿者协会。得知此事，会长王雅立即召开小组长会议，考虑到大学生没有经济基础，他们决定组织和萧一样血型的同学合建一个"个人流动血库"，这样既可解决萧大量输血的急需，又可换钱。

南昌大学青年自愿者协会会长王雅，日前和20多名大学生自愿者一起，带着捐款、礼物和一份特殊的名单，匆匆向萧亚璋家中走去。他们要为这位造血功能被严重破坏的21岁同龄人,过一个特别的生日。

每一件生日礼物都让萧亚璋惊喜、感动,当她的目光停留在那份特殊的名单上时,泪水夺眶而出。上有南昌大学68名同学的通信地址和联系电话,他们的血型和萧一样,都是A型。这68名同学是南昌大学青年自愿者协会为萧亚璋建立的"个人流动血库"。

"坚强些,我们与你同在,我们是你的流动血库"——一句温馨的祝福背后,有着一个感人的故事。

"祝你生日快乐!"在同龄大学生们的祝福声中,萧亚璋脸上露出灿烂的笑容。(兰州大学2000年研究生入学考试:新闻写作试题)

2. 据提供的素材选择恰当的结构方式写作一则500字的消息,自制标题并配评论。

近来记者在采访中被殴打或抓扣甚至遭到恶义报复的事情在全国屡有发生

11月5日下午,《安徽日报·社会周报》编辑部主任、记者车敦安和几名新闻同行一起随同安徽省出版部门和合肥市公安局防暴支队采访一次反盗版突击检查行动。为准备好随时抓拍镜头,车敦安将照相机提在手上跑步前进。下午2时许,当检查组一行急匆匆经过合肥市商业银行蒙城路支行门前时,意想不到的事情发生了:

先是车敦安的脖子突然被人从后面卡住,紧接着,从这家银行里迅速冲出两名保安人员,一人卡住记者的一只胳膊,强行将记者拖进银行。当车责问为什么抓人,并掏出记者证说明是正在进行采访时,几名保安仍不罢休,继续对记者推推搡搡,并将记者照相机盖打落在地。

当记者走出银行大门,几名保安又冲出来,准备再次抓扣记者。直到公安人员再次严厉制止之后,他们才终于罢休。在此过程中,银行的有关人员还喊来银行手持警棍的保安人员向记者示威,其中有人威胁说:"今天打死了也活该"。在车敦安被抓扣的过程中,与车敦安同行的安徽电视台一名记者手中的摄像机也遭到银行保安人员的抢夺,另有一名女记者被无礼推搡。

记者急欲离开银行继续采访时,一开头将记者卡住的几个人又将记者团团围住,并卡住不放。银行里随即围上一群人,使记者一时间失去了行动自由,无法脱身。更有甚者,当参加反盗版检查行动的公安人员闻讯赶来严厉制止时,银行的保安人员仍不放手。直到公安人员强行将他们的手掰开,车敦安才终于被解救出来。此时,记者被扣侮辱已达10多分钟。

据知情者透露,这起意外事件发生后,检查行动小组成员随即和记者一起去公安局报了案。而银行的有关人员也来到公安机关投诉，称这只是一次“误会”，并解释说这起事件发生的前几天，常有人到银行门口拍照，并很快离开，引起银行的警觉，怀疑是否有人勘测地点想盗窃银行。

此事发生后，在当地新闻界和社会各界都引起较大反响。许多人认为，这家银行的“误会”之说只是“托词”。人们可以“理解”银行有关人员的“冲动”，将“可疑人员”抓进银行，但在记者出示证件说明采访意图以后，银行有关人员仍大动干戈，继续施暴则根本无法解释。

另据遭到扣押的记者介绍，事件发生后，这家银行的一位负责人已登门表示了歉意，并表示尽快给记者一个处理的意见。因此这起事件仍未结束，遭抓扣的记者和许多关心此事的人们还在等待下文。而公安机关最终将如何处理此事也非常引人关注。

一些新闻业内人士就此指出，对这些看起来有些“偶然”的事件给出一个处理，使之暂时偃旗息鼓或许是容易的。但对类似“记者到底有没有权利在公共场合根据自己的需要拍摄照片”等涉及记者作为一个公民应有的权利，记者作为特殊的从业者所应有的采访权利，记者的采访范围等一系列问题，似乎还没有一个明确的说法。(兰州大学1999年研究生入学考试:新闻写作试题)

任务三　广告文案的写作

知识目标

- ◆ 广告的概念、历史发展与传统形式
- ◆ 广告的特点与分类
- ◆ 广告文案的格式要求与写作的注意事项

能力目标

- ◆ 提高对广告文案写作相应工作情景分析、评价的能力
- ◆ 掌握广告文案创作的基本要求，熟悉广告文案写作的格式要求，具备熟练进行广告文案写作的基本能力

任务引入

厚生公司决定在滨江职教园区投资兴建一座餐饮综合体，请代为市场营销部创作一份广告文案。

要求：1. 目标顾客：以职教园区的6万名高职大学生与教师为主，兼顾当地社区居民。

2. 餐饮城地址：职教园区商业街街口。

3. 风格：采取青春、时尚的风格，满足大学生对时尚的追求。

任务分析

本任务是广告文案的写作，通过对广告文案的知识介绍，掌握广告文案写作的格式要求与注意事项。

注意广告文案的创意来源，平面广告与电视广告、网络广告等的区别，广告与公益、教育、儿童成长的关系。

相关知识

一、广告的概念

广告，顾名思义就是广而告之的意思。广告是为了某种特定的需要，社会组织通过一定形式的媒体，并消耗一定的费用，公开而广泛地向公众传递信息的宣传手段。

广告一词，是一外来语。它源于拉丁文 Adaverture，意思是吸引人注意。中古英语时代，演变为 Advertise，其含义衍化为“使某人注意到某件事”，或“通知别人某件事，以引起他人的注意”。直到17世纪末，英国开始进行大规模的商业活动，广告一词才广泛地流行并被使用，已不单指一则广告，而指一系列的广告活动。

广告有广义和狭义之分。广义广告包括非经济广告和经济广告。非经济广告指不以盈利为目的的广告，如政府行政部门、社会事业单位乃至个人的各种公告、启事、声明等。狭义广告仅指经济广告，即商业广告，通常是商品生产者、经营者和消费者之间沟通信息的重要手段，或企业占领市场、推销产品、提供劳务的重要形式。

二、广告的历史发展及传统形式

叫卖广告，又称口头广告，是通过声音进行传播的，是最原始、最简单的广告形式。古希腊，人们通过叫卖贩卖奴隶、牲畜，公开宣传并吆喝出有节奏的广告。改革开放之前，我国乡村还普遍存在着叫卖广告的形式，例如收破烂的吆喝、"锵剪子磨菜刀"的叫卖等。例如，《南方黑芝麻糊广告文案》就是对叫卖广告的借用，"麻石小巷，黄昏，挑担的母女走进幽深的漏巷，小油灯挑在担子上，忽明忽暗。'黑芝麻糊哎'的叫卖声悠悠地回响在舒缓的背景声中"。江南小巷，一声"黑芝麻糊哎"，就"一股浓香，一缕温暖"的广告理念传播出来，传统文化的精髓由此透漏出来，一种温馨的感觉和淡然的亲和力油然而生。

音响广告，通过吹箫管等辅助设备来招徕生意。《诗经·周颂·有瞽》一章已有"箫管备举"的诗句，据汉代郑玄注："箫，编小竹管，如今卖饧者吹也。"唐代孔颖达疏解："其时卖饧之人，吹箫以自表也。"西周时，卖糖食的小贩就已经懂得以吹箫管之声招徕生意。我国乡村，卖油的、染布的敲梆子声，较现代的扩音喇叭都是音响广告。

悬帜广告，通过悬挂旗帜、葫芦、药壶等象征性标识，给人非常醒目的视觉效果，以此吸引顾客。《韩非子·外储说》有"宋人有沽酒者，升概甚平，遇客甚谨，为酒甚美，悬帜甚高著"。这是我国酒家和酒旗最早的记录。酒店开设在固定场所，为了招徕顾客，抛出"一面酒旗"，这也就是吸引主顾的广告形式。《水浒传》中讲述武松打虎路过景阳冈时，"(武松)望见前面有一个酒店，挑着一面招旗在门前，上头写着五个字迹：'三碗不过岗'"。《元曲·后庭花》中"酒店门前三尺布，过来过往寻主顾"，不但说明了酒旗的尺寸，还说明了酒旗的作用。除了酒旗外，其他行业也有各种标志性的广告形式。据《费长房》中说"市有老翁卖药，悬壶于肆头"。到了现代社会，社会组织的企业形象识别系统即是对"悬帜广告"的一种运用，比如麦当劳门口的高大的"M"标识。

商标字号、对联等也是传统广告形式之一。同仁堂、全聚德、瑞蚨祥等老字号，就体现出我国传统企业的一种企业文化。传统商家注重门口的对联，也是对经营理念的一种广告，比如理发店的"虽为毫末技艺，却是顶上功夫"，药店的"但愿世间人无病，哪怕架上药蒙尘"，钟表店的"刻刻催人资醒悟，声声呼尔惜光阴"。

印刷术的发明与传播促进了现代广告的发展。美国广告业之父的本杰明·富兰克林，所写的一篇最著名的广告作品要算为宾夕法尼亚壁炉厂所作的推销广告了。这种壁炉后来定名为"富兰克林炉"。广告是这样写的：

带有小通风孔的壁炉能使冷空气从每个孔源钻进室内，所以坐在这通风孔前是非常不舒服并且是危险的——而尤其是妇女，因为在家里静坐的时间比较长，经常因为上述原因致使头部受风寒、鼻流清涕、口眼歪斜，终至延及下颌、牙床，这便是北国好多人满口好牙过早损坏的一个原因。

从上述的广告里可以看到：富兰克林和当代巧妙的广告作家一样，强调使用产品的收益，而不是单纯介绍产品。

现代社会，广告日益渗透这个世界的某一个角落，广播、电视、网络等现代传媒手段的出现，丰富了广告的传播形态。

通过对传统广告形式的考察和关照，可以为广告文案的撰写提供丰富的文化原料和创意。

三、广告的特点

1. 有明确的广告主

所谓广告主，就是广告的发布者。在商业广告中，广告主通常是企业。在一则广告中，必须要明确这则广告是由谁付费，为谁的利益服务的。明确广告主的意义在于：(1)广告主是广告活动的出资者，付出费用必须得到回报。只有明确广告主是谁，才有可能使广告所产生的效益服务于广告主。可以让消费者知道广告中推销的产品和服务是由哪个企业生产、提供的，便于消费者精心选择和购买。同时，在广告中明确广告主才能使广告所产生的效果直接为广告主带来经济利益，为人作嫁妆是商业广告的大忌。所以在广告中，广告主的标识要鲜明、突出、简捷，易于广告受众识别，记忆。(2)确定广告主，可以让消费者了解广告的真实动机，以便理智地判断广告的内容，理智地判断自己是否需要购买和使用广告所推销的产品，确保商业活动中的公平性。(3)确定广告主，也表示出资做广告的企业愿意公开承担广告责任，为推出一则广告带来的一切后果负责。广告主对消费者的承诺必须真实，能够兑现。明确了广告主，一方面可以防止欺骗性广告出现，另一方面一旦有了虚假的、误导的广告信息，就能分清责任，有利于追究和纠正。

2. 具有特定的信息内容

广告传播的内容，具有一定的规定性。随着经济发展和市场营销活动的变化，广告的信息内容也在向深度和广度开拓。现代商业广告传播的信息，不仅包括商品、劳务方面的信息，而且涉及形象、观念方面的内容。由于是付费传播信息，广告内容要求真实、简洁、生动、具体、精彩，能够在最短的时间内有效地传播信息，产生促销效果。同时，广告诉求的内容还必须符合法律法规和道德规范，要受到一定的管理和约束。

3. 采用劝说的方式

广告是一种劝说的信息传播活动。做广告的最终目的是要劝说广告受众接受广告主发出的信息，以产生“随风潜入夜，润物细无声”的传播效果。所以，有人说广告是传达劝说性信息的艺术。英国人比尔·伯恩巴克甚至提出了“广告不是一门科学，它是一种劝诱术的观点”。广告的过程，实质上是一种劝说的过程。广告劝说具有一定的诱导性，是诱导别人接受自己的观念。因此，要使广告劝说更有说服力、感染力，必须要借助艺术的表现手法，这是一则广告成功的关键所在。

需要特别指出的是，劝说必须遵循一定的道德规范，以一定的客观事实为基准来进行，劝说不能成为无中生有的欺骗。

4. 传播对象具有选择性

一般的广告活动不是以所有的消费者为传播对象，而是向特定的目标市场进行信息传播的。目标市场是根据企业营销的重点来确定，目标市场的消费者即为广告的传播对象。选择确定好广告传播的目标对象十分重要。制定广告媒体策略可以此为依据，广告创作活动也以此为中心而展开，可减少成本开支，增加广告效益。

5. 功利性

广告主之所以愿意出巨额资金购买一点播出时间和印刷版面，都是出于功利性的目的：或者推销商品、或者出卖服务、或者树立形象、或者沟通感情，其最终目的都是为了从中获益。广告不仅可以使广告的发起者获益，而且也可以使广告媒体和广告公司获益。一则广告必须使广告的这些多角关系同时获益，才是成功的广告。

四、广告的分类

根据不同标准，广告可以分为多种类型：

1. 根据广告性能可分为：(1)经济广告，主要涉及生产、流通领域及其服务行业的广告。如各种商品广告。(2)文化广告，主要指文化、科技、教育、卫生、娱乐、出版等方面的信息广告。如学校招生、出版新书征订、电影、戏剧海报等。(3)公共关系广告，是指社会组织为了在公众心目中的树立良好的组织形象，使公众对组织产生好感，从而形成良好的公共关系而进行的宣传和自我推销。(4)公益广告，是以为公众谋利益和提高福利待遇为目的而设计的广告；是企业或社会团体向消费者阐明它对社会的功能和责任，表明自己追求的不仅是从经营中获利，而是过问和参与如何解决社会问题和环境问题这一意图的广告，它是指不以盈利为目的而为社会公众切身利益和社会风尚服务的广告。

2.根据广告的形式可分为：报纸广告、杂志广告、广播广告、电视广告、霓虹灯广告、橱窗广告、路牌广告、传单广告、邮政广告。

五、广告文案的写作

广告文案是由标题、副标题、广告正文、广告口号组成的。它是广告内容的文字化表现。在广告设计中，文案与图案图形同等重要，图形具有前期的冲击力，广告文案具有较深的影响力。

1. 广告标题

它是广告文案的主题，往往也是广告内容的诉求重点。它的作用在于吸引人们对广告的注目，留下印象，引起人们对广告的兴趣。只有当受众对标语产生兴趣时，才会阅读正文。

大卫·奥格威的研究表明："读标题的人平均为读正文的人的5倍。换句话说，标题代表着为一则广告所花费用的80%。""若是你没有在标题里写点什么有推销力的东西，你就浪费了你客户所花费用的80%。在我们的行业中最大的错误莫过于推出一则没有标题的广告。"

广告标语的设计形式有：情报式，问答式、祈使式、新闻式、口号式、暗示式、提醒式等。广告标语撰写时要语言简明扼要，易懂易记，传递清楚，新颖个性，句子中的文字数量一般掌握在12个字以内为宜。

2. 广告正文

广告正文是对产品及服务，以客观的事实、具体的说明，来增加消费者的了解与认识，以理服人。广告正文撰写，要实事求是，通俗易懂。不论采用何种题材式样，都要抓住主要的信息来叙述，言简易明。

3. 广告口号

口号是战略性的语言，目的是经过反复和相同的表现，以便与其他企业精神的不同，使消费者掌握商品或服务的个性。这以成为推广商品不可或缺的要素。广告口号常有的形式：联想式、比喻式、许诺式、推理式、赞扬式、命令式。广告口号的撰写要注意简洁明了、语言明确、独创有趣、便于记忆、易读上口。

文案撰稿人如何利用言语的各种特性为文案创作的目标服务？

作为符号系统的语言符号，从整体上看要有三个性质：随意性、线条性、约定性。这些特性与广告文案的写作有着重要联系。

1.语言的信息性。对广告文案来说，言语传递的主要是商品信息，在进行文案创作时，一方面要善于利用这些言外之意为产品传递有利的信息。另一方面，文案创作者还要避免对产品不利的或者伤害消费者情感的潜在信息出现。

2. 言语的理据性。在广告文案中，一般理性诉求型的广告都更注意言语的理据性。可以这么说，言语的理据性，是思维逻辑性的外化和体现，是广告文案理性诉求的先决条件。

3. 言语的情感性。在广告中，情感诉求型的广告文案，更是注意对情感性的张扬。

4. 言语的生命性。言语总是与个体生命的体验与感受联系在一起的，言语能够表达并参与人的生命体验和生命感受。文案创作者要特别培养自己对语言的感觉与感受并迅速与产品"对味"的感知与体验，再用适当的词语和句子表达出来。

六、拟写广告文案的注意事项

1. 准确规范、点明主题

准确规范是广告文案中最基本的要求。要实现对广告主题和广告创意的有效表现和对广告信息的有效传播，首先要求广告文案中语言表达规范完整，避免语法错误或表达残缺。其次，广告文案中所使用的语言要准确无误，避免产生歧义或误解。再次，广告文案中的语言要符合语言表达习惯，不可生搬硬套，自己创造众所不知的词汇。最后，广告文案中的语言要尽量通俗化、大众化，避免使用冷僻以及过于专业化的词语。

2. 简明精炼、言简意赅

广告文案在文字语言的使用上，要简明扼要、精练概括。首先，要以尽可能少的语言和文字表达出广告产品的精髓，实现有效的广告信息传播。其次，简明精练的广告文案有助于吸引广告受众的注意力和迅速记忆下广告内容。再次，要尽量使用简短的句子，以防止受众因繁长语句所带来的反感。

3. 生动形象、表明创意

广告文案中的生动形象能够吸引受众的注意，激发他们的兴趣。国外研究资料表明：文字、图像能引起人们注意的百分比分别是 22%和 78%；能够唤起记忆的文字是 65%，图像是 35%。这就要求在进行文案创作时采用生动活泼、新颖独特的语言的同时，辅助以一定的图像来配合。

4. 动听流畅、上口易记

广告文案是广告的整体构思，对于由其中诉之于听觉的广告语言，要注意优美、流畅和动听，使其易识别、易记忆和易传播，从而突出广告定位，很好地表现广告主题和广告创意，产生良好的广告效果。同时，也要避免过分追求语言和音韵美，而忽视广告主题，生搬硬套，牵强附会，因文害意。

七、例文评析

1. 贝克啤酒的一则报纸广告文案

名称：禁酒令

客户：贝克啤酒

广告：上海奥美广告有限公司

文案：查生啤之新鲜，乃我酒民头等大事，新上市之贝克生啤，为确保酒民利益，严禁各经销商销售超过七日之贝克生啤，违者严惩，重罚十万元人民币。

【简析】

此广告文案借用了公文中“令”的写作形式和语言风格特点，将广告信息用规范的公文形式表现出来，产生了一种独特的说服力。整个广告文案句子结构简要、语言表达严正，使人感受到贝克生啤制造商对推出这一营销新举措的严肃、认真、深究的态度。同时，用如此严正的形式来表达，令受众领悟到创意者所提供的幽默玄机。会心一笑间，印象深刻。

2. 大卫·奥格威在他的广告生涯中始终忠实地采用直销式，在广告正文中最大限度地告知受众广告主题和广告商品信息。如他为劳斯莱斯汽车所写的文案即为一典型直销式广告正文。

标题：“当这辆新型的‘劳斯莱斯’以时速60英里行驶时，最大噪音发自车内的电子钟”

次标题：

“什么原因使得‘劳斯莱斯’成为世界上最好的车子?”

一位知名的‘劳斯莱斯’工程师说：“说穿了，根本没有什么真正的戏法——这仅不过是耐心地注意到细节。”

1.行车技术主编报告：“在时速60英里时，最大闹声是来自电子钟。引擎是出奇的寂静。三个消音装置把声音的频率在听觉上拔掉。”

2.每辆“劳斯莱斯”的引擎在安装前都先以最大气门开足7小时，而每辆车子都在各种不同的路面试车数百英里。

3.“劳斯莱斯”是为车主自己驾驶而设计的，它比国内制最大型车小18英寸。

4.本车有机动方向盘、机动刹车及自动排挡，极易驾驶与停车，不需司机。

5. 除驾驶速度计之外，在车身与车盘之间，互相无金属之衔接。整个车身都加以封闭绝缘。

6. 完成的车子要在最后测验室经过一个星期的精密调整。在这里分别受到 98 种严酷的考验。例如，工程师们使用听诊器来注意听轮轴所发的低弱声音。

7. “劳斯莱斯”保用三年。已有了从东岸到西岸的经销网及零件站，在服务上不再有任何麻烦。

8. 著名的“劳斯莱斯”引擎冷却器，除了亨利·莱斯在 1933 年去世时，把红色的姓名首字母 RR 改为黑色外，从来没更改过。

9. 汽车车身之设计制造，在全部 14 层油漆完成之前，先涂 5 层底漆，然后每次都用人工磨光。

10. 移动在方向盘柱上的开关，你就能够调整减震器以适应道路状况。（驾驶不觉疲劳，是本车显著的特点。）

11. 另外有后车窗除霜开关，控制着1 360条看不见的、在玻璃中的热线网。备有两套通风系统，因而你坐在车内也可随意关闭全部车窗而调节空气以求舒适。

12. 座位垫面是由 8 头英国牛皮所制——足够制作 128 双牛皮鞋。

13. 镶贴胡桃木的野餐桌可从仪器板下拉出。另外有两个在前座后面旋转出来。

14. 你也能有下列额外随意的选择：做浓咖啡（Espresso Coffee）的机械、电话自动记录器（Dictating Machine）、床、盥洗用冷热水、一支电动刮胡刀等。

15. 你只要压一下驾驶者座下的橡板，就能使整个车盘加上润滑油。在仪器板上的计量器，指示出曲轴箱中机油的存量。

16. 汽油消耗量极低，因而不需要买特价汽油，是一种使人喜悦的经济车。

17. 具有两种不同传统的机动刹车，水力制动器与机械制动器。“劳斯莱斯”是非常安全的汽车——也是非常灵活的车子。可在时速 85 英里时宁静地行驶。最高时速超过 100 英里。

18. “劳斯莱斯”的工程师们定期访问以检修车主的汽车，并在服务时提出忠告。

19. “宾利”是“劳斯莱斯”所制造。除了引擎冷却器之外，两车完全一样，是同一工厂中同一群工程师所制造。“宾利”因为其引擎冷却器制造较为简单，所以便宜 300 美元。对驾驶“劳斯莱斯”感觉没有信心的人士可买一辆“宾利”。

价格：本广告画面的车子——在主要港口岸边交货——13 550美元。

假如你想得到驾驶“劳斯莱斯”或“宾利”的愉快经验，请与我们的经销商接洽。他的名号写于本页的底端。

劳斯莱斯公司　纽约　洛克斐勒广场十号

【简析】

这是大卫·奥格威为劳斯莱斯汽车所作的广告文案，数字和说理在其笔下焕发出耀眼光彩，事实胜于雄辩，堪称广告中的长文案经典。广告标题，通过一静一动的对比，讲述劳斯莱斯汽车的优良性能。次标题，直指此则广告文案的主题，即“什么原因使得‘劳斯莱斯’成为世界上最好的车子?”然后，通过一系列的细节，用详细的、准确的数字来精确地描述出劳斯莱斯的卓越性能。

任务实施

1. 背景资料

方正集团是中国改革开放以后成长起来的著名高科技企业，由北京大学1986年投资创办。拥有6家在上海、深圳、马来西亚及香港交易所上市的公众公司和遍布海内外的20多家独资、合资企业，员工1 500余人，名列国家首批6家技术创新试点企业之一，500家国有大型企业集团之一，120家大型试点企业集团之一。激光照排技术一直都是方正企业的创业根本。过去，该企业由技术垄断形成市场垄断，业绩高速增长，但在发展过程中，由于管理人员大多是技术出身，管理上的粗放就逐渐显现出了弊端，业务增长受到严重影响，人事更迭频繁，现代企业制度无法在方正确立。于是以魏新为首的新一代领导核心集体，开始了前所未有的方正变革——战略创新，产业重组，管理优化，文化重塑。因而企业从中文照排发展到网络安全、方正电脑等多个方面。

要求：根据所给的背景资料，分析该集团目前存在的问题，确定企业的新形象，选择应用媒介，完成此广告文案写作部分，并用语言表述视觉效果；广告标题、口号、正文、附文格式完整；正文字数不少于200字。（浙江省2006年1月高等教育自学考试广告文案写作试题）

2. 背景资料

易初莲花是一家大型的超市，集各种生活日用品、食品、新鲜蔬果等各类商品，品种齐全，价格合理。现欲在某一中小型城市开一家中型连锁店。

要求：根据所给的背景资料，写一则广播广告，完成广告文案写作部分，充分体现口头语言的特点，并适当运用音乐、音响效果，用文字描述音乐、音响的效果；广告标题、口号、正文、附文格式完整；正文字数不少于200字。（全国

2005 年 10 月自学考试广告文案写作试题）

3. 请对下面的药品广告进行分析。

观众："我是一名风湿性患者，我得这个病十多年了，以前各种药吃了不少，就是吃了就有效，一停药就反复发作。后来就是越来越厉害，手特别的僵硬，我在报纸上看到关通舒这种药，我就抱着试试看的想法就买了两盒，吃了两盒以后效果特别明显，你看我这手吧特别的灵活，关节的红肿，疼痛这些症状都消失了。"

4. 根据所提供的材料，写一则报纸广告文案。要求广告标题、口号、正文、附文格式完整；正文字数不少于 200 字。（浙江省 2002 年 10 月高等教育自学考试广告文案写作试题）

2000 系列夜光表说明书

注意：此系列表所用电池为 CR2016、3V，当显示夜光变暗时，则表示电池电量不足，请打开背盖，更换新电池。

1. 功能：时间、日期、星期、跑表、闹铃、夜光。

2. 正常状态下显示时、分、秒、星期，此时按 E 键显示日期，按 D 键显示闹钟时间。

3. 分段计时跑表功能，在正常状态下，按 B 键一次进入跑表功能状态，初始显示为 0∶0000 按 E 键开始计时，后按 D 键可暂停计时，进行读数，续按 D 键累计计时，按 E 键终止计时，再按 D 键清零。

4. 闹铃时间设定：按 D 键两次进入闹时间设定，此时小时闪动，按 E 键调到所需小时，再按 D 键分钟闪动。按 E 键调到所需分钟数，后按 B 键回到正常状态。在正常走时状态下，按住 D 键再按 E 键显示屏 AL 位显示🔔(CHIME 位显示((•)))则表示闹铃功能已被打开，重复按一次及((•))消除则表示闹铃功能关闭。

5. 时间设定：按 B 键三次进入时间设定状态，此时秒数闪动，按 D 键依次切换秒、分、日、月、星期（均闪动），按 E 调整到正确时刻后按 B 键回到正常走时状态。

6. 按 A 键或 C 键，可提供 3～5 秒夜光。

滨海市晨光手表厂

厂址：滨海市人民路 38 号

电话：223－88888

任务四 说明书的写作

知识目标

- ◆ 说明书的概念、分类与作用
- ◆ 说明书的格式要求与写作的注意事项

能力目标

- ◆ 提高对说明书写作相应工作情景分析、评价的能力
- ◆ 掌握说明书的格式要求，具备熟练进行说明书写作的能力

任务引入

大学生研发自助式多功能课桌　阅读翻书不需双手

本报讯(记者　钱滢瓅)　如何让双手残疾的人也能看书，或者让正常人不用翻书便能轻松阅读？上海电机学院机电一体化专业张欢欢等5名大三学生，近日自主研发了一种“能干”的机械书桌，可以代替人手持书本，只需轻轻用脚踩动一个开关，就可以翻动书页。

自助式多功能翻书课桌的研发，缘于大学生的志愿者活动。张欢欢他们发现许多残疾人渴望汲取知识，提高自己。但是，在普通人看来易如反掌的动作——翻书，对于双臂伤残的人来说，却困难异常。

大学生们在学院辛绍杰教授的指导下设计出该桌子的概念模型。首先要能夹持住书本，不让书本在阅读过程中产生滑动等现象，其次保证每次只翻一页，不多翻也不漏翻，最后操作要简便、省力、安全。

和普通课桌不同，自助式翻书课桌桌底装有一个踏板，桌面左右两侧各有一个有机玻璃做的书夹，前方“伸”出一只机械手。翻书时，只要脚踩踏板，通过动力传输装置，“指挥”机械手翻书页，同时，通过凸轮机构以及连杆机构，实现书夹的开启和闭合。为了保证机械手每次只翻一页书，大学生采用和打印机类似的摩擦原理实现。

目前，这款自助式多功能翻书课桌已经申请专利，大学生们准备带上它参加上海工博会，为产品推向市场探路。(2007年09月28日，来源：新民晚报·

新民网）

假如上海机电学院同学研发的自助式多功能课桌投入生产，请为之拟写一篇说明书。

任务分析

本任务是说明书的写作，理解说明书的概念、特点、种类、作用，掌握说明书写作的格式要求与注意事项。

注意说明书中各种说明方法的准确运用。

相关知识

一、说明书的概念

说明书是向读者、用户、观众介绍某种读物、产品的内容，使用方法或戏曲、电影的事故情节，演员阵容等的文字材料。

二、说明书的分类

说明书各种各样。一般来讲，按所要说明的事物来分，可分为：产品说明书、使用说明书、安装说明书、戏剧演出说明书等。

1. 产品说明书

产品说明书主要指关于日常生产、生活产品的说明书。它主要是对某一产品的所有情况的介绍，诸如其组成材料、性能、存贮方式、注意事项、主要用途等的介绍。这类说明书可以是生产消费品的，如电视机；也可以是生活消费品的，如食品、药品等。

2. 使用说明书

使用说明书是向人们介绍具体的关于某产品的使用方法和步骤的说明书。参看例文《真汉子剃须刀说明书》。

3. 安装说明书

安装说明书主要介绍如何将一堆分散的产品零件安装成一个可以使用的完整的产品。为了运输的方便，许多产品都是拆开分装的。用户在购买到产品之后，需要将散装部件合理地安装在一起。这样，在产品的说明书中就需要有一个具体翔实的安装说明书，如“CD-ROM 驱动器安装说明书”。

4. 戏剧演出说明书

这是一种比较散文化的说明书，它的主要目的在于介绍戏剧、影视的主要故事情节，同时也是为了向观众推荐该影剧。大型的演出活动，对于演职员的介绍，节目的介绍等也是为了吸引更多的观众而采用的一种宣传式的说明文字。

三、说明书的作用

1. 解释说明

解释说明是说明书的基本作用。随着我国经济的发展，人民生活的不断提高，工业、农业的飞速发展，文化娱乐活动也日益的繁荣，人们将会在生活生产中遇到许多各种各样的生产产品和生活消费品。科技的发展，更是使这些产品、消费品包含了很强的科技成分，所以为了使人民群众能很好地使用这些产品，真正为人民的生活服务，各生产厂家均会准备一本通俗易懂的产品或生活日用消费品的说明书，给用户的使用以切实的指导和帮助。说明书要详细地阐明产品使用的每一个环节和注意事项。

2. 广告宣传

商品经济的今天，说明书的广告宣传作用也是不可忽略的。好的说明书可以使用户产生购买欲望，达到促销的目的。

3. 传播知识

说明书对某种知识和技术有传播作用，如介绍产品的工作原理、主要的技术参数、零件的组成等。

四、说明书的格式要求

说明书多种多样，说明书的写作格式也不拘一格，不可一概而论。

产品说明书主要由产品概况、产品的性能和特点、产品的使用方法、产品的保养与维修、与其他事项等组成。

药物重在说明基本功用和服法；电器重在说明使用和保养；食品重在说明成分和使用方法；图书重在说明内容；机械重在说明构造和型号。

五、拟写说明书的注意事项

说明书要实事求是，有一说一、有二说二，不可为达到某种目的而夸大产品的作用和性能。

说明书要全面说明事物，不仅介绍其优点，同时还要清楚地说明应注意的事项和可能产生的问题。

产品说明书、使用说明书、安装说明书一般采用说明性文字，而戏剧演出类说明书则可以记叙、抒情为主。

说明书可根据情况需要，使用图片、图表等多样的形式，以期达到最好的说明效果。

六、例文评析

真汉子剃须刀使用说明书

本说明适用于各类充电式剃须刀。

充电：

将电源插头插入AC220V电源之中，视充电指示灯亮、充电12～16小时。注意：充电时间不要过长，以免影响电池寿命。

剃须：

将开关键上推至(on)开启位置，即可剃须。为求最佳之刮须效果，请将皮肤拉紧，使胡子成直立状，然后以逆胡子生长的方向缓慢移动。

修剪刀：

如有修剪刀功能的剃须刀，请在剃须前，先将修剪刀推出，修短胡须后再用网刀剃净。

清洁：

剃须刀要经常清洁。清洁前应先关上开关。旋下网刀，用毛刷将胡须屑刷净。清洁后轻轻放回刀头架、且到位。清洁时应轻拿轻放，避免损坏任何部件。

保修条例：

保修服务只限于一般正常使用下有效。一切人为损坏如接入不适当电源，使用不适当配件，不依说明书使用；因运输及其他意外而造成之损坏；非经本公司认可的维修和改造，错误使用或疏忽而造成损坏；不适当之安装等，保修服务立即失效。此保修服务并不包括运输费及维修人员上门服务费。

保修期外享受终身维修，维修仅收元器件成本费。

剃须刀中内、外刃属消耗品不在保修范围内。

保修期：正常使用六个月。

注意事项：

充电时间12～16小时。

换刀网刀头时一定要选用原厂配件。

【简析】

这是一篇剃须刀的使用说明书。该使用说明书还附上了“保修条例”部分，严格来讲，“保修条例”不属于使用范围内的东西，可以略去。就其使用说明来讲，本文谈到三个主要的步骤，一是充电，二是剃须，三是清洁。这类剃须刀属于充电式的，由于刚打开的产品尚未充电，故要求先充电。该部分介绍了充电电压、充电时间及注意事项等。

剃须部分将剃须的具体方法、剃刀走动的方向等都介绍得很清楚。除此而外，还指出有“修剪刀”的剃刀可在剃须前先将长须修短，再用剃须刀剃净。

清洁是剃须后必做的工作，说明书详细地介绍了剃须刀的保养清洁工作，为延长剃须刀的寿命这都是很有必要的。

任务实施

1. 请按照药品说明书的格式，为多功能课桌写一份说明书。
2. 请为自己家乡某种土特产品写一份说明书。

模块六　日常礼仪文书的写作

任务一 书信的写作

知识目标

- ◆ 书信的概念
- ◆ 书信的格式要求与写作的注意事项

能力目标

- ◆ 提高对书信写作相应工作情景分析、评价的能力
- ◆ 掌握书信写作的格式要求,具备熟练进行书信写作的能力

任务引入

请阅读下面中国现代著名作家郁达夫写给王映霞的情书,注意书信写作的格式要求与礼仪规范,体会郁达夫对王映霞的思念之情、恩爱之情。

郁达夫致王映霞的情书

映霞:

现在大约你总已经到了杭州了吧?你的祖父母亲弟弟妹妹都好么?你或者现在在吃晚饭,但我一个人,却只坐在电灯的前头呆想,想你在家庭里团聚的乐趣。

今天早晨,我本想等火车开后再回来的,但因为怕看见了那载人离别的机器,堂堂的将你搬载了去,怕看见这机器将你从我的身旁分开,送上每天不能相见的地方去时,心里更要不快乐,更是悲哀,所以我硬了心肠一挥手就和你别了。我在洋车上,把你的信拆开来看,看完的时候,几乎放声哭了起来,就马上叫车夫拉我回去,回到南火车站去,再和你握一握手。可是走到了莱路口,又遇着一群军队的通过,把交通都断绝了。所以只好闷闷的回来。回到闸北,约略睡了一会,就有许多事务要办,又只好勉强起来应付着,一直忙到现在。现在大家在吃晚饭,我因为早上吃得太饱,不想下去吃饭,所以马上就坐下来写这封信。

映霞,你叮嘱我的话,我句句都遵守着,我以后要节戒烟酒,要发奋做我的事业了,这一层请你放心。

今天天气实在好得很，但稍觉凉了一点，所以我在流清水鼻涕，人家都以为我在暗泣。映霞，我若果真在这里暗泣，那么你总也该知道，这眼泪是为谁流的。

映霞，我相信你，我敬服你，我更感激你到了万分，以后只要你能够时时写信给我，那我在寂寞之中，还可以自慰。我只盼望我们的自由的日子到来，到那时候，我们俩可以永远地不至于离开。映霞，从前你住在梅白克路的时候，我们俩虽则不是在一个屋椽之下，但要相见的时候，只要经过一二十分钟就可以相见。那时候即使不和你相见，我心里但想着你是和我同处在上海，同在呼吸一个地方的空气，那心里就平稳许多，但现在你却去得很远了，我一想到你，就要心酸起来。映霞，这一回的小别，你大约总猜不出要使我感到多苦楚。但你的这一次的返里，却是不得已的，并且我们的来日，亦正长得很。映霞，我希望你能够利用这个机会，说得你母亲心服，好使我们俩的事情，得早一日成功。

你的信里说，今年年内我们总可以达到目的，但以我现在对你的心境讲来，怕就是三四个月也等不得。

总之，映霞，我以后要努力了，要好好儿地做人了，我想把我的事业，重新再来过一番，庶几可以不使你失望，不使人家会笑你爱错了人。

我以后不跑出去了，绝对不跑出去了，就想拚命的著书，拚命的珍摄身体，非但为了我自己，并且是为了你。

今天头昏得很，想早点睡觉，只写到此地为止，此信，当于明天一早，由我自家跑上租界上去寄出。我希望你当没有接到这一封信之先，已经有了寄给我的来书。

映霞，再见，再见！

1927年4月3日晚上写

达夫寄自上海创造社

闸北虽则交通不便，但信是仍旧可通的，不过迟一点就是。

4月4日早付邮

任务分析

本任务是书信的写作。通过对书信的知识介绍，掌握书信写作的格式要求与注意事项。

当前，随着现代通信技术的发展，传统的书信写作日趋式微；正因为如此，在较少的书信写作中，人们往往忽视一些问题，不符合书信礼仪的现象比比皆是。其实，即使是电子邮件，也要遵循传统书信写作的某些格式。

相关知识

一、书信概述

中华文明绵延五千年，历史悠久，源远流长，以“礼仪之邦”著称于世。国人倡诚信，讲礼仪，彰显了中华民族深厚的文化内涵。人们的社会交往和思想感情交流，大多通过一定的礼仪和一定的文化活动来进行。

书信是一种向特定对象传递信息、交流思想感情的应用文书，可以传统的竹简、木简、布帛、纸张等为载体，也可以现代的电子信息技术为载体。

“信”在古文中有音信、消息之意，如“阳气极於上，阴信萌乎下”（扬雄：《太玄经·应》）。“信”也有托人所传之言可信的意思，不论是托人捎的口信，还是通过邮差邮递的书信，以及近年出现的邮寄录音带、录像带、电子邮件等都具有这种含义。用语言文字向特定对象传递信息和进行思想感情交流的信，一是有运用文字述说事情原委和表达自己思想感情的能力；二是具备相应的书写工具；三是有人进行传递。

书信的使用方便了人们的交流，因为它使得“说”和“听”可以不在同时、同地进行。同时意味着，书信从发信人到收信人需要一个投递的过程，才能实现这一异时、异地的“听”、“说”交流。现代，绝大部分的信件是通过邮局投递、寄送的。而在邮局出现之前，信件大多由私人传递和送达，承担这项任务的人在中国古代被称为“信使”、“信差”。

在漫长的历史进程中，由于书写材料演变等原因，书信又有许多别名、美称，下面略举数端。

尺牍：古时书函长约一尺，故名尺牍，亦称“尺素”、“尺翰”、“尺简”、“尺纸”、“尺书”，皆泛指书信。

雁足、雁帛、雁书、鸾笺：《汉书》记载苏武故事，言苏武被拘匈奴，牧羊于北海，后来汉朝廷要求匈奴放归苏武，匈奴谎称武已死。汉使则谓单于，汉皇在上林苑中，得北宋雁，雁足上系着帛书，说苏武等在某泽中，单于只得放苏武归汉。于是，书信又有了雁足、雁帛、雁书等代名词。再如，宋时蜀地善制十色彩笺，笺上隐然有花木麟弯图案。书信又多了一个别称：鸾笺。

八行书：旧时竖式信笺，多用红线划分八行，书信也别称八行书。

简：造纸术发明之前，我国曾用削成狭长的竹片作为书写材料，人们把这种竹片称为简。

牍：古代书写用的薄而小的木片称为牍。汉代对简和牍串起来写字时，诏书律令宽不超过三尺，一般书信宽不过一尺，所以将书信称为尺牍。

柬：柬与简通用，是信件、名片、帖子之类的统称，如请柬、贺柬等。

素：古代称白绢为素。用白绢写成的书信称为尺素，后来“素”成为书信的代称。

笺：原是精美的小竹片，供人们题诗或作画用。一般信纸也叫笺，后引申为书信的代称。

函：原指信的封套。古代寄信用木匣子邮递，这种匣子叫函。后来就称信件为函。

札：原意为古代书写用的小木简。现仍通用“信札”一词。

鸿雁：古代传说鸿雁能传书，出自《汉书·苏武传》：“言天子射上林中，得雁，足有系帛书，言武等在某泽中。”后来用鸿雁代称书信。

鲤鱼：出自汉乐府诗《饮马长城窟行》：“客从远方来，遗我双鲤鱼，呼儿烹鲤鱼，中有尺素书。”以鲤鱼代称书信有“双鱼”、“双鲤”、“鱼书”等称。古人把书信结成鲤鱼形状。

二、书信封文的格式与写法

书信由封文与笺文两部分构成。完整的书信应该是笺文封文俱全，并且将笺文装入写好封文的信封内，然后将口封好付寄的。

信封分为竖式信封与横式信封两种。现在通用的是横式信封。

封文，即信封上的文字。主要由收信人和寄信人双方的邮编、地址、姓名等组成。收信人的地址应当准确明白，要使用规范的地址表述，注意其简称的使用。收信人的称谓，一般情况下指的是邮递员对收信人的称谓，可用“先生”、“女士”、“同志”等泛尊称。寄信人的地址也应当写明白，以免邮件投递不到，无法退还。“本市王寄”、“内详”之类做法，是不可取的。

上述情况，主要针对邮政信件。如是托人捎带的信件，则应该在信封上方偏左的地方，视具体情况，写上“请交”、“面交”、“烦交”等字样。如捎信人熟悉收信人的地址，则不必写出收信人的地址。写信人的地址一般也省略，只写“××托”、“×××拜托”即可。有时，为了表示对捎信人的尊重与信任，或信件的内容不涉及公私秘密，信封以不封口为好。

三、书信笺文的格式与写法

笺文，即写在信笺上的文字。笺文是书信内容的主体，书信的繁简、俗雅及至其他方面的风格特征，几乎都由内容主体决定。

书信历史悠久，其格式也几经变化。按通行的习惯，书信格式主要包括五个部分：称呼、正文、结尾、署名和日期。

(一)称呼

也称“起首语”，是对收信人的称呼。称呼要在信纸第一行顶格写起，后加“：”，冒号后不再写字。称呼和署名要对应，明确自己和收信人的关系。称呼可用姓名、称谓，还可加修饰语或直接用修饰语作称呼。

1. 给长辈的信。若是近亲，就只写称谓，不写名字，如“爸”、“妈”、“哥”、“嫂”等；若是亲戚关系，就写关系的称谓，如“阿姨”、“姑夫”等。对非近亲的长辈，可在称谓前加名或姓，如“赵阿姨”、“黄叔叔”等。

2. 给平辈的信。夫妻或恋爱关系，可直接用对方名字，爱称加修饰语或直接用修饰语，如“丽”、“敏华”、“亲爱的”等；同学、同乡、同事、朋友的信，可直接用名字、昵称或加上“同学”、“同志”，如“老纪”、“小邹”、“三毛”等。

3. 给晚辈的信。一般直接写名字，如“乐毅”、“君平”、“阿明”等；也可在名字后加上辈分称谓，如“丽华侄女”等；亦可直接用称谓作称呼，如“孙女”、“儿子”等。

4. 给师长的信。通常只写其姓加“老师”二字，如“段老师”、“周师傅”等。对于十分熟悉的师长，也可单称“老师”。对于学有专长、德高望重的师长，往往在姓后加一“老”字，以示尊重，如“戴老”、“周老”。

5. 给一个单位或几个人的信，又不指定姓名的，可写“同志们”、“诸位先生”、“××等同志”等。给机关团体的信，可直接写机关团体名称，如“××委员会”、“××公司”。致机关团体领导人的信，可直接用姓名，加上“同志”、“先生”或职务作称呼，亦可直接在机关团体称呼之后加上“领导同志”、“负责同志”、“总经理”、“厂长”等。

如果信是同时写给两个人的，两个称呼应上下并排在一起，也可一前一后，尊长者在前。

上述五种场合，有时还可按特殊对象，视情况加上“尊敬的”、“敬爱的”、“亲爱的”等形容词，以表示敬重或亲密之情。当然，这要用得适宜，如对好友称“尊敬的”，反而显得见外，对无特殊关系的年轻女性贸然称呼“亲爱的”，那就有失检点。

(二)正文

正文通常以问候语开头。常写作“您好”、“近好”。依时令节气不同，也常有所变化，如“新年好”、“春节愉快”，问候语写在称呼下一行，前面空两格，常自成一段。之后，常有几句起始语，如“久未见面，别来无恙”、“近来一切可好”、

"久未通信，甚念"之类。问候语要注意简洁、得体。一般，问候语后不再写其他内容，主要是为了表示对收信人的尊重，防止语义的重复。

主体，即写信人要说的话。它可以是禀启、复答、劝谕、抒怀、辞谢、致贺、请托、慰唁，也可以是叙情说理、辩驳论证等。要明白写信的主旨，做到有条有理、层次分明。

（三）结尾

结尾写上表示敬意、祝愿或勉励的话。习惯上，它被称为祝颂语或致敬语，这是对收信人的一种礼貌。祝愿的话可因人、因事选用适当的祝愿语，不要乱用。

结尾的习惯写法有两种：一般情况下，退一行空两格写"此致"，回行顶格写"敬礼"。或者，在正文最后接着写"顺祝"，然后回行顶格写"敬礼"、"安好"、"健康"、"平安"等词。

对祖父，颂祝"起居永福"等；对父母辈，颂祝"金安"、"福安"等；对尊长颂祝"康安"、"钧安"、"崇安"等；对女长辈，颂祝"慈安"、"懿安"、"坤安"等；对编辑，谨颂"编祺"、"编安"等；对写作者，谨颂"著祺"、"撰安"等；对教师，谨颂"教祺"、"教安"、"诲安"等；对军界，谨颂"勋祉"、"戎安"等；贺新婚者，谨颂"燕安"、"燕喜"等；贺生子，谨颂"麟安"等；对女性，可颂"淑安"、"妆安"等；问病，祝颂"痊安"等；祝收信人夫妇，"双安"、"俪安"等。

（四）署名和日期

书信最后一行，应署上写信人的姓名。署名应写在正文结尾后的右方空半行的地方。如果是写给亲属、朋友的，可加上自己的称呼，如儿、弟、兄、侄等，后面写名字，不必写姓。如果是写给组织的信，一定要把姓与名全部写上。而在署名之后，有时还视情加上"恭呈"、"谨上"等，以示尊敬。上述自称，都要和信首的称谓相互吻合。

日期，用以注明写完信的时间，写在署名下一行。有时写信人还加上自己的所在的地点，尤其是在旅途中写的信，更应如此。

（五）附候语及补述语

附候语是附带问候的辞令。给亲朋写信时，如果与受信人的家人或身边朋友、同事也有交情，或者写信人的家人及身边朋友、同事也认识受信人，往往在信中附带致以问候，表示思念及之情。所以，附后语通常有两种情况：

1. 写信人附带问候受信人身边的亲友，如"令尊前乞代请安"（附带问候受信人的父母）。

2. 写信人代自己身边亲友问候受信人，如"广平及海婴随叩"（鲁迅在写给其母信中代妻儿行礼问候)。

补述语,即信写毕之后又要补充说明的话语。补述语一般用"又及"、"又启"加以提示。补述语不宜过长。写给领导的,写完后若有未及事情,应重新来写,不应写补述语。

四、书信写作中的注意事项

书信虽然是一种个人性很强的应用文,写法也比较灵活。但书信还是应该遵循一定的要求,最基本的可概括为以下两点:首先,必须合乎规范书信写作规范突出地表现为两个方面,一是书写格式的规范,二是书信语言的礼仪规范,这两种规范都必须严格遵守,否则就会出乱子,闹笑话。其次,要言之有物,通情达理"信"字本身含有信任之义,这要求书信不论写给谁看,所述之事都要实在,所表之情都要率真,所讲之理都要通达。

五、例文评析

1. 家书

与妻书

林觉民

意映卿卿如晤,吾今以此书与汝永别矣!吾作此书时,尚是世中一人;汝看此书时,吾已成为阴间一鬼。吾作此书,泪珠和笔墨齐下,不能竟书而欲搁笔,又恐汝不察吾衷,谓吾忍舍汝而死,谓吾不知汝之不欲吾死也,故遂忍悲为汝言之。

吾至爱汝,即此爱汝一念,使吾勇就死也。吾自遇汝以来,常愿天下有情人都成眷属;然遍地腥云,满街狼犬,称心快意,几家能彀?司马春衫,吾不能学太上之忘情也。语云:仁者"老吾老,以及人之老;幼吾幼,以及人之幼"。吾充吾爱汝之心,助天下人爱其所爱,所以敢先汝而死,不顾汝也。汝体吾此心,于啼泣之余,亦以天下人为念,当亦乐牺牲吾身与 汝身之福利,为天下人谋永福也。汝其勿悲!

汝忆否?四五年前某夕,吾尝语曰:"与使吾先死也,无宁汝先而死。"汝初闻言而怒,后经吾婉解,虽不谓吾言为是,而亦无词相答。吾之意盖谓以汝之弱,必不能禁失吾之悲,吾先死留苦与汝,吾心不忍,故宁请汝先死,吾担悲也。嗟夫!谁知吾卒先汝而死乎?吾真真不能忘汝也!回忆后街之屋,入门穿廊,过前后厅,又三四折,有小厅,厅旁一室,为吾与汝双栖之所。初婚三四个月,适冬之望日前后,窗外疏梅筛月影,依稀掩映;吾与(汝)并肩携手,低低切切,何事不语?何情不诉?及今思之,空余泪痕。又回忆六七年前,吾之逃家复归也,汝泣告我："望今后有远行，必以告妾，妾愿随君行。"吾亦既许汝矣。前十余日回家，即欲乘便以此行之事语汝，及与汝相对，又不能启口，且以汝之有身也，更恐不胜悲，故惟日日呼酒买醉。嗟夫！当时余心之悲，盖不能以寸管形容之。

吾诚愿与汝相守以死，第以今日事势观之，天灾可以死，盗贼可以死，瓜分之日可以死，奸官污吏虐民可以死，吾辈处今日之中国，国中无地无时不可以死，到那时使吾眼睁睁看汝死，或使汝眼睁睁看我死，吾能之乎？抑汝能之乎？即可不死，而离散不相见，徒使两地眼成穿而骨化石，试问古来几曾见破镜能重圆？则较死为苦也，将奈之何？今日吾与汝幸双健。天下人不当死而死与不愿离而离者，不可数计，钟情如我辈者，能忍之乎？此吾所以敢率性就死不顾汝也。吾今死无余憾，国事成不成自有同志者在。依新已五岁，转眼成人，汝其善抚之，使之肖我。汝腹中之物，吾疑其女也，女必像汝，吾心甚慰。或又是男，则亦教其以父志为志，则我死后尚有二意洞在也。甚幸，甚幸！吾家后日当甚贫，贫无所苦，清静过日而已。

吾今与汝无言矣。吾居九泉之下遥闻汝哭声，当哭相和也。吾平日不信有鬼，今则又望其真有。今人又言心电感应有道，吾亦望其言是实，则吾之死，吾灵尚依依旁汝也，汝不必以无侣悲。

吾平生未尝以吾所志语汝，是吾不是处；然语之，又恐汝日日为吾担忧。吾牺牲百死而不辞，而使汝担忧，的的非吾所忍。吾爱汝至，所以为汝谋者惟恐未尽。汝幸而偶我，又何不幸而生今日中国！吾幸而得汝，又何不幸而生今日之中国！卒不忍独善其身。嗟夫！巾短情长，所未尽者，尚有万千，汝可以模拟得之。吾今不能见汝矣！汝不能舍吾，其时时于梦中得我乎！一恸！辛未三月廿六夜四鼓，意洞手书。

家中诸母皆通文，有不解处，望请其指教，当尽吾意为幸。

【简析】

林觉民的《与妻书》，堪称家书乃至情书中的典范之作。读之，缠绵悱恻，洞彻心扉，又不乏激昂之情。林氏，革命党人，为国家、民族大义，准备以死赴之。临行前夜，作《与妻书》，算是临别遗言。从家与国的关系中，来看待个人在革命中的地位，由此来讲述夫妻之间的感情，字字泣血。

2. 情书

《两地书·原信》五

鲁迅先生吾师左右：

今日——二十——接读先生十九来的那信，关于"兄"字的解释，敬闻命矣。

"'兄'字的意思，不过比直呼其名略胜一筹"与"较为生疏，较需客气"者有别，二年受教，确不算"生疏"，师生之间，更无须乎"客气"而仍取其"略胜一筹"者，此先生之虚以待人欤？此社会之一种形式之必有存在价值欤？敬博一笑。这种"兄"字的称法，若属别人给我的，或者真个"大惊"，惟其是"鲁迅先生"给我的，我实不觉得有什么"可惊"，更不要什么"力争"，所以我说"此鲁迅先生之所以为'鲁迅先生'吾师也欤"的话。姑无论前信那套话是废话与否，然而这回给我的复信于"闻……闻……"之外，又闻先生的"自己制定的，沿用下来的例子"，我是多么荣幸呀！而且称谓的"讲义"无论如何编法，总是主笔人一种"无限制权"，不必他人费辞的，现在我再说别的吧。

如果现世界的教育"是制造许多适应环境的机器的方法"，那么，在非如"栝棬"如"水"之"性"的状况之下的我，天生就一种崛〔倔〕强，落落难与人合的我，"将来"二字走到面前变成"现在"时，那其间——我便是一个时代环境的落伍者，虽然"将来"是极无把握、不可信任的，但是老是这样"品性难移"，经验先生告诉我们，事实一定如此的，末了还是离不了"奋激"和"仇视"以至"无论对谁都开枪，自己也归于毁灭"。所以我绝不"怀念'过去'"，也不"希望'将来'"。对于现在这个题目，自己的处方就是：有船坐船，有车坐车，有飞机也不妨坐飞机，如果走到山东，我也坐坐独轮车，在西湖我也坐坐瓜皮艇和肩舆，如果什么车轿……都没在眼前，我也不妨骑起我的风火轮，在云头中腾驾起来，但我绝不在乡村中希望坐电车，也更不愿在地球里希望到火星上。简单一句，我的处方，就以现在治现在；以现在的我，治我的现在。一步步的现在过去，也一步步的换一个现在的我，但是这个"我"还是含有原来的"我"的成分，有似细胞在体中渐渐变换代谢一样。这也许太不打算，过于颓废吧！染有青年人一般的普通病吧！其实我上面所说"对于'现在'这一个题目"仍脱不了"交白卷"的公例，这有什么法子呢？随它去吧！

现在实讲不到"黄金世界"时代，而孙文一死，教次指教育次长。当时是马叙伦。立刻下台，《民国日报》立即关门——或者以为与孙死无关——以后的把戏也许五花八门层出不穷呢。姑无论"叛徒"所"叛"的对不对，但是这种对待"叛徒"的办法，实在不高明，而大家深以为是"黄金世界"所应有的事。像这样"黑色的染缸"，如何能容得下去，令它点点滴滴的泼出乌黑的漆来？我想待遇这个黑缸，索性拿个大砖头打破它，或者拿铁钉钢片密封它，但是相当的砖头和钢片铁钉之属，这时还未预备出来，可奈何?!

虽则先生处处给与青年一种前进，悲观中未曾无乐观之诱导，如"并未遇到全是荆棘毫无可走的地方"，"然而人们也不必这样悲观……就是进步"，"也可以算是人生的一种慰安”,“‘黑暗与虚无’乃是实有”……先生真是对于青年苦口婆心极了!在先生何常〔尝〕不晓得“黑暗与虚无”所“实有”者,乃是“黑暗与虚无”。非“非‘黑暗与虚无’”,而先生仍必给与青年以一种“不悲观”不绝望,且先生自己也仍以悲观作“不悲观”,以无可为作“可为”仍自往前的走去。这种精神学生是应当效法的。自后当避免些“无须必践”的“荆棘”,养精蓄锐,以待及锋而试。

我所看见的子路是勇而无谋,不能待三鼓而进的一方面,如果叫他生于欧洲,住在“壕堑”里等待敌人,他必定不奈〔耐〕久候挺身而出的。关公止是关公,孔明止是孔明,曹操止是曹操,三人个性不同,行径亦异。我表同情于子路之“率尔而对”而不表赞同于避名求实的伪君子“方……如五六十……以待君子”之冉求。虽则圣门中许之,但子路虽在圣门而仍不能改其素性,这是无可奈何的一件事。至于他“结缨而死”自然与“肉不正不食”一样的“迂”得有趣,但这似乎是另一个问题,我们只要晓得,当然不会上当的。

在纸面上得先生的教训比读书听书好得多了,可惜我自己太浅薄,找不出许多要说的话充分的吐露出来,贡献于先生之前求教。但是我相信如果有话要请益时,先生一定不客气的,可是时时在先生最有用最经济的时间中,夹入我一个小鬼在中捣乱,先生写两个“山”字那小鬼也不去,烧符也没用,先生还是没奈何的破费点光阴吧!小子惭愧则个。

鲁迅先生的学生许广平上

三月二十日

【简析】

《两地书》是鲁迅与许广平的书信集。通过其中称谓及语言的改变,可以看出两者关系的发展变化。这是一则许氏写给其当时老师鲁迅的信,其时,两者尚未结婚。称谓为“鲁迅先生吾师左右”,是古代书信的惯例;要明确的是,长辈可以称晚辈为“兄”,也就是此信开始探讨的问题,晚辈对长辈却要严格按照辈分与资格来选择称谓。落款,写“鲁迅先生的学生许广平上”,一般写作“学生许广平上”即可。

任务实施

1. 母亲节到了,你远在外地求学,请给母亲写一封信,谈谈亲子间的感情与沟通等。

2. 现代通信技术的发达,人们普遍少了用纸质文本写信,请给你的高中同学写一封信,谈谈进入大学后的感想以及以后的计划等,注意闻闻纸张油墨的香味。

3. 毕业即将到来，请给高中同学写一封信，谈谈毕业前的感触与找工作中的困惑等。

任务二 专用书信的写作

知识目标

◆ 感谢信、表扬信、慰问信的文面格式与写作要求

◆ 介绍信、证明信、推荐信的文面格式与写作要求

◆ 邀请函、聘书、求职信的文面格式与写作要求

◆ 申请书、检讨书、倡议书的文面格式与写作要求

能力目标

◆ 提高对各类专用书信写作相应工作情景分析、评价的能力

◆ 掌握各类专用书信的格式与写作要求，具备熟练进行各类专用书信写作的技能

任务引入

企业的社会责任是实现企业可持续发展的有力保障之一，每一个企业理应具备能够在实际中正确的处理环境保护与企业发展的关系的能力。环境保护就是其应当承当的一项社会责任。

厚生公司就致力于承担社会责任，也是对本公司社会形象的塑造。请代为拟写一封倡议书，倡议各企业致力于环境保护，从而创造一个更加美好的投资环境。

任务分析

本任务专用书信的写作，专用书信主要包括感谢信、表扬信、慰问信、介绍信、证明信、推荐信、申请书、投诉书、倡议书等。通过对各类专用书信的知识介绍，掌握各类专用书信明写作的格式要求与注意事项。

注意各类专用书信在文面格式上与普通书信的区别。

相关知识

专用书信主要有感谢信、表扬信、慰问信、推荐信、介绍信、证明信、咨询信、申请书、聘书、请柬、决心书、倡议书、建议书、挑战书、投诉书等。专用书信具有专门性和内容上的规定性，一种专用书信往往写一个方面的内容。公开的专用书信大都用标题标明信件的性质。以团体署名的专用书信，一般不加结束语与问候语。

一、感谢信、表扬信、慰问信的写作

(一)感谢信的写作

1. 感谢信的概念

感谢信是对某个单位或个人的关怀、支援、帮助表示感谢的专用书信。感谢信不仅有感谢的意思，而且有表扬的意思。这种书信可以直接给对方或对方所在单位，也可以张贴在对方单位内或所在地的公共场所，还可以交给报纸刊登、电台广播、电视台播发。

2. 感谢信的格式要求

感谢信主要由标题、称谓、正文、祝颂语、签署等几部分组成。

(1)标题。正中用较大的字体写上“感谢信”三个字。有的还在“感谢信”的前边加上一个定语，说明是因为什么事情、写给谁的感谢信，如“致王洪亮同志的感谢信”。

(2)称谓。顶格写对方单位名称或个人姓名，姓名后面可以加适当的称呼，如“同志”、“师傅”、“先生”等，称呼后用冒号。如果感谢对象比较多，可以把感谢对象放在正文中间提出。

(3)正文。空两格起写正文。主要由“概述先进事迹”、“评论其精神与重要意义”与“表明自我态度”三部分组成。要写清楚对方在什么时间，什么地点，由于什么原因，做了什么好事，对自己或单位有什么支持和帮助，事情有什么好的结果和影响。还要写清楚从中表现了对方哪些好思想、好品德、好风格。最后表示自己或所在单位向对方学习的态度和决心。

(4)祝颂语。另起一行空两格(也可紧接正文)写上“此致”，换一行顶格写上“敬礼”。或写上“最诚挚的敬意”。

(5)签署。最后再换一行，在右半行署上单位名称或者个人姓名。在署名的下边写上发信的日期。

3. 拟写感谢信的注意事项

(1)叙述对方对自己或本单位的帮助,一定要把人物、时间、地点、原因、结果以及事情经过叙述清楚,便于组织了解和群众学习。

(2)信中要洋溢着感激之情。在叙述事实的过程中,除了要突出对方的好思想和表示谢意外,行文要始终饱含着感情。感情要真挚、热烈,使看到信的人都受到感染。

(3)表示谢意的话要得体,既要符合被感谢者的身份,也要符合感谢者的身份。

(4)感谢信以说明事实为主,切勿不着边际地大发议论。

4. 例文评析

致腾讯网友的感谢信

家人们、广大腾讯网友们:

大家好!

我是李连杰,壹基金的发起人,在这里,请允许我代表壹基金感谢大家对壹基金的信任,感谢网友们对地震救灾进行的捐款。

在这里,要特别感谢腾讯公司,作为壹基金成立之初最早的合作伙伴,我们的合作非常愉快,腾讯公司一直以来给予壹基金的支持让我们始终心怀感恩。

地震发生后,腾讯公益基金会于5月12日当天向壹基金捐赠100万元用于救灾,是壹基金收到的第一笔赈灾捐款。同时,腾讯网迅速利用其财付通网上支付平台开通地震捐款通道,与壹基金的众多网络伙伴一同展开网络募捐。

短短24小时之内,腾讯网友捐款达到50万元人民币;5月15日,灾难发生后第3天,网友捐款超过1 000万元;5月20日14时35分,网友赈灾捐助突破了2 000万元。

截至2008年6月5日12时,壹基金收到的各界捐款总额为7 889.17万元,其中来自广大网络及个人4 910.87万元,其中来自腾讯网友的捐款超过2 335万元人民币,捐款人次超过31万人次。

“壹基金,壹家人”,家人有难,四方支援。面对自然灾难,大家的爱心都被调动起来,短短十数天的时间,网友们的爱心创造了奇迹,不断增长、翻倍的捐款数字,是一颗颗爱心的凝聚,也是一份份关怀的传递。但是灾后重建将是长期持续的工程,希望大家能够继续关注并支持下去,更希望每个人从每个月1块钱做起,注重平时积累,以应对未来可能发生的其他灾难。

壹基金已经在成都成立了办公室,将持续关注灾后重建工作。作为壹基金的发起人,近日来我本人在台湾学习了解地震灾后重建等各方面经验,走访了不少地方，向专业团体、建筑师们讨教，希望能够将大家捐助的善款理性、科学的用于灾后重建。秉承对每一笔捐款、每一位捐款者负责任的态度，壹基金将定期公布善款使用情况，此次赈灾善款的使用，由德勤会计师事务所全程审计。欢迎大家一起监督。

再次感谢家人们。

中国红十字会总会李连杰壹基金计划
2008年6月5日

【简析】

这是李连杰针对地震救灾事宜向家人及腾讯网友发出的感谢信。首先，对腾讯网友在汶川地震中的捐款行为表示感谢，接着向合作伙伴腾讯网表示感恩。然后，公布腾讯网友的捐款及壹基金收到的捐款总额，这种开诚布公式的公益捐助方式，是当下中国公益活动所缺乏的；接着论述壹基金的宗旨、工作方式与工作计划。最后，对家人们表示感谢。这封信，层次清晰，内容充实，感情真挚，符合感谢信要求的文书礼仪。

（二）表扬信的写作

1. 表扬信的概念

表扬信是对某些单位或个人的高尚风格和模范事迹表示颂扬的专用书信。这种书信可以是领导机关、群众团体表扬其所属的某一单位以及某一个人的，也可以是群众之间的互相表扬。表扬信一般用大红纸抄出，张贴在被表扬的单位、个人的所在地或者公共场所；也可以在报纸发表、在电台广播，在授奖大会上宣读。通过表扬好人好事，能够使受表扬者得到鼓舞，对其他人也起到教育作用。

与嘉奖令、表扬性通报等公文相比，表扬信不属于正式的行政公文，没有前者所具有的奖励效力。但是，表扬同样具有鼓舞受表扬者及其他相关人员的作用。

2. 表扬信的格式要求

表扬信的格式和写法与感谢信基本相同。不过，写表扬信还需要注意下面的几点：

(1)感谢信一般由当事者或当事者的所在单位以及亲属来写，而凡是了解情况的人都能写表扬信。

(2)表扬信结尾的写法有两种。如果是写给本人的，就写“值得学习”、“深受感动”等方面的内容；如果是写给受表扬者的所在单位或领导的，就可以提出建议，请在一定范围内宣传、表扬受表扬者的好作风和模范事迹。

(3)正文中要突出受表扬者事迹中最有教育意义的方面。

(4)叙述受表扬者的模范事迹一定要实事求是，赞扬的文字要掌握分寸，切忌堆砌溢美之辞，使人感到不可信，受表扬者也感到不快。

3. 例文评析

表扬信

编辑同志：

我是山西省的一个普通农民。三个月前，我身背久病不愈、生命垂危的儿子，带着最后一线希望来到了首都。在积水潭医院外科急诊室，大夫们给我儿子进行了全面的检查，诊断结果是“弥漫性腹膜炎和脓毒性败血症”。“病情危急，应马上手术。”鬓发苍白的金大夫果断地做出了决定。

金大夫好几天没有回家，为抢救我儿子的生命，他全然忘记了连日来的疲劳，主动为我们联系住院，并亲自给我儿子做了手术。术后，金大夫每天几次来病房询问我儿子的病情，并仔细查看刀口包扎和排液管是否畅通。记得有一次，医生让我儿子喝酸奶，可我儿子自幼生长在农村，对喝酸奶不习惯，只喝了一口就不再下咽了，我几次劝说也无济于事。这时候金大夫来了，他语重心长地讲述了喝酸奶对配合药物治疗和防治毒菌感染的作用等一系列通俗易懂的医疗知识。在谈话中，金大夫以他的那特有风趣、幽默的语言不时地引起了我儿子的微笑，使他很顺利地喝下了酸奶。

年轻的师大夫也是如此，在给我儿子换药过程中，不怕脏，不怕气味。他还考虑到我们农村的一些实际困难，在各个方面给予我们热心的照顾，我们全家深受感动。

经过两个月的治疗，我儿子基本上恢复了健康。这对病人来说简直是一个奇迹。

积水潭医院外科的大夫们不但医术高，而且医德好，他们不愧是首都的医生。

此致

敬礼

山西　李梅

二〇〇七年三月三日

【简析】

这是一则病人家属写给某新闻媒体的表扬信，希望对积水潭医院的大夫给予表扬。首先，讲述了金大夫、师大夫等不顾疲劳、认真为病人服务的优良精神；然后写明儿子在大夫的精心治疗下恢复了健康；最后，对积水潭医院外科的大夫给予表扬。本文条理清楚，符合表扬信的格式与礼仪方面的要求。

(三)慰问信的写作

1. 慰问信的概念

慰问信是表示向对方关怀、慰问的专用书信。它是有关机关或者个人,以组织或个人的名义在他人处于特殊的情况下(如战争、自然灾害、事故),或在节假日,向对方表示问候、关心的应用文。

慰问信包括两种:一种是表示同情安慰;另一种是在节日表示问候。慰问信应写得态度诚恳、真切。

2. 慰问信的格式与写法

(1)标题。可直接写"慰问信",也可以加上收信一方的称谓,如"致全体退休教师的慰问信"。

(2)称谓。应表示尊敬的称谓。一般不可少,除非在标题中已经出现收信人。

(3)正文。主要由问候语、主体内容与祝愿语等组成。主体部分,可写简述事件情况,或介绍他人的事迹等。

(4)签署。若是组织,应写全称;个人姓名前,可加职衔,但姓名后一般不加职衔。为显示郑重和尊敬,一般应署具体的时间。

3. 例文评析

(1)表示同情安慰的慰问信。

江泽民主席昨晨致电布什总统哀悼坠机遇难者

新华社北京11月13日电　中国国家主席江泽民13日就美国一架客机在纽约失事致电美国总统布什。对遇难者表示哀悼。电文如下:

美利坚合众国华盛顿白宫乔治·沃克·布什总统阁下:

总统先生,我昨晚与你通电话后不久,便惊悉,美国一架客机在纽约失事,造成重大人员伤亡和财产损失。我对此深感悲痛。

我谨代表中国政府和人民,向你并通过你,向美国政府和人民表示深切慰问,对遇难者表示哀悼。

中华人民共和国主席　江泽民

二〇〇一年十一月十三日晨于北京

【简析】

这是国家主席江泽民就美国客机失事事故致电美国总统布什的慰问信。国事礼仪,兹事体大,语言简洁庄重,符合基本的礼仪规范。

(2)节日问候信。

慰问信

陕西日报社全体记者和新闻工作者：

在第十个记者节来临之际，我们谨向报社的广大记者和全省新闻战线的同志们表示节日的问候！

新闻记者是社会民主、文明、进步的推动者。多年来，你们坚持正确的舆论导向，牢记使命，恪尽职守，积极宣传党的理论和路线方针政策、陕西人民与时俱进的创造、各行各业涌现出的先进典型，讴歌真善美，鞭挞假丑恶，写出了一大批有份量、有影响的好报道，给全省干部群众以极大的鼓舞和激励，为陕西改革开放和现代化建设作出了重要贡献。

当前，陕西正在全面贯彻落实党的十七届四中全会精神，站在新的历史起点上向全面建设小康社会目标迈进。新形势、新任务对广大记者和新闻工作者提出了更高的要求。希望你们不断提高思想政治素质，提高业务能力，发扬优良传统，恪守职业道德，深入一线、深入基层、深入群众，写出更好更多的精品佳作，为推动科学发展、富裕三秦百姓、建设西部强省作出新的更大的贡献！

中共陕西省省委书记　赵乐际

陕西省省长　袁纯清

二〇〇九年十一月五日

【简析】

这是陕西省领导在记者节向陕西日报社全体记者和新闻工作者致以问候的节日慰问信。首先，表示问候；接着，讲述陕西新闻工作者为陕西改革开放和现代化建设作出的重要贡献；最后，提出希望和要求。

二、介绍信、证明信、推荐信的写作

(一)介绍信的写作

1. 介绍信的概念

介绍信是用来介绍联系接洽事宜的一种应用书信。它具有介绍、证明的双重作用。

介绍信主要有两种形式，普通介绍信和专用介绍信。

2. 介绍信的格式与写法

普通介绍信一般不带存根，正中写“介绍信”。内容包括：称呼、正文、结尾、署名和日期，并注上有效日期。

专用介绍信共有两联，一联是存根，另一联是介绍信的本文。两联正中有间缝，同时编有号码。

3. 介绍信的时效特性

介绍信就相当于在一定时间内的有效证件。它可以帮助对方了解被介绍者的身份、来历，同时也赋予了被介绍者一定的责任和权利，所以介绍信一般都开列出一定的时日期限。

4. 例文评析

介绍信

×××公司：

兹有我院工商管理系张磊等5人，前往贵公司联系实习事宜，请予接洽为盼。

此致

敬礼

××职业技术学院（盖章）

二〇〇九年三月七日

【简析】

这封介绍信，简明扼要，既交代清楚了被介绍者的人数，又说明了介绍事宜，而且符合介绍信的礼仪要求。

（二）证明信的写作

1. 证明信的概念与分类

证明信是以机关、团体、个人的名义凭确凿的证据，证明某人身份、经历或者有关事件的真实情况的专用书信。

根据证明信具体的存在方式，可分为公文式、书信式和便条式三种格式。

根据开具证明的人的不同，可分为以组织的名义所发的证明信和以个人的名义所发的证明信两种。而以组织的名义所发的证明信还可再分为普通书写的证明信和印刷证明信两种。

（1）以组织名义所发的证明信。多数是证明某人曾在或正在该单位工作的证明信。它可以证明此人的身份、经历、职务，以及同该单位的所属关系等真实情况。这种材料一般来源于该单位的档案，或来自调查研究。

以组织名义所发的证明信可采用普通书信形式，一般都是该单位的负责人或文书根据真实的档案或调查的材料，来组织书写的一种证明性书信。篇幅可长可短，视具体情况而定。

以组织名义发出的印刷式的证明信则是一种较方便的、已事先把格式印好，只需填进主要内容的一种证明信。这种证明信一般留有存根，以备今后查看。这是一种较为正规的证明信。

(2)以个人名义所发的证明信。此类证明信，由个人书写。证明信的内容完全由个人负责。写这样的证明信，个人一定要严肃认真，仔细回忆，不得信笔由缰，马马虎虎。个人所写的证明信一般都以个人名义，采用书信体格式。

2. 证明信的格式与写法

证明信一般都由标题、称呼、正文、署名和日期等构成。

(1)标题。在第一行中间常冠以“证明信”、“证明”或写明“关于×××同志××情况(或问题)的证明”。

(2)称谓。顶格写上需要证明的单位的名称，之后加冒号。

(3)正文。是证明信的主体部分。另起一行，空两格写明被证明事项的全部事实，语言要准确无误、简明扼要。写完所证明的问题以后，另起一行空两格，加“特此证明”四字作结束语，不必写祝愿、勉励之类的话。

(4)署名、日期。在正文右下方署上证明单位(或个人)名称(姓名)，并由证明单位或证明人盖公章或签名、盖私章，否则证明无效。

如果是以个人名义出具的证明，它的标题、正文、结尾和组织证明信写作格式是一样的，但个人证明信写好后应交证明人所在的单位签署意见，加盖公章，以示负责。

证明信有时要作为结论根据的。撰写时应严肃认真，实事求是。言之有据，语言要准确，文字书写要清晰、工整，字迹清楚，不要潦草。证明信的内容如有涂改，必须在涂改处加盖公章。

3. 例文评析

证明信

××市科学院：

贵院张明刚同志，于1950年至1954年在我校物理系业余大专班，学习四年，全部学业成绩合格，已予毕业。

特此证明。

××大学物理系(盖章)
一九九八年五月四日

【简析】

这是一则某大学物理系向某人的工作单位提供证明的专用书信。这封证明信，主要在于证明张明刚同志的学习日期与学习情况，只要准确无误地表述清楚即可。

(三)推荐信的写作

1. 推荐信的概念

推荐信是为推荐一个人去接受某个职位或参与某项工作而写的专用书信信件。在某种特定含义下，指本科生或硕士研究生到其他(一般是国外)大学研究生院攻读硕士或博士学位时，请老师所写的推荐信。一般说来美国的研究生院要求提供3封推荐信，信件作者应该熟悉学生，并且有一定知名度。

2. 推荐信的格式要求

(1)标题。写明“推荐信”即可。

(2)称谓。第一行顶格写收信单位的名称或个人的姓名，个人姓名后可加“先生”、“经理”等，再加上冒号。

(3)正文。开头，首先要表明自己的态度，说明自己乐意推荐某人，也可以同时说明与被推荐人的关系。如师生关系就可写为：我极为高兴地推荐我的学生×××进入贵公司担任×××职务。

其次，对被推荐人资格的介绍与评估，包括被推荐人的人品、性格特点、沟通能力、成熟度、抱负、领导能力、团队工作能力等。这是推荐信的重点内容，要表述得精练、客观、准确，同时体现出推荐人的个人倾向。

最后，建议用人单位对被推荐人的申请予以重点考虑或聘用被推荐人，并对用人单位接受自己的推荐表示谢意。

(4)签名并注明自己的职称或职务。

3. 例文评析

推荐信

尊敬的先生：

您好，我是×××公司的总经理。得知我公司优秀员工张晓亮想要出国深造，我感到非常高兴和无比欣慰。在我看来这样一个上进的年轻人应该接受良好的教育，拥有更辉煌的未来。因此，我很荣幸向贵校强烈推荐这位优秀青年。

张晓亮在大四时来我公司报告实习。尽管对业务不很熟悉，工作经验相对匮乏。但是，从不服输的他一刻也不放弃学习的机会，利于闲暇时间大量阅读参考有关业务的书籍，虚心向其他员工请教。渐渐地，他开始精通各项业务，并取得一定成绩，却没有满足更没有骄傲自大。遇到难题时，他虚心与同事交流讨论直到找出解决方案为止。鉴于他在实习期的出色表现，我公司破例招收他为正式员工。

现在，做为我公司的一名业务精英，张晓亮工作更加认真、负责、努力，为所有同事树立了榜样，本年度被评为本公司优秀员工，并享有高额奖金。

虽然从某种程度上来说，如此优秀的员工踏上留学之途是我公司的损失，但是考虑到他的前途，我依然毫不犹豫地支持他远赴贵校深造。真诚期望贵校能同样支持他，给他一个提升自己实现梦想的机会。谢谢。

总经理：×××
2009年6月6日

【简析】

这是一则某公司负责人向某国外大学写就的推荐信，目的在于推荐本公司的某员工外出深造。先说明自己的态度，即愿意推荐某人，并说明本人与被推荐人的关系。然后，是对被推荐人的介绍与评估。最后，表示感谢。这封推荐信，符合文面格式与礼仪要求，简洁明白，庄重得体。

三、邀请函、聘书、求职信的写作

(一)邀请函的写作

1. 邀请函的概念

邀请函是邀请亲朋好友或知名人士、专家等参加某项活动时所发的请约性书信。它是现实生活中常用的一种日常应用写作文书。在国际交往以及日常的各种社交活动中，使用广泛。

2. 邀请函的格式要求

邀请函一般由标题、称谓、正文、落款部分组成。

(1)标题。由活动名称和文种名组成，还可包括个性化的活动主题标语，如"阿里巴巴年终客户答谢会邀请函"及活动主题标语——"网聚财富主角"。活动主题标语可以体现举办方特有的企业文化特色。例文中的主题标语——"网聚财富主角"独具创意，非常巧妙地将"网"(即阿里巴巴网络技术有限公司)与"财富主角"(即其他网商)用一个充满动感的动词"聚"字紧密地联结起来，既传达了阿里巴巴与"客户"之间密切的合作关系，又传达了"阿里人"对客户的真诚敬意。若将"聚"和"财"连读，"聚财"又通俗、直率地表达了合作双方的合作愿望，可谓"以言表意"、"以言传情"，也恰到好处地暗合了双方通过网络平台实现利益共赢的心理。

(2)称谓。邀请函的称谓使用"统称"，并在统称前加敬语，如"尊敬的×××先生/女士"或"尊敬的×××总经理(局长)"。

(3)正文。是指活动主办方正式告知被邀请方举办礼仪活动的缘由、目的、事项及要求，写明活动的日程安排、时间、地点，并对被邀请方发出得体、诚挚的邀请。

结尾一般要写常用的邀请惯用语，如"敬请光临"、"欢迎光临"等。

(4)落款。要写明礼仪活动主办单位的全称和成文日期。

3. 例文评析

邀 请 函

尊敬的×××先生/女士：

您好！

我们很荣幸地邀请您参加将于5月15～16日在北京21世纪饭店举办的“第27届联合国粮食及农业组织亚太地区大会非政府组织磋商会议”。本次会议的主题是：从议程到行动——继“非政府组织粮食主权论坛”之后。此次磋商会议由联合国粮农组织(FAO)和国际粮食主权计划委员会亚洲分会(IPC-Asia)主办，中国国际民间组织合作促进会协办。届时，来自亚太地区80多个民间组织的100余名代表将参加会议。本次会议宣言将在5月17～21日召开的第27届联合国粮食及农业组织亚太地区大会上宣读。

本次会议的主要议题包括：

1. 亚太地区粮食和农业领域的非政府组织如何在地区和国家层面执行“全球行动议程/公民社会战略”。

2. 亚太地区粮食和农业领域的非政府组织如何根据目前形势确定今后行动的参与者。

3. 参会机构起草非政府组织建议书提交给第27届联合国粮食及农业组织亚太地区会议，继续呼吁维护农民的利益。

真诚地期待着您的积极支持与参与！

国际粮食主权计划委员会亚洲分会　中国国际民间组织合作促进会

2007年4月20日　2007年4月20日

【简析】

这是一则邀请函。开头，表示问候，提出热情的邀请。主体部分，先说明会议的主办方、主题与主要议题；然后，再次表示期待与欢迎。简洁得体，庄重规范。

(二)聘书的写作

1. 聘书的概念

聘书，又称聘请书，它是用于聘请某些有专业特长或名望权威的人完成某项任务或担任某种职务时的专用书信。聘书在人力资源管理中起着较为重要的作用。

一般来讲，聘书适用于以下一些情况：

学校、工矿企业等企事业单位在需要某方面有特长或有专业技能的人才时，发出聘书。这种情况下，往往是用人单位承担了某项工作，靠自己本单位或现有的人才资源无法顺利完成任务；或者由于企业的发展，事业的扩大，需重新聘用一些有专长，在工作中起重大作用的人。总之，这是一种对专业人才所发的聘书。

社会团体组织某些重要的活动，为了提高知名度、扩大影响力，常常聘请一些有名望的人加盟或参与，以期更好地开展活动。如聘请名人作顾问、作指导、作为某项比赛的评委等均属于这种情况。

2. 聘书的格式要求

聘书一般已按照书信格式印制好，中心内容由发文者填写即可。完整的聘书的格式一般由如下几部分构成：

(1)标题。聘书往往在正中写上“聘书”或“聘请书”字样。已印制好的聘书标题常用烫金或大写的“聘书”或“聘请书”字样组成。

(2)称谓。聘请书上被聘者的姓名称呼可以在开头顶格写，然后再加冒号；也可以在正文中写明受聘人的姓名称呼。常见的印制好的聘书则大都在第一行空两格写“兹聘请××”。

(3)正文。首先，交代聘请的原因和请去所做的工作，或所要去担任的职务。其次，写明聘任期限。如“聘期两年”、“聘期自2008年2月20日至2010年2月20日”。再次，聘任待遇。聘任待遇可直接写在聘书上，也可另附详尽的聘约或公函写明具体的待遇，视情况而定。

另外，正文还可写上对被聘者的希望。也可以不写，而通过其他的途径使受聘人切实明白自己的职责。

(4)结尾。聘书的结尾一般写上表示敬意和祝颂的结束用语。如“此致——敬礼”、“此聘”等。

(5)落款。落款要署上发文单位名称或单位领导的姓名、职务，并署上发文日期，同时要加盖公章。

3. 聘书写作的注意事项

(1)聘书要郑重严肃，对有关招聘的内容要交代清楚。同时聘书的书写要整洁、大方、美观。

(2)聘书一般要短小精悍，不可篇幅太长，语言要简洁明了、准确流畅，态度要谦虚诚恳。

(3)写作聘书之前，聘请单位与应聘者之间应充分交流、协商，就有关内容事项达成协议后，方能写成文字；内容交代要清楚；文字要简洁；聘书还要加盖公章。

4. 例文评析

聘请书

为了提高数学质量，本校总部成立了刊授教学研究会。特聘请刘刚老师为指导教师，参加教学研究，并关心、指导本校的教学工作。

此致

敬礼

刊授大学（盖章）

一九九八年八月九日

【简析】

这是一则聘请某人担任研究会指导教师的聘请书。正文主要由聘请目的、聘请对象、职务等组成；结尾使用祝颂语，符合礼仪规范。

（三）求职信的写作

1. 求职信的概念

求职信，又称求职函、求职书，是求职者向用人单位或单位领导人介绍自己的情况、实际才能、求取重视和获得面试机会的专用书信。

多数用人单位都要求求职者先寄送求职材料，由他们通过求职材料对众多求职者有一个大致的了解后，再通知面试或面谈人选。因此，求职信写得好坏将直接关系到求职者是否能进入下一轮的角逐。[①]

2. 求职信的作用

（1）使招聘单位进一步感受到求职者的“鲜活”的形象。

（2）使招聘单位进一步感受到求职者的诚意。

（3）增加获得面试的机会。

3. 求职信的格式与要求

求职信的主要由称谓、正文、祝颂语、署名与日期几部分组成。

（1）称谓。在第一行顶格写招聘单位名称或负责人姓名。不要写“尊敬的领导”，这样一看就知道是通用版本，最好获悉主管领导或者人力资源部负责人的姓名，写“尊敬的张总经理”、“尊敬的李部长”等针对性称呼。

求职信不同于一般私人书信，受信人未曾见过面，所以称谓要恰当，郑重其事。

（2）正文。正文要另起一行，空两格开始写求职信的内容。正文内容较多，要分段写。

第一，问候语。一般写“您好”就可以了，不需要过多客套。

① 何世龙：“求职信写作八忌”，《应用写作》2001年第4期。

第二,写明求职的原因。首先,要直截了当地说明从何渠道得到有关信息以及写此信的目的。例如,“我叫李民,现年 22 岁,男,是一名财会专业的大学本科毕业生。我从报上看到贵公司拟招聘一名专职会计人员的消息,不胜喜悦。以本人的水平和能力,我不揣冒昧地毛遂自荐,相信贵公司定会慧眼识人,会使我有幸成为贵公司的一名会计人员”。这段是正文的开端,也是求职的开始,介绍有关情况要简明扼要,对所求的职务,态度要明朗;而且要吸引受信者有兴趣将你的信读下去,因此开头要有吸引力。

第三,要写清楚对所谋求的职务的看法,对自己的能力要作出客观公允的评价,这是求职的关键。要着重介绍自己应聘的有利条件,要特别突出自己的优势和“闪光点”,以使对方信服。例如,“我于 1996 年 7 月毕业于东北财经学院财会专业。毕业成绩优秀,在省级会计大奖赛中,获得‘能手’嘉奖,在海南金融杂志上发表过多篇学术论文。在有关材料上看到过关于贵公司的情况介绍,我喜欢贵公司的工作环境,钦佩贵公司的敬业精神,很赞赏贵公司在经营、管理上的一整套的切实可行的规章制度。这些均体现了在当前改革开放的经济大潮中,贵公司的超前意识。我十分愿意到这样的环境中去艰苦拼搏;更愿为贵公司贡献我的学识和力量。我相信,经过努力,我会做好我的工作的”。写这段内容,语言要中肯,恰到好处;态度要谦虚诚恳,不卑不亢,达到见字如见其人的效果。要给受信者留下深刻印象,进而相信求职者有能力胜任此项工作。这段文字要有说服力。

第四,表示希望和请求。向受信者提出希望和要求,如“希望您能为我安排一个与您见面的机会”、“盼望您的答复”或“敬候佳音”之类的语言。这段属于信的内容的收尾阶段,要适可而止,不要啰嗦,不要苛求对方。

(3)祝颂语。

(4)署名和日期。求职人的姓名和成文日期写在信的右下方。姓名前面不必加任何谦称的限定语,以免有阿谀之感,或让对方轻看你的能力。成文日期要年、月、日俱全。

(5)附件。附件,是为求职信提供支撑的具体材料,主要包括简历和某些证书的复印件等。

其一,简历,主要由表格式与条目式两种。简历表项目,主要由姓名、出生日期、民族、婚姻状况、政治面貌、身高、体重、毕业院校、专业、学历、学位、外语与计算机水平、工作经历(或者社会实践)、兴趣爱好、联系方式等组成。无论是哪一种形式的简历,都不需要面面俱到地讲述,不要从互联网上下载模板来用,可以根据自身情况与求职岗位的具体要求,选择对自己有利的项目来填写。

其二，证件的复印件。主要包括学历证书、学位证书、英语与计算机等级证书、资格证书、专业技术资格证等能够说明自身优势的证书组成。也要有所选择，不避面面俱到。

4. 求职信写作的禁忌事项

(1)自吹自擂，炫耀浮夸。求职是一个自我推销的过程。搞“推销”，就要有包装。但是，过分吹嘘反而会给人“华而不实”的感觉，对你的真实能力产生怀疑。例如，一味的吹嘘、炫耀自己博学多才，甚至贬低别人，抬高自己，似乎不录用他，对方就会造成不可弥补的损失。在求职信中，只能搞“适度推销”，尽量避免使用“一定”、“第一”、“绝对”、“肯定”、“完全可以”、“保证”等这一类词。

(2)不够自信，过于谦虚。适度的谦虚是一种美德，也会使对方产生好感。但是过分谦虚，故意贬低自己，也是不行的，会让人觉得你这个人什么都不行，这样就白白断送了录用机会。求职者应当在信中强调自己的强项，即使不可避免地要说明自己的弱项，也没有必要那么坦率。

(3)罗列私人信息或不相干的信息。许多人会在履历中概括他们的兴趣，比如阅读、徒步旅行和滑雪等。其实，这些只有在他们与目标工作有关联的时候才最好加入。例如，候选人申请的是一份滑雪教练的工作，那么他或她就应该提到其喜欢滑雪的兴趣。

(4)逻辑混乱，条理不清。有的人写求职信就像记流水账或写随感录，想到哪，写到哪，没有提纲，没有计划，没有主题，逻辑性和层次感都很差。这就降低了阅读者对求职者写作能力、逻辑思维能力的认同，让人觉得起码他做文字工作不行。缺乏条理的文字还容易让人产生厌倦感、疲劳感，从而忽略信中的一些重要信息。这是求职者的一大失误。另外，语无伦次的表白会让人对求职者的能力介绍产生怀疑。

(5)过短和过长。一般来讲，履历最好不要超过一页。但刻意把求职信压缩在一页纸上，就删除了给人深刻印象的机会。反之亦然，对用几页纸写漫谈不相干的或者冗长经历的候选人来说，看的人很容易就会觉得无聊。当写求职信时，试着问自己：“这些陈述会让我得到面试的机会吗?”然后，仅保留那些会回答“是”的信息。

(6)语气过于主观。对于招聘单位来讲，大都喜欢待人处世比较客观与实际的人，因而求职者在信中尽量要避免用“我认为”、“我觉得”、“我看”以及“我想”之类的字样。

5. 例文评析

(1)求职信。

求职信

尊敬的章校长：

您好！

感谢您拨冗垂阅这封自荐信！

我是南京师范大学文学院2006届硕士研究生，专业为中国现当代文学。在贵校网站上，看到公开招聘教师的启事。我怀着对贵单位的仰慕冒昧地向您毛遂自荐，请多多提携！

在曲阜师范大学本科学习期间，我就系统地学习基础知识，始终勤奋向上，各门功课都取得了优异的成绩，通过大学英语六级考试，获得普通话水平测试二级甲等。我深知现代社会给人才提出了更高的要求。我曾在院学生会锻炼，培养了较好的协调组织能力、人际交往能力和团结协作精神。本科毕业后我继续深造攻读硕士研究生。

研究生三年的勤奋苦读，加之导师的谆谆教导下，我终于成为一个德智体全面发展的优秀研究生。研究生期间，我认真钻研专业，锻炼和提高英语能力，广泛涉猎哲学、政治、历史等相关学科。同时我担任导师的助教，协助和参与导师的科研项目。我虽年轻但不幼稚，虽淳朴但不呆板，虽自信但不自妄。深厚的专业知识，兼之吃苦耐劳的品格，使我能较好地胜任您所提供的工作。然而，我也深知坚实的专业知识和丰富的社会实践仅是昨日的成绩，在未来的日子里，我将为不断求索，努力完善自我。

机遇总是垂青有准备的人，因此我一直准备着，努力着，期待您的发现和赏识。感谢您在繁忙公务中给予我的关注。期盼您的回音。谢谢！

此致

敬礼！

王　超

2007年1月12日

【简析】

这是一则应届大学毕业生的求职信。称谓，是具有针对性的尊敬称呼，而不是通用的“尊敬的领导”，是对收信人的尊重。开头以“您好”开始，不需另加其他客套用语，也是为了避免语义的重复和过多的客套，给人以谄媚之感。然后，分两部分介绍求职人大学本科与研究生两阶段的学习经历与成绩，说明自身优势，为获得面试机会和应聘成功提供重要的砝码。结束语，表示对收信人的感谢，不卑不亢，落落大方。此外，祝颂语及签署等部分，基本符合求职信的格式要求与礼仪规范。

(2)求职简历。

姓名:王洪波

性别:男

出生年月:1981年2月

籍贯:山东省邹城市

民族:汉

政治面貌:中共党员

婚姻状况:未婚

毕业院校:××师范大学

学历:研究生

学位:硕士

专业:中国现当代文学

毕业时间:2006年6月

外语水平:大学英语六级

计算机水平:C语言二级

能力与特长:

能够熟练使用Office办公软件,能够掌握C语言编程,具有一定的计算机硬件知识,学习过汇编语言,了解HTML网页编程语言。

社会实践:

2002年7月至8月,加入××工学院青年志愿者,赴某地参加社会调查活动,任小组负责人。

2003年7月至8月,在山东省光华机械厂实习,从事厂办秘书工作。

2005年2月至6月,在××师范大学党委宣传部实习,任校报教学科研版编辑。

2005年7月至9月,在××职业技术学院实习,承担《应用文写作》等课程的教学工作。

求职意向:

1. 高等院校教师

2. 报社记者、编辑

联系地址:江苏省南京市××师范大学565信箱

邮政编码:210000

电话号码:(025)83920848

电子信箱：wanghongbo@163.com

个人主页：http://wybzh.onchina.net

【简析】

这是一则条目式的应届研究生毕业生的求职简历。大致由基本情况、社会实践、求职意向与联系方式四部分组成。结构合理，语言简洁明白，是一份不错的求职简历。

四、申请书、检讨书、倡议书的写作

(一)申请书的写作

1. 申请书的概念

申请书是个人或集体向组织、机关、企事业单位或社会团体表述愿望、提出请求时使用的一种应用文书。

申请书的使用范围广泛，个人对党团组织和其他群众团体表述志愿、理想和希望，可以使用申请书；下级在工作、生产、学习、生活等方面对上级有所请求时，也可以使用申请书。申请书把个人或单位的愿望、要求向组织或上级领导表述出来，让组织和领导对自己或下级的了解，争取了组织和领导的帮助与批准，加强了上下级之间、集体与个人之间的关系。

申请书是一种专用书信，它同一般书信一样，也是表情达意的工具。申请书要求一事一议，内容要单纯。

2. 申请书的格式写法

申请书的写作格式一般来讲是相对固定的，它的内容主要包括五个部分：标题、称呼、正文、结尾、落款。

(1)标题。申请书一般由申请内容和文种名共同构成，如“入团申请书”、“入党申请书”等。标题要在申请书第一行的正中书写，而且字体要稍大。

入党、团申请书，题目也可单独写在第一页上，字体醒目。

(2)称呼。通常要在标题下空一两行顶格写出接受申请书的组织名称，并在称呼后面加冒号，如“敬爱的夏华中学团支部：”。

(3)正文。这是申请书的主要部分，通常由申请缘由、申请事项、希望与请求等部分组成。

下面以“入团申请书”为例。正文要从称谓下一行空两格处写起。

申请书的正文部分一般篇幅较长，所以要注意分部分来写，以便做到层次分明。

第一，介绍个人的现实情况，是为了让团组织对自己现在的身份、情况有一个初步和大致的了解,不用展开来写,简明扼要即可。

第二,个人简历和家庭成员及社会关系的情况。对个人简历的写法,依据时间的顺序,一般要求从上学时写起,到目前为止,一项项列出来即可。主要家庭成员及社会关系的情况,可以简单地介绍一下,也可以不写,要视具体情况而定。

第三,入团动机和理由。入团的动机、理由要重点写。申请的理由比较多,则可以从几个方面、几个阶段来写。

第四,对团的认识,指的是专门较集中的对团认识的文字。

第五,自己的心情、决心。是抒写自己入团的强烈愿望,表达自己的决心的部分。

(4)结尾。申请书可以有结尾,也可以没有。结尾一般写上"此致——敬礼"之类表示敬意的话即可。

(5)落款。落款,即要署上申请人姓名和成文日期。

3. 例文评析

入党申请书

尊敬的党组织:

我申请加入中国共产党,愿意为共产主义事业奋斗终生。

我衷心地热爱党,她是中国工人阶级的先锋队,是中国人民和中华民族的先锋队,是中国各族人民利益的忠实代表,是中国社会主义事业的领导核心。中国共产党以实现共产主义的社会制度为最终目标,以马克思列宁主义、毛泽东思想、邓小平理论、"三个代表"以及科学发展观等重要思想为行动指南,是用先进理论武装起来的党,是全心全意为人民服务的党,是有能力领导全国人民进一步走向繁荣富强的党。她始终代表中国先进生产力的发展要求,代表中国先进文化的前进方向,代表中国最广大人民的根本利益,并通过制定正确的路线方针政策,为实现国家和人民的根本利益而不懈奋斗。

从学生年代开始,一串闪光的名字——江姐、刘胡兰、雷锋、焦裕禄、孔繁森等给了我很大的启迪和教育。我发现他们以及身边许多深受我尊敬的人都有一个共同的名字——共产党员;我发现在最危急的关头总能听到一句话——共产党员跟我上。这确立了我要成为他们中的一员的决心。我把能参加这样伟大的党作为最大的光荣和自豪。

近两年,有很多的天灾人难,但也是因为这些,让我们这些老百姓更加深刻地感受到了党对我们的关怀,从来没有哪个党的领导人像我党的领导人这般为了人民如此不辞劳苦。今年四川大地震，温家宝总理亲做总指挥，这是任何一个国家的领导人都没做到的地步，多少个日子，温总理一直坚持在最前线，亲自指挥。是党给予了受灾百姓生存的希望。他们一直坚信，党不会抛弃人民，党一定会在第一时间派出救援队伍赶赴第一线，因为中国共产党是人民的党，她所做的一切都是为了人民的最根本利益。我们的党以马列主义、毛泽东思想及邓小平理论、“三个代表”以及科学发展观等重要思想为指导思想。《共产党宣言》发表一百多年来的历史证明，科学社会主义理论是正确的，社会主义具有强大的生命力。社会主义的本质，是解放生产力，发展生产力，消灭剥削，消除两极分化，最终达到共同富裕。毛泽东思想是以毛泽东同志为主要代表的中国共产党人，把马列主义的基本原理同中国革命的具体实践结合起来创立的。毛泽东思想是马列主义在中国的运用和发展，是被实践证明了的关于中国革命和建设的正确的理论原则和经验总结，是中国共产党集体智慧的结晶。邓小平理论是毛泽东思想在新的历史条件下的继承和发展，是当代中国的马克思主义，是指导中国人民在改革开放中胜利实现社会主义现代化的正确理论。在社会主义改革开放和现代化建设的新时期，在跨越世纪的新征途上，一定要高举邓小平理论的伟大旗帜，用邓小平理论来指导我们的整个事业和各项工作。“三个代表”以及科学发展观等重要思想更为我们指引了方向。

党是中国社会主义事业的领导核心。中国的革命实践证明没有中国共产党的就没有新中国，没有中国共产党的领导，中国人民就不可能摆脱受奴役的命运，成为国家的主人。在新民主主义革命中，党领导全国各族人民，在毛泽东思想指引下，经过长期的反对帝国主义、封建主义、官僚资本主义的革命斗争，取得了胜利，建立了人民民主专政的中华人民共和国。中国的建设实践证明，中国只有在中国共产党的领导下，才能走向繁荣富强。建国后，我国顺利地进行了社会主义改造，完成了从新民主主义到社会主义的过渡，确立了社会主义制度，社会主义的经济、政治和文化得到了很大的发展。尽管在前进的道路上遇到过曲折，但党用她自身的力量纠正了失误，使我国进入了一个更加伟大的历史时期。党的十一届三中全会以来，在邓小平理论的指导下，在中国共产党的领导下，我国取得了举世瞩目的发展，生产力迅速发展，综合国力大大增强，人民生活水平大幅提高。“三个代表”以及科学发展观等重要思想指导下我国向强国道路前进。

中国共产党党员是中国工人阶级的有共产主义觉悟的先锋战士，必须全心全意为人民服务，不惜牺牲个人的一切，为实现共产主义奋斗终生。中国共产党党员永远是劳动人民的普通一员，不得谋求任何私利和特权。在新的历史条件下，共产党员要体现时代的要求，要胸怀共产主义远大理想，带头执行党和国家现阶段的各项政策，勇于开拓，积极进取，不怕困难，不怕挫折；要诚心诚意为人民谋利益，吃苦在前，享受在后，克己奉公，多作贡献；要刻苦学习马列主义理论，增强辨别是非的能力，掌握做好本职工作的知识和本领，努力创造一流成绩；要在危急时刻挺身而出，维护国家和人民的利益，坚决同危害人民、危害社会、危害国家的行为作斗争。

我决心用自己的实际行动接受党对我的考验，我郑重地向党提出申请：我志愿加入中国共产党，拥护党的纲领，遵守党的章程，履行党员义务，执行党的决定，严守党的纪律，保守党的秘密，对党忠诚，积极工作，为共产主义奋斗终生，随时准备为党和人民牺牲一切，永不叛党。

今后我会更加努力地学习工作，认真学习马克思列宁主义、毛泽东思想、邓小平理论，学习党的路线、方针、政策及决议，学习党的基本知识，学习科学、文化和业务知识，努力提高为人民服务的本领。时时刻刻以马克思列宁主义、毛泽东思想、邓小平理论"三个代表"以及科学发展观等重要思想作为自己的行动指南，用三个"忠实代表"指导自己的思想和行动。坚持党和人民的利益高于一切，个人利益服从党和人民的利益，吃苦在前，享受在后，克己奉公，多作贡献。自觉遵守党的纪律和国家法律，严格保守党和国家的秘密，执行党的决定，服从组织分配，积极完成党的任务。维护党的团结和统一，对党忠诚老实，言行一致，坚决反对一切派别组织和小集团活动，反对阳奉阴违的两面派行为和一切阴谋诡计。切实开展批评和自我批评，勇于揭露和纠正工作中的缺点、错误，坚决同消极腐败现象作斗争。密切联系群众，向群众宣传党的主张，遇事同群众商量，及时向党反映群众的意见和要求，维护群众的正当利益。发扬社会主义新风尚，提倡共产主义道德，为了保护国家和人民的利益，在一切困难和危险的时刻挺身而出，英勇斗争，不怕牺牲。反对分裂祖国，维护祖国统一，不做侮辱祖国的事，不出卖自己的国家，不搞封建迷信的活动，自觉与一切邪教活动作斗争。

我深知按党的要求，自己的差距还很大，还有许多缺点和不足，如处理问题不够成熟、政治理论水平不高等。希望党组织从严要求，以使我更快进步。我将用党员的标准严格要求自己，自觉地接受党员和群众的帮助与监督，努力克服自己的缺点，弥补不足，争取早日在思想上，进而在组织上入党。

请党组织在实践中考验我！

此致

敬礼！

申请人：王自立

二〇〇八年三月六日

【简析】

这是一则入党申请书。称谓，写“尊敬的党组织”，不必写明党组织的具体名称。正文部分，首先表明自愿加入中国共产党的强烈愿望，然后认真介绍个人对党组织的认识，接着说明自我的要求与行动，最后再一次“请党组织在实践中考验我”。此文符合申请书的格式要求与礼仪规范，对中国共产党的认识非常深刻，结构合理，语言简明扼要，感情真挚热烈。

（二）检讨书的写作

1. 检讨书的概念

检讨书，是犯了错误的个人或领导向当事人或组织写出的检讨错误、并保证绝不再犯的专用书信。

2. 检讨书的格式写法

（1）标题。第一行正中写明“检讨书”字样即可；也有注明所犯错误范围或性质，如《关于违犯财经纪律的检讨书》。

（2）称谓。写明检讨书呈报的组织、单位或个人，如“校党委”、“公司人事部”、“×书记”等。

（3）正文。正文主要由三部分组成：所犯错误事实及认识，要端正态度，正确认识所犯错误事实及造成的不良后果；剖析犯错的原因，以便对症下药；改正错误的决心与措施，写检讨书主要是为了“惩前毖后，治病救人”，检讨本身不是目的，要力求真正树立改正错误的决心与落实改进的措施。

（4）落款。写上检讨人的姓名或单位名称，落上检讨日期。

3. 例文评析

检讨书

尊敬的李老师：

我已经深深地认识到了我的错误。

我的错误，来源于思想觉悟不够高，对事物的认识还不够彻底。对于今天早上所发生的一切，我深表后悔。如果没有各位老师在悬崖边拉我一把，我的执迷不悟将会招来更大错误。在这里，我感谢各位老师对我耐心的教育，帮我认识到了事件的本质，以及所犯错误的严重性。

今天早上由于我没有看清事实的真相，一时冲动，便犯下了错误。通过各位老师的教育，我追悔莫及。于是，我痛下决心，一定要痛改前非！今后不管任何事都三思而后行,不辜负老师们的期望.。

在此,再次对我所犯下的错误向老师道歉,以及感谢各位老师的教育!

此致

敬礼!

张 强

2009 年 6 月 21 日

【简析】

这是一则学生犯错误后向老师写的检讨书,基本上符合检讨书的格式要求与礼仪规范;认识错误的态度,看似端正,其实有避重就轻的嫌疑,没有真正面对错误事实,也没有举出真正的改进措施。

(三)倡议书的写作

1. 倡议书的概念

倡议书是个人或集体提出建议并公开发起,希望共同完成某项任务或开展某项公益活动所运用的一种专用书信。它作为日常应用写作中的一种常用文体,在现实社会中有着较广泛的使用。

2. 倡议书的特点

(1)群众性。倡议书不是对某个人、某一集体、或某一单位而言的,它往往面向广大群众,或对一个部门的所有人发出,或对一个地区的所有人发出,甚至向全国发出。所以其对象广泛的群众性是倡议书的根本特征。

(2)对象的不确定性。倡议书是要求广大群众响应的,然而其对象范围往往是不定的。即便是在文中明确了自己的具体对象,但实际上有关人员可以表示响应,也可以不表示响应,本身不具有很强的约束力。而与此无关的别的群众团体也可以有所响应。

(3)公开性。倡议书就是一种广而告之的书信。它就是要让广大的人民群众知道了解,从而激起更多的人响应,以期在最大的范围内引起共鸣。

3. 倡议书的作用

(1)广泛的群众性。它可以在较大范围内调动群众的积极性,使大家心往一处想,劲往一处使,齐心协力共同做好一些有益于社会的事务和开展某些公益活动。

(2)是开展精神文明建设的有效的方法。倡议书的内容一般是同人民的日常生活相关的一些事项。如倡议爱护花草树木,保护生态环境;倡议众志成城,同心协力,实现祖国的复兴等。这些都有利于人民的身心健康,属于社会主义精神文明的重要内容。

(3)非强制的倡导性。倡议书是一种建议、倡导,它不给人一种强制的感觉,所以在这种轻松倡导之中,宣传了真善美,使人们无形之中就受到深刻的教育。

4. 倡议书的格式写法

倡议书一般由标题、称呼、正文、结尾、落款五部分组成。

(1)标题。一般由文种名单独组成,在第一行正中写"倡议书"三字;还可以由倡议内容和文种名共同组成,如"把遗体交给医学界利用的倡议书 "。

(2)称谓。可依据倡议的对象而选用适当的称谓。如"广大的青少年朋友们"、"广大的妇女同胞们"等。有的倡议书也可不用称呼,而在正文中指出。

(3)正文。首先,写倡议书的背景原因和目的。倡议书的发出贵在引起广泛的响应,只有交代清楚倡议活动的原因,以及当时的各种背景事实,并申明发布倡议的目的,人们才会理解和信服,才会自觉的行动。这些因素交代不清就会使人觉得莫名其妙,难以响应。其次,写明倡议的具体内容和要求,这是正文的重点部分。倡议的内容一定要具体化。开展怎样的活动,做哪些事情,具体要求是什么,它的价值和意义都有哪些均需写明。倡议的具体内容一般是分条开列的,清晰明确,一目了然。

(4)结尾。结尾要表示倡议者的决心和希望,或者写出某种建议。倡议书一般不在结尾写表示敬意或祝愿的话。

(5)落款。落款即在右下方写明倡议者单位、集体或个人的名称或姓名,署上倡议的日期。

5. 拟写倡议书的写作注意事项

(1)内容应当符合时代精神,切实可行,与国家的路线方针政策相一致;

(2)交代清楚背景与倡议目的,倡议要有充分合适的理由;

(3)措辞贴切,情感真挚,富有鼓动性和感染性;

(4)篇幅不宜过长,语言简洁明白。

6. 例文评析

百度向同业及全国网民倡议书

北京时间2008年5月12日14时28分,当百度公司北京总部的员工在办公座位上感觉到地震所带来的眩晕和摇晃时,我们并不知晓,千里之外的四川,7.8级地震已经让成百上千的中国同胞在瞬间失去了生命,他们昔日美丽温暖的家园,已经成为一片废墟,亲人的抚慰和微笑,已经被鲜血和眼泪取代……

百度黯然了。5月13日下午2时,一个灰黑色的LOGO在百度首页上线,这是为表达对地震中受灾同胞的哀思,吸引和号召更多人投入救灾援助行动。

今天，国家有关部门发布的因灾死亡人数已超过1.2万人。痛心和震撼之余，灾区的情形牵动着每一个百度人的心，尽自己的所能为抢险抗灾做点事情，成为所有百度人最迫切的心愿。在得知地震的确切消息之后，百度公司迅速组织起来，发起了一系列快速响应援助行动：

身在国外的百度董事长兼CEO李彦宏给北京总部打来电话，亲自安排捐助事宜，立即以公司名义向灾区捐出第一批善款200万人民币，并号召公司员工也立即行动起来，第一时间为灾区人民做些力所能及的事情。

百度公司人力资源部迅速组建起了爱心捐助小组，向公司总部以及遍布全国的各地分公司员工发出呼吁邮件，号召全体员工向灾区踊跃捐款。这一倡议立刻得到全体员工的热烈响应。目前，公司内筹集善款的工作还正在继续。

除了在公司内部发起捐助外，百度的爱心呼吁也覆盖到了百度全国渠道代理商，并同样得到热烈响应，目前，来自近五十家的百度渠道代理商已经在积极对灾区人民展开捐款；与此同时，百度还发动了超过20万家联盟伙伴，共同在其网站醒目位置链接“天佑中华，众志成城——抗灾援助专区”，以期利用互联网新媒体的影响力，号召更多人关注灾区，援助灾区。

然而，面对突如其来的巨大灾难，仅仅依靠百度一个公司的力量显然微不足道，我们希望通过这份倡议书，凝聚起全体互联网产业同仁、全体网民的力量和全体中国人的力量，让大家携手并肩，众志成城，搭建起一方汇集爱心与温暖的方舟，与我们伟大的国家和坚韧的同胞们一起共度难关！让互联网连接起一片永不沉沦的温暖国土。

百度公司

2008年5月14日

【简析】

这是汶川地震发生后百度向同业及全国网民发起的倡议书。“一方有难，八方支援”，是中华民族由来已久的美德，反映了中华民族的凝聚力和向心力。百度的倡议，一方面是作为一个企业公民理应承担的社会责任，也是一次良好的企业形象塑造。正文，首先简要介绍汶川地震的具体情况，山川为之含泪；然后，讲述百度公司董事长、人力资源部及整个公司的做法，从而从自身做起，接下来号召百度的渠道商和互联网产业同仁及全体网民献出爱心，筑起一座爱的长城。结构合理，思路清楚，感情真挚，语言简洁，是一份有份量的倡议书。

任务实施

1. 请以志宏中学高一(5)班学生金石的名义，写一份加入该校“沧海”文学社的申请书。

要求：格式正确；写明申请的理由，表明自己的态度；语言简洁明白；书写工整。

2. 为进一步改进产品质量，提高产品的竞争力，经过协商，某机械集团聘请了工程师李江南作技术顾问，期限两年。请代为某公司拟写一份聘书。

3. 王雨等五名同学要到长江石化公司实习，请按照格式，以学校的名义为他们拟写一封给长江石化公司的介绍信。

4. 某手机专卖商场把旧手机换上新壳后冒充新手机销售。你被骗后要求退货，该商场百般抵赖，拒不退货。请你为此事向消费者协会写一封投诉书。

5. 根据以下材料，以徐磊家长徐华发的名义给外国语学校写一封感谢信。

据4月28日《南京日报》报道：南京外国语学校学生徐磊不久前被确诊患了白血病，急需治疗费20多万元，徐磊家长焦急万分。得知这一消息以后，外国语学校从领导到广大师生纷纷主动捐款，连一些外籍教师也慷慨解囊。近日，在《爱的奉献》歌曲中，外国语学校的领导将全校捐款3万元交给了徐华发，其万分感激。

要求：①写明对方帮助的原因、事实及意义。②语言要符合双方的身份，感情要真诚，表达谢意的行为要切实可行。③格式要正确，文字要精练，正文不少于200字。

6. 根据以下材料，请你以孙正秋大娘的名义，给洪涛所在单位写一封表扬信。

孙正秋大娘一人独过，年迈体衰。望丰煤矿洪涛白自1988年以来，每年初冬将冬天取暖用的煤和生火劈柴送到孙大娘家，帮助孙大娘安好炉子、烟筒。

要求：①注意叙述清楚表扬的对象所做的好事及其效果。②行款格式要正确，行文要简洁。③语言要热情亲切，符合写信人的身份。

7. 某职业技术学院招生就业办公室于2005年12月向青岛人力资源部推荐2006届毕业生，希望与其建立长期用人供求关系，以促进双方事业的发展。请以学院招生就业办公室的名义拟写一封推荐信。

8. 青岛福泰广场将于9月20日～10月20日举行服装展销会，现将向全社会服装界人士发出邀请，欢迎前来参展。请代为拟写一封邀请信。

9. 某学校李强同学家境贫寒，无力支付学费，需要申请助学贷款，请代为李强所属民政局写一封给其学校的证明信。

任务三 演讲稿的写作

知识目标

◆ 演讲稿的概念、特点、作用与格式要求

◆ 演讲稿与讲话稿的区别与联系

◆ 欢送词、欢迎词、贺词、致谢词的概念、特点与格式要求

能力目标

◆ 提高对各类演讲稿写作相应工作情景分析、评价的能力

◆ 掌握欢送词、欢迎词、贺词、致谢词等讲话稿与演讲稿的格式要求，具备熟练进行演讲稿写作的能力

任务引入

厚生公司十周年庆典即将到来，请为公司董事长起草一则欢迎词。然后，替来宾起草一则答谢词。最后，代总经理起草一则欢送词。

任务分析

演讲是一门科学，也是一门艺术。演讲活动是一种源远流长的社会现象，始终伴随着人类文明的发展而发展。在某些公开场合或隆重庆典仪式上，演讲起着极为重要的作用。

本任务演讲稿的写作，演讲稿主要包括一般性演讲稿、欢迎词、欢送词、答谢词、贺词等。通过对各类演讲稿的知识介绍，掌握各类演讲稿写作的格式要求与注意事项。

应注意演讲稿与公务讲话稿的区别与联系。

相关知识

一、演讲稿概述

(一)演讲稿与讲话稿的概念

演讲稿是一种实用性比较强的文体，是在较为隆重的仪式和某些场合发表

公开讲话的文稿，是为演讲准备的书面材料。演讲稿是演讲的依据，是对演讲内容和形式的规范与提示，体现着演讲的目的与手段。

讲话稿，是领导者在重要会议及庆典仪式上，为了便于集中而有条理地表达思想观点而发表的具有特定效用的讲话文稿，是会议程序的主要构成部分和会议精神的核心内容。

演讲稿与公务层面的讲话稿，具有一定的差异。

演讲稿，顾名思义，"演"是"艺术的"，"讲"是"讲述"，也就是"艺术的讲述"。它更注重演讲者的个体性，一般与激情澎湃、感染力、鼓动性、煽情性等词语相联系。讲话稿，此处所指至上而下的公务场合的领导的"讲话"，而非一般日常生活中的"聊天"、"拉呱"、"唠嗑"，也不是个体意义上的"演讲"。它更注重说服与宣教，是一种模式化的讲话，表现为一种由正襟危坐的姿态与严肃庄重的语言产生的权威性。具体可以表现为如下几点：

1. 在选材立意上。演讲稿更注重个人化；讲话稿是受"领导之命、单位之言"，更是一种代言写作，要善于揣摩领导意图，维护单位利益，依据领导的个性与风格来写作。

2. 在表达手段上。演讲稿更注重艺术感染力，是艺术的讲述；讲话稿更多在讲，较少表演的成分。

3. 在语言运用上。演讲稿更多的进行积极修辞，运用多种表达方法，更注重口语化；讲话稿虽然也要口语化，但更像是一种常规公文。

（二）演讲稿的特点

演讲是在公众面前就某一问题发表自己见解的口头语言活动。像演讲比赛、典礼致辞、会议发言、学术讲座、科研报告、竞选演说、法庭陈述等，都带有演讲的性质。演讲有内容、目的的不同，演讲稿也具有不同的形态，有报导、有说明、有论辩、有答谢等。总体来说，它的特征可以概括如下：

1. 以情动人、以理服人，而非以功名利禄等外质所强制，突出其感情化特征

演讲的目的就在于打动听众，使听者对讲话者的观点或态度产生认可或同情，一定要具有说服力和感染力。很多著名的政治家都是很好的演讲者，他们往往借助于出色的演讲，为自己的政治斗争铺路。

2. 朗朗上口、声声入耳，而非说者无趣、听者欲睡，突出其口语化特征

演讲稿的最终目的是用于讲话。它是有声语言，是书面化的口语。一方面是把口头语言变为书面语言，即化声音为文字，起到规范文字、有助演讲的作用；另一方面，演讲稿要把较为正规严肃的书面语言转化为易听易明的口语，以便演讲。同时，演讲稿的语言应适应演讲人的讲话习惯，同演讲者的自然讲话

节奏一致。

3.抑扬顿挫、深入浅出、声情并茂,突出其艺术化特征

演讲稿是为演讲服务的,不同的演讲有不同的目的、情绪,有不同的场合和不同的听众,要充分展示讲者的艺术才华。根据内容需要,可以采用多种叙述方式、修辞方法。语言与神情、姿态和谐地融合在一起。

(三)演讲稿的作用

1.整理演讲者的思路、提示演讲的内容、限定演讲的速度。

2.引导听众,使听众能更好地理解演讲的内容。

3.通过对语言的推究提高语言的表现力,增强语言的感染力。

(四)演讲稿的格式要求

1.开头:抓住听众,引人入胜

演讲稿的开头,也叫开场白。瑞士作家温克勒说:“开场白有两项任务:一是建立说者与听者的同感;二是如字义所释,打开场面,引入正题。”好的演讲稿,一开头就应该用最简洁的语言、最少的时间,把听众的注意力和兴奋点吸引过来,才能达到出奇制胜的效果。

开场白的技术主要有:(1)楔子。用几句诚恳的话同听众建立个人间的关系,获得听众的好感和信任。(2)衔接。直接地反映出一种形势,或是将要论及的问题,常用某一件小事,一个比喻,个人经历,轶事传闻,出人意外的提问,将主要演讲内容衔接起来。(3)激发。可以提出一些激发听众思维的问题,把听众的注意力集中到演讲中来。(4)触题。一开始就告诉听众自己将要讲些什么。世界上许多著名的政治家、作家和国家领导人的演讲都是这样的。

演讲稿的开头有多种方法,通常用的主要有:

(1)开门见山,提示主题。一开讲就进入正题,直接提示演讲的中心。如毛泽东《改造我们的学习》的开头,“我主张将我们全党的学习方法和学习制度改造一下。其理由如下”。

(2)介绍情况,说明根由。可以迅速缩短与听众的距离,使听众急于了解下文。如恩格斯在1881年12月5日发表的《在燕妮·马克思墓前的讲话》的开头:“我们现在安葬的这位品德崇高的女性,在1814年生于萨尔茨维德尔。她的父亲冯·威斯特华伦男爵在特利尔城时和马克思一家很亲近;两家人的孩子在一块长大。当马克思进大学的时候,他和自己未来的妻子已经知道他们的生命将永远地连接在一起了。”对发生的事情、人物对象做出必要的介绍和说明,为进一步向听众提示论题做了铺垫。

(3)提出问题,引起关注。根据听众的特点和演讲的内容,提出一些激发听

众思考的问题，以引起听众的注意。如弗雷德里克·道格拉斯 1854 年 7 月 4 日在美国纽约州罗彻斯特市举行的国庆大会上发表的《谴责奴隶制的演说》，"公民们，请恕我问一问，今天为什么邀我在这儿发言？我，或者我所代表的奴隶们，同你们的国庆节有什么相干？《独立宣言》中阐明的政治自由和生来平等的原则难道也普降到我们的头上？因而要我来向国家的祭坛奉献上我们卑微的贡品，承认我们得到并为你们的独立带给我们的恩典而表达虔诚的谢意么？"

(4)饱含深情、意味深长。用真情实感的语言开头，便于听众接受。如毛泽东 1945 年 1 月 10 日在陕甘宁边区劳动英雄和模范工作者大会上的讲话《必须学会做经济工作》，"各位劳模英雄，各位模范工作者！你们开了会，总结了经验，大家欢迎你们，尊敬你们。你们切不可骄傲。"

除了以上四种方法，还有悬念式、警策式、幽默式、双关式、抒情式等。

2. 主体：环环相扣，层层深入

这是演讲稿的主要部分。在行文的过程中，要处理好层次、节奏和衔接等几个问题。

(1)层次。层次是演讲稿思想内容的表现次序。它体现着演讲者思路展开的步骤，也反映了演讲者对客观事物的认识过程。

演讲稿结构的层次是根据演讲的时空特点对演讲材料加以选取和组合而形成的。由于演讲是直接面对听众的活动，所以演讲稿的结构层次是听众无法凭借视觉加以把握的，而听觉对层次的把握又要受限于演讲的时间。

怎样才能使演讲稿结构的层次清晰明了呢？根据听众以听觉把握层次的特点，显示演讲稿结构层次的基本方法就是在演讲中树立明显的有声语言标志，以此适时诉诸于听众的听觉，从而获得层次清晰的效果。演讲者在演讲中反复设问，并根据设问来阐述自己的观点，就能在结构上环环相扣、层层深入。此外，演讲稿用过渡句，或用"首先"、"其次"、"然后"等词语来区别层次，也是使层次清晰的有效方法。

(2)节奏。节奏，是指演讲内容在结构安排上表现出的张弛起伏。

演讲稿结构的节奏，主要是通过演讲内容的变换来实现的。演讲内容的变换，是在一个主题思想所统领的内容中，适当地插入幽默、诗文、轶事等内容，以便听众的注意力既保持高度集中而又不因为高度集中而产生兴奋性抑制。优秀的演说家几乎没有一个不擅长于使用这种方法的。

演讲稿结构的节奏既要鲜明，又要适度。平铺直叙，呆板沉滞，固然会使听众紧张疲劳，而内容变换过于频繁，也会造成听众注意力涣散。所以，插入的内容应该为实现演讲意图服务，而节奏的频率也应该根据听众的心理特征来确定。

(3)衔接。衔接是指把演讲中的各个内容层次联结起来,使之具有浑然一体的整体感。由于演讲的节奏需要适时地变换演讲内容,因而也就容易使演讲稿的结构显得零散。衔接是对结构松紧、疏密的一种弥补,它使各个内容层次的变换更为巧妙和自然,使演讲稿富于整体感,有助于演讲主题的深入人心。

演讲稿结构衔接的方法主要是运用同两段内容、两个层次有联系的过渡段或过渡句。

3. 结尾:简洁有力,余音绕梁

结尾是演讲内容的自然收束。言简意赅、余音绕梁的结尾能够使听众精神振奋,并促使听众不断地思考和回味;而松散疲沓、枯燥无味的结尾则只能使听众感到厌倦,并随着时过境迁而被遗忘。美国作家约翰·沃尔夫说:"演讲最好在听众兴趣到高潮时果断收束,未尽时戛然而止。"这是演讲稿结尾最为有效的方法。在演讲处于高潮的时候,听众大脑皮层高度兴奋,注意力和情绪都由此而达到最佳状态,如果在这种状态中突然收束演讲,那么保留在听众大脑中的最后印象就特别深刻。

演讲稿的结尾没有固定的格式,或对演讲全文要点进行简明扼要的小结,或以号召性、鼓动性的话收束,或抒发情感、展望未来,或以诗文名言以及幽默俏皮的话结尾。但一般原则是要给听众留下深刻的印象。

(五)撰写演讲稿的注意事项

1. 了解对象,有的放矢

演讲稿是讲给人听的,写演讲稿首先要了解听众对象:了解他们的思想状况、文化程度、职业状况如何;了解他们所关心和迫切需要解决的问题是什么;等等。否则,不看对象,演讲稿写得再花工夫,说得再天花乱坠,听众也会感到索然无味,无动于衷,也就达不到宣传、鼓动、教育和欣赏的目的。

2. 观点鲜明,感情真挚

演讲稿观点鲜明,显示着演讲者对一种理性认识的肯定,显示着演讲者对客观事物见解的透辟程度,能给人以可信性和可靠感。演讲稿观点不鲜明,就缺乏说服力,失去了演讲的作用。

演讲稿还要有真挚的感情,才能打动人、感染人,有鼓动性。因此,它要求在表达上注意感情色彩,把说理和抒情结合起来。既有冷静的分析,又有热情的鼓动;既有所怒,又有所喜;既有所憎,又有所爱。当然这种深厚动人的感情不应是"挤"出来的,而要发自肺腑,就像泉水喷涌而出。

3. 行文变化,富有波澜

构成演讲稿波澜的要素很多，有内容，有安排，也有听众的心理特征和认识事物的规律。如果能掌握听众的心理特征和认识事物的规律，恰当地选择材料，安排材料，也能使演讲在听众心里激起波澜。换句话说，演讲稿要写得有波澜，主要不是靠声调的高低，而是靠内容的有起有伏，有张有弛，有强调，有反复，有比较，有照应。

4. 语言流畅，深刻风趣

要把演讲者在头脑里构思的一切都写出来或说出来，让人们看得见、听得到，就必须借助语言这个交流思想的工具。因此，语言运用得好还是差，对写作演讲稿影响极大。要提高演讲稿的质量，不能不在语言的运用上下一番工夫。

（六）例文评析

1. **我有一个梦想**

马丁·路德·金

今天，我高兴地同大家一起，参加这次将成为我国历史上为了争取自由而举行的最伟大的示威集会。

100 年前，一位伟大的美国人签署了解放黑奴宣言，今天我们就是在他的雕像前集会。这一庄严宣言犹如灯塔的光芒，给千百万在那摧残生命的不义之火中受煎熬的黑奴带来了希望。它的到来犹如欢乐的黎明，结束了束缚黑人的漫漫长夜。

然而，100 年后的今天，我们必须正视黑人还没有得到自由这一悲惨的事实。100 年后的今天，在种族隔离的镣铐和种族歧视的枷锁下，黑人的生活备受压榨。100 年后的今天，黑人仍生活在物质充裕的海洋中一个穷困的孤岛上。100 年后的今天，黑人仍然萎缩在美国社会的角落里，并且意识到自己是故土家园中的流亡者。今天我们在这里集会，就是要把这种骇人听闻的情况公诸于众。

就某种意义而言，今天我们是为了要求兑现诺言而汇集到我们国家的首都来的。我们共和国的缔造者草拟宪法和独立宣言的气壮山河的词句时，曾向每一个美国人许下了诺言，他们承诺给予所有的人以生存、自由和追求幸福的不可剥夺的权利。

就有色公民而论，美国显然没有实践她的诺言。美国没有履行这项神圣的义务，只是给黑人开了一张空头支票，支票上盖着“资金不足”的戳子后便退了回来。但是我们不相信正义的银行已经破产，我们不相信，在这个国家巨大的机会之库里已没有足够的储备。因此今天我们要求将支票兑现——这张支票将给予我们宝贵的自由和正义的保障。

我们来到这个圣地也是为了提醒美国，现在是非常急迫的时刻。现在绝非侈谈冷静下来或服用渐进主义的镇静剂的时候。现在是实现民主的诺言时候。现在是从种族隔离的荒凉阴暗的深谷攀登种族平等的光明大道的时候，现在是向上帝所有的儿女开放机会之门的时候，现在是把我们的国家从种族不平等的流沙中拯救出来，置于兄弟情谊的磐石上的时候。

如果美国忽视时间的迫切性和低估黑人的决心，那么，这对美国来说，将是致命伤。自由和平等的爽朗秋天如不到来，黑人义愤填膺的酷暑就不会过去。1963 年并不意味着斗争的结束，而是开始。有人希望，黑人只要撒撒气就会满足；如果国家安之若素，毫无反应，这些人必会大失所望的。黑人得不到公民的权利，美国就不可能有安宁或平静，正义的光明的一天不到来，叛乱的旋风就将继续动摇这个国家的基础。

但是对于等候在正义之官门口的心急如焚的人们，有些话我是必须说的。在争取合法地位的过程中，我们不要采取错误的做法。我们不要为了满足对自由的渴望而抱着敌对和仇恨之杯痛饮。我们斗争时必须永远举止得体，纪律严明。我们不能容许我们的具有崭新内容的抗议蜕变为暴力行动。我们要不断地升华到以精神力量对付物质力量的崇高境界中去。

现在黑人社会充满着了不起的新的战斗精神，但是能因此而不信任所有的白人。因为我们的许多白人兄弟已经认识到，他们的命运与我们的命运是紧密相连的，他们今天参加游行集会就是明证。他们的自由与我们的自由是息息相关的。我们不能单独行动。

当我们行动时，我们必须保证向前进。我们不能倒退。现在有人问热心民权运动的人，“你们什么时候才能满足?”

只要黑人仍然遭受警察难以形容的野蛮迫害，我们就绝不会满足。

只要我们在外奔波而疲乏的身躯不能在公路旁的汽车旅馆和城里的旅馆找到住宿之所，我们就绝不会满足。

只要黑人的基本活动范围只是从少数民族聚居的小贫民区转移到大贫民区，我们就绝不会满足。

只要密西西比仍然有一个黑人不能参加选举，只要纽约有一个黑人认为他投票无济于事，我们就绝不会满足。

不！我们现在并不满足，我们将来也不满足，除非正义和公正犹如江海之波涛，汹涌澎湃，滚滚而来。

我并非没有注意到，参加今天集会的人中，有些受尽苦难和折磨，有些刚刚走出窄小的牢房，有些由于寻求自由，曾在居住地惨遭疯狂迫害的打击，并在警察暴行的旋风中摇摇欲坠。你们是人为痛苦的长期受难者。坚持下去吧，要坚决相信，忍受不应得的痛苦是一种赎罪。

让我们回到密西西比去，回到亚拉巴马去，回到南卡罗来纳去，回到佐治亚去，回到路易斯安那去，回到我们北方城市中的贫民区和少数民族居住区去，要心中有数，这种状况是能够也必将改变的。我们不要陷入绝望而不克自拔。

朋友们，今天我对你们说，在此时此刻，我们虽然遭受种种困难和挫折，我仍然有一个梦想，这个梦想是深深扎根于美国的梦想中的。

我梦想有一天，这个国家会站立起来，真正实现其信条的真谛："我们认为这些真理是不言而喻的，人人生而平等。"

我梦想有一天，在佐治亚的红山上，昔日奴隶的儿子将能够和昔日奴隶主的儿子坐在一起，共叙兄弟情谊。

我梦想有一天，甚至连密西西比州这个正义匿迹，压迫成风，如同沙漠般的地方，也将变成自由和正义的绿洲。

我梦想有一天，我的四个孩子将在一个不是以他们的肤色，而是以他们的品格优劣来评价他们的国度里生活。

我梦想有一天，亚拉巴马州能够有所转变，尽管该州州长现在仍然满口异议，反对联邦法令，但有朝一日，那里的黑人男孩和女孩将能与白人男孩和女孩情同骨肉，携手并进。

我今天有一个梦想。

我梦想有一天，幽谷上升，高山下降；坎坷曲折之路成坦途，圣光披露，满照人间。

这就是我们的希望。我怀着这种信念回到南方。有了这个信念，我们将能从绝望之岭劈出一块希望之石。有了这个信念，我们将能把这个国家刺耳的争吵声，改变成为一支洋溢手足之情的优美交响曲。

有了这个信念，我们将能一起工作，一起祈祷，一起斗争，一起坐牢，一起维护自由；因为我们知道，终有一天，我们是会自由的。

在自由到来的那一天，上帝的所有儿女们将以新的含义高唱这支歌："我的祖国，美丽的自由之乡，我为您歌唱。您是父辈逝去的地方，您是最初移民的骄傲，让自由之声响彻每个山岗。"

如果美国要成为一个伟大的国家，这个梦想必须实现。让自由之声从新罕布什尔州的巍峨的崇山峻岭响起来！让自由之声从纽约州的崇山峻岭响起来！"

让自由之声从科罗拉多州冰雪覆盖的落基山响起来！让自由之声从加利

福尼亚州蜿蜒的群峰响起来！不仅如此，还要让自由之声从佐治亚州的石岭响起来！让自由之声从田纳西州的了望山响起来！

让自由之声从密西西比的每一座丘陵响起来！让自由之声从每一片山坡响起来。

当我们让自由之声响起来，让自由之声从每一个大小村庄、每一个州和每一个城市响起来时，我们将能够加速这一天的到来，那时，上帝的所有儿女，黑人和白人，犹太教徒和非犹太教徒，耶稣教徒和天主教徒，都将手携手，合唱一首古老的黑人灵歌："终于自由啦！终于自由啦！感谢全能的上帝，我们终于自由啦！"

【简析】

这篇演讲词也是中外演讲史上文采斐然的篇章之一。1963 年 8 月 28 日，在华盛顿特区一次 25 万人的集会上，作为美国黑人民权运动的领袖，马丁·路德·金发表了这次举世闻名的演讲，发动黑人争取公民权利。

本文逻辑非常严密。文章开始，演讲者就以形象生动的语言阐述了此次游行的起因和目的。接着，作者提醒美国政府，现在正是"兑现诺言"的最佳时机，改善黑人的生存现状已到了刻不容缓的时候。另一方面，演讲者也反过来提醒黑人同胞，一定要注意斗争的方式和策略。针对演讲的对象，马丁·路德·金的演讲着眼于鼓舞同胞士气，帮助他们树立信念和理想，团结他们共同前进。接下来，他用一系列气势磅礴的排比句，表达了黑人民权运动的目标，以及对黑人同胞的深切希望。最后一部分是全文的高潮。作者连用六个"我梦想有一天"，以诗一样的语言和酣畅淋漓的排比句式，正面表达了对自由和平等的渴望，抒发了他作为一个黑人内心最热烈的梦想。

这篇演讲词之所以感人，是因为它饱含激情。作者从"结束了束缚黑人的漫漫长夜"的期待开始，到对 100 年之后黑人现状的失望，到要求政府兑现"支票"的义正词严，再到"我有一个梦想"的热烈憧憬，其间无不充满着作者悲愤而热烈的情感。正是如此，在演讲中把梦幻、心曲和圣歌联系起来，使演讲如交响乐一般在听众中回荡，使听众的情绪受到感染并得以升华，产生了极强的号召力。而这正是演讲成功的必要条件。

2. 在马克思墓前的讲话

恩格斯

3 月 14 日下午两点三刻，当代最伟大的思想家停止思想了。让他一个人留在房间里不过两分钟，等我们再进去的时候，便发现他在安乐椅上安静地睡着了——但已经是永远地睡着了。

这个人的逝世，对于欧美战斗着的无产阶级，对于历史科学，都是不可估量的损失。这位巨人逝世以后所形成的空白，在不久的将来就会使人感觉到。

正像达尔文发现有机界的发展规律一样，马克思发现了人类历史的发展规律，即历来为繁茂芜杂的意识形态所掩盖着的一个简单事实：人们首先必须吃、喝、住、穿，然后才能从事政治、科学、艺术、宗教等等。所以，直接的物质的生活资料的生产，因而一个民族或一个时代的一定的经济发展阶段，便构成为基础；人们的国家制度，法的观点，艺术以至宗教观念，就是从这个基础上发展起来的。因而，也必须由这个基础来解释，而不是像过去那样做得相反。

不仅如此，马克思还发现了现代资本主义生产方式和它所产生的资产阶级社会的特殊的运动规律。由于剩余价值的发现，而先前无论资产阶级经济学家或社会主义批评家所做的一切都只是在黑暗中摸索。

一生中能有这样两个发现，该是很够了，甚至只要能作出一个这样的发现，也已经是幸福的了。但马克思在他所研究的每一个领域（甚至在数学领域）都有独到的发现，这样的领域是很多的，而且其中任何一个领域他都不是肤浅地研究的。这位科学巨匠就是这样，但这在他身上远不是主要的。在马克思看来，科学是一种在历史上起推动作用的、革命的力量。任何一门理论科学中的每一个新发现，即使它的实际应用甚至还无法预见，都使马克思感到衷心喜悦。但是当有了立即会对工业、对一般历史发展产生革命影响的发现的时候，他的喜悦就完全不同了。例如，他曾经密切地注意电学方面各种发现的发展情况，不久以前，他还注意了马赛尔·德普勒的发现。

因为马克思首先是一个革命家。他毕生的真正使命，就是以这种或那种方式参加推翻资本主义社会及其所建立的国家设施的事业，参加现代无产阶级的解放事业，正是他第一次使现代无产阶级意识到自身的地位和需要，意识到自身解放的条件——这实际上就是他毕生的使命。斗争是他的生命要素。很少有人像他那样满腔热情、坚韧不拔和卓有成效地进行斗争。最早的《莱茵报》(1842 年)，巴黎的《前进报》(1844 年)，《德意志—布鲁塞尔报》(1847 年)，《新莱茵报》(1848～1849 年)，《纽约每日论坛报》(1852～1861 年)，以及许多富有战斗性的小册子，在巴黎、布鲁塞尔和伦敦各组织中的工作，最后是创立伟大的国际工人协会，作为这一切工作的完成——老实说，协会的这位创始人即使别的什么也没有做，也可以拿这一结果引以自豪。

正因为这样，所以马克思是当代最遭忌恨和最受诬蔑的人。各国政府——无论专制或共和政府——都驱逐他；资产者——无论保守派或极端民主派——都纷纷争先恐后地诽谤他、诅咒他。他对这一切毫不在意，把它们当作蛛丝一样轻轻抹去，只是在万分必要时才给予答复。现在他逝世了，在整个欧洲和美洲，从西伯利亚矿井到加利福尼亚，千百万革命战友无不对他表示尊敬、爱戴和悼念。而我敢大胆地说，他可能有过许多敌人，但未必有一个私敌。

他的英名和事业将永垂不朽！

【简析】

1883年3月17日，马克思的遗体被安葬在英国伦敦郊区海格特公墓。葬礼上，恩格斯用英语发表了这篇演说。恩格斯是马克思的挚友，两人为无产阶级的解放事业并肩战斗了近四十年，对马克思的了解，最深刻的莫过于恩格斯；对马克思的逝世，最悲痛的莫过于恩格斯；对马克思的逝世所造成的巨大损失，最清楚的莫过于恩格斯。这篇悼词中，恩格斯总结了马克思一生的伟大贡献，表达了全世界无产阶级对马克思的无比崇敬和哀悼之情。

演讲开头，先简要叙述马克思逝世的情景，接着概括指出马克思的逝世给全世界无产阶级造成的巨大损失。用两个“对于”，从革命斗争实践和革命理论两个方面说明马克思的逝世是“不可估量的损失”；“空白”一句，极言损失之大。主体部分，具体论述了马克思一生对人类历史发展的伟大贡献和为无产阶级解放事业奋斗一生的革命精神。主要是从两个方面来总结马克思的伟大贡献的。首先，马克思发现了人类历史发展规律和剩余价值规律。其次，作者认为马克思还是一个伟大的革命家，从马克思的革命实践活动，热烈地赞颂了马克思在革命实践中的伟大成果和顽强的斗争精神。而不同阶级对马克思截然相反的态度，恰恰证明了马克思是无产阶级的伟大领袖。对于他的逝世，世界各地的无产阶级和劳动者都表示了深切的哀悼和尊敬。最后总结全文，马克思的事业和英名将永垂不朽。

本文综合运用了叙述、议论、描写、抒情等多种表达方式。语言准确生动是其又一特点。

3.

愚公移山

（一九四五年六月十一日）

毛泽东

我们开了一个很好的大会。我们做了三件事：第一，决定了党的路线，这就是放手发动群众，壮大人民力量，在我党的领导下，打败日本侵略者，解放全国人民，建立一个新民主主义的中国。第二，通过了新的党章。第三，选举了党的领导机关——中央委员会。今后的任务就是领导全党实现党的路线。我们开了一个胜利的大会，一个团结的大会。代表们对三个报告发表了很好的意见。

许多同志作了自我批评，从团结的目标出发，经过自我批评，达到了团结。这次大会是团结的模范，是自我批评的模范，又是党内民主的模范。

大会闭幕以后，很多同志将要回到自己的工作岗位上去，将要分赴各个战场。同志们到各地去，要宣传大会的路线，并经过全党同志向人民作广泛的解释。

我们宣传大会的路线，就是要使全党和全国人民建立起一个信心，即革命一定要胜利。首先要使先锋队觉悟，下定决心，不怕牺牲，排除万难，去争取胜利。但这还不够，还必须使全国广大人民群众觉悟，甘心情愿和我们一起奋斗，去争取胜利。要使全国人民有这样的信心：中国是中国人民的，不是反动派的。中国古代有个寓言，叫做"愚公移山"。说的是古代有一位老人，住在华北，名叫北山愚公。他的家门南面有两座大山挡住他家的出路，一座叫做太行山，一座叫做王屋山。愚公下决心率领他的儿子们要用锄头挖去这两座大山。有个老头名叫智叟的看了发笑，说是你们这样干未免太愚蠢了，你们父子数人要挖掉这样两座大山是完全不可能的。愚公回答说：我死了以后有我的儿子，儿子死了，又有孙子，子子孙孙是没有穷尽的。这两座山虽然很高，却是不会再增高了，挖一点就会少一点，为什么挖不平呢？愚公批驳了智叟的错误思想，毫不动摇，每天挖山不止。这件事感动了上帝，他就派了两个神仙下凡，把两座山背走了。现在也有两座压在中国人民头上的大山，一座叫做帝国主义，一座叫做封建主义。中国共产党早就下了决心，要挖掉这两座山。我们一定要坚持下去，一定要不断地工作，我们也会感动上帝的。这个上帝不是别人，就是全中国的人民大众。全国人民大众一齐起来和我们一道挖这两座山，有什么挖不平呢？

昨天有两个美国人要回美国去，我对他们讲了，美国政府要破坏我们，这是不允许的。我们反对美国政府扶蒋反共的政策。但是我们第一要把美国人民和他们的政府相区别，第二要把美国政府中决定政策的人们和下面的普通工作人员相区别。我对这两个美国人说：告诉你们美国政府中决定政策的人们，我们解放区禁止你们到那里去，因为你们的政策是扶蒋反共，我们不放心。假如你们是为了打日本，要到解放区是可以去的，但要订一个条约。倘若你们偷偷摸摸到处乱跑，那是不许可的。赫尔利已经公开宣言不同中国共产党合作，既然如此，为什么还要到我们解放区乱跑呢？

美国政府的扶蒋反共政策，说明了美国反动派的猖狂。但是一切中外反动派的阻止中国人民胜利的企图，都是注定要失败的。现在的世界潮流，民主是主流，反民主的反动只是一股逆流。目前反动的逆流企图压倒民族独立和人民民主的主流，但反动的逆流终究不会变为主流。现在依然如斯大林很早就说过的一样，旧世界有三个大矛盾：第一个是帝国主义国家中的无产阶级和资产阶级的矛盾，第二个是帝国主义国家之间的矛盾，第三个是殖民地半殖民地国家和帝国主义宗主国之间的矛盾。这三种矛盾不但依然存在，而且发展得更尖锐了，更扩大了。由于这些矛盾的存在和发展，所以虽有反苏反共反民主的逆流存在，但是这种反动逆流总有一天会要被克服下去。

现在中国正在开着两个大会，一个是国民党的第六次代表大会，一个是共产党的第七次代表大会。两个大会有完全不同的目的：一个要消灭共产党和中国民主势力，把中国引向黑暗；一个要打倒日本帝国主义和他的走狗中国封建势力，建设一个新民主主义的中国，把中国引向光明。这两条路线在互相斗争着。我们坚决相信，中国人民将要在中国共产党领导之下，在中国共产党第七次大会的路线的领导之下，得到完全的胜利，而国民党的反革命路线必然要失败。

【简析】

1945 年 6 月 11 日，在中国共产党第七次全国代表大会上，毛泽东以《愚公移山》为题作了闭幕词，意味深长地讲述了愚公移山的故事，并赋予这个寓言故事以新的内涵和时代精神。从此，作为中共七大的重要文献，本文成为具有历史意义的毛泽东思想的经典篇目载入史册；愚公精神则成为中国共产党团结带领全国各族人民战胜一切艰难险阻、从胜利走向胜利的强大精神动力。

本文开头，先是讲述七大所做的三件事情，作为总结。然后从两个方面进行论述，一是从我方来讲，同志们要建立信心发扬“愚公移山”的精神，再讲美帝国主义的阴谋和必然失败。最后，从两个大会的区别说明中国人民的希望所在。本文语言通俗易懂，又包含着深刻寓意；确切地引用典故，却不卖弄辞藻。

二、欢迎词的写作

（一）欢迎词的概念

欢迎词，多用于礼仪场合，是为表示热烈的欢迎客人或新到成员，主方领导在座谈会、宴会、酒会等场合发表的热情友好的讲话。

（二）欢迎词的格式要求

欢迎词的写作，应落在对宾客的热烈欢迎之情上，体现出迎客的诚意。主要由标题、称呼、开头、正文、结语、签署六部分构成。

1. 标题

可以由“欢迎场合或对象加文种”构成，如《在校庆 75 周年纪念会上的欢迎词》；也可直接用“欢迎词”作标题。

2. 称呼

面对宾客,宜用亲切的尊称,如“亲爱的朋友”、“尊敬的领导”等。

3. 正文

开头,对来访客人或参加活动以及新到人员,表示热烈的欢迎。应当态度认真、语言热情。

主体部分,说明欢迎的情由,可叙述彼此的交往、情谊,说明交往的意义,并诚恳邀请对方提出批评与指导意见。对初次来访者,可多介绍本组织的情况。

最后,用敬语表示祝愿。预祝客人的访问活动圆满成功。

4. 署名

用于讲话的欢迎词无须署名。若需刊载,则应在题目下面或文末署名。

(三)例文评析

1. **全面推进中非新型战略伙伴关系**

——在中非合作论坛第四届部长级会议开幕式上的讲话

中华人民共和国国务院总理 温家宝

(2009 年 11 月 8 日 沙姆沙伊赫)

尊敬的穆罕默德·胡斯尼·穆巴拉克总统阁下,尊敬的各位国家元首和政府首脑阁下,尊敬的非洲联盟委员会主席让·平阁下,各位代表团团长、部长和大使阁下,女士们、先生们:

来到美丽的海滨城市沙姆沙伊赫,与出席中非合作论坛第四届部长级会议的各位朋友畅叙友情、共商合作,我感到非常高兴。作为本次会议共同主席国的总理,我谨代表中国政府,对各位与会嘉宾表示热烈欢迎,对埃及政府为本次会议所做的精心准备和周到安排表示衷心感谢!

中非合作论坛创立九年来,一直发挥着引领和推动中非关系发展的重要作用,日益成为中非加深友谊的桥梁、加强合作的平台。特别是论坛北京峰会召开三年来,中非致力于共建政治上平等互信、经济上合作共赢、文化上交流互鉴的新型战略伙伴关系,开创了中非合作的新局面。

——政治互信不断增强。双方高层往来更加频繁、外交磋商与战略对话日趋密切,非洲国家在涉及中国核心利益问题上更加坚定地支持中方,中非在重大国际和地区事务中相互协调配合,维护和扩大了广大发展中国家的共同利益。

——经贸合作日益深化。2008 年中非贸易突破千亿美元,同中国有贸易往来的非洲国家增加到 53 个;中国在非洲开工建设 6 个经贸合作区,中国企业到非洲国家落户增加到近1 600家,直接投资存量达到 78 亿美元;工程承包和劳务合作规模不断扩大，金融合作方兴未艾。

——中国扩大对非援助取得实效。中国在遭受国际金融危机冲击、自身面临不少困难的情况下，信守诺言，全面落实北京峰会的承诺，对非援助规模翻了一番，免除33国168笔债务已近尾声，总计50亿美元的优惠性质贷款近期将全部到位，首期10亿美元的中非发展基金如期启动。这些不仅促进了非洲自我发展能力建设，也为非洲国家应对国际金融危机的冲击发挥了积极作用。

——人文交流蓬勃开展。文教、卫生、人力资源培训等领域的交流与合作发展迅猛，中国为非洲国家培训各类人员年底以前将达到15 000人，青年、妇女、友好省市等领域的交往日趋频繁，进一步加深了相互理解和传统友谊。

女士们、先生们、朋友们，

近年来，迅速提升的中非关系、日益密切的中非合作，吸引了全世界的目光。在这里我想强调，中国不是近年来突然出现在非洲的，非洲也不是近年来才支持中国的。早在上世纪五、六十年代，中非就在反帝、反殖、反霸的历史浪潮中并肩战斗，在振兴民族经济的艰辛历程中携手同行。坦赞铁路、援非医疗队、青年志愿者，是中国无私帮助非洲的生动例证；把中国"抬进"联合国、北京奥运圣火在非洲顺利传递、向四川汶川地震灾区热心捐款，是非洲人民对中国人民情谊的真实写照。中国政府和人民始终尊重非洲国家自主选择社会制度的权利，支持非洲人民探索适合本国国情的发展道路，坚信非洲完全有能力以非洲方式处理好自己的问题。中非经贸合作是建立在互利共赢、开放透明基础之上的，中国对非洲的支持和援助，过去没有、将来也永远不会附加任何政治条件。中国乐见其他国家和国际组织积极参与非洲的开发与建设，共同推动非洲的和平、发展与进步。

中非关系能够经受住国际风云变幻的考验，始终保持蓬勃发展的势头，患难与共、相互支持是基础；相互尊重、平等相待是核心；互利合作、共同发展是关键。当今世界正在经历空前的大变革、大调整，中非同属发展中国家，既面临着加快发展的难得的历史机遇，也面临着纷繁复杂的全球性挑战。双方进一步加强互利合作，有利于充分发挥各自优势，实现共同发展；有利于带动国际社会更加关注非洲，帮助非洲加快实现千年发展目标；有利于促进南南合作，提升发展中国家在国际政治、经济格局中的整体地位；有利于推动国际关系民主化和国际秩序公正化，建设持久和平、共同繁荣的和谐世界。

女士们、先生们、朋友们，

当前，与其他地区一样，非洲也面临着金融危机、气候变化等全球性问题的挑战。金融市场波动，经济大幅下滑，外资流入锐减，一些国家和地区出现动荡，实现联合国千年发展目标任务更加艰巨；受气候变化的影响，水旱灾害频繁、沙漠化加剧、物种减少、粮食减产、生态环境恶化，可持续发展面临严重威胁。

非洲人口占世界的1/7，是发展中国家最集中的大陆，非洲的发展，是实现世界经济发展不可或缺的组成部分。作为非洲真诚可靠的朋友，中国对非洲面临的困难和挑战感同身受。中国呼吁国际社会要增强紧迫感，更加切实有效地支持非洲发展。一是坚持落实千年发展目标的决心不动摇，措施不减弱，切实履行对非援助承诺，积极为非洲创造有利的国际经济、贸易、金融等外部条件。二是深刻认识非洲国家提高适应气候变化能力的迫切需要，理解和支持非洲国家的合理关切和诉求，把帮助非洲应对气候变化与提高可持续发展能力紧密结合起来，通过综合治理，促进非洲的全面协调发展。三是对非洲国家在应对粮食安全、能源安全、流行性疾病等其他全球性问题面临的特殊困难，给予更多理解、支持和帮助。

女士们、先生们、朋友们，

在新形势下，中国愿意和非洲国家不断深化各领域务实合作，全面推进中非新型战略伙伴关系。为此，我愿提出以下建议：

第一，加强战略协调，维护共同利益。保持高层交往势头，密切政治对话和磋商，就双方共同关心的重大全球性问题加强协调配合，提升发展中国家在国际体系中的发言权和代表性，共同推动国际政治经济秩序朝着更加公正合理的方向发展。中国将一如既往地在国际场合为非洲仗义执言，维护非洲国家的利益，同时与非洲国家加强应对全球性挑战策略和经验方面的交流，帮助非洲国家提高应对能力和自我发展能力。

第二，落实千年发展目标，改善非洲民生。发展经济、消除贫困、改善民生，是非洲国家的首要任务。中国将继续在力所能及范围内增加对非援助、减免非洲国家债务，优化对非援助结构，使援助项目进一步向农业、教育、医疗卫生、减贫、清洁饮用水等攸关民生的领域倾斜，帮助非洲尽早实现联合国千年发展目标。

第三，提升经贸合作，实现互利共赢。中非经济互补性很强，互利合作前景广阔。应大力发展中非贸易，尽快扭转今年双边贸易下滑态势，积极扩大非洲商品对华出口。中国鼓励更多企业赴非洲投资，引导中国企业更多承担社会责任，同当地人民和睦相处。要把对非经贸合作同技术转让结合起来，大力帮助非洲培训技术人员和管理人才。

第四，促进人文交流，巩固中非友好。中非都有着灿烂多姿的文化。双方应进一步加强文化交流和借鉴，鼓励双方举办各种文化节、艺术展和体育赛事，支持双方民间组织、新闻媒体、学术机构密切联系。中国将继续支持非洲发展教育、卫生、科技等社会事业，欢迎非洲各国参与上海世博会，充分展示非洲各领域的发展成果。

第五，拓宽合作领域，加强机制建设。中方愿加大对非洲和平安全事务的参与，增加对非洲一体化建设的支持，扩大同非洲区域性组织的合作。愿与非方共同努力，推进中非合作论坛机制建设，促进双方职能部门在论坛框架下开展合作，强化和扩展论坛对中非关系的促进和引领作用。

女士们、先生们、朋友们，

中国人民对非洲人民的感情是真诚的，中国对非洲发展的支持是实实在在的。今后不管世界风云如何变化，我们同非洲人民的友谊不会变，与非洲深化互利合作、实现共同发展的决心不会变，支持非洲经济社会发展的政策不会变。在今后 3 年，中国政府将采取八项新举措推进中非合作：

第一，倡议建立中非应对气候变化伙伴关系，不定期举行高官磋商，在卫星气象监测、新能源开发利用、沙漠化防治、城市环境保护等领域加强合作。中方决定为非洲援建太阳能、沼气、小水电等 100 个清洁能源项目。

第二，加强科技合作，倡议启动“中非科技伙伴计划”，实施 100 个中非联合科技研究示范项目，接收 100 名非洲博士后来华进行科研工作，并为其回国服务提供资助。

第三，增加非洲融资能力，向非洲国家提供 100 亿美元优惠性质贷款；支持中国金融机构设立非洲中小企业发展专项贷款，金额 10 亿美元。对非洲与中国建交的重债穷国和最不发达国家，免除截至 2009 年底对华到期未还的政府无息贷款债务。

第四，扩大对非产品开放市场，逐步给予非洲与中国建交的最不发达国家 95%的产品免关税待遇，2010 年年内首先对 60%的产品实施免关税。

第五，进一步加强农业合作，为非洲国家援建的农业示范中心增加到 20 个，向非洲派遣 50 个农业技术组，为非洲国家培训2 000名农业技术人员，提高非洲实现粮食安全的能力。

第六，深化医疗卫生合作，为援非 30 所医院和 30 个疟疾防治中心提供价值 5 亿元人民币的医疗设备和抗疟物资，为非洲培训3 000名医护人员。

第七，加强人力资源开发和教育合作，为非洲国家援助 50 所中非友好学校，培训1 500名校长和教师；到 2012 年，向非洲提供的中国政府奖学金名额将增至5 500名；今后 3 年为非洲培训各类人才总计 2 万名。

第八，扩大人文交流，倡议实施“中非联合研究交流计划”，促进学者、智库交往合作，交流发展经验，并为双方出台更好合作政策提供智力支持。

女士们、先生们、朋友们，

53年前，埃及成为非洲第一个与新中国建交的国家。中埃建交开启了中非关系的新纪元。今天，在埃及召开的中非合作论坛第四届部长级会议，将成为中非关系进一步发展的新起点。非洲有句谚语：独行可以走得快，结伴才能走得远。中国也有句谚语：路遥知马力，日久见人心。我相信，只要中非双方同心协力、开拓进取、平等互利，我们就完全能够抓住机遇、战胜挑战，中非新型战略伙伴关系就一定会迈上新的台阶，中非友谊与合作就一定会不断地结出更加丰硕的成果。

最后，预祝本届论坛部长级会议圆满成功！

【简析】

这是温家宝在中非合作论坛第四届部长级会议开幕式上，作为此次会议共同主席国的总理，代表中国政府所做的“欢迎词”。首先，向与会嘉宾表示热烈欢迎，向主办方表示感谢。主体部分，从中非合作论坛的新局面讲起，然后五次在“女士们、先生们、朋友们”的引领下，分别从成就、威胁、建议、举措、希望五个方面进行论述。最后，预祝本届论坛部长级会议圆满成功。通篇思路清晰，内容饱满，感情真挚，语言庄重得体。

2.

欢迎您访问国家体育总局官方网站

国家体育总局为国务院主管体育工作的直属机构。体育工作在发展社会主义市场经济的过程中，在促进社会的全面发展以及在建设社会主义精神文明等方面发挥着重要作用。

体育工作需要社会各界和广大人民群众的理解和支持，社会各界和广大人民群众也有了解体育政务、业务等体育信息的愿望。互联网具有信息容量大、时效强、覆盖面广、传播速度快、开放程度高、交互性好等优势。国家体育总局门户网站的建设正是从这一点出发，通过互联网，对外发布信息，宣传我国体育的方针、政策和成果，传播体育知识。使网站成为体育总局对外宣传的重要渠道和唯一网络窗口。

我们的宗旨是通过不断的努力，向公众提供翔实可靠的体育信息和优质服务，为公众了解体育、参与体育，并从体育中获益建立起一座沟通的桥梁。同时，也为体育事业的发展和体育信息化建设做出贡献。

欢迎对体育工作和体育网站的建设提出宝贵意见和建议。

感谢您的光临!

【简析】

这是国家体育总局网站上的欢迎词。先对国家体育总局作简要介绍,然后讲述网站建设的重要性,接着向网站访问者发出“提出宝贵意见和建议”的邀请,最后对访问者的光临表示感谢。

三、欢送词的写作

(一)欢送词的概念

欢送词,是代表国家、政党,代表企事业单位、群众团体欢送国内外宾客时,或企事业单位、群众团体欢送要离去的同志时所使用的演讲稿。

欢送词所欢送的对象有以下几种:或欢送访问成功将离去的来访宾客;或欢送学习或工作任务完成后将离去的学者、科研工作者;或欢送将去另一地方、另一单位工作而调离的同事;或欢送刚毕业将离校跨入社会的学生;或欢送出国留学、工作的亲人、朋友或同事等。欢送对象不同,欢送词的用语和内容也有所不同。

欢送词有一定的应对性。一般,主人致欢送词后,被欢送者即致答谢词;欢送词也可与祝酒词互用,即欢送宴会上表示欢送之意的致词也可称为祝酒词。

(二)欢送词的格式要求

欢送词一般由标题、称呼、正文和落款组成。

1. 标题。单独以文种命名,如《欢送词》;由活动内容和文种名共同构成,如《在××研讨会结束典礼上的讲话》。

2. 称谓。写在开头顶格处。外交活动中的欢送词,对主宾的称呼用全称,即姓名后加职位、职称,以示尊重;社交场合中的欢送词,对主宾的称呼一般不提职位、职务,以示亲密友好。有时在被欢送者的姓名前加上“亲爱的”、“尊敬的”等修饰语。

3. 正文。开头通常应说明此时在举行何种欢送仪式,发言人是以什么身份代表哪些人向宾客表示欢送的。

主体部分,要回顾和阐述双方在合作或访问期间在哪些问题和项目上达成了一致的立场、取得了哪些有突破性的进展,陈述本次合作交流中双方的合作和交流给双方所带来的益处,阐述其深远的历史意义。对于私人欢送词还应注意表达双方在共事合作期间彼此友谊的加深增进以及分别之后的想念之情。若为朋友送行,还要加上一些勉励的话。

结尾,再次向来宾表示真挚的欢送之情,并表达期待再次合作的心愿,祝愿客人归途一路平安。亲朋远行尤其要表达希望早日团聚的惜别之情。

4. 落款。欢送词在落款处要署上致词的单位名称、致词者的身份、姓名，并署上成文日期。

（三）拟写欢送词的注意事项

一定要注意了解来宾来访期间的活动情况，访问所取得的进展（如交换意见，形成共识，签署了什么样的联合公报、发表了什么样的联合声明，有哪些科技、贸易、文化及其他方面的合作）等。熟悉这些情况，欢送词就会写得内容丰富而准确。

准备欢送词时，切记要包括四项要素：一是对被欢送者的高度评价；二是对既往与之相处的时光的温馨回忆；三是自己真心实意地惜别之情；四是对被欢送者的美好祝福。以上四项要素，并非每一篇欢送词都要无一遗漏地包括在内，但的确是一篇成功的欢送词的筋骨。

（四）例文评析

刘华清在欢送驻港部队大会上的讲话

（1997 年 6 月 30 日）

驻香港部队全体官兵同志们：

遵照中央军委江泽民主席的命令，你们就要雄赳赳、气昂昂地进驻香港，担负起香港防务的神圣使命。在这庄严的时刻，我代表党中央、中央军委，代表全军官兵，向同志们表示热烈的欢送和亲切的慰问！

香港回到祖国的怀抱，五星红旗和香港特别行政区区旗在这块土地上庄严升起，百年民族耻辱终于洗雪，香港将从此开辟历史的新纪元。这是中国人民一百多年来前赴后继、英勇斗争的结果，是中华民族振兴的历史丰碑，是本世纪具有深远影响的重大事件。此时此刻，全党全军全国各族人民，包括广大的港澳台同胞、海外侨胞，无不欢欣鼓舞，扬眉吐气。

香港顺利回归祖国，是邓小平同志“一国两制”构想的胜利，是以江泽民同志为核心的党的第三代中央领导集体坚持“一国两制”方针，成功推进香港回归的胜利。这一伟大胜利，生动体现了中华民族强大的凝聚力和创造力，象征着我国的综合国力正日益强盛，中国人民正以崭新的面貌自立于世界民族之林。

香港顺利回归祖国，实行“一国两制”、“港人治港”、高度自治，保持长期繁荣稳定，将有力地促进祖国统一大业和社会主义现代化建设，将为国际社会解决类似历史遗留问题提供一个成功范例，将对维护亚太地区以及世界的和平与稳定发挥重要作用。

中国人民解放军进驻香港，是中国政府对香港恢复行使主权的重要标志，是维护国家主权和安全,保持香港繁荣稳定的重要保证。驻香港部队是具有光荣传统的部队组建起来的,曾经屡建战功,英雄辈出。组建以来,坚持高标准,严要求,艰苦创业,团结奋斗,精心做好进驻的各项准备工作,取得了出色的成绩。现在,驻香港部队即将开赴香港,祖国和人民对你们寄予厚望。

希望你们坚定不移地贯彻邓小平同志"一国两制"的伟大构想,增强维护香港繁荣稳定的使命感和责任感。深入学习邓小平建设有中国特色社会主义理论结合实际深刻理解"一国两制"构想的重大意义,把官兵的思想真正统一到"一国两制"的方针上来。认真执行中央关于处理香港问题的一系列方针政策,坚决服从命令,听从指挥,忠实履行防务职责,为香港的繁荣稳定贡献力量。

希望你们牢记全心全意为人民服务的宗旨,忠于党,忠于祖国,忠于人民,忠于社会主义。深入地开展爱国主义教育,增强民族自尊心和自豪感,激发广大官兵献身国防事业的政治热忱。继续保持谦虚谨慎、不骄不躁的作风,尊重香港特别行政区政府,尊重香港的社会制度和生活方式,热爱香港人民,时时处处维护香港人民的利益,以实际行动赢得香港人民的拥护和爱戴。

希望你们坚持从严治军,依法履行职责,严守纪律,秋毫无犯。严格遵守香港特别行政区基本法和驻军法,严格遵守香港特别行政区的法律法规,处处依法办事。认真落实我军条令条例和规章制度,加强部队管理,保持高度稳定和集中统一。自觉执行三大纪律八项注意,做到军容严整,文明礼貌,充分展示我军优良的作风和奋发向上的精神面貌。

希望你们切实加强精神文明建设,引导官兵树立高尚的道德情操。发挥我军政治工作的优势,保持部队官兵政治上的坚定和思想道德上的纯洁。教育官兵树立正确的世界观、人生观和价值观,艰苦奋斗,淡泊名利,无私奉献,大力弘扬正气,抵制歪风邪气,确保部队能够经受住特殊环境和复杂情况的考验,永葆人民军队的政治本色。

希望你们大力加强军事训练,强化官兵全面素质,深入贯彻新时期军事战略方针,居安思危,常备不懈。认真学习高科技知识,熟练掌握手中武器装备,打牢技术战术基础。根据香港防务和驻军特色,增强训练的针对性,提高部队合成作战能力和在各种复杂情况下执行任务的能力。

我相信,驻香港部队一定能够按照邓小平新时期军队建设思想和江主席关于军队建设的一系列重要论述,继承和发扬人民军队的优良传统,始终保持我军威武之师、文明之师的良好形象,不负重托,不辱使命,圆满完成各项任务,让党中央、中央军委放心,让全国人民放心。

祝同志们顺利进驻香港,为祖国和人民再立新功!

【简析】

这是刘华清在驻港部队进驻香港前的欢送词。首先，演讲者向驻港部队的同志们表示热烈的欢送和亲切的慰问。主体部分，先讲述香港回归祖国的重大意义，以彰显部队进驻香港的重要性；然后向驻港部队官兵提出希望；最后，祝同志们顺利进驻香港，为祖国和人民再立新功。层次分明，内涵丰富，语言庄重得体，感情热情真挚，把对驻港部队的欢送之情与殷切希望由衷地讲述了出来。

四、贺词的写作

(一)贺词的概念

贺词就是祝贺之词，它常用于重大节日、重要会议、宴请招待等场合，是表示良好祝愿的一种文书。写贺词应充满热情，向他人发表热情洋溢的祝贺；同时撰写贺词应对他人的成就予以肯定。

(二)贺词的格式要求

1. 标题。可写明制发机关与祝贺对象名称，如《××大学致中国写作学会第九届学术年会的贺词》；也可以只写“贺词”二字。

2. 称谓。顶格写明祝贺的对象。

3. 正文。开头写明祝贺的缘由与致辞者的身份，并表示敬意、祝贺或感谢。

主体，因场合不同，具体内容有所不同。祝事业，多用于祝贺会议开幕、重大工程开工典礼、某些活动剪彩仪式之前，也用于外事活动、友好往来之中，祝对方事业成功，双方友谊增进；祝寿，常用于对老年人，希望老人健康长寿，赞颂其取得的成绩；祝酒，常用于喜庆佳节、招待贵宾的场合。

4. 结尾。表达祝贺，也可表示鼓励与希望。

(三)例文评析

1. 新年贺词

共同推进人类和平与发展的崇高事业

——胡锦涛发表 2008 年新年贺词

女士们，先生们，同志们，朋友们：

新年的钟声即将敲响，2008 年就要到来了。在这个充满希望的美好时刻，我很高兴通过中国国际广播电台、中央人民广播电台和中央电视台，向全国各族人民，向香港特别行政区同胞和澳门特别行政区同胞，向台湾同胞和海外侨胞，向世界各国的朋友们，致以新年的祝福！

2007 年，世界发生了新变化，中国也取得了新进步。中国各族人民万众一心，继续推动全面建设小康社会进程。中国的综合国力进一步增强，人民生活进一步改善。中国人民加强同各国人民的交流合作，积极致力于国际热点问题的妥善解决，努力推动建设持久和平、共同繁荣的和谐世界。两个多月前，中国共产党召开了第十七次全国代表大会，描绘了在新的时代条件下继续全面建设小康社会、加快推进社会主义现代化的宏伟蓝图。中国各族人民正以自己的勤劳和智慧，为谱写美好生活新篇章进行着新的奋斗。

2008年，对中国人民来说，是十分重要的一年。我们将隆重纪念改革开放30周年。1978年开始的改革开放，是决定当代中国命运的关键抉择，使社会主义中国的面貌发生了历史性变化。我们将坚定不移地高举中国特色社会主义伟大旗帜，深入贯彻落实科学发展观，继续解放思想，坚持改革开放，发展社会主义市场经济，发展社会主义民主政治，发展社会主义先进文化，继续以改善民生为重点加强社会建设，努力使全体人民学有所教、劳有所得、病有所医、老有所养、住有所居，促进社会和谐。我们将坚持"一国两制"、"港人治港"、"澳人治澳"、高度自治的方针，同广大香港同胞、澳门同胞一道，共同维护香港、澳门长期繁荣稳定。我们将坚持"和平统一、一国两制"的基本方针，牢牢把握两岸关系和平发展的主题，始终不渝地为两岸同胞谋福祉，坚决维护国家主权和领土完整。

当前，国际形势总体上保持稳定，同时，全球经济失衡加剧，国际安全形势更加复杂，人类面临诸多难题和挑战。共同分享发展机遇，共同应对各种挑战，推进人类和平与发展的崇高事业，是各国人民的共同愿望。借此机会，我愿重申，中国将高举和平、发展、合作旗帜，始终不渝走和平发展道路，始终不渝实施互利共赢的开放战略，继续致力于推进国际关系民主化，推动经济全球化朝着均衡、普惠、共赢方向发展，促进人类文明交流互鉴，呵护人类赖以生存的地球家园，维护世界和平稳定。

此时此刻，我们深深挂念世界各地身受战火、贫困、疾病、灾害煎熬的人们。中国人民深切同情他们的遭遇，愿尽己所能帮助他们早日摆脱困境。我们衷心希望各国人民自由、平等、和谐、幸福地生活在同一个蓝天之下，共享人类和平与发展的成果。

2008年，第29届夏季奥运会和残奥会将在北京举办。我们将以最大的热情、尽最大的努力，让这届奥运会和残奥会成为增进中国人民同世界各国人民相互了解和友好合作的盛会。我们热忱欢迎各国体育健儿来中国参加奥运会和残奥会，也热忱欢迎各国朋友来中国观看奥运会和残奥会。

最后，我从北京祝大家在新的一年里幸福安康！

【简析】

这是胡锦涛主席2008年发表的新年贺词。贺词开头，致以新年的祝福。主体部分，先讲述2007年的基本情况，然后说明2008年的基本任务，并特别针对北京奥运会表示热烈的欢迎。最后，再一次表示祝福。国家主席面向全国人民、全球华人以及全世界人民的新年贺词，兹事体大，层析清晰，内容简要，内涵深刻，感情真挚，用语庄重。

2. 祝酒词

尼克松总统在周恩来总理举行的欢迎宴会上的祝酒词

总理先生，今天晚上在座的诸位贵宾：

我谨代表我们的所有美国客人向你们表示感谢，感谢你们的无可比拟的盛情款待。中国人民以这种盛情款待而闻名世界。我不仅要特别赞扬那些准备了这次盛大晚宴的人，而且还要赞扬那些给我们演奏这样美好的音乐的人。我在外国从来没有听到过演奏得这么好的美国音乐。

总理先生，我要感谢你的非常盛情和雄辩的讲话。就在这个时刻，通过电讯的奇迹，看到和听到我们讲话的人比在整个世界历史上任何其他这样的场合都要多。不过，我们在这里讲的话，人们不会长久记住。我们在这里所做的事却能改变世界。

正如你在祝酒时讲的那样，中国人民是伟大的人民，美国人民是伟大的人民。如果我们两国人民是敌人的话，那么我们共同居住的这个世界的前途就的确是黑暗的了。但是，如果我们能够找到进行合作的共同点，那么实现世界和平的机会就无可估量地大大增加。

我希望我们这个星期的会谈将是坦率的。本着这种坦率的精神，让我们在一开始就认识到这样几点：过去的一些时期我们曾是敌人。今天我们有巨大的分歧。使我们走到一起的，是我们有超过这些分歧的共同利益。在我们讨论我们的分歧的时候，我们哪一方都不会在我们的原则上妥协。但是，虽然我们不能弥合我们之间的鸿沟，我们却能够设法搭一座桥，以便我们能够越过它进行会谈。

因此，让我们在今后的五天里在一起开始一次长征吧，不是在一起迈步，而是在不同的道路上向同一个目标前进。这个目标就是建立一个和平和正义的世界结构，在这个世界结构中，所有的人都可以在一起享有同等的尊严；每个国家，不论大小，都有权利决定它自己的政府形式，而不受外来的干涉或统治。全世界在注视着。全世界在倾听着。全世界在等着看我们将做些什么。这个世界是什么呢？就个人来讲，我想到我的大女儿，因为今天是她的生日。当我想到她的时候，我就想到全世界所有的儿童，亚洲、非洲、欧洲以及美洲的儿童，他们大多数都是在中华人民共和国成立以后出生的。

我们将给我们的孩子们留下什么遗产呢？他们的命运是要为那些使旧世界受苦受难的仇恨而死亡呢，还是他们的命运是由于我们有缔造一个新世界的远见而活下去呢？

我们没有理由要成为敌人。我们哪一方都不企图取得对方的领土；我们哪一方都不企图统治对方。我们哪一方都不企图伸出手去统治世界。

毛主席写过："多少事，从来急；天地转，光阴迫。一万年太久，只争朝夕。"

现在就是只争朝夕的时候了，是我们两国人民攀登那种可以缔造一个新的、更美好的世界的伟大境界的高峰的时候了。

本着这种精神，我请求诸位同我一起举杯，为毛主席，为周总理，为能够导致全世界所有人民的友谊与和平的中国人民同美国人民之间的友谊，干杯。

（选自《人民日报》1972 年 2 月 22 日）

【简析】

这是时任美国总统尼克松先生在周恩来总理举行的欢迎宴会上的祝酒词。首先，作为客人，向主办方表示诚挚的谢意。接着，向周恩来总理表示感谢，并借其语言表达对中国人民的祝愿。然后，从两国过去的分歧讲起，着重说明当前合作的重要性，并指出为后代留下遗产的重大意义。最后，表示感谢，祝酒。外国领导的祝酒词，可以为我们提供另一种写作的思路，不再是一本正经，也不一定需要严密的结构，但可以在生动的语言中，表达诚挚的情感，讲述重大的事情。

五、答谢词的写作

（一）答谢词的概念

答谢词，是指特定的公共礼仪场合，主人致欢迎辞或欢送词后，客人所发表的对主人的热情接待和诸多关照表示谢意的讲话。答谢词也指客人在举行必要的答谢活动中所发表的感谢主人盛情款待的讲话。答谢词是一种最高级的致谢形式，它有情有声，声情并茂，能够最充分、最有效地表达谢意。在外交、社交活动日趋频繁的当代社会，发挥着越来越重要的作用。

答谢词分为两种：一是"谢遇型"答谢词，即用来答谢别人的招待的致词，它常用于宾主之间，既可用于欢迎仪式、会见仪式上与"欢迎词"相应，也可用于欢送仪式、告别仪式上与"欢送词"相应；二是"谢恩型"答谢词，即用来答谢别人的帮助的致词，它常用于捐赠仪式或某种送别仪式上。例如，1998 年长江中下游地区的灾民在接受全国各地捐赠物品的仪式上，在洪水退后为抗洪抢险的解放军战士送行的仪式上，就都使用了这种答谢词。①

（二）答谢词的格式要求

答谢词的写作重点在于表达出对主人的热情好客或他人帮助的真挚感谢之情。

开头，应先向主人致以感谢之意。

主体，先是用具体的事例，对主人所做的一切安排给予高度评价，对主人的盛情款待表示衷心的感谢，对访问取得的收获给予充分肯定。然后，谈自己的感想和心情。比如，颂扬主人的成绩和贡献，阐发访问成功的意义，讲述对主人的美好印象等。

结尾，再次表示感谢，并对双方关系的进一步发展表示诚挚的祝愿。

（三）例文评析

连战先生在人民大会堂上的答谢词

胡总书记，各位女士、先生：

今天本人跟内人以及中国国民党三位副主席，率同很多的朋友，大家一起应胡总书记的邀请能够来访问大陆，访问北京、南京、西安、上海，我要在这里首先表示最由衷的感谢。

过去这几天，所有的工作的同仁们，大家都尽心尽力，让我们旅程非常顺利，非常的愉快，也特别的感谢他们。诚如总书记刚才所讲，今天的聚会是国民党和共产党六十年来的头一次，也是在两岸的情况之下56年来党和党见面交换意见最高层次的一次，难能可贵。我也很坦诚地来跟各位提到，那就是这一趟来的并不容易。我一再讲台北、北京，台北、南京距离不远，但是因为历史的辛酸，让我们曲曲折折，一直到今天才能够见面。所以我说，有点相见恨晚的感觉。

当然，中国国民党、中国共产党，我们过去曾经有过冲突，我们都知道这些历史的过程。但是历史毕竟已经是过去的事情，我们没有办法在此时此刻再来改变历史，但是未来却是掌握在我们的手里。当然，历史的进程不会是很平坦的，但是这个不确定的时代，不确定的未来，尤其给我们提供了很多很多的机会，假如我们都能够以正面的态度勇敢地来面对，以迎接未来这种主导的理念，来追求未来，我相信“逝者已矣，来者可追”。这是今天我们怀抱着非常殷切的期望，能够来到这个地方，亲自跟总书记，跟各位女士、先生交换意见。

① 韩大伟：“谈谈答谢词的写作”，《应用写作》2006年第一期。

我个人觉得，两岸今天形势的发展，实在是让我们非常的遗憾，因为在1992年，各位都知道，经过双方的努力，不眠不休，日以继夜的努力，当时参与的很多位都在场，我们终于能够建立一个基本的共识。在那个基础之上，我们在1993年进行了辜振甫先生和汪道涵先生的会谈，打破了40多年来的一个僵局。两岸的人民同声叫好，对未来充满了希望。我那个时候主持行政的工作，也是全力地在配合，表达我个人以及国民党坚定的一个意向，辜汪两位先生会谈之后，事实上带来两岸大概有八年之久的非常稳定的、发展的、密切交流的时间，非常正面的发展。

但是遗憾的是，过去这十多年来所发生的事情，大家都很了解。离开我们这样一个共同塑造愿景的进程受到了很大的挫折。

但是，我也感到一个非常令我们欣慰的事情，那就是胡总书记在一两个月前所提到的对和平的一个呼吁，和平的一个愿景，可以说给我们一个很大的正面的思考方向。今天，我个人虽然是国民党的主席，也是带着一份人文的情怀，一种和平的期盼，同时也是身为民族的一分子，来到这个地方。我觉得我们来到这里，有几项意义，可以跟各位做一个报告：

第一，今天有人还只在从五十年前甚至于六十年前国共之间的关系、思维、格局来思考这个问题，来评断我们的访问，但是我觉得，我们已经远远超越了那个时代，已经远远超越了那个格局。

今天诚如刚才总书记讲的，我们是以善意为出发，以信任为基础，以两岸人民的福祉做依归，以民族长远的利益做目标。我相信，我们在这样的基础之上，绝对应该避免继续对峙、对抗，甚至于对撞，要的是和解，要的是对话。所以，我们也相信，这样的做法有民意的基础，有民意的力量，我在这里不必再麻烦大家举很多的数据。

第二，和平都是大家所希望的，但是和平必须要沟通，沟通必须要有架构。什么是架构？国民党跟中国共产党，我们在1992年是经过了非常辛苦的一个沟通的过程，提到了“一中各表”的基础，当然不幸的是这几年来这样的一个基础被曲解、被扭曲，成为其他的意义，这个我们大家也都很了解。

但是我们本身国民党从来就没有任何的改变，我们也希望能够继续在这样的基础之上建构两岸共同亮丽的未来和远景。

第三，我想借这个机会特别指出，我们很希望，这次国民党可以说是来得不易，既然有这样良好的契机，现在是我们可以总结过去历史的一个契机，让我们把握当前，让我们共同来开创未来。所以，在这样的一个理念之下，我非常盼望，过去那种恶性的循环不要让它再出现，我们尽我们的力量能够建立一个良性的循环，从点到面，累积善意，累积互信，我相信这种面的扩充会建立一个非常坚实的基础，而不是像这种恶性的循环，冤冤相报，由点而线而面，其结果互信完全崩盘，善意不在，结果是我们大家都受到损害。

所以，今天我以这些心情很坦诚地跟总书记和各位女士、先生提到我个人亲历的一个历程。这次56年以来头一次国民党主席和副主席，党的干部能够到南京紫金山中山陵向中山先生致敬，心情感伤、复杂，但是我们也非常的感谢。中山先生弥留的时候一再要大家和平奋斗来救中国，和平奋斗事实上不是那个时候的一个专利，而是大家要共同努力，一直到今天，我都信奉不渝。

秉持这样的精神，我相信双方假如继续加强我们相互的理解和信任，一定会给我们两岸所有的人民带来更好的、更多的安定，更好的、更多的繁荣，同时更重要的是给两岸带来亮丽光明的希望和未来，这是我今天在这里首先跟总书记和各位表达的一些意见。谢谢。

【简析】

这是时任中国国民党主席连战先生在赴大陆和平之旅上的致谢词。在首、尾两段表达了谢意，形成首尾呼应。其余大部分篇幅都在围绕“双方关系”作文章。虽然由于两党、两岸关系的特殊性和复杂性，让连战先生的“文章”作得长了些；但是即便关系十分亲密、融洽的宾主之间，其答谢词也应以“关系”（包含“友谊”）作为表达重点，这一点是不容置疑的。本文，在过去与现在、分歧与共识、现实与设想中，着眼于共同愿景，但并不回避过去分歧，感情诚挚，结构严谨，层次分明，是一篇优美的演讲稿。

任务实施

1. 厚生公司十周年庆典，邀请政府部门、行业协会、兄弟公司的贵宾前来参加，请代董事长拟写一则欢迎词。

2. 某单位为纪念“五四运动”六十周年，举办以“激扬·青春”为主题的演讲比赛，请你写一份演讲稿。

3. 北洋职业学院华院长带领学院酒店管理系一行九人前往北京万恒酒店参观学习，受到了酒店领导和员工的热烈欢迎。请为酒店总经理写一份欢迎词和欢送词，为华院长写一份答谢词。

4. 某大学校庆五十周年，请代为该校校长写一份讲话稿。

任务四　条据的写作

知识目标

- 条据的概念与分类
- 条据的格式与写法

能力目标

- 提高对条据等文书写作相应工作情景的分析、评价的能力
- 通过对条据格式要求的学习，具备熟练进行条据写作的技能

任务引入

厚生公司业务部助理张莉，上班期间，突然感到身体不适，到公司诊所检查后，发现有急性肠胃炎，请代为拟写一则请假条。

任务分析

本任务是条据的写作。通过对借条、收条、便条等条据的知识介绍，掌握各种条据写作的格式要求与注意事项。

相关知识

一、条据的概念与分类

条据是在公私事务交往中写条人交给对方的一种书面凭据，用于日后核销、索还或备忘。

条据可分为两种：一种是凭证式条据，主要有借条、欠条、收据、领条、发条等；第二种是函件式条据，主要有请假条、留言条、便条等。所谓函件式，是指格式近似信函，但又不完全等同于信函。

二、条据的格式与写法

凭证式条据通常由标题、正文、签署三部分组成。

1. 标题。一般要写上"收条"、"借条"等字样作为标题，既扼要地提示内容，又便于归类保管。

2. 正文。紧靠标题的下方空两格书写正文。条据开头有较为固定的惯用语，一般为"今借到"、"今领到"、"今收到"等。如涉及钱物，要写明数量，数字一般用大写，"壹、贰、叁、肆、伍、陆、柒、捌、玖、拾、佰、仟、萬"；价格及总额，末尾要加上"整"字。数字如有写错的情况，改正后必须加盖章，或重写一张。

3. 签署。条子的右下方为签署部分，写上制件人姓名；如是单位，除写明单位名称外，还应写明经办人姓名。然后再下移一行写明时间。

函件式条据主要由请假条、留言条等组成，它实际上是一种简短的书信。请假条的正文，一般由请假原因、拟请假期、请求语三部分组成。请假主要分病假和事假，病假最好附上医院证明，事假要有确切的说明。

三、拟写条据的注意事项

1. 条据一般属于说明性文体范围。其四项要素，即写给谁、写什么事、谁写的、什么时间写的，都要写清楚。

2. 是否要写致敬语，应视条据格式、内容和交往对象而定，不可随意处理。

3. 条据应用蓝黑钢笔或毛笔书写，一般不能用红色笔写。重要内容有所改动，应加盖印章。

4. 条据的内容部分与签章署名之间的空白留得太大，容易被持据人增添补写其他内容，或将原内容裁去，在空白处重新添加内容。

四、例文评析

1. 借条

借 条

今借到星火中学凳子叁拾条，作为表彰大会用，会后立即归还。此据

江湾居委会(公章)
经手人：李四(签章)
二〇〇八年九月四日

【简析】

这是一则借条。所借的物品及其数量，用大写汉字，以防篡改；借用理由清楚确切；归还时间不够确切，所谓的"立即"，不如用一个"限制性时间"，即会后多长时间内归还。

2. 欠条

欠 条

原借张三同志人民币伍佰元整，已还叁佰元整，尚欠贰佰元，壹个月内还清。此据

黄花（签章）
二〇〇〇年三月八日

【简析】

这是一则欠条。原借数目，已还数目，未还数目，借用大写汉字，清楚明白，不容篡改。归还日期，明白确切。

3. 代收条

代收条

今收到宣传科所借投影仪一台，经检查，没有损坏。

院办 张强（签章）
一九九七年四月六日

【简析】

这是一则代收条。代别人收取某些物品，应保证物品的质量和数量的准确无误。

4. 请假条

请假条

张老师：

今天早上，我突然腹泻。经校医院医生检查是急性肠胃炎，建议休息三天（12 日～14 日），敬请批准。

此致

敬礼

学生：王亮
二〇〇九年三月十一日

【简析】

这是一则请假条。向谁请假，应使用礼貌的称呼。请假理由应当合理、准确、具体明白，不能只写“事假”、“病假”。请假时间，即起止时间，应确切明白。应注意事前请假，事后销假。

5. 便条

留言条

李华：

今天下午我来找你，有重要事情商量，不巧你不在办公室，还有要事不能久

等。明日上午九时再来，请在办公室等我。

王 刚

二〇一〇年六月七日

【简析】

这是一则留言条。在某些场合，需要做出某些说明，而具体负责人不在。打电话或者托人代说，不够确切，可以使用便条。留言事情应交代清楚。

任务实施

1. 学生郭栋的父亲病重住院，家里让他向学校请假三天回去探望。请代郭栋拟写一份请假条。

2. 马老师因公差去天津，向学院财务处借 3 000 元出差费用，回来后将按规定报销。请代马老师拟写一份借据。

3. 你是校实验室的管理老师，今天收到外语系刘庆老师还来的中型专业录音机一部，检查功能完好。请给刘庆老师开一张收条。

4. 王芳的同学李江早上跑步时扭伤了脚，王芳要陪她去医院，可王芳原先答应吴敏上午去看电影。于是，王芳给吴敏留条，把时间改为晚上。请以王芳的名义给其同学吴敏写一张留言条。

模块七 毕业论文的写作

知识目标

◆ 毕业论文的含义与特点

◆ 毕业论文选题的基本原则

◆ 毕业论文写作的准备与语言特点

◆ 毕业论文的格式要求与注意事项

能力目标

◆ 提高对毕业论文等科技论文相应工作情景的分析、评价的能力

◆ 掌握毕业论文的格式要求和注意事项，具备熟练进行毕业论文写作的能力

任务引入

毕业即将到来，请在专业范围内选择一个合适的论题，严格按照毕业论文的格式要求，进行毕业论文的写作。

任务分析

本任务是毕业论文的写作，理解毕业论文的概念、特点、选题原则、写作准备等，掌握毕业论文写作的格式要求和注意事项。

相关知识

一、毕业论文的含义

毕业论文是高等学校的学生在最后一学年，在教师指导下运用自己所学知识独立进行学术性的研究所撰写的学术论文。它的写作是高等学校教学的一项重要内容，其目的在于巩固、扩大、加深学生所学的专业知识，培养学生初步的科学研究能力。同时，考查学生能否综合运用已有知识独立从事科学研究活动，是否初步掌握了科学研究的方法，是否初步具备了独立解决本学科内的某一问题的水平与能力。

二、毕业论文的特点

毕业论文虽属学术论文中的一种，但和学术论文相比，又有自己显著的特点。

1. 理论性

它是毕业论文的主要特点和灵魂所在。作者通过运用抽象思维的方法，在对丰富、复杂的材料进行分析、综合的基础上，找出带有普遍意义的规律加以论述。

2. 创新性

对学生毕业论文的创新性的理解应该是广义的，可以表现在前人没有探索过的新领域或前人没有做过的新课题上做出成果，也可以表现为在前人成果的基础上作进一步的研究，有新的发现或提出新的看法。

3. 指导性

毕业论文是在导师指导下独立完成的科学研究成果，教师要启发引导学生，充分发挥学生的主动创造精神，发挥聪明才智，刻苦钻研，独立完成毕业论文的写作任务。

4. 习作性

毕业论文是在前面的课程基本学完的情况下完成的一次作业。因此，专业知识和毕业论文是有内在联系的，专业知识的学习为写作论文垫下了基础，论文的写作是对所学专业知识的综合运用。写毕业论文的目的是培养学生的科学研究意识和素质，提高分析和解决问题的能力，为将来从事研究和学术论文写作打下基础。对于大多数学生而言，毕业论文实质上是在校期间的一种演练，一份习作，并不是正规的学术论文。当然，它必须按照正规学术论文的文体特征和价值功能去看待和要求。

5. 规范性

毕业论文必须遵守写作规范、标准的基本论文格式，并熟练加以运用。

三、毕业论文选题的基本原则

1. 所选论题应是来自于对材料的占有与对前人研究的基础之上

毕业论文的选题不是凭空想出来的，应当建立在对所学专业的理解之上，充分占有本专业的一些基础性材料，在对前人研究的进行综述研究之后，获得一个有价值的、能够解决某一学术问题的论题。

2. 所选论题应当是立足于自己具有浓厚兴趣的研究对象之上

一般来讲，兴趣是最好的老师。其实，兴趣是学术研究的动力。对某一问题的强烈的研究欲望，能促使研究者广泛的搜集材料，对研究对象进行深入的思考，进而科学的研究。

3. 所选论题应当是有学术价值，能够解决某一学术问题或者满足社会需要的学术研究不仅仅是象牙塔内的工作，还应该面向社会，满足社会的某些需要。一篇学术论文，如果在前人研究的基础之上，提出自己的某些创见，或填补了学术空白，或推翻了他人的研究结论，都应该是有学术价值的。

4. 所选论题的大小要恰当，难易要适度

毕业论文的写作与一般的学术研究并不完全相同。高等学校毕业论文的撰写者，一般对于本专业本学科的知识还不是很丰富，因而不要写太大、太空洞的题目，而应该量力而行，立足于实际，写一些小问题，深入挖掘下去。

四、毕业论文的写作准备

选定题目就确定了学术的主攻方向，但不能马上进行写作，还必须做好充分的准备，方可动笔。其准备阶段大体包括以下几项工作：

1. 搜集资料

在动笔之前，必须广泛搜集、大量占有第一手材料，这是写作的前提和基础，其方法有：

(1)充分利用图书馆的资料，这是毕业论文写作中最便利的条件；

(2)请指导教师或专家学者提供资料，这是一条捷径；

(3)做实际调查，获得最真实可靠、最丰富生动的第一手材料，这是毕业论文写作中的重要一环。

2. 分析、研究，确立论点

取得必要材料后，还不能立即动笔，应当把书面材料和调查材料集中起来，进行全面深入的分析研究。把获得的零散的、表面的、片面的感性材料联系起来，经过去粗取精、去伪存真、由表及里的深层次的加工制作，形成一个完整的、反映事物本质的认识。

确立论点是毕业论文写作中的关键。论点是从大量材料中分析、研究之后提炼概括出来的，是经过作者独立思考之后的结果，是客观材料与主观认识统一的反映。论点是全篇文章的纲，具有统帅作用，它决定着材料的取舍，论证方法的运用，结构层次的安排，以及论文的语言风格等。立论是否正确，是否深刻新颖，对一篇毕业论文水平的高低或成败，具有决定的意义。

五、毕业论文的语言特点

毕业论文以议论为主，其语言必须准确、鲜明、生动、精炼。

准确，就是毕业论文的语言能确切地表达作者的观点，反映作者对客观事物的认识。因此，作者必须仔细地观察和研究客观事物，在深刻认识和透彻理解的基础上，用准确的语言和妥当的句式把自己的观点和态度表达出来，判断要恰当，推理要正确。

鲜明，就是毕业论文的语言，要以明确的态度把事物的特征、性质等鲜明地呈现在读者面前。

生动，就是形象、活泼、不枯燥乏味。毕业论文的事实和数据占的比重很大，在阐述说明过程中，尽量阐述、说明得具体些、形象些；语言上要力争鲜明些、灵活些，增添文章的生动性。

精炼，就是语言要简明扼要。毕业论文也和其他文章一样，必须在字、句、章法、标点等方面下工夫，尽量删去那些可有可无的字、句。特别是那些已知的数学推导，可以省略，而应把文章的重点放在观察、实验、研究中的成功与失败、可能性与局限性等方面。

六、毕业论文写作格式

1. 论文题目

题名是以最恰当、最简明的词语反映论文中最重要的特定内容的逻辑组合。

(1)拟写标题的方法。通常有两种方法：一是标明课题，二是揭示主题。

(2)拟写标题的要求。

①准确。恰当地反映论文中最重要的特定内容。

②简明。文字简练，一般不超过 20 字。外文题名一般不超过 10 个实词。

③合乎逻辑。题名中所使用的各种概念应是统一的，并按逻辑的规则组合在一起。

2. 目录

目录是论文中主要段落的简表。短篇论文不必列目录。

3. 内容提要

又称摘要，是论文的内容不加注释和评论的简短陈述。

(1)摘要的作用：①报道作用；②索引作用。

(2)摘要的写作要求：①包括研究的对象、目的、方法、结果或结论，特别要突出创新性成果。②具有独立性和自含性。③是一篇完整的短文，可以独立使用，可以引用，可用于工艺推广。④包含与论文同等量的主要信息。⑤中文摘要一般不宜超过 200～300 字；外文摘要不宜超过 250 个实词。⑥不用图、表、化学结构式、非公知公用的符号和术语。⑦对内容不加注释，不作评论，不重复论证的过程，不列举例证，不讲研究过程。⑧学位论文要写两种摘要：一是放在学位论文目录之后、正文之前的摘要，这种摘要的写法同上书摘要大致相同。另一种是供学科评议组和对口科研单位审查用的详细摘要。它除了学术论文摘要的那些项目外，还应概括说明研究工作的思路、方法和过程。这种摘要一般字数不限，可以达到2 500～3 000字。

4. 关键词或主题词

关键词是从论文的题名、提要和正文中选取出来的，是对表述论文的中心内容有实质意义的词汇。关键词是用作计算机系统标引论文内容特征的词语，便于信息系统汇集，以供读者检索。每篇论文一般选取 3～5 个词汇作为关键词，另起一行，排在“提要”的左下方。

主题词是经过规范化的词，在确定主题词时，要对论文进行主题分析，依照标引和组配规则转换成主题词表中的规范词语。（参见《汉语主题词表》和《世界汉语主题词表》。）

5. 论文正文

(1)引言：又称前言、序言和导言，用在论文的开头。引言一般要概括地写出作者意图，说明选题的目的和意义，并指出论文写作的范围。引言要短小精悍、紧扣主题。

(2)论文正文：正文是论文的主体，正文应包括论点、论据、论证过程和结论。主体部分包括以下内容：①提出问题—论点；②分析问题—论据和论证；③解决问题—论证方法与步骤；④结论。

6. 参考文献

一篇论文的参考文献是将论文在研究和写作中可参考或引证的主要文献资料，列于论文的末尾。参考文献应另起一页，标注方式按《GB7714-87 文后参考文献著录规则》进行。

中文：作者——标题——出版物信息（版地、版者、版期）

英文：作者——标题——出版物信息

所列参考文献的要求是：(1)所列参考文献应是正式出版物，以便读者考证。(2)所列举的参考文献要标明序号、著作或文章的标题、作者、出版物信息。

七、毕业论文的论证方法

毕业论文的论证方法通常有下列几种：

1. 例证法。又称举例法，即运用归纳推理进行论证的一种方法，就是用典型的事例作论据来证明论点的方法

2. 引证法。又称引用法，即用一些权威性的理论作论据来证明论点的方法。

3. 比较法。它是通过事物之间的比较来证明论点的方法。

4. 比喻论证。即用具体的事物、道理作比喻，来说明不易理解的深奥的抽象事物或道理的方法。

5. 因果法。即通过分析，揭示论点和论据之间的因果关系以证明论点正确的方法。

6. 归谬法。就是先假定对方的论点是正确的，接着就以此为前提，进行推理，却只能引出荒谬的结论，从而证明对方论点错误的方法。

八、毕业论文的修改

1. 推敲论文题目。毕业论文的题目具有重要的作用。一般来说，应新颖、醒目，所涵盖的范围应明确，文字应具有相当的概括力。

2. 检验材料的真伪。论文中的材料是作论据用的，修改论文，要看用的材料是否典型，能否以一当十，确凿有力；是否都有出处；是否都能相互配合，说明论点；是否鲜明，能发挥论证的力量；是否符合逻辑，具有说服力。

3. 审视逻辑的层次。毕业论文的逻辑性强，这就需要验证推理的层次，审定文章的结构。作者要理顺思路，突出中心论点，充分论证每一个分论点，检查层与层之间是否清晰、严密，转接过度是否自然，结论是否水到渠成，全文是否具有系统性。

4. 斟酌语言的修饰。修改语言一是务求通顺；二是推敲表达的效果，删繁就简；三是要在合乎文体的基础上，变换表达手段，增强文章的感染力；四是检查行文格式、文字书写以及标点的使用。总之，文章的修改是细活，要不厌其烦。

参考文献

[1]徐中玉:《应用文写作》,高等教育出版社2000年版。

[2]杨文丰:《应用文书写作》,中国人民大学出版社2001年版。

[3]邱小林、章克昌:《应用文写作》,中国人民大学出版社2004年版。

[4]姬瑞环:《公文写作与处理》,中国人民大学出版社2005年版。

[5]梅松华:《现代应用文写作》,北京交通大学出版社2006年版。

[6]孙莉、邱平:《实用应用文写作》,北京交通大学出版社2006年版。

[7]眭达明:《秘书生活》,江西人民出版社2009年版。

[8]林文治:《应用文写作教程》,重庆大学出版社1997年版。

[9]任文贵:《应用文写作词典》,人民日报出版社2004年版。

[10]王建庄:《实用文体写作》,河南人民出版社1997年版。

[11]张金英:《应用文写作基础》,高等教育出版社2002年版。

[12]秦桂英、陈泽春:《文化礼仪应用写作》,中国人民大学出版社1994年版。

[13]方蔚林:《现代广告写作》,中国人民大学出版社1998年版。